Jorge Eduardo Carrión

Introducción a la Teoría de la Computación y el Diseño de Compiladores

AF307008

Jorge Eduardo Carrión

Introducción a la Teoría de la Computación y el Diseño de Compiladores

Libro de texto para estudiantes de Ingeniería de Sistemas y Tecnologías de la Información

Editorial Académica Española

Imprint
Any brand names and product names mentioned in this book are subject to trademark, brand or patent protection and are trademarks or registered trademarks of their respective holders. The use of brand names, product names, common names, trade names, product descriptions etc. even without a particular marking in this work is in no way to be construed to mean that such names may be regarded as unrestricted in respect of trademark and brand protection legislation and could thus be used by anyone.

Cover image: www.ingimage.com

Publisher:
Editorial Académica Española
is a trademark of
International Book Market Service Ltd., member of OmniScriptum Publishing Group
17 Meldrum Street, Beau Bassin 71504, Mauritius
Printed at: see last page
ISBN: 978-620-0-39833-8

Copyright © Jorge Eduardo Carrión
Copyright © 2020 International Book Market Service Ltd., member of OmniScriptum Publishing Group

Introducción a la Teoría de la Computación y el Diseño de Compiladores

La presentación y disposición en conjunto de:

**Introducción a la Teoría
de la Computación y el
Diseño de Compiladores**

Es propiedad del autor

Ninguna parte de esta obra puede ser reproducida o transmitida, mediante ningún sistema o método, electrónico o mecánico (INCLUYENDO EL FOTOCOPIADO, la grabación o cualquier sistema de recuperación y almacenamiento de información), sin consentimiento por escrito del autor.

Derechos reservados conforme a la ley: © Jorge Eduardo Carrión Viramontes

ISBN: 978-84-17840-44-0

Impreso en México / Printed in Mexico.

Índice

En respuesta a las nuevas estrategias de enseñanza enfatizando el desarrollo de competencias que está impulsando el Tecnológico Nacional de México, se han actualizado los contenidos curriculares de todas las asignaturas del plan de estudios de la carrera de Ingeniería en Sistemas Computacionales.

Debido a esto, se ha diseñado el contenido temático de este libro enfocado al desarrollo de las competencias requeridas por el alumno para ser capaz de aplicar los fundamentos de la teoría de la computación para comprender y realizar el diseño de compiladores, de una manera práctica y efectiva.

El propósito esencial de esta obra es el de transmitir los conceptos teóricos de una manera sencilla, concreta y accesible para la mayoría de los estudiantes, permitiéndoles comprender los conceptos abstractos a través de numerosos ejemplos prácticos que los conduzcan a conclusiones generales por un camino más intuitivo que el que se utiliza en la mayoría de los libros sobre el tema; es por esto, que esta obra contiene los fundamentos teóricos y prácticos necesarios para el dominio y la comprensión de la teoría de las gramáticas y el diseño de autómatas de una forma tal que permiten al estudiante adquirir las bases conceptuales suficientes para su aplicación en el diseño de compiladores.

Este libro incluye un capítulo introductorio con un repaso a los fundamentos matemáticos requeridos y continúa con la presentación de los conceptos de símbolo, alfabeto y cadena, para luego abordar el tema de los lenguajes y las expresiones regulares.

A continuación, se aborda el tema de los autómatas finitos deterministas y no deterministas, así como las equivalencias y conversiones entre ellos. Así mismo se cubre el tema de las gramáticas, tanto regulares como independientes del contexto, sus propiedades y sus formas normales, para proseguir con el tema de los autómatas de pila.

Todos estos conceptos se requieren para comprender su empleo por parte de la teoría de compiladores en el diseño de analizadores léxicos y sintácticos de un lenguaje computacional.

Finalmente se aborda el tema de las máquinas de Turing como un modelo abstracto capaz de recibir un conjunto de instrucciones en la entrada y con ellos realizar determinadas operaciones para obtener el resultado esperado, en un proceso denominado Computación.

Las computadoras electrónicas más modernas tienen exactamente el mismo poder de expresión que el de una Máquina de Turing, de ahí la importancia de su estudio. se dice que es abstracta para indicar que lo único que interesa al modelarla es describir su comportamiento respecto a los eventos que puedan ocurrir en ella, sin tomar en cuenta sus características físicas.

Jorge Eduardo Carrión Viramontes

Nociones Matemáticas

En este capítulo se repasan las nociones fundamentales de matemáticas discretas, como son: conjuntos, relaciones, funciones, sucesiones e inducción matemática, las cuales son un requisito previo para facilitar la comprensión y el aprendizaje de los conceptos expuestos en el presente libro.

Conjunto

Un Conjunto es una colección bien definida de objetos, a cada uno de los cuales se le llama Elemento.

Los conjuntos generalmente se denominan por letras mayúsculas, por ejemplo: **A**, **B**, **C**, mientras que a sus elementos se les designa con letras minúsculas, como por ejemplo: **a**, **b**, **c**.

Para denotar la pertenencia se emplea el símbolo $\in$ (pertenece), de tal forma que la expresión $\mathbf{a} \in \mathbf{A}$ significa que **a** es un elemento del conjunto **A**. Para indicar la no pertenencia a un conjunto, se utiliza el mismo símbolo, pero cruzado por una línea que indica negación: $\notin$, entonces $\mathbf{b} \notin \mathbf{A}$ significa que **b** no pertenece al conjunto **A**.

Para describir a un conjunto se emplean las llaves: { y }, dentro de las cuales se enumeran los elementos (Notación por Extensión) o se escribe un enunciado que contenga la descripción de la característica o atributo que define a los elementos del conjunto. (Notación por Comprensión).

Conjunto Universal

Todos los posibles objetos que se consideran para una determinada clase de conjuntos se reúnen en un conjunto que sirve como marco de referencia y se le llama Conjunto Universal o Universo y se designa por la letra **U**. Usualmente se considera como el Conjunto Universal al dominio de la variable **x** dentro de la proposición $\mathbf{P(x)}$ que describe a un conjunto dado.

Cardinalidad

A la cantidad de elementos distintos que contiene un conjunto **A** se le llama *Cardinalidad* del Conjunto **A** y se denota como **N(A)** o también como **#(A)**. Un conjunto infinito es aquel que no tiene cardinalidad, ya que solamente los conjuntos finitos pueden tener cardinalidad.

Si dos conjuntos **A** y **B** tienen la misma cardinalidad, se dice que son conjuntos *Equivalentes*, es decir, que son del mismo tamaño. Por ejemplo: los dígitos y los dedos de ambas manos son conjuntos equivalentes.

Conjunto Vacío

El conjunto que no tiene elementos, se le llama *Conjunto Vacío*, y se denota por medio del símbolo $\emptyset$, de tal forma que $\emptyset = \{\ \}$. La cardinalidad del conjunto vacío es cero. Usualmente el conjunto vacío es considerado el conjunto solución de una Contradicción.

Conjunto de los Números Naturales

El conjunto formado por los números 1, 2, 3, 4, 5 ..., se le conoce como el conjunto de los Números Naturales, y se denota por la letra **N**, el conjunto de los números naturales es un conjunto Infinito: $N = \{\ 1, 2, 3, 4, 5 \ ... \ \}$.

Conjunto de los Números Enteros

Un conjunto que contiene a todos los números naturales, el cero y también los negativos es el conjunto de los Números Enteros, que se denota por la letra **Z** y también es un conjunto Infinito: $Z = \{\ ... \ , -3, -2, -1, 0, 1, 2, 3, \ ... \ \}$.

Conjunto de los Números Reales

Un conjunto que contiene a todos los números, incluyendo las fracciones decimales, se conoce como el conjunto de los Números reales, que se denota por la letra **R**, este conjunto es Infinito y debido a la densidad de números reales en un intervalo dado, no se trata de un conjunto numerable, como los casos anteriores.

Operaciones con Conjuntos

Intersección

Sean **A** y **B** dos conjuntos cualesquiera, entonces el conjunto formado por los elementos de **A** que también pertenecen al conjunto **B** se le llama la *Intersección* de **A** con **B** y se denota como **A** ∩ **B**.

Si **A** es el conjunto solución del predicado **P(x)**, y **B** es el conjunto solución del predicado **Q(x)**, entonces **A** ∩ **B** es el conjunto solución de la conjunción de ambos: **P(x)** ∧ **Q(x)**. Cuando la intersección de dos conjuntos da como resultado al conjunto vacío, se dice que estos conjuntos son *Disjuntos*, porque sus predicados son contradictorios.

Ejemplos

Sean **A** = { 2, 5, 6, 8, 10 } y **B** = { 1, 2, 4, 6, 8 } entonces **A** ∩ **B** = { 2, 8 }

Sean **A** = { x | x es hombre } y **B** = { x | x es mujer } entonces **A** ∩ **B** = ∅.

Unión

Sean **A** y **B** dos conjuntos cualesquiera, entonces el conjunto formado por los elementos que pertenecen a **A** o que son elementos de **B** se le llama la *Unión* de **A** con **B** y se denota como **A** ∪ **B**.

Si **A** es el conjunto solución del predicado **P(x)**, y **B** es el conjunto solución del predicado **Q(x)**, entonces **A** ∪ **B** es el conjunto solución de la disyunción entre ambos predicados: **P(x)** ∨ **Q(x)**.

Ejemplos

Sean A = { 2, 5, 6, 8, 10 } y B = { 1, 2, 6, 8 } entonces A ∪ B = { 1, 2, 5, 6, 8, 10 }

Sean A = { x | x es adulto } y B = { x | x es mujer } entonces A ∪ B = { x | x es adulto o x es mujer }, es decir, que si x es mujer no necesariamente es adulto, y si x es adulto no necesariamente es mujer.

Conjunto complemento

Sea **A** un conjunto cualquiera, definido dentro de un universo **U**, entonces se dice que el conjunto formado por los elementos del universo que no pertenecen a **A** es el complemento de **A** y se denota como $\mathbf{A}^C$.

Si **A** es un conjunto solución del predicado **P(x)**, entonces $\mathbf{A}^C$ es el conjunto solución de la negación **~P(x)**.

Ejemplo

Sean A = { 2, 3, 6, 8, 9 } y U = { 1, 2, 3, ..., 10 } entonces A^C = { 1, 4, 5, 7, 10 }

Diferencia

Sean **A** y **B** dos conjuntos cualesquiera, entonces el conjunto formado por los elementos que pertenecen a **A** y que no son elementos de **B** se le llama la *Diferencia* de **A** menos **B** y se denota como **A – B**.

Si **A** es el conjunto solución del predicado **P(x)**, y **B** es el conjunto solución del predicado **Q(x)**, entonces **A – B** es el conjunto solución de la conjunción siguiente: **P(x) ∧ ~Q(x)**.

De esta expresión se puede deducir la equivalencia siguiente: $\mathbf{A - B} \equiv \mathbf{A} \cap \mathbf{B}^C$.

Ejemplo

Sean **A** = { 1, 5, 7, 8, 10 } y **B** = { 1, 3, 5, 6, 8 } entonces **A – B** = { 7, 10 }

Diferencia Simétrica

Sean **A** y **B** dos conjuntos cualesquiera, entonces el conjunto formado por los elementos que pertenecen a **A** y que no son elementos de **B** o los elementos que pertenecen a **B** y que no son elementos de **A** se le llama la *Diferencia Simétrica* de **A** y **B** y se denota como **A ⊕ B**, también se le conoce como disyunción excluyente.

Si **A** es el conjunto solución del predicado **P(x)**, y **B** es el conjunto solución del predicado **Q(x)**, entonces **A ⊕ B** es el conjunto solución de la conjunción siguiente: (**P(x) ∧ ~Q(x)**) ∨ (**~P(x) ∧ Q(x)**), la cual también se puede expresar de la siguiente manera: (**P(x) ∨ Q(x)**) ∧ ~(**P(x) ∧ Q(x)**).

Se pueden observar las siguientes equivalencias: **A ⊕ B** ≡ **(A – B) ∪ (B – A)** ≡ **(A ∪ B) – (A ∩ B)**.

Ejemplo

Sean $\mathbf{A} = \{\, 1, 5, 7, 8, 10 \,\}$ y $\mathbf{B} = \{\, 1, 3, 5, 6, 8 \,\}$ entonces $\mathbf{A} \oplus \mathbf{B} = \{\, 3, 6, 7, 10 \,\}$

Propiedades del álgebra de conjuntos

Idempotencia: $\quad A \cap A = A,\ A \cup A = A$

Conmutativas: $\quad A \cap B = B \cap A,\ A \cup B = B \cup A$

Asociativas: $\quad (A \cap B) \cap C = A \cap (B \cap C)$
$(A \cup B) \cup C = A \cup (B \cup C)$

Distributivas: $\quad (A \cup B) \cap C = (A \cap C) \cup (B \cap C)$
$(A \cap B) \cup C = (A \cup C) \cap (B \cup C)$

Identidad: $\quad A \cap U = A,\ A \cup \varnothing = A$

Acotación: $\quad A \cup U = U,\ A \cap \varnothing = \varnothing$

Complemento: $\quad (A^C)^C = A$

Leyes de De Morgan: $\quad (A \cup B)^C = A^C \cap B^C$
$(A \cap B)^C = A^C \cup B^C$

Cardinalidad de la unión de dos conjuntos

La cardinalidad de la unión de conjuntos se obtiene de la suma de las cardinalidades de los conjuntos individuales, restando la cardinalidad de la intersección para descontar los elementos que se contaron dos veces, es decir:

$$N(A \cup B) = N(A) + N(B) - N(A \cap B)$$

Ejemplo

En un grupo de 45 turistas canadienses, hay 23 que hablan inglés y hay 14 que hablan tanto inglés como francés, ¿cuántos turistas hablan francés?

Si se sabe que $N(\mathbf{A} \cup \mathbf{B}) = 45$, entre los cuales se tiene que $N(\mathbf{A}) = 23$ y que además $N(\mathbf{A} \cap \mathbf{B}) = 14$, el problema se reduce a determinar cuál es $N(\mathbf{B})$.

Despejando $N(\mathbf{B})$ de la fórmula: $N(\mathbf{A} \cup \mathbf{B}) = N(\mathbf{A}) + N(\mathbf{B}) - N(\mathbf{A} \cap \mathbf{B})$ queda:

$N(\mathbf{B}) = N(\mathbf{A} \cup \mathbf{B}) + N(\mathbf{A} \cap \mathbf{B}) - N(\mathbf{A})$, y sustituyendo:

$N(\mathbf{B}) = 45 + 14 - 23 = 36$ turistas hablan francés.

Relaciones entre Conjuntos

Igualdad de Conjuntos

Sean **A** y **B** dos conjuntos, se dice que son iguales y se denota como **A = B**, si todos los elementos de **A** son exactamente los mismos elementos de **B**.

Si existe algún elemento en uno de los conjuntos que no esté en el otro, se dice que los conjuntos son diferentes y se denota como **A ≠ B**.

Si **A** es el conjunto solución del predicado **P(x)**, y **B** es el conjunto solución del predicado **Q(x)**, entonces **A = B** significa que ambos predicados son equivalentes: **P(x) ≡ Q(x)**.

Subconjuntos

Sean **A** y **B** dos conjuntos, se dice que **A** es un *Subconjunto* de **B**, denotado **A ⊂ B**, si cada elemento que pertenece a **A** también es un elemento de **B** (en ocasiones se debe hacer la distinción entre Subconjunto *Propio* **A ⊂ B** y Subconjunto *Impropio* **A ⊆ B**). El conjunto vacío es subconjunto propio de cualquier otro conjunto.

Lo opuesto de subconjunto es Superconjunto, si **A ⊂ B**, entonces **B** es el Superconjunto de **A** y se denota como: **B ⊃ A**, (o **B ⊇ A** si es impropio).

Si **A** es el conjunto solución del predicado **P(x)**, y **B** es el conjunto solución del predicado **Q(x)**, entonces si **A ⊆ B** significa que **P(x) ⇒ Q(x)**.

Ejemplo

Sean **A** = { 2, 6, 8 } y **B** = { 2, 5, 6, 8, 10 }, entonces **A ⊂ B.**

Conjunto de Conjuntos

Los conjuntos se pueden agrupar a su vez en otros conjuntos, denominados colecciones de conjuntos o familias de conjuntos, por ejemplo: los futbolistas se agrupan en conjuntos llamados equipos, los equipos se agrupan en otros conjuntos llamadas federaciones, etc.

Un estado es un conjunto de municipios, y un estado pertenece a un conjunto llamado país. Una persona pertenece a un municipio, también pertenece a un estado y pertenece a un país, dependiendo del contexto que se trate.

Conjunto Potencia

Al conjunto formado por todos los posibles subconjuntos de un conjunto dado **A** se le llama *Conjunto Potencia* de **A** y se denota como P(**A**).

Ejemplo

Si **A** = { a, b, c }, entonces P(**A**) = {$\varnothing$, {a}, {b}, {c}, {a,b}, {a,c}, {b,c}, {a,b,c}}.

Obsérvese que N(**A**) = 3 y N(P(**A**)) = 8 = 2^3, y en general siempre se cumple que: N(P(**A**)) = $2^{N(A)}$, de ahí viene su nombre de conjunto potencia. (A veces se denota como 2^A al Conjunto Potencia de **A**).

Particiones

Una *Partición* o *Conjunto Cociente* de un conjunto no vacío **S** es la colección de subconjuntos A_1, A_2, ..., A_n de **S** tales que:

- $A_1 \cup A_2 \cup ... \cup A_n = S$ y
- $A_i \cap A_j = \varnothing$, si $i \neq j$

Ejemplo

Sea **S** = { a, b, c, d, e, f, g, h }, entonces:

P_1 = { A_1 = { a, b, c, d }, A_2 = { a, c, e, f, g } } no es una partición de **S**, porque la intersección $A_1 \cap A_2$ = { a, c } $\neq \varnothing$.

P_2 = { A_1 = { a, b, c, d }, A_3 = { f, g, h } } no es una partición de **S**, dado que la unión $A_1 \cup A_3 \neq S$

P_3 = { A_3 = { f, g, h }, A_4 = { a, c, e }, A_5 = { b, d } } si es una partición de **S**.

Cualquier partición de **S**, es un subconjunto de P(**S**), el conjunto potencia de **S**.

Diagramas de Venn

Para ilustrar las operaciones con conjuntos se hace uso de una representación gráfica de los mismos, llamadas diagramas de Venn, los cuales resultan una herramienta sumamente útil para facilitar la comprensión y demostración de determinados conceptos y teoremas de la teoría de conjuntos.

Los diagramas contenidos en la figura 0.1, indican por medio del área sombreada, los resultados de las siguientes operaciones: la unión **A ∪ B**, la intersección **A ∩ B**, y la diferencia: **A – B**.

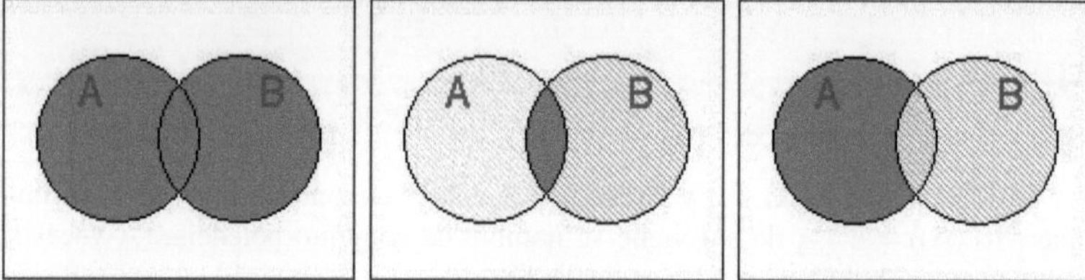

Figura 0.1

La figura 0.2, contiene los diagramas que representan la Diferencia Simétrica de **A ⊕ B**, bajo tres escenarios distintos: para dos conjuntos que se intersecan, para cuando ambos conjuntos son disjuntos y para cuando **B** es un subconjunto de **A**, en este último caso se cumple que: **A ⊕ B = A – B**.

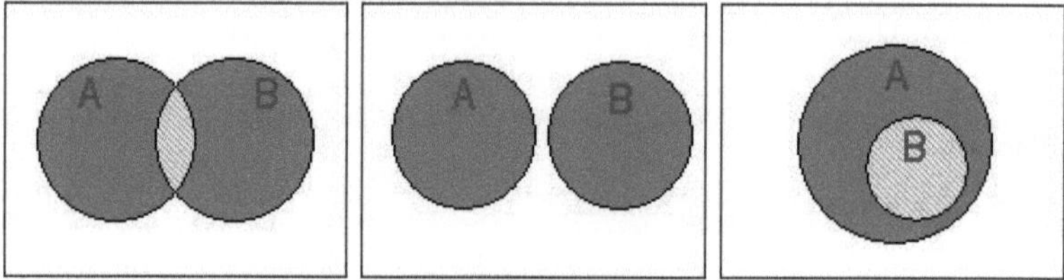

Figura 0.2

La figura 0.3 muestra gráficamente el concepto de conjunto complemento del conjunto **A**, es decir **A**^{C}.

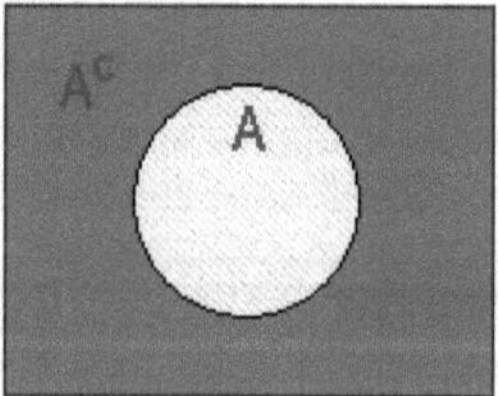

Figura 0.3

Similarmente, se pueden elaborar diagramas de Venn para representar las operaciones con tres y en ocasiones hasta con cuatro conjuntos, en la figura 0.4 se muestran los diagramas correspondientes a la unión **A ∪ (B ∪ C),** al resultado de **A – (B ∪ C)** y al resultado de **(A ∪ B) ∩ C**.

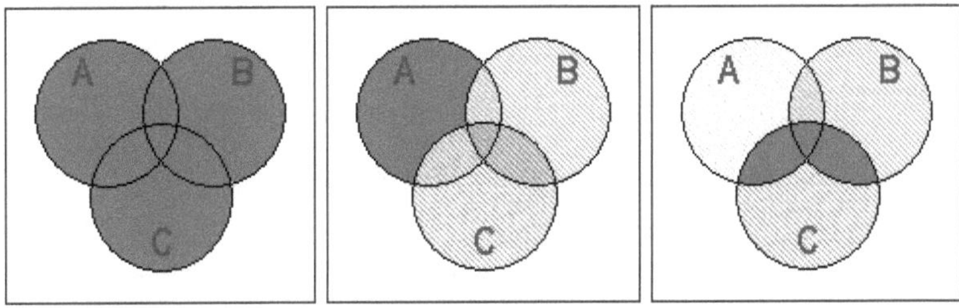

Figura 0.4

Los Diagramas de Venn también se pueden utilizar para probar la validez de las propiedades de igualdad de operaciones entre conjuntos (identidades).

Ejemplo

Probar por medio de Diagramas de Venn, la validez de la siguiente identidad:

$$(A \cup B) \cap (A \cup C) \equiv A \cup (B \cap C)$$

En la figura 0.5 se ilustra la parte izquierda de la identidad, primero se realizan cada una de las uniones y luego se efectúa la intersección de ambas:

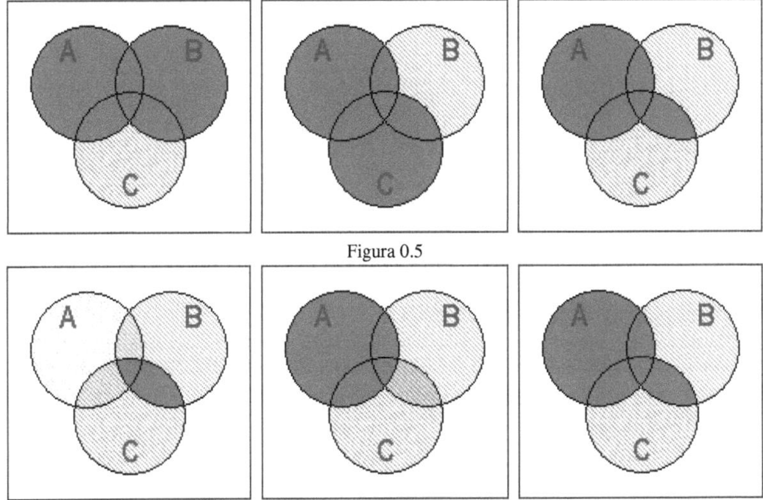

Figura 0.5

Figura 0.6

Mientras que en la figura 0.6 se ilustra la parte derecha de la identidad, haciendo primero la intersección **B** ∩ **C** y posteriormente la unión con **A**, llegando al mismo resultado.

Demostración lógica con Diagramas de Venn

Cuando se emplean proposiciones con cuantificadores, como en los silogismos, es posible demostrar su validez gráficamente por medio de los Diagramas de Venn.

Ejemplo

Considere el siguiente silogismo:

Todos los números que terminan en cero son divisibles entre 10
Todos los números divisibles entre 10 también son divisibles entre 5
∴ Dado que 20 termina en cero, 20 también es divisible entre 5

La figura 0.7 representa un diagrama de Venn que ejemplifica este silogismo, en este caso, el conjunto **A** representa a todos los números divisibles entre 5 y **B** a todos los números que terminan en 0, el cual es un subconjunto de **A**, porque todos los números que son divisibles entre 10 también son divisibles entre 5, dado que **20** es un elemento de **B**, se concluye que **20** también pertenece a **A**.

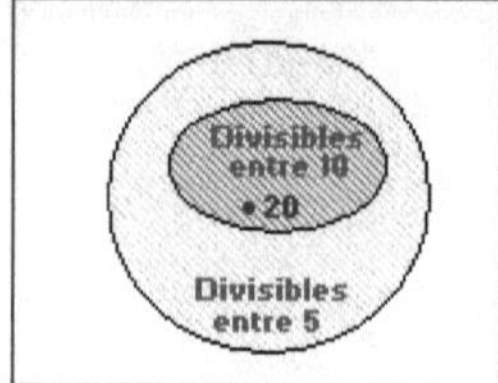

Figura 0.7

Producto Cartesiano

Dados dos conjuntos **A** y **B**, se define el *Producto Cartesiano* de **A** con **B** como el conjunto de todas las parejas ordenadas (**a**, **b**), tales que **a** ∈ **A** y **b** ∈ **B**, y se denota como **A** × **B**.

$$A \times B = \{ (a, b) \mid a \in A \land b \in B \}$$

El producto cartesiano no es conmutativo: **A** × **B** ≠ **B** × **A**, esto es debido a que cada elemento es una pareja ordenada, por lo tanto, se tiene que (a, b) ≠ (b, a).

Ejemplo

Sean los conjuntos **A** = { 2, 3, 5 } y **B** = { 1, 3, 4 }, entonces:

A × **B** = { (2,1), (3,1), (5,1), (2,3), (3,3), (5,3), (2,4), (3,4), (5,4) }

mientras que:

B × **A** = { (1,2), (3,2), (4,2), (1,3), (3,3), (4,3), (1,5), (3,5), (4,5) }

La definición anterior se puede extender al producto cartesiano de n conjuntos como sigue:

$$A_1 \times A_2 \times \ldots \times A_n = \{ (a_1, a_2, \ldots, a_n) \mid a_i \in A_i, i = 1, \ldots, n \}$$

Relación

Una relación **R** es un conjunto de parejas ordenadas, donde el primer componente proviene de un conjunto **A** llamado *Dominio* y el segundo componente se obtiene del conjunto **B** llamado *Contradominio*. Usualmente se dice que **R** es una relación de **A** sobre **B**, y se denota como **R: A → B**.

Se puede observar que **R** es un subconjunto de **A** × **B**.

Ejemplo

Para la relación **R** = { (2,1), (3,1), (3,3), (3,4), (5,3), (5,4) }, se tiene que el Dominio de la relación **R** es el conjunto **A** = { 2, 3, 5 }, mientras que el Contradominio de **R** es **B** = { 1, 3, 4 }.

Una relación se puede representar gráficamente por medio de un mapeo, en el que cada línea que une a un punto del conjunto A con un elemento del conjunto B, representa a un par ordenado de la relación, la figura 0.8 ilustra la relación anterior:

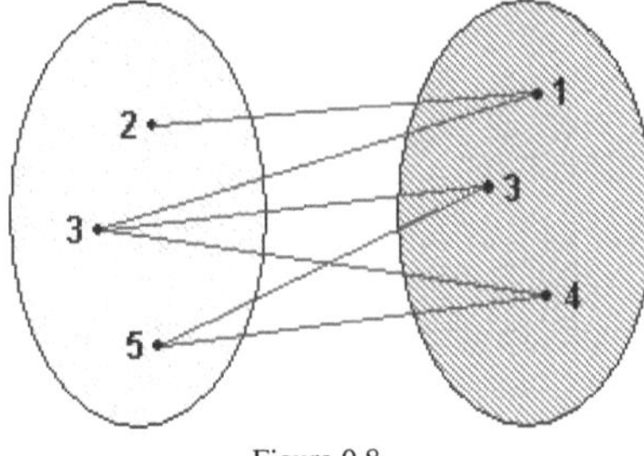

Figura 0.8

Matriz de una Relación

Una relación se puede representar por medio de una matriz booleana que se define de la siguiente manera, sea $R: A \rightarrow B$, donde m es la cardinalidad de A y n es la cardinalidad de B, entonces M_R es una matriz m × n, cuyos elementos son: $m_{ij} = 1$ si $(a_i, b_j) \in R$ o bien $m_{ij} = 0$ si $(a_i, b_j) \notin R$, de esta manera, la matriz M_R de la relación anterior está dada por:

$$
\begin{array}{c|ccc}
 & 1 & 3 & 4 \\
\hline
2 & 1 & 0 & 0 \\
3 & 1 & 1 & 1 \\
5 & 0 & 1 & 1
\end{array}
$$

Las relaciones de mayor interés son aquellas cuyo dominio y contradominio son el mismo conjunto, en este caso se dice que R es una relación sobre el conjunto A, como consecuencia, la matriz de estas relaciones es una matriz cuadrada y además se pueden representar por medio de grafos dirigidos, también llamados *dígrafos*.

Dígrafos y Relaciones

Un *Dígrafo* es la representación gráfica de una relación $R: A \rightarrow A$, ya que los arcos dirigidos se representan como un conjunto de parejas ordenadas (origen, destino), del mismo modo que se define una relación en un conjunto dado.

Ejemplo 1

Dado el dígrafo mostrado en la figura 0.9, encontrar la relación que representa:

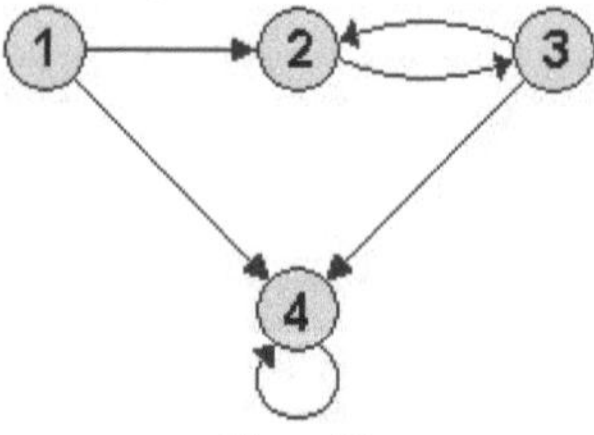

Figura 0.9

El Dominio y el contradominio de la Relación es el conjunto: $A = \{ 1, 2, 3, 4 \}$, y la relación R se obtiene mediante el conjunto de arcos, representados como pares ordenados: $R = \{ (1,2), (1,4), (2,3), (3,2), (3,4), (4,4) \}$.

Ejemplo 2

Dada la siguiente relación: **R** = { (1,1), (1,2), (1,3), (2,2), (2,4), (3,1), (4,3) }, el dígrafo que la representa a **R** es el mostrado en la figura 0.10:

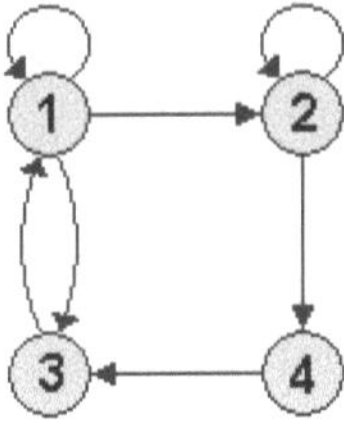

Figura 0.10

Clasificación de las Relaciones

Relaciones Reflexivas e Irreflexivas

Una relación **R** en un conjunto **A** es *Reflexiva* si (a, a) $\in$ **R** para toda a $\in$ **A**, su Matriz de Adyacencia contiene solamente unos en la diagonal principal, el dígrafo de una relación reflexiva contiene un lazo unitario en cada vértice.

Por el contrario, una relación **R** en un conjunto **A** es *Irreflexiva* si (a, a) $\notin$ **R** para toda a $\in$ **A**, y su matriz de adyacencia contendrá solamente ceros en la diagonal principal; el grafo que representa este tipo de relaciones no contiene lazos.

Ejemplo 1

Dada la relación reflexiva **R** = { (1,1), (1,2), (1,3), (2,2), (2,3), (2,4), (3,1), (3,3), (4,2), (4,4) }, sobre el conjunto: **A** = { 1, 2, 3, 4 }, obtener su matriz de adyacencia y el dígrafo que la representa:

$$M_R = \begin{array}{c|cccc} & 1 & 2 & 3 & 4 \\ \hline 1 & \mathbf{1} & 1 & 1 & 0 \\ 2 & 0 & \mathbf{1} & 1 & 1 \\ 3 & 1 & 0 & \mathbf{1} & 0 \\ 4 & 0 & 1 & 0 & \mathbf{1} \end{array}$$

Figura 0.11

Ejemplo 2

Dada la relación irreflexiva **R** = { (1,2), (1,3), (2,1), (2,3), (2,4), (3,1), (3,4), (4,2), (4,3) }, sobre el conjunto: **A** = { 1, 2, 3, 4 }, obtener su matriz de adyacencia y el dígrafo que la representa:

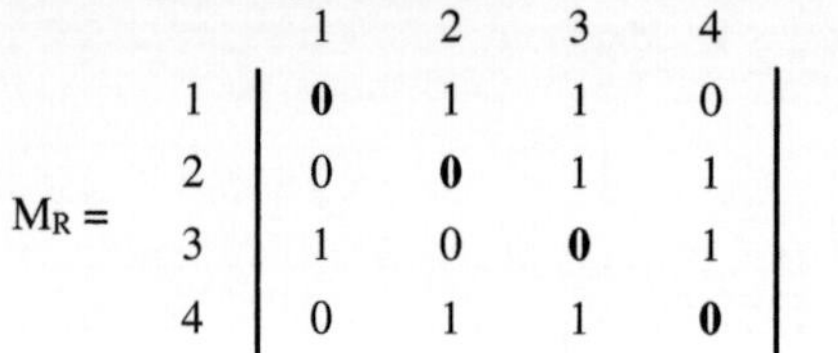
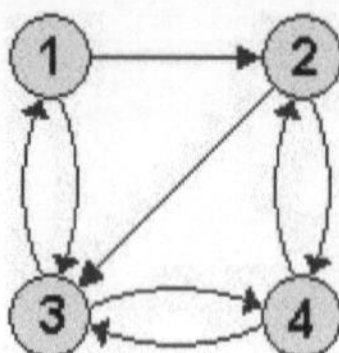

$$M_R = \begin{array}{c|cccc} & 1 & 2 & 3 & 4 \\ \hline 1 & 0 & 1 & 1 & 0 \\ 2 & 0 & 0 & 1 & 1 \\ 3 & 1 & 0 & 0 & 1 \\ 4 & 0 & 1 & 1 & 0 \end{array}$$

Figura 0.12

Relaciones Simétricas

Una relación R en un conjunto **A** es *Simétrica*, si cuando (a, b) ∈ R también (b, a) ∈ R, por tanto, el *Dígrafo* de una Relación Simétrica es aquel que para cada arco (a, b), existe un arco en sentido inverso (b, a), por lo tanto, este tipo de relaciones se suelen representar por medio de un grafo no dirigido, tal como se muestra en el siguiente ejemplo:

Ejemplo

La siguiente matriz representa a la relación simétrica **R** = { (1,1), (1,2), (2,1), (2,4), (3,3), (4,2) }, que puede ser graficada por medio de un dígrafo (figura 0.13a) o con un grafo simple (figura 0.13b).

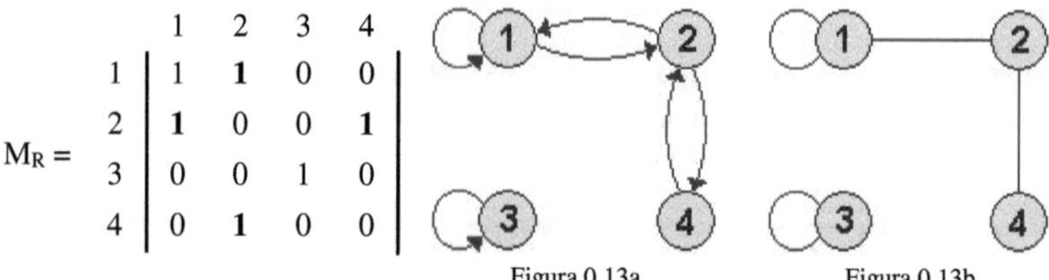

$$M_R = \begin{array}{c|cccc} & 1 & 2 & 3 & 4 \\ \hline 1 & 1 & 1 & 0 & 0 \\ 2 & 1 & 0 & 0 & 1 \\ 3 & 0 & 0 & 1 & 0 \\ 4 & 0 & 1 & 0 & 0 \end{array}$$

Figura 0.13a   Figura 0.13b

Relaciones Asimétricas y Antisimétricas

Si en una relación **R** en un conjunto **A**, cuando (a, b) ∈ **R** entonces (b, a) ∉ **R**, se dice que es *Asimétrica*, además los elementos de la forma (a, a) no pueden pertenecer a **R**, por lo que toda relación asimétrica es también irreflexiva. Mientras que una relación **R** sobre un conjunto **A** es *Antisimétrica*, si cuando (a, b) ∈ **R**, donde a ≠ b, entonces (b, a) ∉ **R**.

El grafo de una relación antisimétrica no tiene ningún arco en sentido inverso a otro arco y además es asimétrica si no tiene lazos en ningún vértice.

Ejemplo 1

La relación **R** = { (1,2), (1,3), (2,4), (3,2), (4,1), (4,3) } es asimétrica, observe la matriz de adyacencia correspondiente y el dígrafo de la figura 0.14.

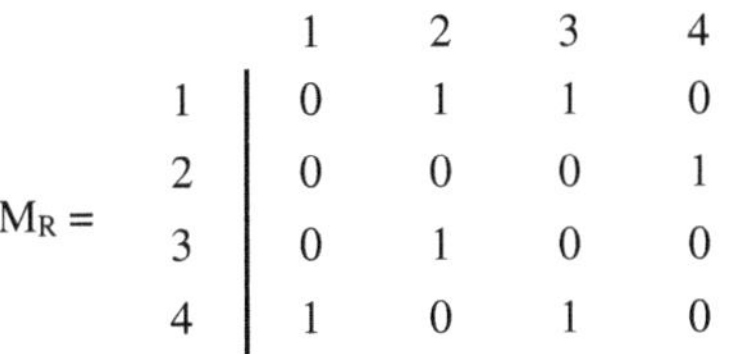

$$M_R = \begin{array}{c|cccc} & 1 & 2 & 3 & 4 \\ \hline 1 & 0 & 1 & 1 & 0 \\ 2 & 0 & 0 & 0 & 1 \\ 3 & 0 & 1 & 0 & 0 \\ 4 & 1 & 0 & 1 & 0 \end{array}$$

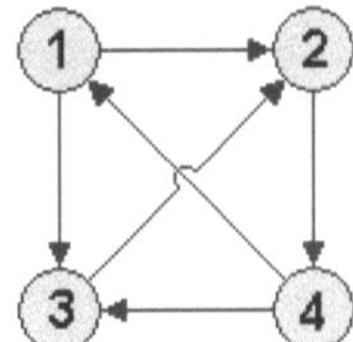

Figura 0.14

Ejemplo 2

La relación **R** = { (1,1), (1,2), (2,2), (3,1), (3,2), (4,1), (4,3) } es antisimétrica, como se puede observar en la siguiente matriz de adyacencia y el dígrafo mostrado en la figura 0.15.

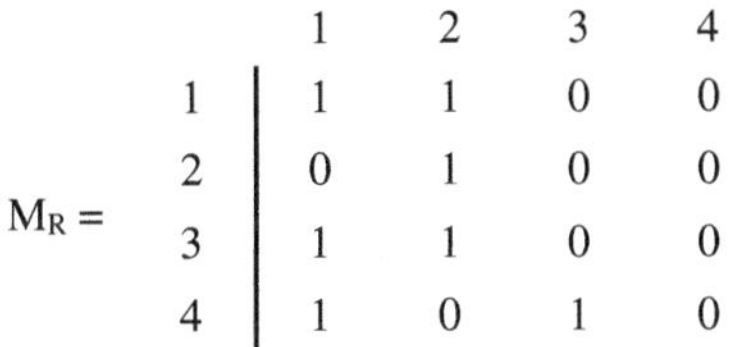

$$M_R = \begin{array}{c|cccc} & 1 & 2 & 3 & 4 \\ \hline 1 & 1 & 1 & 0 & 0 \\ 2 & 0 & 1 & 0 & 0 \\ 3 & 1 & 1 & 0 & 0 \\ 4 & 1 & 0 & 1 & 0 \end{array}$$

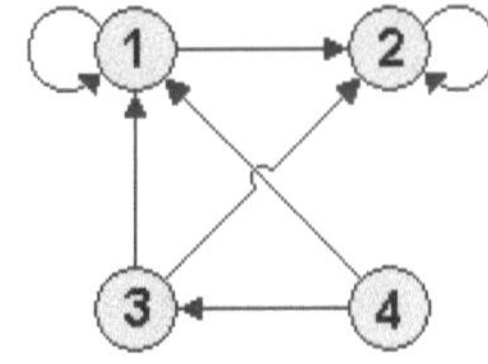

Figura 0.15

Relaciones Transitivas

Una relación R en un conjunto A se dice que es Transitiva, si cuando (a, b) ∈ R y (b, c) ∈ R entonces también (a, c) ∈ R. El grafo de una Relación Transitiva es aquel que para cada trayectoria de longitud dos entre dos vértices, también existe un arco directo entre estos mismos vértices.

Ejemplo

La relación **R** = { (1,1), (1,2), (2,2), (3,1), (3,2), (4,1), (4,2) } es transitiva

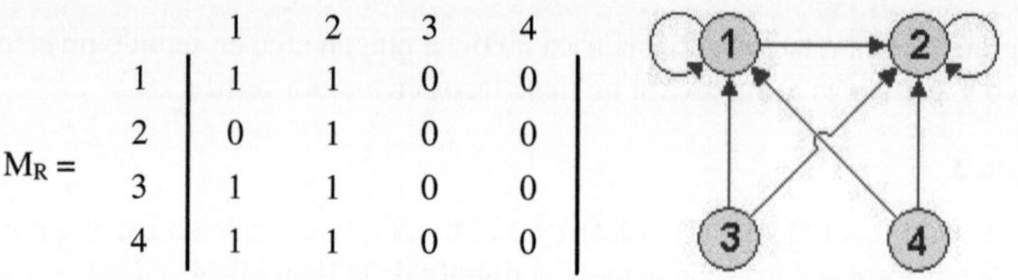

$$M_R = \begin{array}{c|cccc} & 1 & 2 & 3 & 4 \\ \hline 1 & 1 & 1 & 0 & 0 \\ 2 & 0 & 1 & 0 & 0 \\ 3 & 1 & 1 & 0 & 0 \\ 4 & 1 & 1 & 0 & 0 \end{array}$$

Figura 0.16

Relaciones de Equivalencia

Una relación **R** en un conjunto **A** es una *Relación de Equivalencia* si es simultáneamente reflexiva, simétrica y transitiva.

Ejemplo

M_R representa la relación **R** = { (1,1), (1,2), (2,1), (2,2), (3,3), (3,4), (4,3), (4,4)} que es una relación de Equivalencia ilustrada en el grafo de la figura 0.17.

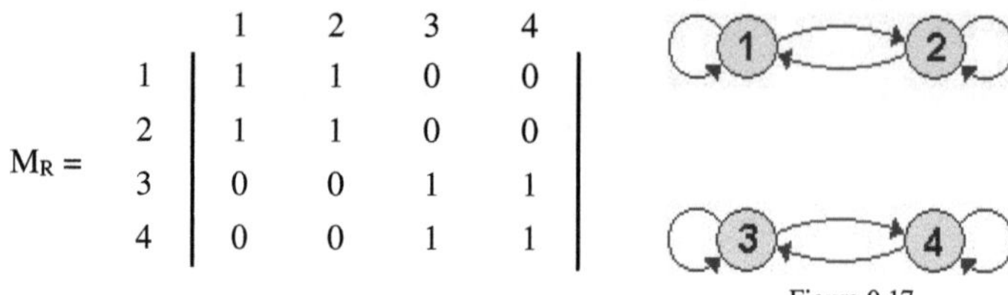

$$M_R = \begin{array}{c|cccc} & 1 & 2 & 3 & 4 \\ \hline 1 & 1 & 1 & 0 & 0 \\ 2 & 1 & 1 & 0 & 0 \\ 3 & 0 & 0 & 1 & 1 \\ 4 & 0 & 0 & 1 & 1 \end{array}$$

Figura 0.17

Clase de Equivalencia

Sea R una Relación de Equivalencia sobre un conjunto **A**, si $a \in$ **A** entonces se le llama clase de equivalencia de a al conjunto de todos los valores x que se relacionan con a, y se denota como: $[a] = \{ x \in$ **A** $\mid (x, a) \in$ **R** $\}$.

Ejemplo

Para la relación de equivalencia **R** definida en el ejemplo anterior, se tiene que las clases de equivalencia son: $[1] = [2] = \{ 1, 2 \}$ y $[3] = [4] = \{ 3, 4 \}$.

En general, se puede observar que [a] = [b] si y sólo si (a, b) ∈ **R**, mientras que si [a] ≠ [b] entonces [a] ∩ [b] = ∅. Por lo tanto, la colección de todas las clases de equivalencia de los elementos de A produce una partición de A.

Para el ejemplo anterior la partición de **A** según **R** sería **A/R** = {{1, 2}, {3, 4}}

Inversamente, dada una partición de **A**, es posible definir una relación de equivalencia **R** en **A** en que las clases de equivalencia son los bloques de la partición de **A**.

Ejemplo

Sea la siguiente partición de **A**: **A/R** ={ { 1 }, { 2, 3, 4 } }, entonces los bloques de la partición generan las siguientes clases de equivalencia: [1] = {1} y [2] = [3] = [4] = {2, 3, 4}, por lo que la relación de equivalencia es: **R** = { (1,1), (2,2), (2,3), (2,4), (3,2), (3,3), (3,4), (4,2), (4,3), (4,4) }.

Se puede ver que la representación matricial de **R** está formada por bloques de unos:

$$
M_R = \begin{array}{c|cccc}
 & 1 & 2 & 3 & 4 \\
\hline
1 & 1 & 0 & 0 & 0 \\
2 & 0 & 1 & 1 & 1 \\
3 & 0 & 1 & 1 & 1 \\
4 & 0 & 1 & 1 & 1 \\
\end{array}
$$

Relación Inversa

Sea **R**: A → B, se define a **R**⁻¹: B → A relación inversa de **R**, si y sólo si se cumple que para toda (a, b) ∈ **R** implica que (b, a) ∈ **R**⁻¹, si se usa la representación matricial se observa que se cumple que la matriz de **R**⁻¹ es la traspuesta de la matriz de **R**: $M_{R^{-1}} = M^T_R$.

Mientras que si **R** está representada por el dígrafo **G**, entonces la relación inversa de **R** se representa por un dígrafo que contiene todos los arcos de **G** trazados en el sentido contrario.

Ejemplo

Sea R = { (1,2), (1,3), (2,4), (3,3), (4,1), (4,2) }, representada por la matriz M_R y el grafo que se muestra en la figura 0.18:

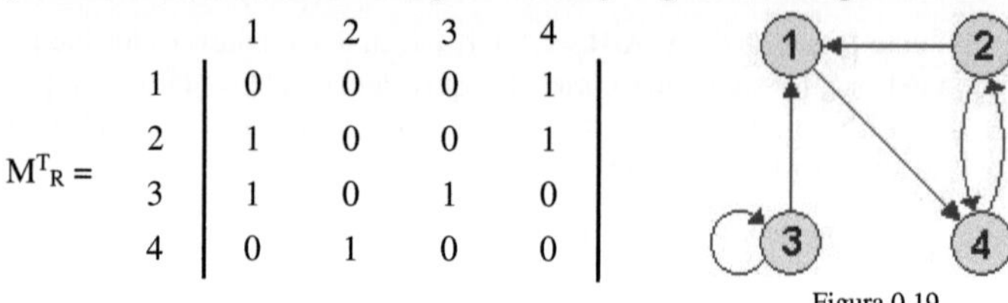

$$M_R = \begin{array}{c|cccc} & 1 & 2 & 3 & 4 \\ \hline 1 & 0 & 1 & 1 & 0 \\ 2 & 0 & 0 & 0 & 1 \\ 3 & 0 & 0 & 1 & 0 \\ 4 & 1 & 1 & 0 & 0 \end{array}$$

Figura 0.18

Entonces la relación inversa es: $R^{-1} = \{$ (2,1), (3,1), (4,2), (3,3), (1,4), (2,4) $\}$, que se muestra en la matriz traspuesta M^T_R y el grafo de la figura 0.19.

$$M^T_R = \begin{array}{c|cccc} & 1 & 2 & 3 & 4 \\ \hline 1 & 0 & 0 & 0 & 1 \\ 2 & 1 & 0 & 0 & 1 \\ 3 & 1 & 0 & 1 & 0 \\ 4 & 0 & 1 & 0 & 0 \end{array}$$

Figura 0.19

Composición

Sean dos relaciones **R**: **A** → **B** y **S**: **B** → **C**, es posible definir una nueva relación, llamada la composición de **R** con **S**, que se escribe como **S ∘ R**. La relación **S ∘ R** es una relación de A en C y se define como sigue: (a, c) ∈ **S ∘ R** si y sólo si para alguna b ∈ B se tiene que (a, b) ∈ **R** y (b, c) ∈ **S**.

El mapeo de una composición **S ∘ R** es la sustitución de secuencias de líneas que unen a un elemento de A con uno de B, mediante la relación **R**, y desde ese elemento hacia uno de C, por medio de la relación **S**, por una sola línea que enlace al elemento de A con ese elemento de C, tal como se ilustra en la figura 0.20.

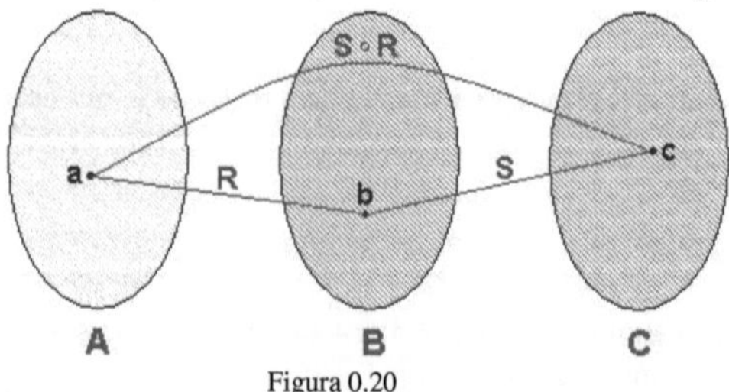

Figura 0.20

Ejemplo

Dado el conjunto $A = \{ 1, 2, 3, 4 \}$, y las relaciones $R = \{ (1,1), (1,2), (1,3), (2,4), (3,1), (3,2), (4,1), (4,3) \}$ y $S = \{ (1,3), (1,4), (2,3), (3,1), (4,1) \}$, entonces, como $(1, 1) \in R$ y $(1, 3) \in S$, se tiene que $(1, 3) \in S \circ R$, y así sucesivamente, se tiene que: $S \circ R = \{ (1,1), (1,3), (1,4), (2,1), (3,3), (3,4), (4,1), (4,3), (4,4) \}$.

Se puede verificar que matricialmente se cumple que: $M_{S \circ R}$, es el producto booleano $M_R \odot M_S$:

$$
M_R = \begin{array}{c|cccc} & 1 & 2 & 3 & 4 \\ \hline 1 & 1 & 1 & 1 & 0 \\ 2 & 0 & 1 & 0 & 0 \\ 3 & 1 & 1 & 0 & 0 \\ 4 & 1 & 0 & 1 & 0 \end{array}
\qquad
M_S = \begin{array}{c|cccc} & 1 & 2 & 3 & 4 \\ \hline 1 & 0 & 0 & 1 & 1 \\ 2 & 0 & 0 & 1 & 0 \\ 3 & 1 & 0 & 0 & 0 \\ 4 & 1 & 0 & 0 & 0 \end{array}
\qquad
M_{S \circ R} = \begin{array}{c|cccc} & 1 & 2 & 3 & 4 \\ \hline 1 & 1 & 0 & 1 & 1 \\ 2 & 0 & 0 & 1 & 0 \\ 3 & 0 & 0 & 1 & 1 \\ 4 & 1 & 0 & 1 & 1 \end{array}
$$

Cerraduras

Cerradura Reflexiva

Supóngase que R es una relación que no es reflexiva, entonces existe R_r, tal que es la más pequeña relación que contiene a R y que es reflexiva. A la relación R_r se le llama Cerradura reflexiva de R. Si Δ es la relación diagonal, entonces es fácil demostrar que $R_r = R \cup \Delta$.

Ejemplo

La relación $R = \{ (1,1), (1,2), (1, 3), (3,2), (3,3), (4,2) \}$ sobre $A = \{ 1, 2, 3, 4 \}$ no es reflexiva, como $\Delta = \{ (1,1), (2,2), (3,3), (4,4) \}$, entonces la cerradura reflexiva de R es $R_r = R \cup \Delta = \{ (1,1), (1,2), (1, 3), (2,2), (3,2), (3,3), (4,2), (4,4) \}$

Cerradura Simétrica

Supóngase que R es una relación que no es simétrica, entonces existe R_s, tal que es la más pequeña relación que contiene a R y que es simétrica. A la relación R_s se le llama Cerradura simétrica de R.

Si R^{-1} es la relación inversa, entonces es fácil demostrar que $R_s = R \cup R^{-1}$.

Ejemplo

La relación $\mathbf{R}$ = { (1,1), (1,2), (1,3), (3,2), (3,3) } sobre $\mathbf{A}$ = { 1, 2, 3, 4 } no es simétrica, se tiene que $\mathbf{R}^{-1}$ = { (1,1), (2,1), (3,1), (2,3), (3,3) }, tal que la cerradura simétrica es $\mathbf{R_s} = \mathbf{R} \cup \mathbf{R}^{-1}$ = { (1,1), (1,2), (1,3), (2,1), (2,3), (3,1), (3,2), (3,3) }.

Cerradura Transitiva

Supóngase que $\mathbf{R}$ es una relación transitiva, entonces se cumple que $\mathbf{R} \circ \mathbf{R} \subseteq \mathbf{R}$ y en general se tiene que $\mathbf{R}^n \subseteq \mathbf{R}$ para toda n ≥ 1. Por consecuencia cuando se cumple que $M_R = M_R{}^2$, entonces se puede afirmar que $\mathbf{R}$ es transitiva.

Sea $\mathbf{R}$: $\mathbf{A} \to \mathbf{B}$ donde $|A|$ = n, entonces se define a $\mathbf{R_t}$ como la relación de conectividad de $\mathbf{R}$, de la siguiente manera: $\mathbf{R_t} = \mathbf{R} \cup \mathbf{R}^2 \cup \ldots \cup \mathbf{R}^n$.

Supóngase que $\mathbf{R}$ es una relación que no es transitiva, entonces $\mathbf{R_t}$, es la más pequeña relación que contiene a $\mathbf{R}$ y que es transitiva. A la relación $\mathbf{R_t}$ se le llama Cerradura transitiva de $\mathbf{R}$.

Funciones

Una función $\mathbf{F}$ es una relación que se establece entre los elementos de un conjunto $\mathbf{A}$, llamado *Dominio* y los elementos de otro conjunto $\mathbf{B}$, llamado Contradominio, de tal forma que a cada elemento $\mathbf{a}$ del dominio se le asocia con un solo elemento $\mathbf{b}$ del Contradominio y que se le conoce como la *imagen* de $\mathbf{a}$ bajo la función $\mathbf{F}$ y que se denota como $\mathbf{b} = \mathbf{F(a)}$.

Puede suceder que algún elemento del Contradominio esté asociado con varios elementos del dominio, pero nunca se puede tener a un elemento del dominio que esté asociado con varios elementos del Contradominio. En otras palabras: la imagen de $\mathbf{a}$ es única, para cada elemento $\mathbf{a}$ del Dominio.

Ejemplos

Sea $\mathbf{A}$ = { 1, 2, 3, 4 } el dominio de las siguientes relaciones:

- $\mathbf{R_1}$ = { (1,2), (2,4), (3,2), (4,1) }, se trata de una función, pues cada elemento del dominio tiene su propia imagen.
- $\mathbf{R_2}$ = { (1,1), (1,3), (2,2), (3,4) }, no es una función, porque el elemento $\mathbf{1}$ tiene dos imágenes.

- **R₃** = { (1,2), (2,2), (3,2) }, tampoco es una función debido a que el **4** no tiene imagen, y una función tiene que estar definida para todo el dominio, aunque esto se puede solucionar fácilmente, redefiniendo el dominio.

Clasificación de las Funciones

Algunas funciones pueden tener ciertas características interesantes, que permiten clasificarlas en:

Función Inyectiva (uno a uno)

Una función **F: A → B** es *Inyectiva* si y sólo si satisface que dados **a, b** ∈ **A, a ≠ b**, entonces **F(a) ≠ F(b)**. Es decir, que distintos elementos del dominio tienen distintas imágenes, un elemento del contradominio no puede estar asociado con más de un elemento del dominio. El conjunto imagen de la función **F** es el subconjunto del contradominio que contiene a todos los elementos **b** que son imagen de algún elemento **a** del dominio.

Ejemplo

Sean **A** = { 1, 2, 3, 4, 5 }, **B** = { 1, 2, 3, 4, 5, 6, 7, 8 }, entonces la función siguiente: **F** = { (1,1), (2,8), (3,3), (4,8), (5,6) } es una función uno a uno, cuya imagen es el subconjunto de **B** formado por las imágenes de **A** bajo **F**, tal como se muestra en la figura 0.21.

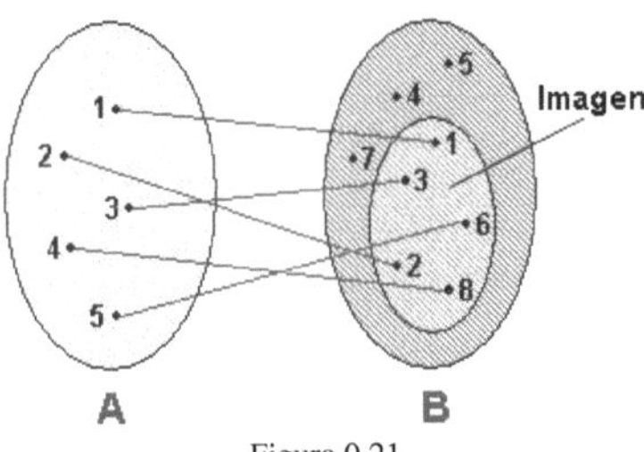

Figura 0.21

Función Sobreyectiva (sobre)

Una función **F: A → B** es *Sobreyectiva* si y sólo si satisface que para todo **b** ∈ **B**, existe al menos una **a** ∈ **A**, tal que **F(a) = b**. Es decir, que la imagen de **F** es igual al contradominio de la función.

Ejemplo

Sean **A** = { 1, 2, 3, 4, 5 }, **B** = { 1, 3, 5 }, entonces **F** = { (1,1), (2,3), (3,1), (4,3), (5,5) } es una función sobreyectiva, como ilustra la figura 0.22.

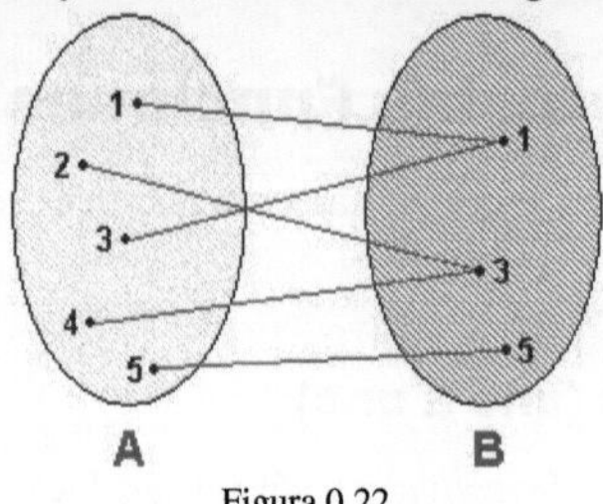

Figura 0.22

Función Biyectiva (uno a uno y sobre)

Una función **F: A → B** es *Biyectiva* si y sólo si es *Inyectiva* y *Sobreyectiva* simultáneamente. Para que una función pueda ser biyectiva se necesita que ambos conjuntos **A** y **B** sean del mismo tamaño.

Cualquier función uno a uno puede considerarse biyectiva si se redefine el contradominio para que coincida con su imagen.

Ejemplo

Sean **A** = { 1, 2, 3, 4, 5 }, **B** = { 1, 2, 3, 4, 5 }, entonces **F** = { (1,4), (2,1), (3,2), (4,5), (5,3) } es una función inyectiva y también es sobreyectiva, por lo tanto, se trata de una función biyectiva, como se muestra en la figura 0.23.

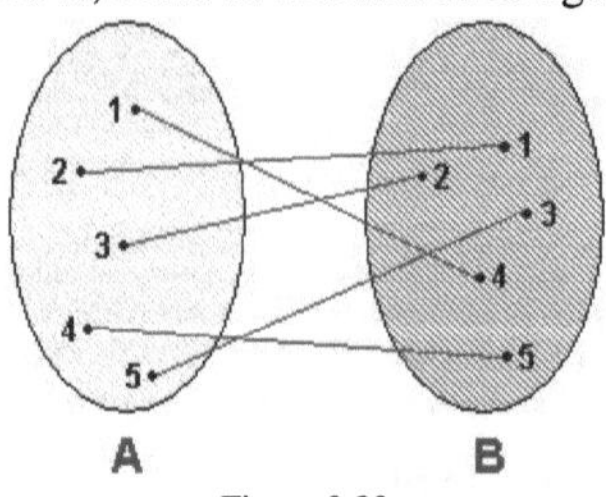

Figura 0.23

Función Inversa

Una función **F** tiene función inversa si existe una función **G** tal que cuando **y = F(x)** entonces **x = G(y)**. Es decir, que la relación inversa de **F** también es una función, y se denota como **G = F⁻¹**. Una función *Biyectiva* es también una función *Invertible*.

Ejemplo

Dada la función **F** = { (1,4), (2,1), (3,2), (4,5), (5,3) } del ejemplo anterior, se tiene que la función inversa de **F** es **F⁻¹** = { (4,1), (1,2), (2,3), (5,4), (3,5) }.

Sucesiones

Una sucesión es una lista ordenada de números, que puede ser finita o infinita, por ejemplo la siguiente sucesión: **S** = { 1, 4, 9, 16, 25, … } es la sucesión infinita de todos los cuadrados perfectos, cada elemento se puede enumerar según el lugar que ocupa en la sucesión, entonces $s_1 = 1$, $s_2 = 4$, $s_3 = 9$, …

La idea de sucesión tiene implícita la idea de orden, de esta manera, la idea de orden conduce a la conclusión de que toda sucesión es un conjunto *Numerable*, es decir, que se puede asociar con los números naturales.

Las sucesiones se clasifican de acuerdo con su comportamiento en monótonas (crecientes o decrecientes) o en oscilatorias, las cuales pueden ser divergentes, convergentes o simplemente acotadas.

La mayoría de las sucesiones se pueden expresar en forma recursiva, expresando el enésimo término en función del inmediato anterior, a esta fórmula se le llama *Ecuación de Recurrencia*.

Ejemplo

Encontrar los primeros términos de la sucesión cuyo elemento inicial es $s_1 = 2$ y que está definida por la expresión recursiva: $s_n = 2s_{n-1} - 1$.

Entonces, dado que $s_1 = 2$, se tiene que: $s_2 = 2s_1 - 1 = 2(2) - 1 = 3$
con $s_2 = 3$, se tiene que: $s_3 = 2s_2 - 1 = 2(3) - 1 = 5$
dado que $s_3 = 5$, se tiene que: $s_4 = 2s_3 - 1 = 2(5) - 1 = 9$

y así sucesivamente se pueden obtener los elementos: $s_5 = 17$, $s_6 = 33$, $s_7 = 65$, etc., por lo tanto la sucesión buscada es:

$$S = \{ 2, 3, 5, 9, 17, 33, 65, \ldots \}$$

Ejemplo

Sea la sucesión: $S = \{ 1, 4, 7, 10, 13, \ldots \}$, encontrar una expresión recursiva para obtener los elementos de esta sucesión.

En este ejemplo se puede observar que la diferencia entre un elemento de la sucesión respecto del anterior es constante, siempre es 3, esto es: $s_n - s_{n-1} = 3$; por lo tanto, si se despeja a s_n, se puede expresar así: $s_n = s_{n-1} + 3$, con $s_1 = 1$.

Forma general de la sucesión

En muchos casos es posible, y muy deseable, encontrar una forma general para representar al enésimo término de una sucesión, y así saber cuál es el enésimo término de una sucesión sin la necesidad de obtener los $n - 1$ términos anteriores.

Ejemplo

Se tiene a la sucesión del ejemplo anterior: $S = \{ 1, 4, 7, 10, 13, \ldots \}$, y se desea encontrar una expresión general que permita obtener directamente los elementos de esta sucesión.

Partiendo de la fórmula recursiva: $s_n = s_{n-1} + 3$, con $s_1 = 1$, y dado que el incremento es constante, es de suponer que la expresión general de s_n sea lineal respecto de n, es decir: $s_n = an + b$, por lo tanto, si se sustituye $n - 1$, en vez de n, se tiene: $s_{n-1} = a(n - 1) + b$ y reemplazando en la fórmula recursiva ($s_n = s_{n-1} + 3$) se obtiene: $an + b = a(n - 1) + b + 3$, y simplificando queda: $an + b = an - a + b + 3$, por lo que se determina que: $a = 3$ y utilizando la condición inicial: $s_1 = 1$, se tiene que: $s_1 = a + b = 3 + b = 1$, por lo que $b = -2$, entonces la forma general buscada es: $s_n = 3n - 2$.

Para verificar este resultado, se hace una prueba con algún valor conocido, por ejemplo, $n = 5$, obteniendo que: $s_5 = 3(5) - 2 = 15 - 2 = 13$, como era de esperar. Esta verificación no constituye una demostración de la validez de la fórmula, solo se trata de una comprobación de que funciona correctamente.

Sucesiones de sumas parciales

La suma parcial de una sucesión S, es el elemento x_k que se obtiene de la suma de los primeros k términos de esa sucesión, de tal manera que se puede hablar de X, como la sucesión de sumas parciales que es la sucesión formada por cada uno de los diferentes elementos x_k, con $k \geq 1$.

Ejemplo

Sea la sucesión: $\mathbf{S} = \{\ 1, 4, 9, 16, 25, \ldots, n^2, \ldots\ \}$, se pueden calcular las sumas parciales siguientes:

$x_1 = s_1 = 1$

$x_2 = s_1 + s_2 = 1 + 4 = 5$

$x_3 = s_1 + s_2 + s_3 = 1 + 4 + 9 = 14$

$x_4 = s_1 + s_2 + s_3 + s_4 = 1 + 4 + 9 + 16 = 30$

Se obtiene la sucesión de sumas parciales: $\mathbf{X} = \{\ 1, 5, 14, 30, 55, \ldots\ \}$.

Para usar una notación más compacta, se emplea el símbolo de sumatoria para representar las sumas parciales, de esta forma se tiene que: $x_k = \sum_{n=1}^{k} s_n$

Y que para el ejemplo anterior sería: $x_k = \sum_{n=1}^{k} n^2$

Es posible, en muchos casos, determinar una fórmula general para representar el enésimo término de una sucesión de sumas parciales, para el ejemplo en cuestión, la fórmula general es:

$$x_k = \sum_{n=1}^{k} n^2 = \frac{k(k+1)(2k+1)}{6}$$

Inducción Matemática

La Inducción Matemática es un método utilizado para demostrar la validez universal de Predicados cuyo dominio son los números naturales. Este proceso consta de dos fases, la fase inicial consiste en probar que la fórmula que se desea demostrar es válida para el primer valor de n, que generalmente es 1, a menos de que se especifique lo contrario.

El segundo paso, llamado paso inductivo, consiste en asumir la validez para un valor n = k y demostrar que también la fórmula es válida para n = k + 1, con lo que se generaliza el uso de la fórmula para cualquier valor de n.

Ejemplo 1

Emplear la Inducción Matemática para demostrar la siguiente igualdad:

$$x_k = \sum_{n=1}^{k} n = 1 + 2 + 3 + \cdots + k = \frac{k(k+1)}{2}$$

Paso Inicial, para k = 1 se cumple que:

$$x_1 = 1 = \frac{1(1+1)}{2} = 1$$

Paso inductivo, se asume la validez para k:

$$x_k = \sum_{n=1}^{k} n = \frac{k(k+1)}{2}$$

A la expresión que se tiene que llegar, si es válida, es la siguiente:

$$x_{k+1} = \sum_{n=1}^{k+1} n = \frac{(k+1)(k+2)}{2}$$

Pare ello, se suma k + 1 (el siguiente término para obtener x_{k+1}), en ambos lados, luego se factoriza el lado derecho de la igualdad y se tiene que:

$$x_k + (k+1) = \sum_{n=1}^{k} n + (k+1) = \frac{k(k+1)}{2} + (k+1) = \frac{(k+1)(k+2)}{2}$$

Pero esta última expresión es la misma que el resultado obtenido de la fórmula general para k + 1, lo que demuestra el paso inductivo.

Ejemplo 2

Emplear la Inducción Matemática para demostrar las siguientes igualdades:

$$x_k = 2 + 5 + 8 + \cdots + (3k-1) = \sum_{n=1}^{k} (3n-1) = \frac{k(3k+1)}{2}$$

Paso Inicial, para k = 1 se cumple que:

$$x_1 = 2 = \frac{(1)(3+1)}{2} = 2$$

Paso inductivo, se supone la validez para k:

$$x_k = \sum_{n=1}^{k} (3n-1) = \frac{k(3k+1)}{2}$$

De acuerdo con la fórmula general, a la expresión que se tiene que llegar, si es válida, es la siguiente:

$$x_{k+1} = \sum_{n=1}^{k+1} (3n - 1) = \frac{(k+1)(3(k+1)+1)}{2} = \frac{(k+1)(3k+4)}{2}$$

Se suma $3(k+1) - 1 = 3k + 2$, (el siguiente término para formar x_{k+1}), en ambos lados, luego se simplifica y se factoriza el lado derecho de la igualdad y se tiene:

$$x_k + (3k+2) = \sum_{n=1}^{k} (3n-1) + (3k+2) = \frac{k(3k+1)}{2} + (3k+2)$$

$$= \frac{(3k^2+k)+(6k+4)}{2} = \frac{3k^2+7k+4}{2} = \frac{(k+1)(3k+4)}{2}$$

Esta última expresión da el mismo resultado que la fórmula general para $k + 1$, lo que demuestra el paso inductivo.

Preguntas

a) ¿Qué características debe tener una relación de equivalencia?

b) ¿Cómo se identifica a una función de otro tipo de relaciones usando un dígrafo?

c) ¿Cómo se hace utilizando su representación matricial?

Ejercicios

0.1. Describir los siguientes Conjuntos por extensión:

    a) A = { Las consonantes de la palabra MATEMATICAS }

    b) B = { Los siete días de la Semana }

    c) C = { Los países de América Central }

    d) D = { El nombre de los dígitos }

    e) E = { Los planetas del Sistema Solar }

    f) F = { Las marcas de Automóviles Japoneses que hay en México }

    g) G = { Los nombres de los meses que no contienen la letra R }

    h) H = { Los dígitos del número 12873 }

    i) I = { Los países de Europa con inicial A }

    j) J = { Los días de la semana que contienen la letra E }

0.2. Describir los siguientes Conjuntos por comprensión:

    a) A = { a, e, i, o, u }

   b) B = { 1, 3, 5, 7, 9, 11, ...}

   c) C = { 1, 4, 9, 16, 25, ...}

   d) D = { 1, 10, 100, 1000, 10000, ...}

   e) E = { 2, 4, 6, 8, 10 }

   f) F = { África, América, Antártida, Asia, Europa, Oceanía }

   g) G = { Antártico, Ártico, Atlántico, Pacífico, Indico }

   h) H = { j, o, r, g, e }

   i) I = { Aguascalientes, Baja California, ..., Zacatecas }

   j) J = { 3, 6, 9, 12, 15, ... }

   k) K = { 1, 3, 9, 27, 81, ... }

   l) L = { Lakers, Knicks, Suns, Bulls, Pacers, Sonics, Jazz, etc. }

0.3. Describir los siguientes Conjuntos de números por extensión:

   a) A = { $x \in N$ | x es menor que 7 }

   b) B = { $x \in N$ | x es mayor que 3 y x es menor que 9 }

   c) C = { $x \in N$ | x es impar }

   d) D = { $x \in N$ | x es múltiplo de 4 menor que 25 }

   e) E = { $x \in N$ | x es potencia de 5 }

   f) F = { $x \in N$ | 12 es múltiplo de x }

   g) G = { $x \in N$ | x tiene raíz cúbica exacta }

   h) H = { $x \in N$ | x es número primo, x es mayor que 16, x es menor que 40}

   i) I = { $x \in N$ | x es negativo }

   j) J = { $x \in N$ | x^2 es menor que 40 }

   k) K = { $x \in N$ | 2^x es menor que 35 }

   l) L = { $x \in N$ | x es par y x es primo}

0.4. Dados los siguientes Conjuntos: A = { 1, 2, 4, 6, 9 }, B = { 1, 3, 6, 9, 12 }, C = { 3, 4, 6, 8, 10 } y D = { 2, 5, 6, 12 }, efectuar las siguientes operaciones con conjuntos:

   a) A ∪ B   b) A ∩ C

   c) A ∪ C   d) C ∪ (B ∩ A)

   e) A ∩ (B ∪ C)   f) (B ∩ C) ∪ A

   g) (B ∩ D) ∪ A   h) (A ∪ C) ∪ B

i) $B \cup (D \cup C)$ j) $(B \cap C) \cup D$

k) $(A \cap B) \cup D$ l) $((A \cup B) \cap C) \cap D$

m) $A \cup (D \cup C)$ n) $(B \cup C) \cap D$

o) $((B \cap D) \cup A) \cap C$

0.5. Dados el Universo U = { 1, 2, 3, 4, 5, 6, 7, 8, 9 } y los siguientes Conjuntos: A = {2, 4, 6, 8 }, B = {1, 3, 6, 9 }, C = { 1, 3, 4, 5, 7 } y D = { 2, 3, 4, 6, 8 }, efectuar las siguientes operaciones con conjuntos:

a) A^C b) B^C

c) C^C d) D^C

e) $A^C \cap C$ f) $B^C \cup A$

g) $B - C$ h) $C - D$

i) $D - A$ j) $(A - C) \cup (B - D)$

k) $A^C \cap (B^C \cup C)$ l) $B - (C \cup D)^C$

m) $A \cup (C^C \cup B)^C$ n) $A \oplus B$

o) $D^C \cup B$ p) $(A \cup C^C)^C$

q) $(B^C \cup D^C)^C$ r) $(A \cup B)^C - (C \cup D^C)$

0.6. Dado el universo U = { 1, 2, ..., 12 }, y los conjuntos: A = {1, 4, 7, 8, 9, 12}, B = { 1, 2, 5, 7 }, C = { 1, 2, 5, 7, 8, 10, 12 } y D = { 4, 5, 7, 9, 11, 12 }, efectuar las siguientes operaciones con conjuntos:

a) A^C b) $C^C \cup A$

c) B^C d) $A^C \cap B$

e) C^C f) $C^C \cup B$

g) $A \oplus B$ h) $B^C - (A^C \cup C)$

i) D^C j) $C \oplus D^C$

k) $(A^C - C) \oplus D$ l) $(D - B^C)^C$

m) $(C^C \cup D^C)^C$ n) $(A - D) \oplus (B \cup C)^C$

0.7. Dado el universo U = { 1, 2, 3, 4, 5 } y los siguientes conjuntos: A = {2, 3 }, B = { 1, 4, 5 }, C = { 1 }, D = { 4, 3 } y E = { 1, 3, 4 }, indicar si las siguientes expresiones son verdaderas o falsas:

a) $A^C = B$ b) $(A \cap B) \subseteq C$

c) $(A - C) \subseteq (B - C)$ d) $2 \in C^C$

e) $(C - B) = (C - A)$ f) $(B - A) \neq B$

g) $5 \notin A$

h) $(A \cup C) \cap B = \{ 1 \}$

i) $(C \cap B) \not\subset A$

j) $(D \oplus B)^C = \varnothing$

k) $C \subseteq A$

l) $2 \in A$

m) $5 \notin C$

n) $A = E^C$

o) $B \not\subset A$

p) $(C^C \cap E) \subseteq D$

q) $(D \cup C) = E$

r) $(B \cup A) = U$

s) $A \cap (E \cap B) = \varnothing$

t) $A \subseteq E$

u) $2 \notin (C \cap D)^C$

v) $(C \cap E) \subseteq (B \cup A)$

w) $(B \cup D) = (E \cup A)$

x) $(E^C \cup D)^C = B \cup A^C$

y) $(E \cap B^C) \cup (C^C \cap D)^C = D^C$

0.8. Sea $U = \{ 1, 2, 3, 4, 5, 6 \}$ el conjunto universal y sea $B = \{ 1, 4, 5 \}$ un conjunto dado, encuentre el conjunto A, que cumpla las siguientes dos condiciones: $A \cap B = \{ 1 \}$ y $A \cup B = U$.

0.9. Dados los conjuntos $A = \{ 1, 3, 5, 6 \}$ y $B = \{ 1, 4, 6 \}$, obtenga todos los conjuntos C_i que cumplan las siguientes dos condiciones: $C_i \cap A = \{ 3 \}$ y $C_i \cup B = \{ 1, 3, 4, 6 \}$

0.10. Sean los conjuntos $A = \{ 1, 3, 4, 6 \}$ y $B = \{ 1, 2, 4, 5 \}$, encuentre los cuatro conjuntos C_i para los cuales se cumplen ambas condiciones: $A \cap C_i = \{ 1 \}$ y $B \cup C_i = \{ 1, 2, 4, 5, 7 \}$.

0.11. Sea el conjunto universal $U = \{ 1, 2, 3, 4, 5, 6 \}$ y sea $B = \{ 1, 2, 4, 5 \}$ un conjunto dado, encuentre el conjunto R formado por los cuatro conjuntos A_i, para los cuales se cumple que: $A_i \cap B = \{ 1 \}$

0.12. Sea el universo $U = \{ 1, 2, 3, 4, 5, 6 \}$ y sea $B = \{ 2, 3, 5 \}$ un conjunto dado, encuentre el conjunto R formado por todos los conjuntos A_i, para los cuales se cumple que: $A_i \cap B = \{ 2 \}$

0.13. Dado el Conjunto: $A = \{ s, o, n, r, i, e \}$, encontrar el conjunto B, formado por todos los posibles subconjuntos de A que tienen cardinalidad 4

0.14. Sean los conjuntos: $A = \{ 2, 4, 5, 6, 8 \}$ y $B_1 = \{ 2, 5, 8 \}$, encuentre el conjunto B_2, de tal forma que de $P = \{ B_1, B_2 \}$ sea una partición de A.

0.15. Dado el conjunto $A = \{ 1, 3, 4, 6 \}$, obtenga todas las posibles particiones de A que estén formadas por dos subconjuntos de cardinalidad 2.

0.16. Dado el conjunto $A = \{ 2, 5, 6, 7 \}$, obtenga todas las posibles particiones de A que estén formadas por tres subconjuntos.

0.17. Si $N(A) = 33$, $N(B) = 21$, y $N(A - B) = 18$, determine $N(A \cap B)$ y $N(A \cup B)$.

0.18. Representar por medio de Diagramas de Venn cada una de las siguientes operaciones.

a) $A \cap (B - C)$ b) $A \cup (C \cap B)$

c) $(B \cup C) \cap A$ d) $A - (C \cap B)$

e) $A - (B - C)$ f) $(A \cap B) \cap C$

g) $(A \cup B) \cap C$ h) $(A - B) \cup C$

i) $A \cup (B - C)$ j) $A - (B^c \cap C)$

k) $A - (C \cup B)$ l) $(A \cap B) - (A \cup C)$

m) $(A - B) \cup (C - A)$ n) $(A - B) \cup C$, donde $B \subseteq A$

o) $(A \cup C) - B$, A y C disjuntos

0.19. Dados los conjuntos A y B encontrar $A \times B$.

a) $A = \{ a, d, f \}$ y $B = \{ 3, 6, 8 \}$

b) $A = \{ p, o, s, t \}$ y $B = \{ 1, 4 \}$

c) $A = \{ x, z \}$ y $B = \{ 3, 6, 9, 12 \}$

d) $A = \{ 2, 5, 7 \}$ y $B = \{ 2, 5, 7 \}$

0.20. Sea $A = \{ 1, 2, 3, 4 \}$, determinar si cada una de las relaciones siguientes es reflexiva, irreflexiva, simétrica, asimétrica, antisimétrica o transitiva.

a) $R_1 = \{ (1, 3), (3, 3), (3, 1), (2, 2), (4, 2), (4, 4), (1, 1), (2, 4) \}$

b) $R_2 = \{ (1, 2), (1, 3), (1, 4), (2, 3), (2, 4), (3, 4) \}$

c) $R_3 = \{ (1,2), (1,3), (3,4), (2,2), (2,3), (4,4), (1,1), (2,4), (3,3), (1,4) \}$

d) $R_4 = A \times A$

e) $R_5 = \{ (1, 1), (2, 2), (4, 4) \}$

f) $R_6 = \varnothing$

g) $R_7 = \{ (1, 3), (3, 1), (4, 4), (2, 1), (1, 2) \}$

h) $R_8 = \{ (1, 2), (2, 1), (3, 1), (1, 3), (4, 1), (1, 4) \}$

i) $R_9 = \{ (1, 4), (2, 4), (3, 1), (3, 2), (3, 3), (3, 4), (4, 4) \}$

j) $R_{10} = \{ (1, 1), (2, 2), (3, 1), (3, 3), (4, 1), (4, 4) \}$

k) $R_{11} = \{ (1, 1), (2, 2), (2, 3), (3, 2), (3, 4), (4, 3) \}$

l) $R_{12} = \{ (1,3), (3,1), (2,3), (1,1), (1,2), (3,2), (1,4), (4,2), (3,4) \}$

0.21. Considere el conjunto A = { 1, 2, 3, 4 }, encontrar la cerradura reflexiva de cada una de las siguientes relaciones:

a) R_1 = { (1, 3), (2, 3), (3, 1), (3, 2), (4, 2), (4, 3), (4, 4) }

b) R_2 = { (1, 1), (2, 1), (3, 1), (3, 4), (4, 1), (4, 2), (4, 4) }

c) R_3 = { (1, 1), (1, 3), (2, 1), (2, 2), (3, 2), (3, 3), (4, 4) }

d) R_4 = { (1, 1), (1, 3), (1, 4), (2, 1), (2, 3), (3, 3), (4, 3), (4, 4) }

e) R_5 = { (1, 3), (1, 4), (2, 3), (2, 4), (3, 1), (3, 3), (3, 4), (4, 3) }

0.22. Considere el conjunto A = { 1, 2, 3, 4 }, encontrar la cerradura simétrica de cada una de las siguientes relaciones:

a) R_1 = { (1, 1), (1, 3), (3, 1), (3, 2), (4, 2), (4, 3), (4, 4) }

b) R_2 = { (1, 2), (2, 1), (3, 1), (3, 2), (3, 4), (4, 2), (4, 4) }

c) R_3 = { (1, 2), (1, 3), (2, 1), (2, 2), (3, 1), (3, 3), (4, 4) }

d) R_4 = { (1, 1), (1, 2), (1, 4), (2, 1), (2, 2), (3, 1), (4, 2), (4, 3) }

e) R_5 = { (1, 2), (1, 4), (2, 2), (2, 4), (3, 2), (3, 3), (3, 4), (4, 1) }

0.23. Considere los siguientes pares de relaciones, encuentre la composición R∘S y la composición S∘R en cada caso:

a) R_1 = { (1, 3), (2, 3), (3, 1), (3, 2), (4, 2), (4, 3), (4, 4) }
   S_1 = { (1, 1), (2, 1), (3, 1), (3, 4), (4, 1), (4, 2), (4, 4) }

b) R_2 = { (1, 1), (1, 3), (2, 1), (2, 2), (3, 2), (3, 3), (4, 4) }
   S_2 = { (1, 1), (1, 3), (3, 1), (3, 2), (4, 2), (4, 3), (4, 4) }

c) R_3 = { (1, 2), (2, 1), (3, 1), (3, 2), (3, 4), (4, 2), (4, 4) }
   S_3 = { (1, 2), (1, 3), (2, 1), (2, 2), (3, 1), (3, 3), (4, 4) }

d) R_4 = { (1, 1), (1, 2), (1, 3), (2, 1), (2, 2), (3, 2), (4, 3), (4, 4) }
   S_4 = { (1, 1), (1, 4), (2, 1), (2, 3), (3, 1), (3, 2), (3, 4), (4, 4) }

0.24. Encuentre una expresión general para representar el enésimo término de cada una de las siguientes sucesiones:

a) -1, 1, -1, 1, -1, 1, -1, 1, -1, 1, ...

b) 5, 7, 9, 11, 13, ...

c) 1, 1/3, 1/7, 1/15, 1/31, ...

d) 2, 7, 24, 77, 238, ...

0.25. Emplear la Inducción Matemática para demostrar cada una de las siguientes igualdades:

a) $$\sum_{n=1}^{k} 2n = k^2 + k$$

b) $$\sum_{n=1}^{k} (4n - 1) = 2k^2 + k$$

c) $$\sum_{n=1}^{k} (6n - 2) = k(3k + 1)$$

d) $$\sum_{n=1}^{k} (10n - 15) = 5k^2$$

e) $$\sum_{n=1}^{k} (3n - 2) = \frac{k(3k - 1)}{2}$$

f) $$\sum_{n=1}^{k} n^2 = \frac{k(k + 1)(2k + 1)}{6}$$

g) $$\sum_{n=1}^{k} n(n!) = (k + 1)! - 1$$

h) $$\sum_{n=1}^{k} \left((-1)^n n^2\right) = \frac{(-1)^{k-1} k(k + 1)}{2}$$

i) $$\sum_{n=1}^{k} 2^n = 2^{k+1} - 2$$

j) $$\sum_{n=1}^{k} 3n(n - 1) = k(k + 1)(k + 2)$$

k) $$\sum_{n=1}^{k} a^{n-1} = \frac{1 - a^k}{1 - a}, \quad a \neq 1$$

l) $$\sum_{n=1}^{k} \frac{1}{(4n - 3)(4n + 1)} = \frac{k}{4k + 1}$$

m) $$\sum_{n=1}^{k} \frac{1}{2^n} = 1 - \frac{1}{2^k}$$

n) $$\sum_{n=1}^{k} \frac{1}{(2n - 1)(2n + 1)} = \frac{k}{2k + 1}$$

0.26. Obtener una expresión general para la siguiente suma:

$$\sum_{n=1}^{k} (an - b) \quad \text{a} \quad \text{partir} \quad \text{de} \quad \sum_{n=1}^{k} n = \frac{k(k + 1)}{2}, \quad \text{para} \quad a, b \in N$$

Capítulo 1

Conceptos Básicos

En este capítulo se definen conceptos básicos tales como: símbolo, alfabeto, cadena y lenguaje. Se describen las operaciones y las propiedades más importantes de cada uno de ellos. Se define qué es un lenguaje regular y qué son las expresiones regulares, se enuncian los principales teoremas que involucran expresiones regulares y se ilustra su uso en la simplificación de expresiones regulares. Al final se hace una introducción al uso de las expresiones regulares extendidas.

Símbolo

Un **símbolo** es una representación tangible de algo abstracto, por lo tanto, es perceptible por medio de al menos uno de los sentidos, por ejemplo, una letra es un símbolo gráfico que representa un sonido concreto, un dígito es la representación de un valor numérico; los símbolos también pueden representar un concepto o una idea, como los que se emplean en arquitectura, electricidad y matemáticas. Aunque la mayoría de los símbolos son visuales, y son los que interesan para este curso, también se pueden considerar como símbolos las señales auditivas como las que emiten algunas alarmas, o el código Braille, que se identifica mediante el tacto.

En particular, se considera en este texto que un símbolo puede ser un signo, un dígito, una letra o incluso un grupo de letras, que se utiliza para transmitir el conocimiento en algún lenguaje y que tiene algún significado convencional. Se puede decir, entonces, que un símbolo es una representación gráfica de algo. Algunos ejemplos de símbolos son: **0**, ∞, **W**, **OK**, ϵ, **b**, ψ, $\exists$, $\neq$, π, **STOP**, etc.

La característica principal de un símbolo es su distinción, ya que al ser distintos pueden ser identificados. Varios símbolos pueden emplearse para representar el mismo concepto, como son las diferentes formas de escribir una misma letra. Así también, un solo símbolo puede tener varios nombres y diferentes significados en distintos contextos, pero esta problemática no se aborda en este libro.

Alfabeto

Con objeto de determinar cuáles son los símbolos que serán utilizados, y por tanto considerados válidos en un determinado contexto, se define *alfabeto* como un conjunto, finito y no vacío de símbolos.

En ocasiones se establece un orden convencional entre los símbolos, al cual se le llama orden alfabético, pero el orden no es una característica propia de los alfabetos, ya que esta propiedad no se requiere para la mayoría de las aplicaciones de lenguajes.

Ejemplos

- $\Sigma = \{\, \mathbf{0, 1}\, \}$ es un alfabeto.
- El alfabeto griego es: $\Sigma = \{\, \alpha, \beta, \gamma, \delta, \ldots, \omega\, \}$
- Las palabras reservadas de cualquier lenguaje de programación forman un alfabeto: $\Sigma = \{\, \mathbf{AND, CASE, ELSE, END, IF, OR, WHILE}, \text{etc.}\, \}$. En este caso, cada símbolo está formado por varias letras.

Propiedades de los alfabetos

Los alfabetos permiten las operaciones que son comunes a cualquier otra clase de conjuntos, siempre que el resultado de tal operación no sea un conjunto vacío, es decir: Si Σ_1 y Σ_2 son dos alfabetos, entonces, los resultados de las siguientes operaciones: $\Sigma_1 \cup \Sigma_2$, es un alfabeto; $\Sigma_1 \cap \Sigma_2$, es un alfabeto si Σ_1 y Σ_2 no son disjuntos; $\Sigma_1 - \Sigma_2$, es un alfabeto si $\Sigma_1 \not\subseteq \Sigma_2$; $\Sigma_2 - \Sigma_1$, es un alfabeto si $\Sigma_2 \not\subseteq \Sigma_1$; y la diferencia simétrica, denotada como: $\Sigma_1 \oplus \Sigma_2$, es un alfabeto si $\Sigma_1 \neq \Sigma_2$.

Dado que no existe un alfabeto universal, porque tendría que ser infinito, y esto contradice la definición, tampoco puede existir el complemento de un alfabeto.

Ejemplo

Sean los alfabetos $\Sigma_1 = \{\mathbf{0, 1, 2, 3, 4}\, \}$ y $\Sigma_2 = \{\mathbf{0, 2, 5}\, \}$, entonces se tiene que también son alfabetos los siguientes: $\Sigma_1 \cup \Sigma_2 = \{\mathbf{0, 1, 2, 3, 4, 5}\}$, $\Sigma_1 \cap \Sigma_2 = \{\mathbf{0, 2}\}$, $\Sigma_1 - \Sigma_2 = \{\, \mathbf{1, 3, 4}\, \}$, $\Sigma_2 - \Sigma_1 = \{\, \mathbf{5}\, \}$ y $\Sigma_1 \oplus \Sigma_2 = \{\, \mathbf{1, 3, 4, 5}\, \}$.

Cadena

Una Cadena es una secuencia finita de símbolos de un alfabeto dado, yuxtapuestos uno a continuación de otro en una secuencia determinada. La posición que ocupa cada símbolo dentro de la cadena lo diferencia de las demás ocurrencias del mismo símbolo, y por eso cada símbolo puede aparecer numerosas veces dentro de una misma cadena.

Ejemplos

- Sea el alfabeto Σ = { **0, 1** }, entonces w_1 = **10**, w_2 = **10011** y w_3 = **100100101** son cadenas formadas a partir de ese alfabeto.
- Sea el alfabeto Σ = { **a, b, c, d, e** }, x_1 = **bebe**, x_2 = **daba**, x_3 = **cada**, x_4 = **cabe** y x_5 = **de** son cadenas formadas a partir de ese alfabeto.

Cadena Vacía

La cadena vacía se denota por ε y es la cadena que está formada por una secuencia de cero símbolos de cualquier alfabeto.

Operaciones con Cadenas

Longitud de una Cadena

Si w es una cadena, se dice que la longitud de ésta es el número de símbolos que la forman y se denota por $|w|$. No importando cuantas veces aparezca el mismo símbolo en la cadena, cada ocurrencia se cuenta por separado.

Ejemplos

- Sea w_1 = **10011**, entonces $|w_1|$ = 5.
- Sea w_2 = **1011010101**, entonces $|w_2|$ = 10.
- La longitud de la cadena vacía es cero: $|\varepsilon|$ = 0.

Concatenación

Concatenación es la yuxtaposición de dos cadenas, una a continuación de la otra, de tal forma que, si w y x son dos cadenas, la concatenación de w con x es la cadena que se obtiene de añadir la cadena x a la cadena w.

La concatenación se denota con el operador de yuxtaposición: $w \cdot x$, pero usualmente se omite el operador, quedando: wx. Además, la yuxtaposición no es conmutativa y en general se tiene que: $wx \neq xw$.

La longitud de cadena obtenida por una concatenación es igual a la suma de las longitudes de las cadenas individuales que se concatenan: $|wx| = |w| + |x| = |xw|$.

La concatenación de ε con cualquier cadena w no modifica a w. Es decir, la cadena vacía es el idéntico respecto a la concatenación, ya que: $\varepsilon w = w\varepsilon = w$. Por esto, a la cadena vacía se le conoce también como el *Elemento Neutro* de la Concatenación.

Ejemplos

- Sean $w = \mathbf{001}$ y $x = \mathbf{1}$, entonces $w \cdot x = \mathbf{0011}$, mientras que $x \cdot w = \mathbf{1001}$.
- Sean $w = \mathbf{ab}$ y $x = \mathbf{bab}$, entonces $xw = \mathbf{babab}$, $wx = \mathbf{abbab}$.
- Sea $w = \mathbf{abba}$, entonces $\varepsilon w = \mathbf{abba}$ y $w\varepsilon = \mathbf{abba}$.

Potencia de Cadenas

Sea w una cadena formada a partir de un alfabeto Σ, entonces para cualquier $n \geq 0$, se tiene que la enésima potencia de w se puede definir recursivamente como:

$$w^n = \begin{cases} \varepsilon & para\ n = 0 \\ ww^{n-1} & para\ n > 0 \end{cases}$$

Observe que en general se tiene que la potencia de una concatenación es diferente de la concatenación de las potencias, esto es: $(wx)^n \neq w^n x^n$.

Ejemplos

- Sea $w = \mathbf{abc}$ entonces $w^0 = \varepsilon$, $w^1 = ww^0 = \mathbf{abc}\varepsilon = \mathbf{abc}$, $w^2 = ww^1 = \mathbf{abcabc}$, $w^3 = ww^2 = \mathbf{abcabcabc}$, etc.

- Sea $w = \mathbf{0}$ entonces $w^0 = \varepsilon$, $w^1 = \mathbf{0}$, $w^2 = \mathbf{00}$, $w^3 = \mathbf{000}$, $w^4 = \mathbf{0000}$, etc.
- Sea $w = \varepsilon$, entonces $w^0 = w^1 = w^2 = w^3 = \ldots = \varepsilon$.
- Sea $w = \mathbf{01}$ y $x = \mathbf{1}$, entonces $(wx)^2 = (\mathbf{011})^2 = \mathbf{011011}$, y $w^2 x^2 = (\mathbf{01})^2(\mathbf{1})^2 = \mathbf{010111}$.

Prefijo

Sea w una cadena formada a partir de un alfabeto Σ, entonces, se cumple que existen dos cadenas x y z, tales que $w = xz$, se dice que x es un prefijo de w. Además, cuando $z \neq \varepsilon$ (es decir $x \neq w$), se dice que x es un prefijo propio de w; en el otro caso, cuando $x = w$, se tiene que x es llamado prefijo impropio.

Una cadena de longitud n, tiene n prefijos propios distintos y uno impropio.

Ejemplos

- $x_0 = \varepsilon$, $x_1 = \mathbf{c}$, $x_2 = \mathbf{co}$, $x_3 = \mathbf{cof}$, $x_4 = \mathbf{cofr}$ son prefijos propios de $w = \mathbf{cofre}$.
- $x_0 = \varepsilon$, $x_1 = \mathbf{a}$, $x_2 = \mathbf{a}^2$, $x_3 = \mathbf{a}^3$, $x_4 = \mathbf{a}^4$ son prefijos propios de $w = \mathbf{a}^5$.

Sufijo

Sea w una cadena formada a partir de un alfabeto Σ, entonces, se cumple que existen dos cadenas x y z, tales que $w = xz$, se dice que z es un sufijo de w. Además, si $x \neq \varepsilon$ (es decir $z \neq w$), se puede decir que z es un sufijo propio de w; y similarmente al caso anterior, si $z = w$, entonces z es un sufijo impropio.

Una cadena de longitud n, tiene n sufijos propios distintos y uno impropio.

Ejemplos

- $z_0 = \varepsilon$, $z_1 = \mathbf{o}$, $z_2 = \mathbf{to}$ y $z_3 = \mathbf{ato}$ son los sufijos propios de $w = \mathbf{gato}$, mientras que el sufijo impropio es $z_4 = \mathbf{gato}$.
- $z_0 = \varepsilon$, $z_1 = \mathbf{a}$, $z_2 = \mathbf{aa}$, $z_3 = \mathbf{aaa}$ y $z_4 = \mathbf{aaaa}$ son los sufijos propios de $w = \mathbf{a}^5$.

Como se ha podido observar en los ejemplos anteriores, la cadena vacía ε siempre es prefijo y sufijo propio de cualquier otra cadena.

Subcadenas

Una cadena y es una subcadena de otra cadena w, si existen x y z, no ambas vacías, para las cuales se cumple que $w = xyz$. Cualquier prefijo o sufijo propios de w también son subcadenas de w, en particular, ε es subcadena de cualquier otra cadena.

La cantidad máxima N de subcadenas distintas de una cadena dada de longitud n, se puede determinar con la siguiente fórmula:

$$N = 1 + 2 + \cdots + n = \frac{n\,(n+1)}{2}$$

Y corresponde a 1 cadena de longitud 0, 2 cadenas de longitud $n - 1$, 3 cadenas de longitud $n - 2$, etc., hasta llegar a n cadenas de longitud 1. Mientras que la cantidad mínima de subcadenas distintas de una cadena de longitud n, es precisamente n, para el caso en que la cadena esté formada por puros símbolos iguales y entonces existe una cadena de longitud 0, una de longitud 1, una de longitud 2, etc., hasta llegar a una cadena de longitud $n - 1$.

Ejemplos

- Las 10 subcadenas de $w = $ **gato** son: $y_0 = \varepsilon$, $y_1 = $ **g**, $y_2 = $ **a**, $y_3 = $ **t**, $y_4 = $ **o**, $y_5 = $ **ga**, $y_6 = $ **at**, $y_7 = $ **to**, $y_8 = $ **gat** y $y_9 = $ **ato**.
- Las 7 subcadenas distintas de $w = $ **papa**: $y_0 = \varepsilon$, $y_1 = $ **p**, $y_2 = $ **a**, $y_3 = $ **pa**, $y_4 = $ **ap**, $y_5 = $ **pap** y $y_6 = $ **apa**.
- Las 6 subcadenas distintas de $w = $ **aaaaaa**: $y_0 = \varepsilon$, $y_1 = $ **a**, $y_2 = $ **aa**, $y_3 = $ **aaa**, $y_4 = $ **aaaa** y $y_5 = $ **aaaaa**.

Inversa de una Cadena

La **Inversa de una Cadena** w es la cadena w^R, tal que es la imagen refleja de w, es decir, que equivale a w cuando se lee de derecha a izquierda.

Formalmente se define la inversa de w de manera recursiva como:

$$w^R = \begin{cases} \varepsilon & si \; w = \varepsilon \\ y^R a & si \; w = ay \end{cases}$$

Donde y es una cadena y **a** es un símbolo.

Propiedades de la Inversa

- $a^R = a$, donde **a** es un símbolo.
- $(x^R)^R = x$
- Si $x = wy$, entonces $x^R = y^R w^R$
- Una cadena se llama *palíndroma*, cuando es igual a su inversa: $w = w^R$.

Ejemplo

Obtener la inversa de la cadena $w = $ **amor**, aplicando la definición se puede considerar que $w = $ **a(mor)**, entonces se tiene que $w^R = $ **(amor)**$^R = $ **(mor)**^{R}**a**, repitiendo el proceso, se obtiene sucesivamente:

$w^R = $ **(m(or))**^{R}**a** $= $ **((or)**^{R}**m)a** $= $ **(o(r))**^{R}**ma** $= $ **(r)**^{R}**oma** $= $ **(ε)**^{R} **roma** $= $ **roma**.

Obviamente, es mucho más sencillo en la práctica hacerlo de forma directa que a través de la definición, pero la fórmula recursiva es muy útil para una implementación en un programa de computadora.

Lenguaje

Un **lenguaje** formal es un conjunto de palabras o cadenas formadas a partir de los símbolos de un alfabeto dado. Un lenguaje puede ser finito o infinito, aunque, como se mencionó antes, el alfabeto de donde se genera debe ser siempre finito.

Todo alfabeto Σ puede ser considerado también, si así se desea, como un lenguaje formado por cadenas que son todas de longitud uno.

Ejemplos

- Sea Σ = { **a, b, c** }, entonces L = { **a, b, c** } es un lenguaje finito sobre Σ.
- Sea Σ = { **a, b** }, entonces L = { ε, **ab, abbab, abbba, bbaa, baaba** } es un lenguaje finito sobre Σ.
- Sea Σ = { **a** }, entonces L = { ε, **a, aa, aaa, aaaa,** ... } es un lenguaje infinito sobre Σ y también se denota en forma compacta como: L = { $\mathbf{a}^n \mid n \geq 0$ }.
- Sea Σ = { **0, 1** }, entonces L = { ε, **0, 1, 00, 11, 000, 010, 101, 111,** ... } es un lenguaje infinito formado por todas las cadenas *palíndromas* de ceros y unos, es decir, las cadenas que cumplen que $w = w^R$, y se denota: L = { $w \mid w = w^R$ }

Lenguaje Vacío

El **lenguaje vacío** se denota como $\emptyset$, y es aquél que no contiene ninguna cadena, es decir $\emptyset$ = { }, igual que en teoría de Conjuntos. No se debe confundir el lenguaje vacío con el lenguaje que contiene solamente a la cadena vacía, es decir $\emptyset \neq \{\varepsilon\}$.

Ejemplo

- Sea Σ = { **a, b** }, entonces L = { } = $\emptyset$ es un lenguaje vacío sobre Σ.

Lenguaje Universal

Se define al **lenguaje universal** Σ^* como el lenguaje formado por todas las cadenas que se pueden formar a partir del alfabeto Σ; a Σ^* también se le conoce como la cerradura de Σ. Para cualquier alfabeto Σ, el lenguaje universal Σ^* es siempre infinito.

Ejemplo 1

- El lenguaje L = { a^n | $n \geq 0$ } es el lenguaje universal del alfabeto Σ = { **a** }.
- Sea Σ^* = { ε, **0, 1, 00, 01, 10, 11, 000, 001, 010, 011, 100, 101, 110, 111,** ... }, es el Lenguaje Universal para el alfabeto Σ = { **0, 1** }.

El conjunto Σ^* es un conjunto numerable, lo que significa que los elementos de Σ^* pueden ordenarse por tamaño y luego, para cadenas del mismo tamaño, ordenarse alfabéticamente (recuérdese que Σ es un conjunto ordenado), para finalmente poder establecer una relación biunívoca de Σ^* con el conjunto de números Naturales.

Ejemplo 2

- Dado Σ^* = { **0, 1** }* = { ε, **0, 1, 00, 01, 10, 11, 000, 001,** ... }, se puede establecer la siguiente correspondencia biunívoca entre Σ^* y el conjunto de los números naturales: 1 ↔ ε, 2 ↔ **0**, 3 ↔ **1**, 4 ↔ **00**, 5 ↔ **01**, 6 ↔ **10**, 7 ↔ **11**, 8 ↔ **000**, etc.

Para un alfabeto Σ que contiene n símbolos, se tiene que Σ^* tiene $n^0 = 1$, cadenas de longitud 0, $n^1 = n$ cadenas de longitud 1, n^2 cadenas de longitud 2, etc. Por lo tanto, es posible determinar el lugar que ocupa determinada cadena dentro del conjunto Σ^*.

Ejemplo 3

- Para el alfabeto Σ = { **0, 1** }, se tiene que Σ^* contiene 1 cadena de longitud 0, 2 cadenas de longitud 1, 4 cadenas de longitud 2, 8 cadenas de longitud 3, etc. Se puede verificar que la cadena **001** ocupa el noveno lugar del conjunto.
- Sea el alfabeto Σ = { **a, b, c** }, entonces en Σ^* existe 1 cadena de longitud 0, 3 cadenas de longitud 1, 9 cadenas de longitud 2, 27 cadenas de longitud 3, 81 cadenas de longitud 4, etc. y además, se puede verificar que la cadena **aaaa** ocupa el lugar 41 del conjunto.

Operaciones con Lenguajes

Concatenación de Lenguajes

Sean L_1 y L_2 dos lenguajes cualesquiera, entonces $L_1 \cdot L_2$ = { wx | $w \in L_1, x \in L_2$ } es el lenguaje concatenación de L_1 con L_2.

Ejemplos

- Sean los lenguajes L_1 = { **Pátz, Camé, Yuré, Cará, Zitá** } y L_2 = { **cuaro** }, entonces la concatenación de L_1 con L_2 es: $L_1 \cdot L_2$ = { **Pátzcuaro, Camécuaro, Yurécuaro, Carácuaro, Zitácuaro** }.
- Dado el alfabeto Σ = { **0, 1, 2** } y los lenguajes L_1 = {**01, 21**} y L_2 = {**0, 10, 20**}, entonces: $L_1 \cdot L_2$ = { **010, 0110, 0120, 210, 2110, 2120** }
- Similarmente se puede obtener $L_2 \cdot L_1$ = { **001, 1001, 2001, 021, 1021, 2021** }

El lenguaje {ε} es idéntico respecto a la concatenación: $L_1 \cdot$ {ε} = {ε} $\cdot L_1 = L_1$.

El lenguaje $\varnothing$ es nulo respecto a la concatenación: $L_1 \cdot \varnothing = \varnothing \cdot L_1 = \varnothing$.

La cantidad máxima de cadenas que hay en el lenguaje concatenación es el producto de las cantidades de cadenas en cada uno de ellos, en el segundo ejemplo, se tiene que los lenguajes L_1 y L_2 tienen 2 y 3 cadenas respectivamente, entonces, por lo que, tanto L_1L_2, como L_2L_1 tienen 6 cadenas distintas, sin embargo, en algunos casos puede haber menos cadenas distintas, debido a la generación de cadenas duplicadas.

Potencia de Lenguajes

Sea L un lenguaje sobre el alfabeto Σ, entonces para cualquier $n \geq 0$, se tiene que la enésima potencia de L se define recursivamente como sigue:

$$L^n = \begin{cases} \{\varepsilon\} & para\ n = 0 \\ LL^{n-1} & para\ n > 0 \end{cases}$$

Ejemplos

- Sea L = { **0, 1** } entonces L^0 = { ε }, L^1 = { **0, 1** }, L^2 = { **00, 01, 10, 11** }, etc.
- Sea L = { ε, **a** }, entonces L^0 = { ε }, L^1 = { ε, **a** }, L^2 = { ε, **a, aa** }, etc.

Obsérvese que de la definición se desprende que: $\varnothing^0$ = { ε }, mientras que $\varnothing^n = \varnothing$ para toda $n > 0$.

Unión, Intersección y Diferencia

Las demás operaciones de conjuntos se aplican igualmente a los lenguajes, es decir: Si L_1 y L_2 son dos lenguajes cualesquiera, entonces: $L_1 \cup L_2$, $L_1 \cap L_2$, $L_1 - L_2$, $L_2 - L_1$ y $L_1 \oplus L_2$ también son lenguajes.

Complemento

Adicionalmente, dado que existe el lenguaje universal Σ^*, a también se puede definir a L^C, el complemento de L, como $L^C = \Sigma^* - L$.

Sublenguaje

A es un **sublenguaje** de L y se denota como $A \subseteq L$, si para cada $w \in A$ se tiene que también $w \in L$.

En el ejemplo anterior se puede observar una importante propiedad; si un lenguaje contiene a la cadena vacía ε, se cumple que: $L^0 \subseteq L^1 \subseteq L^2 \subseteq L^3 \subseteq \ldots$

Cualquier lenguaje L sobre el alfabeto Σ es un sublenguaje de Σ^*.

$\varnothing$ es un sublenguaje de cualquier lenguaje L sin importar el alfabeto Σ.

Propiedades de las operaciones de Lenguajes

Sean A, B y C tres lenguajes cualesquiera sobre un alfabeto Σ, entonces:

- $A (B \cup C) = AB \cup AC$
- $(B \cup C) A = BA \cup CA$
- $A = B$ sí y sólo sí $A \subseteq B$ y $B \subseteq A$
- Si $A \subseteq B$ entonces $A \cup B = B$ y $A \cap B = A$.
- en general $A^C B^C \neq (AB)^C$
- en general $A (B \cap C) \neq AB \cap AC$
- en general $A (B - C) \neq AB - AC$

Ejemplo

Sean los lenguajes: $A = \{ \varepsilon, \mathbf{0} \}$, $B = \{ \varepsilon \}$ y $C = \{ \mathbf{0} \}$

- Entonces cumple que: $A (B \cup C) = \{ \varepsilon, \mathbf{0}, \mathbf{00} \}$, igual resultado se tiene para el caso de: $AB \cup AC = \{ \varepsilon, \mathbf{0}, \mathbf{00} \}$.
- Sin embargo, se tiene que: $A (B \cap C) = \varnothing$, mientras que $AB \cap AC = \{ \mathbf{0} \}$.
- Y por otro lado se tiene que: $A (B - C) = \{\varepsilon, \mathbf{0}\}$, mientras que $AB - AC = \{\varepsilon\}$.

Cerradura de Kleene

Sea L un lenguaje sobre el alfabeto Σ, se define a L* como la **cerradura de Kleene** o **cerradura estrella** como la unión infinita de todas las potencias de L, incluyendo la potencia cero.

$$L^* = \bigcup_{n=0}^{\infty} L^n$$

Ejemplos

- $L_1 = \{\ 0, 1\ \}$, entonces $L_1^* = L_1{}^0 \cup L_1{}^1 \cup L_1{}^2 \cup \ldots = \{\ \varepsilon\ \} \cup \{\ 0, 1\ \} \cup \{\ 00, 01, 10, 11\ \} \cup \{\ 000, 001, 010, 011, \ldots\ \} \cup \ldots = \{\ \varepsilon, 0, 1, 00, 01, 10, 11, 000, 001, 010, 011, \ldots\ \}$. Obsérvese que si $\Sigma = \{\ 0, 1\ \}$, entonces $\Sigma^* = L_1^*$.
- Sea $L_2 = \{\ 01, 10\ \}$, entonces $L_2^* = \{\ \varepsilon, 01, 10, 0101, 0110, 1001, 1010, 010101, 010110, \ldots\ \}$, en este caso $L_2^* \subseteq \Sigma^*$, para $\Sigma = \{\ 0, 1\ \}$,

Los lenguajes $L_1 = \{\ \varepsilon\ \}$ y $L_2 = \varnothing$, son los únicos cuya cerradura de Kleene es finita, y dado que $\varnothing^0 = \{\ \varepsilon\ \}$, se cumple que $\varnothing^* = \{\ \varepsilon\ \}$, y por tanto, para ambos se tiene que: $L_1^* = L_2^* = \{\ \varepsilon\ \}$. También es interesante observar que, aunque se tenga la igualdad de las cerraduras $L_1^* = L_2^*$, esto no significa que L_1 y L_2 tengan que ser iguales.

Cerradura Positiva

De manera similar, se define la **cerradura positiva** de L, como la unión infinita de todas las potencias de L a partir de uno.

$$L^+ = \bigcup_{n=1}^{\infty} L^n$$

Ejemplos

- Sea $L = \{\ 0, 1\ \}$, entonces $L^+ = \{\ 0, 1, 00, 01, 10, 11, 000, 001, 010, 011, \ldots\ \}$.
- Sea $L = \{\ \varepsilon, 11\ \}$, entonces $L^1 = \{\ \varepsilon, 11\ \}$, $L^2 = \{\ \varepsilon, 11, 1111\ \}$, etc. Por lo tanto: $L^+ = \{\ \varepsilon, 11, 1111, 111111, 11111111, \ldots\} = L^*$.
- Sea $L = \{ab\}$, entonces $L^+ = \{ab, abab, ababab, abababab, ababababab, \ldots\}$, mientras que $L^* = \{\ \varepsilon, ab, abab, ababab, abababab, ababababab, \ldots\}$.

Propiedades de las Cerraduras

Para cualquier lenguaje L, se cumplen las siguientes propiedades:

- $L^* = \{\ \varepsilon\ \} \cup L^+$
- $L^+ = L \cdot L^* = L^* \cdot L = L^* \cdot L^+ = L^+ \cdot L^*$
- $(L^+)^+ = L^+$
- $(L^*)^* = (L^+)^* = (L^*)^+ = L^*$

Si $\varepsilon \in L$, entonces se sigue necesariamente que: $L^+ = L^*$, mientras que si $\varepsilon \notin L$, se cumple forzosamente que: $L^+ = L^* - \{\varepsilon\}$.

Inverso de un Lenguaje

Sea L un lenguaje, se define al inverso de L como $L^R = \{\ w^R \mid w \in L\ \}$.

Ejemplos

- Sea L = { arroz, abad, radar, lamina }, entonces L^R = {zorra, daba, radar, animal}
- Sea L = { **0, 1, 101, 11101** }, entonces L^R = { **0, 1, 101, 10111** }
- Sea L = { **ε, 0, 1, 00, 11, 000, 010, 101, 111** }, entonces L^R = L.

Propiedades del Lenguaje Inverso

Sean A y B dos lenguajes, en un alfabeto Σ, entonces se cumple que:

- $\Sigma^R = \Sigma$
- $(\Sigma^*)^R = \Sigma^*$
- $(A^R)^R = A$
- $(A^*)^R = (A^R)^*$
- $(A \cdot B)^R = B^R \cdot A^R$
- $(A \cup B)^R = A^R \cup B^R$
- $(A \cap B)^R = A^R \cap B^R$

Del hecho de que se cumpla $L = L^R$, no se implica que L esté formado por cadenas palíndromas exclusivamente, un ejemplo de esta afirmación es el lenguaje L = { **01, 10** }.

Lenguajes Regulares

Los Lenguajes Regulares son la primera clase de lenguajes que se van a considerar, debido a su simplicidad, aunado a las propiedades de cerradura respecto a las principales operaciones de lenguajes, que son unión, concatenación y cerradura de Kleene, y es con base en estas operaciones que se da la definición:

Sea Σ un alfabeto, el conjunto de lenguajes regulares sobre Σ se define como sigue:

- $\varnothing$ es un Lenguaje Regular.
- $\{\ \varepsilon\ \}$ es un Lenguaje Regular
- Para toda $\mathbf{a} \in \Sigma$, $\{\ \mathbf{a}\ \}$ es un Lenguaje Regular
- Si L_1 y L_2 son dos Lenguajes Regulares, entonces $L_1 \cup L_2$, $L_1 \cdot L_2$, $L_1{}^*$ y $L_2{}^*$ son todos Lenguajes Regulares
- Ningún otro lenguaje sobre Σ es Regular.

Ejemplo 1

Sea $\Sigma = \{\ \mathbf{a}, \mathbf{b}\ \}$, entonces de la definición se tiene que:

- $\varnothing$ y $\{\ \varepsilon\ \}$ son Regulares
- $\{\ \mathbf{a}\ \}$ y $\{\ \mathbf{b}\ \}$ son Regulares
- $\{\ \mathbf{a}, \mathbf{b}\ \}$ es Regular (Unión)
- $\{\ \mathbf{aa}\ \}$, $\{\ \mathbf{ab}\ \}$, $\{\ \mathbf{bb}\ \}$ y $\{\ \mathbf{ba}\ \}$ Son Regulares (Concatenación)
- $\{\ \mathbf{a}, \mathbf{b}, \mathbf{ab}, \mathbf{ba}, \mathbf{aa}, \mathbf{bb}\ \}$ es Regular (Unión)
- $\{\ \mathbf{a}^n \mid n \geq 0\ \} = \{\ \varepsilon, \mathbf{a}, \mathbf{aa}, \mathbf{aaa}, \mathbf{aaaa}, \ldots\ \}$ es Regular (Cerradura de Kleene)
- $\{\ (\mathbf{ab})^n \mid n \geq 0\ \} = \{\ \varepsilon, \mathbf{ab}, \mathbf{abab}, \mathbf{ababab}, \mathbf{abababab}, \ldots\ \}$ es Regular (Cerradura de Kleene)
- $\{\ \mathbf{a}^n\mathbf{b}^m \mid n \geq 0, m \geq 0\ \} = \{\ \varepsilon, \mathbf{a}, \mathbf{b}, \mathbf{aa}, \mathbf{ab}, \mathbf{bb}, \mathbf{aaa}, \mathbf{aab}, \mathbf{abb}, \ldots\ \}$ es Regular (Concatenación)

Ejemplo 2

Sea $\Sigma = \{\ \mathbf{0}, \mathbf{1}, \mathbf{2}\ \}$, entonces de la definición se tiene que:

- $\varnothing$ y $\{\ \varepsilon\ \}$ son Regulares
- $\{\ \mathbf{0}\ \}$, $\{\ \mathbf{1}\ \}$ y $\{\ \mathbf{2}\ \}$ son Regulares
- $\{\ \mathbf{0}, \mathbf{1}\ \}$, $\{\ \mathbf{0}, \mathbf{2}\ \}$, $\{\ \mathbf{1}, \mathbf{2}\ \}$, $\{\ \mathbf{0}, \mathbf{1}, \mathbf{2}\ \}$ son Regulares (Unión)
- $\{\ \mathbf{01}\ \}$, $\{\ \mathbf{12}\ \}$, $\{\ \mathbf{02}\ \}$ son Regulares (Concatenación)
- $\{\ \mathbf{00}, \mathbf{01}\ \}$, $\{\ \mathbf{10}, \mathbf{12}\ \}$, $\{\ \mathbf{00}, \mathbf{01}, \mathbf{02}, \mathbf{10}, \mathbf{11}, \mathbf{12}\ \}$ son Regulares (Concatenación)
- $\{\ \mathbf{0}, \mathbf{1}, \mathbf{2}\ \} \cdot \{\ \mathbf{0}, \mathbf{1}, \mathbf{2}\ \} = \{\ \mathbf{00}, \mathbf{01}, \mathbf{02}, \mathbf{10}, \mathbf{11}, \mathbf{12}, \mathbf{20}, \mathbf{21}, \mathbf{22}\ \}$ es Regular (Concatenación)

- $\{\ 0^n \mid n \geq 0\ \} = \{\ \varepsilon,\ \mathbf{0},\ \mathbf{00},\ \mathbf{000},\ \mathbf{0000},\ \mathbf{00000}, \dots\ \}$ es Regular (Cerradura de Kleene)
- $\{\ (\mathbf{01})^n \mid n \geq 0\ \} = \{\ \varepsilon,\ \mathbf{01},\ \mathbf{0101},\ \mathbf{010101},\ \mathbf{01010101},\ \dots\ \}$ es Regular (Cerradura de Kleene)
- $\{\ \mathbf{0}^n\,\mathbf{1}^m \mid n \geq 0,\ m \geq 0\ \} = \{\ \varepsilon,\ \mathbf{0},\ \mathbf{1},\ \mathbf{00},\ \mathbf{01},\ \mathbf{11},\ \mathbf{000},\ \mathbf{001},\ \mathbf{011},\ \mathbf{111},\ \dots\ \}$ es Regular (Concatenación)

Teoremas

- Todos los lenguajes finitos son regulares. Porque todas sus cadenas pueden ser obtenidas por una cantidad finita de concatenaciones, y el lenguaje se puede obtener mediante una cantidad finita de uniones de los lenguajes que contengan a cada una de esas cadenas.

- Si L es regular, entonces $L^C = \Sigma^* - L$ también es regular.
  Este teorema se demostrará posteriormente en el siguiente capítulo, pero asumir que es verdadero servirá para la demostración de los siguientes teoremas:

- Si L_1 y L_2 son regulares, entonces $L_1 \cap L_2$ también es un lenguaje regular.
  Demostración: Si L_1 y L_2 son regulares, entonces $L_1{}^C$ y $L_2{}^C$ son regulares, entonces $L_1{}^C \cup L_2{}^C$ es regular y por tanto $(L_1{}^C \cup L_2{}^C)^C = L_1 \cap L_2$ es regular.

- Si L_1 y L_2 son regulares, entonces $L_1 - L_2$ también es un lenguaje regular.
  Demostración: Si L_1 y L_2 son regulares, entonces $L_1 \cap L_2{}^C$ es regular, por los teoremas anteriores y resulta que: $L_1 - L_2 = L_1 \cap L_2{}^C$, entonces es regular.

- Si L_1 es regular, entonces $L_1{}^R$ también es un lenguaje regular.
  La demostración se desprende de las propiedades de la inversa de una cadena que se extienden a los lenguajes.

- Todas las cadenas de longitud par, formadas a partir de un alfabeto Σ, se representan por el lenguaje $(\Sigma^2)^*$, mientras que las cadenas de longitud impar se representan por $\Sigma(\Sigma^2)^*$, por lo tanto: $\Sigma^* = \Sigma(\Sigma^2)^* \cup (\Sigma^2)^*$

Expresiones Regulares

Se puede simplificar la especificación de un lenguaje regular utilizando una nomenclatura abreviada, llamada *expresión regular*, de tal manera que el lenguaje unitario $\{\ \mathbf{a}\ \}$, se denota simplemente como $\mathbf{a}$.

Las operaciones de lenguajes regulares se escriben: **a** $\cup$ **b** en vez de { **a**, **b** }, **ab** en vez de { **ab** }, se escribe **a*** en vez de { **a** }* y **a**⁺ en vez de { **a** }⁺.

El objetivo de esta notación es facilitar la lectura y manipulación algebraica de los lenguajes regulares.

Entonces se pueden definir las expresiones regulares de la siguiente manera:

- $\varnothing$ y ε son expresiones regulares.
- **a** es una expresión regular para toda **a** $\in \Sigma$,
- Si **r** y **s** son dos expresiones regulares cualesquiera, entonces **r** $\cup$ **s**, **r** · **s**, **r*** y **s*** son también expresiones regulares
- Ninguna otra secuencia de símbolos es una expresión regular.

El orden de precedencia de las operaciones en una expresión regular es análogo a las expresiones algebraicas comunes: cerradura (potencia), concatenación y unión, a menos de que se utilicen paréntesis para cambiar ese orden.

Para comprender como es que las expresiones regulares representan de manera eficiente a los lenguajes regulares, se muestran algunos ejemplos de equivalencia entre ambas representaciones:

Ejemplos

- Determinar cuáles son las cadenas que pertenecen al lenguaje descrito por la expresión regular: **a*****b** $\cup$ **c**, sobre el alfabeto Σ = { **a**, **b**, **c** }; realizando las operaciones en el orden de precedencia, se tiene que:
  a* = { ε, **a**, **aa**, **aaa**, **aaaa**, ... }
  a***b** = { **b**, **ab**, **aab**, **aaab**, **aaaab**, ... }
  L = **a*****b** $\cup$ **c** = { **b**, **ab**, **aab**, **aaab**, **aaaab**, ... , **c** }

- Determinar las cadenas que pertenecen al lenguaje descrito por la expresión regular siguiente: L = **c*****a** $\cup$ (**bc**)* $\cup$ **b***
  Analizando separadamente cada término, se obtiene que:
  L = **c*****a** $\cup$ (**bc**)* $\cup$ **b*** = { **a**, **ca**, **cca**, **ccca**, **cccca**, ..., ε, **bc**, **bcbc**, **bcbcbc**, **bcbcbcbc**, ..., ε, **b**, **bb**, **bbb**, **bbbb**, **bbbbb**, ... }

- Determinar cómo son las cadenas que pertenecen al lenguaje dado por la expresión regular: **c*** (**a** $\cup$ **bc***), sobre el alfabeto Σ = { **a**, **b**, **c** }.
  Analizando las cadenas que se pueden construir, se tiene que:
  c* = { ε, **c**, **cc**, **ccc**, **cccc**, ... }
  bc* = { **b**, **bc**, **bcc**, **bccc**, **bcccc**, ... }
  a $\cup$ **bc*** = { **a**, **b**, **bc**, **bcc**, **bccc**, **bcccc**, ... } y concatenando **c*** se obtiene:

$$L = c^* \, (\, a \cup bc^* \,) = \{ \, a, b, bc, bcc, bccc, bcccc, ..., c, ca, cb, cbcc, cbccc,$$
$$cbcccc, ..., cc, cca, ccb, ccbcc, ccbccc, ccbcccc, ... \, \}$$

Determinación de la expresión regular

En ocasiones se requiere encontrar una expresión regular que represente a un determinado lenguaje, dada la descripción de las características que cumplen las cadenas pertenecientes a él, como se muestra en los siguientes ejemplos:

Ejemplo 1

Encontrar la expresión regular que representa al lenguaje formado por las cadenas que contienen exactamente dos ceros sobre el alfabeto: $\Sigma = \{ \, 0, 1 \, \}$.

Es recomendable que primero se describa a este lenguaje por extensión, es decir, listando algunas de las cadenas que lo forman: L = { **00, 001, 010, 100, 0011, 0101, 0110, 1001, 1010, 1100**, ... } una vez que se ha comprendido como son estas cadenas, es relativamente fácil encontrar un patrón que represente a la expresión regular buscada, esto es: L = **1*01*01***, ya que puede haber cualquier cantidad de unos al inicio de la cadena, luego está el primer cero, seguido por otra cantidad arbitraria de unos, después vendrá el segundo cero y al final puede haber cualquier cantidad de unos.

Ejemplo 2

Encontrar la expresión regular que representa al lenguaje formado por las cadenas que contienen cuando mucho una **a**, sobre el alfabeto: $\Sigma = \{ \, a, b \, \}$.

Como en el ejemplo anterior, se pueden listar varias de las cadenas que satisfacen la condición del referido lenguaje: L = { ε, **a, b, ab, ba, bb, abb, bab, bba, bbb, abbb**, ... } una vez que se ha comprendido como son estas cadenas, es relativamente fácil encontrar la expresión regular correspondiente: L = **b*** $\cup$ **b*ab***, ya que puede no haber ninguna **a**, es decir, solamente haber cualquier cantidad de **b**s, o bien, puede haber una, y en este segundo caso, al inicio puede existir cualquier cantidad de **b**s, luego aparece la **a**, y al final otra cantidad arbitraria de **b**s.

Ejemplo 3

Encontrar la expresión regular que representa al lenguaje formado por las cadenas que contienen el sufijo **aba**, sobre el alfabeto: $\Sigma = \{ \, a, b \, \}$.

Se pueden listar las cadenas que forman este lenguaje: L = { **aba, aaba, baba, aaaba, ababa, baaba, bbaba,** … }, es fácil encontrar la expresión regular si se considera que antes del sufijo puede haber cualquier cadena del alfabeto Σ, es decir, el prefijo es de la forma $\Sigma^* = ($ **a** $\cup$ **b** $)^*$, y por lo tanto, la expresión regular buscada es: L = (**a** $\cup$ **b**)***aba**.

Ejemplo 4

Encontrar la expresión regular que representa al lenguaje formado por las cadenas que contienen una cantidad par de **a**s, para el alfabeto: $\Sigma = \{$ **a, b** $\}$.

La expresión regular buscada es: L = **b***(**ab*****ab***)*. El prefijo **b*** denota las cadenas que solamente tienen **b**s, por lo que va fuera del paréntesis,

Teoremas de Expresiones Regulares

Sean **r, s** y **t** expresiones regulares sobre un alfabeto Σ, entonces:

1. $r \cup s = s \cup r$

2. $r \cup \varnothing = \varnothing \cup r = r$

3. $r \cup r = r$

4. $(r \cup s) \cup t = r \cup (s \cup t)$

5. $r\varepsilon = \varepsilon r = r$

6. $r\varnothing = \varnothing r = \varnothing$

7. $(rs)t = r(st)$

8. $r(s \cup t) = rs \cup rt$

9. $(r \cup s)t = rt \cup st$

10. $r^* = (r^*)^* = (r^+)^* = (r^*)^+ = r^*r^* = \varepsilon \cup r^* = \varepsilon \cup r^+ = r^* \cup r = (\varepsilon \cup r)^* = (\varepsilon \cup r)^+$
    $= r^*(\varepsilon \cup r) = (\varepsilon \cup r)r^* = r(rr)^* \cup (rr)^*$

11. $(r \cup s)^* = (r^* \cup s^*)^* = (r^*s^*)^* = (r^*s)^* r^* = r^*(sr^*)^*$

12. $r(sr)^* = (rs)^* r$

13. $(r^*s)^+ = (r \cup s)^*s$ y por consiguiente: $(r^*s)^* = \varepsilon \cup (r \cup s)^*s$

14. $(rs^*)^+ = r(r \cup s)^*$ y por consiguiente: $(rs^*)^* = \varepsilon \cup r(r \cup s)^*$

15. $r^+ = rr^* = r^*r = r^+r^* = r^*r^+$

Ejemplo 1

Simplificar la siguiente expresión regular: $s (\varepsilon \cup r)* (\varepsilon \cup r) \cup s$.

Aplicando el teorema número 15, se tiene que: $(\varepsilon \cup r)* (\varepsilon \cup r) = (\varepsilon \cup r)^+$, luego, con el teorema 10, se puede observar que $(\varepsilon \cup r)^+ = r*$, después, usando el teorema 8, se tiene que: $sr* \cup s = s (r* \cup \varepsilon)$ y finalmente si se aplica nuevamente el teorema 10 se llega al resultado deseado:

$$s (\varepsilon \cup r)* (\varepsilon \cup r) \cup s = sr*$$

Ejemplo 2

Simplificar la siguiente expresión regular: $(a*b)^+ \cup (b*a)^+$.

Aplicando el teorema 13 en ambos términos resulta: $(a \cup b)*b \cup (b \cup a)* a$, aplicando el teorema 1 en el primer paréntesis queda: $(b \cup a)*b \cup (b \cup a)* a$, y con el teorema 8 se factoriza el término $(b \cup a)*$ obteniendo: $(b \cup a)* (b \cup a)$, ahora, con el teorema 15 resulta $(b \cup a)^+$ y esta expresión ya no puede simplificarse más.

Ejemplo 3

Demostrar que si $r = s*t$ entonces $r = sr \cup t$. Se puede reemplazar $s*$ por $\varepsilon \cup s^+$, quedando $r = (\varepsilon \cup s^+) t$, ahora reemplazando $s^+ = ss*$ queda: $r = (\varepsilon \cup ss*) t$, aplicando el teorema 9: $r = \varepsilon t \cup ss*t$, reemplazando $s*t$ por r, queda: $r = t \cup sr$ y conmutando, resulta finalmente que si $r = s*t$ entonces $r = sr \cup t$.

Sustitución

En un lenguaje regular L, se puede reemplazar un símbolo **a** por una expresión regular y el resultado es un lenguaje regular, a esta operación se le llama sustitución.

Ejemplo

Sea el lenguaje regular $L = 0* (0 \cup 1) 1*$, entonces, si se reemplaza el **0** por la expresión regular $f(0) = e_1$ y el **1** por la expresión regular $f(1) = e_2$, se obtiene el lenguaje: $f(L) = e_1* (e_1 \cup e_2) e_2*$, en particular, si se sustituyen las siguientes expresiones: $e_1 = a$ y $e_2 = b*$, se tiene la transformación: $f(L) = a* (a \cup b*) (b*)*$, y que simplificándolo por medio de los teoremas, queda: $f(L) = a*b*$ y que obviamente es un lenguaje regular.

Homomorfismo

Se dice que una sustitución h(L) es un homomorfismo si satisface las siguientes propiedades:

* h(ε) = ε
* h(**a**w) = h(**a**)h(w), para toda **a** $\in \Sigma$ y $w \in \Sigma^*$.

Por lo tanto, un homomorfismo es una substitución en la que para cada símbolo **a**, h(**a**) tiene una sola cadena asociada, por lo tanto, se trata de una función invertible.

Considérese el lenguaje L = **0*** (**0** $\cup$ **1**) **1***, del ejemplo anterior, y defina la sustitución siguiente: h(**0**) = **a** y h(**1**) = **ba**, entonces se obtiene que la sustitución: h(L) = **a***(**a** $\cup$ **ba**)(**ba**)*, que es invertible porque se trata de un homomorfismo.

Por ejemplo, si se aplica este homomorfismo sobre la cadena w = **00101**, se obtiene la cadena h(**00101**) = **aabaaba**, y por consecuencia, se tiene que el inverso h^{-1}(**aabaaba**) = **00101**, dado que L es regular, entonces tanto h(L) como h^{-1}(L) son también lenguajes regulares, pues se trata de casos particulares de sustituciones.

Cociente

Sean L_1 y L_2 dos lenguajes regulares, entonces se define el cociente como:

$$L_1/L_2 = \{\ x \mid \text{existe } y \in L_2 \text{ tal que } xy \in L_1 \}$$

El cociente de dos lenguajes regulares también es regular; más aún, el cociente es regular si L_1 es regular y para cualquier lenguaje arbitrario L_2.

Es interesante resaltar que si $L_1 = L_3 \cdot L_2$, entonces se tiene que $L_1/L_2 = L_3$

Ejemplo

Sean los lenguajes L_1 = **0*****10*** y L_2 = **10*****1**, entonces $L_1/L_2 = \varnothing$, pues ninguna cadena cumple con la definición.

En cambio, si se considera a los lenguajes: L_1 = **0*****10*** y L_2 = **0*****1**, se tiene que: L_1/L_2 = **0***, porque existe y = **1** $\in L_2$ tal que cualquier cadena de la forma **0*****1** pertenece a L_1, ya que **0*****1** $\subseteq L_1$.

Expresiones Regulares Extendidas

En la mayoría de los lenguajes computacionales actuales se ha incorporado el manejo de expresiones regulares con diversos fines, para esto ha sido necesario extender la simbología de tal forma que les permite aumentar su expresividad y mejorar su aplicabilidad en situaciones concretas, como en el caso de los analizadores léxicos, de esta forma las expresiones regulares extendidas se usan para diversos fines:

- Proporcionan un método eficaz y flexible para procesar texto.
- Se emplean para describir un Modelo con las características a la que debe apegarse una cadena dada.
- Permite establecer restricciones y limitaciones que se deben satisfacer al proporcionar un dato.
- Define un patrón de búsqueda de coincidencias o semejanzas.
- Determina un modelo de validación para ciertos datos críticos.

Las expresiones regulares extendidas tienen las siguientes características:

El uso de corchetes sirve para indicar la coincidencia de un carácter a elegir dentro de una lista de opciones, usualmente distingue entre mayúsculas, minúsculas y vocales acentuadas, por ejemplo:

- **[abc]**, puede ser reemplazado por una **a**, o una **b** o una **c**.
- **ca[mnps]a**, representa cama, cana, capa o casa.

Dentro de los corchetes se puede indicar una negación mediante el símbolo ^, de tal forma que [^**ab**] puede ser reemplazado por cualquier símbolo excepto una **a** o una **b**, por ejemplo:

- **cas[^a]** representa **caso**, **casi**, **cast**, etc.

Dentro de los corchetes también se pueden denotar rangos mediante un guion, por ejemplo:

- **[a-k]**, puede ser reemplazado por cualquier símbolo desde la **a** hasta la **k**, llevando implícito el concepto de orden alfabético.
- **[b-g]ata** representa bata, cata, data, eata, fata y gata
- **[A-Za-z]** representa cualquier carácter alfabético.

Los símbolos ^ y -, también se pueden emplear normalmente dentro de los corchetes, si se coloca a ^ en cualquier parte menos al principio y - solamente puede estar al final de la lista, por ejemplo:

- **12[+^*/-]3** representa 12+3, 12^3 , 12*3, 12/3 y a 12-3

Se utiliza el punto (**.**) como un comodín y puede ser reemplazado por cualquier carácter. Por ejemplo:

- **a.b** puede representar a **aab**, **abb**, **acb**, etc.

El asterisco indica que coincide con el elemento anterior cero, una o más veces. Por ejemplo:

- **[0-9]*x**, puede ser: **12x, 0x, x** o **56234367x**

Mientras que + puede coincidir una o más veces, por ejemplo:

- **A[a-z]+**, puede ser: **Ana, Aurora**, o **As**

El signo de interrogación puede coincidir cero o una vez, por ejemplo:

- **copi?a**, puede ser: **copa** o **copia**.

Un número n encerrado entre llaves significa que coincide con el elemento precedente exactamente n veces, por ejemplo:

- **abc{4}** coincide con **abcccc**

Si el número n va seguido de una coma significa n o más repeticiones, por ejemplo:

- **ab{2,}** coincide con **abb** o con **abbbbbb**

Pero si va la coma seguida de un segundo número m, significa que las repeticiones van de n hasta m veces, por ejemplo:

- **M[ae]{1,3}** coincide con **Ma, Mae** o **Meae**

Se emplea el símbolo especial **$** para denotar el fin de una cadena, por ejemplo:

- **as$** indica que el texto termina con **as**

Se usa el símbolo ^ (fuera de los corchetes) para indicar con que símbolos inicia el texto, por ejemplo:

- **^ab**, indica que el texto debe iniciar con **ab**

En ocasiones se utilizan diagonales / para delimitar a una expresión regular, por ejemplo:

- **/ab/**, acepta textos que contengan el segmento **ab**

Se usa la barra vertical | para listar varias alternativas, permite elegir una coincidencia con cualquiera de los elementos referidos, por ejemplo:

- (**norte|sur|este|oeste**) permite elegir entre alguno de los cuatro puntos cardinales.
- **Est(e|a|os|as)** coincide con Este, Esta, Estos y Estas.
- (**A\d{2}|\d{3}**), coincide con **A12** o con **234**, entre muchas otras opciones.

El símbolo diagonal invertida \ también conocido como símbolo de escape, sirve para dar significado especial a símbolos normales, por ejemplo:

- **\n** significa salto de línea
- **\b** representa el entorno de una palabra, como espacio, tabulador, puntuación, inicio o fin de cadena.
- **\d** representa a un dígito y equivale a **[0-9]**.
- **\D** representa a un símbolo que no es dígito.
- **\t** un tabulador
- **\w** representa un carácter alfanumérico, y equivale a **[A-Za-z_0-9]**.
- **\W** representa un símbolo no alfanumérico.
- **\s** representa un símbolo "Blanco": espacio, tabulador, salto de línea.

Por otro lado, el símbolo de escape también sirve para quitarle su significado a los caracteres especiales y poder identificarlos como tales dentro de una cadena, por ejemplo:

- **\$1000** representa a **$1000**
- **\w+\?** Representa palabras que finalizan con interrogación: **cual?**

Varios símbolos empleados dentro de los corchetes no requieren escape, pero fuera de ellos si lo necesitan, por ejemplo:

- [+^*/-] equivale a (\+|\^|*|\/|-)

Ejemplo 1

Construir una expresión regular que permita verificar si un identificador es válido, si se sabe que éste es un nombre que inicia con una letra (mayúscula o minúscula), seguido de cualquier cantidad de letras o dígitos.

Entonces la expresión regular que permite conocer si un identificador es válido es:

$$[A\text{-}Za\text{-}z][A\text{-}Za\text{-}z0\text{-}9]*$$

Ejemplo 2

Construir una expresión regular que permita verificar si una constante numérica entera es válida, en este caso solamente se permiten los dígitos, con la condición de que al menos exista un dígito.

Entonces la expresión regular que permite conocer si una cadena numérica entera es válida es:

$$[0\text{-}9]+ = \backslash d+$$

Ejemplo 3

Construir una expresión regular que permita verificar si una constante numérica de punto flotante es válida, para ello se pueden utilizar los símbolos - y + antes del número, el símbolo **E** sólo aparece si se emplea la notación científica, el punto (.) también puede aparecer sólo una vez y estar en cualquier parte de la cadena que representa al número, pero antes del símbolo **E**, si es que éste se presenta.

Los signos - y + también pueden aparecer inmediatamente después del símbolo **E**, y al menos debe haber un dígito en la cadena que representa al número y otro para el exponente.

De acuerdo con lo anterior, la expresión regular que permite conocer si una cadena numérica de punto flotante es válida está dada por:

$$[+\text{-}]?(\backslash d+(\backslash.\backslash d^*)?|\backslash.\backslash d+)(E[+\text{-}]?\backslash d+)?$$

Ejemplo 4

Construir una expresión regular que permita identificar que se trata de un operador relacional, esa expresión regular está dada por:

$$(=|<=|>=|<|>|!=)$$

Preguntas

a) ¿Cuántas posibles subcadenas tiene una cadena de longitud n?

b) ¿Cuál es el número mínimo de subcadenas distintas que puede tener una cadena de longitud n? ¿Cómo deberá ser esa cadena?

c) ¿Bajo cuáles condiciones se cumple que $L^* = L^+$?

d) ¿Y en que otras condiciones se cumple que $L^+ = L^* - \{\ \varepsilon\ \}$?

e) ¿En qué casos el Lenguaje Universal es finito?

f) Si L es un lenguaje finito, ¿Cómo debe ser L^C?

g) ¿Y si L es infinito, es acertado afirmar que L^C tiene que ser finito?

h) ¿Existe algún lenguaje para el que se cumple que L* es finito?

i) ¿Se cumple siempre que $(L*)^n = (L^n)*$?

j) Si L_1 y L_2 son regulares, ¿Es $L_1 \cap L_2$ regular?

k) Si L_1 y L_2 son regulares, ¿Es $L_1 - L_2$ regular?

l) Si L_1 y L_2 son regulares, ¿Es $L_1 \oplus L_2$ regular?

m) Si L es finito ¿Es L regular?

n) Si L es infinito, ¿Es L regular?

o) Si L es regular, ¿Es L^C regular?

Ejercicios

1.1. Dados los alfabetos A = { **a**, **b**, **d** } y B = { **c**, **b**, **a** }, obtenga los alfabetos, si existen, que resultan de cada una de las siguientes operaciones: A ∪ B, A ∩ B, A ⊕ B, A – B y B – A

1.2. Dados los alfabetos A = { **1**, **3**, **4** } y B = { **3**, **4** }, obtenga los alfabetos, si existen, que resultan de cada una de las siguientes operaciones: A ∪ B, A ∩ B, A ⊕ B, A – B y B – A

1.3. Sea w = **pino**, obtener todos los prefijos y sufijos propios y todas las subcadenas de w.

1.4. Encontrar w^2, w^3 y w^R para la cadena w = **pipa**.

1.5. Sea x = **piñata**, obtener todos los prefijos de x.

1.6. Sea y = **maroma**, obtener todos los sufijos de y.

1.7. Obtener todas las subcadenas de w = **banana**.

1.8. Dada la cadena w = **abbabbab**, escriba las distintas subcadenas de w que sean de longitud menor o igual a 2.

1.9. Dadas las cadenas x = **pe**, w = **za** y z = **no** obtener: xz^Rw, y también: x^2w.

1.10. Sea la cadena w = **01110220**, obtener todas las subcadenas distintas de w de longitud menor o igual a 3.

1.11. Dada la cadena $w = $ **xxyyxxy**, escriba todas las distintas subcadenas de w que sean palíndromas.

1.12. Dadas dos cadenas x y y cualesquiera, responda **V**erdadero o **F**also según corresponda:

a) Para cualquier n > 1, se cumple que: $(xy)^n = x^n y^n$

b) Siempre se cumple que: $|x^R y| = |y x^R|$

c) Siempre se cumple que: $x^R y^R = yx$

d) Si x es palíndroma entonces no existe x^R.

1.13. Dados los lenguajes: A = { **011, 001, 11** } y B = { **11, 110** } obtenga los lenguajes que resultan de las operaciones de lenguajes: $(A \cap B)^*$, $(A \oplus B)^R$, $(B - A)^+$, BA

1.14. Dados los lenguajes: A = { **100, 011, 11** } y B = { **10, 010** } sobre el alfabeto $\Sigma = \{$ **0, 1** $\}$, obtenga los lenguajes que resultan de las operaciones de lenguajes: $(A \cap B)^+$, $(A \oplus B)^R$, $(B - A)^3$, BA

1.15. Sean los lenguajes A = { ε, **0, 10, 11** } y B = { ε, **1, 01, 11** } sobre el alfabeto $\Sigma = \{$ **0, 1** $\}$, obtenga los lenguajes: AB, BA, $A \cup B$, $A \cap B$, $A - B$, $B - A$, A^*, B^* y $A \oplus B$.

1.16. Sea el lenguaje L = { ε, **ab** }, obtener L^0, L^1, L^2, L^3 y L^4.

1.17. Dado el lenguaje L = { **sa, ro** }, obtenga L^3.

1.18. Sean A = { **a** } y B = { **b** }, indique cuáles son las cadenas que forman los siguientes lenguajes: A^*B, AB^* y $(AB)^*$.

1.19. Sean A = { ε }, B = { **aa, ab, bb** }, C = { ε, **aa, ab** } y D = $\varnothing$, obtener los lenguajes: $A \cup B$, $A \cup C$, $A \cup D$, $A \cap B$, $A \cap D$, $B \cap C$, $B \cup D$ y $C \cap D$.

1.20. Dados los lenguajes siguientes: A = { **ab, b, cb** } y B = { **a, ba** } obtener los lenguajes que resultan de las operaciones de lenguajes: $(A \cup B^2)$, $(B \cup A)^R$, (AB), $(A^2 \cap BA)$, $(A \oplus B^R)$ y $(A^R - B)^2$.

1.21. Dados los lenguajes: A = {**01, 11**} y B = {**011, 101, 11**} obtener los lenguajes que resultan de las operaciones: $(A \cup B)^R$, $(B - A)^2$, $(A - B)^+$, $(A \cap B)^*$, $A^R B$.

1.22. Responda **V**erdadero o **F**also según corresponda:

a) Para todo lenguaje L se cumple que: $\varnothing \cdot L = L$

b) Para todo lenguaje L infinito, se cumple que L^C es finito.

c) Para todo lenguaje L regular, entonces $\varepsilon \notin L^{+}$.

d) La cerradura de Kleene del lenguaje vacío $\varnothing$ es igual ε.

e) La cerradura de Kleene de cualquier lenguaje L es infinita.

f) El lenguaje universal de cualquier alfabeto Σ siempre es infinito.

1.23. Obtener una expresión regular para cada uno de los siguientes lenguaje sobre el alfabeto $\Sigma = \{\ \mathbf{0, 1}\ \}$:

a) El lenguaje formado por todas las cadenas que inician con dos ceros consecutivos.

b) El lenguaje formado por todas las cadenas que tienen al menos dos unos consecutivos.

c) El lenguaje formado por todas las cadenas que contienen exactamente tres ceros.

d) El lenguaje formado por todas las cadenas que terminan en cero y contienen exactamente dos ceros.

e) El lenguaje formado por todas las cadenas que inician y terminan en cero.

f) El lenguaje formado por todas las cadenas que contienen una cantidad par de ceros.

g) El lenguaje formado por todas las cadenas que terminan en uno y contienen exactamente dos ceros.

h) El lenguaje formado por todas las cadenas que contienen una cantidad impar de ceros.

i) El lenguaje formado por todas las cadenas que inician con uno y contienen cuando mucho dos ceros.

j) El lenguaje formado por todas las cadenas que tenga un número de ceros divisible entre tres.

k) El lenguaje formado por todas las cadenas que solamente tenga una ocurrencia de tres ceros consecutivos.

l) El lenguaje formado por todas las cadenas que tengan longitud igual a 4.

m) El lenguaje formado por todas las cadenas que tengan longitud menor o igual a 6.

n) El lenguaje formado por todas las cadenas que tengan longitud mayor o igual a 3.

o) El lenguaje de todas las cadenas cuya longitud es múltiplo de 5.

p) El lenguaje formado por todas las cadenas que no finalicen en $\mathbf{01}$.

q) El lenguaje formado por todas las cadenas que terminen en uno y no contengan a la subcadena **00**.

r) El lenguaje formado por todas las cadenas que inicien o terminen en **00** o en **11**.

1.24. Describa con palabras el significado de cada una de las siguientes expresiones regulares:

a) **(00)***

b) **0*****1***

c) **1(0 $\cup$ 1)***

d) **(0 $\cup$ 1)*****00**

e) **(0 $\cup$ 1)*****10(0 $\cup$ 1)***

f) **1*****01*****0(0 $\cup$ 1)***

1.25. Dada la expresión regular **(ab)**$^+$ $\cup$ **(cb)***. Indicar si las siguientes cadenas pertenecen o no al lenguaje que representa:

a) $w_1 = $ **abcb**

b) $w_2 = \varepsilon$

c) $w_3 = $ **cbcbb**

d) $w_4 = $ **ab**

e) $w_5 = $ **abcbcbcb**

1.26. Determinar las cadenas que pertenecen al lenguaje descrito por la expresión regular: **c*****a** $\cup$ **(bc)*** $\cup$ **b***.

1.27. Dada la expresión regular **a (b $\cup$ c) a (a $\cup$ b $\cup$ c)*** **a**, ¿Cuántas cadenas de longitud 6 representa?

1.28. Simplificar las siguientes expresiones:

a) **(ε $\cup$ ab)***

b) **a (ε $\cup$ aa)*** **a $\cup$ ε**

c) **(a $\cup$ ε) a*****b**

d) **(((a*****a) b) $\cup$ b) a**

e) **(ε $\cup$ aa) (ε $\cup$ aa)***

f) **(aa)*** **a $\cup$ (aa)***

g) **(a $\cup$ b)*** **a (a $\cup$ b)***

h) **bb*****a $\cup$ a $\cup$ ab**$^+$

i) **$\varnothing$*** **$\cup$ a*** **$\cup$ b*** **$\cup$ (a*** **$\cup$ b*** **)**$^+$

j) **((a*****b*** **)*** **· (b*****a*** **)*** **)***

k) **(a*****b)*** **$\cup$ (b*****a)***

l) **(ε $\cup$ a**$^+$ **) bb**$^+$ **(ε $\cup$ c)***

m) **y(ε $\cup$ x**$^+$ **) $\cup$ (yy**$^+$**(ε $\cup$ x)*** **)**

n) **a (ε $\cup$ aa)*** **(ε $\cup$ aa) $\cup$ a**

o) **(ba*****)*** **$\cup$ ε $\cup$ (a $\cup$ b)**$^+$

p) **(ε $\cup$ x) (ε $\cup$ x)**$^+$ **$\cup$ (ε $\cup$ x)**

q) **a*b ((a ∪ b) a*b)* ∪ a*b** r) **(b*a)* ∪ (a ∪ b)⁺a**

s) **(abc*)* ∪ ab ∪ ab(c ∪ ab)⁺** t) **(a ∪ b)(ε ∪ c)*(ε ∪ c) ∪ a ∪ b**

u) **(ba*)* ∪ b(b ∪ a)⁺ ∪ b** v) **(ab*)* ∪ a(b ∪ a)**

w) **(a* (b ∪ a)*)* b(a*b)*** x) **(a ∪ b)c⁺ ∪ (b ∪ a)c**

y) **a (b*a ∪ b)***

1.29. Para los siguientes ejercicios se debe emplear la página siguiente: http://www.regexr.com/, que contiene un analizador de expresiones regulares extendidas. En la parte superior se escriben las expresiones que se desean probar, escriba cada una de las siguientes expresiones regulares e identifique su funcionamiento en el texto de muestra:

a) Explique la diferencia entre: **.\.\w{3}** y **.\.\w{3}$**

b) Explique la diferencia entre: **\w{5}** y **^\w{5}**

c) Explique la diferencia entre: **\d{4,}** y **\d{4,}?**

d) Explique la diferencia entre: **[a-l]+** y **[^a-l]+**

e) Explique la diferencia entre: **o(?=r)**, **o(?!r)** y **or**

f) Explique lo que resulta de: **(mm|ex|de|te)**

g) Explique lo que resulta de: **(ed|es|te)\b**

1.30. Escriba una expresión regular para identificar palabras entre 4 y 15 caracteres, formadas por letras minúsculas exclusivamente.

1.31. Escriba una expresión regular para identificar una cadena que represente un código postal formado por exactamente 5 dígitos y que no inicie con 17, 18 o 19.

1.32. Escriba una expresión regular extendida que sirva para reconocer una URL válida. Puede o no iniciar con alguno de los prefijos: **http://** o **https://** y puede haber varios (al menos uno) grupos de dos o más caracteres alfanuméricos, incluyendo puntos y guiones, separados por un punto y una extensión de dos a cuatro caracteres, opcionalmente incluir términos de la forma **/w?a=b**, y puede terminar con **/**.

1.33. Escriba una expresión regular para identificar direcciones de correo electrónico con las siguientes características: Antes de la arroba puede haber tres o más caracteres alfanuméricos, incluyendo el punto, la arroba es obligatoria y después de la arroba puede haber varios (al menos uno) grupos de dos o más caracteres alfanuméricos, separados por un punto, al final debe haber una extensión que tenga de dos a cuatro caracteres.

1.34. Borre todo el texto contenido en la página y escriba una contraseña que esté formada por 8 caracteres o más y que contenga uno o más dígitos, una o más letras minúsculas y una o más mayúsculas, escriba una expresión regular que sirva para validarla.

1.35. Escriba una fecha con el formato **dd/mm/aaaa**, en la parte superior escriba la expresión regular necesaria para reconocer fechas en ese formato, valide solamente lo siguiente: que **dd** esté entre 01 y 30, que **mm** entre 01 y 12 y que **aaaa** contenga exactamente cuatro dígitos.

1.36. Ahora escriba en la parte de texto una hora en el formato **HH:mm:ss**, encuentre una expresión regular para reconocer una hora válida, donde se cumpla que los valores de **HH** estén entre 00 y 24 y los valores de **mm** y **ss** se encuentren entre 00 y 59.

1.37. Escriba una dirección IP (cuatro números entre 0 y 255 separados por un punto) y encuentre una expresión regular que la pueda validar.

Capítulo 2

Autómatas Finitos Deterministas

En este capítulo se definen diagrama de transiciones, autómata finito determinista. Se presentan las tablas de transiciones, se establece una metodología para encontrar el autómata mínimo equivalente y el algoritmo para determinar si dos autómatas dados son equivalentes; se analiza el método para encontrar la expresión regular de un lenguaje a partir de un autómata finito determinista que lo acepta y finalmente se presentan algunas variantes de máquinas que generan determinados tipos de salida.

Diagramas de Transiciones

Las expresiones regulares sencillas permiten determinar con relativa facilidad si una cadena pertenece o no a un lenguaje dado. Por ejemplo: Si se tiene al lenguaje definido por la expresión regular **a*b***, ésta se puede interpretar como el lenguaje que contiene cualquier cadena que comience con cualquier cantidad de **a**s, seguida por cualquier cantidad de **b**s como, por ejemplo: **aaab**, **abbb**, **a**, **bb**, ε, etc. También permite determinar que no pertenecen a este lenguaje cadenas como las siguientes: **abab**, **baba**, **bba**, etc.

Sin embargo, para lenguajes más complejos, esta determinación no es simple y se emplea otra técnica para identificar si una cadena pertenece o no a un lenguaje dado; ésta consiste en el empleo de Diagramas de Transiciones, los cuales son grafos dirigidos a cuyos nodos se les denomina *Estados* y a sus aristas se les llama *Transiciones*, las cuales se encuentran etiquetadas con algún símbolo del alfabeto, como se muestra en el ejemplo de la figura 2.1.

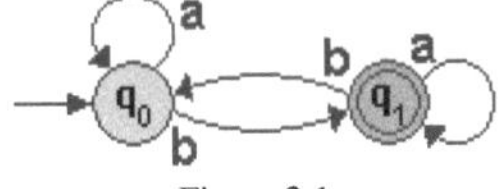

Figura 2.1

Existe un único estado que se le llama *Estado Inicial*, el cual se señala con una flecha, a partir del cual se comienza el reconocimiento de la cadena; cada símbolo leído provoca una transición de un estado a otro, siguiendo la arista etiquetada con éste.

Este proceso se repite hasta agotar la cadena. Si el estado donde se finaliza es un *Estado de Aceptación*, que se identifica por un doble círculo, quiere decir que la cadena analizada pertenece al lenguaje, en caso contrario es rechazada.

Si se observa cómo se cambia de estado sobre el diagrama de transiciones anterior, con cada uno de los símbolos de la cadena $w = $ **ababa**, para determinar si pertenece o no al lenguaje representado por éste, se observa que las transiciones realizan los cambios de estado mostrados en la secuencia siguiente:

$$q_0 \xrightarrow{a} q_0 \xrightarrow{b} q_1 \xrightarrow{a} q_1 \xrightarrow{b} q_0 \xrightarrow{a} q_0$$

Figura 2.2

Y como el estado terminal q_0 no es un estado de aceptación, la cadena anterior es rechazada.

Para entender mejor el proceso de análisis de una cadena, se emplea la siguiente notación, en la que se muestra cada paso como un par formado por el estado actual y la parte de la cadena pendiente de procesar, a este par se le conoce como una Descripción Instantánea (**DI**) de la fase en que se encuentra actualmente el autómata. Para este caso, la **DI** inicial es: $(q_0,$ <u>a</u>baba$)$, se subraya el primer símbolo para indicar que éste es el símbolo que provocará la próxima transición. El paso de una **DI** a la siguiente se denota por medio del símbolo: $\vdash$, de tal forma que la secuencia de fases instantáneas del análisis anterior se representa así:

$$(q_0, \underline{a}baba) \vdash (q_0, \underline{b}aba) \vdash (q_1, \underline{a}ba) \vdash (q_1, \underline{b}a) \vdash (q_0, \underline{a}) \vdash (q_0, \varepsilon)$$

Una vez agotada la cadena, ya no hay transiciones posibles y el autómata se detiene en el estado q_0, como ya se había indicado, rechazando la cadena.

Una tercera representación gráfica de este proceso se hace considerando a la cadena contenida en una cinta suficientemente grande, y un puntero que inicialmente señala al primer símbolo de la cadena y que se encuentra en el estado inicial q_0.

Conforme realiza las transiciones respectivas, el puntero irá desplazándose hacia la derecha para leer los siguientes símbolos, mientras cambia de estado según corresponda a cada transición, hasta llegar al final de la cadena, indicado, en este caso, por el símbolo especial $. Es entonces cuando el análisis concluye, y se determina el estado en el que se finaliza, que como se ha visto, se trata del estado q_0. Esta representación se muestra gráficamente en la figura 2.3:

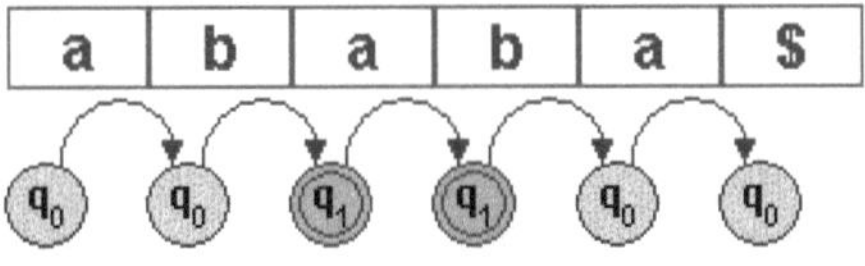

Figura 2.3

Un análisis detallado de todas las cadenas que conducen al estado de aceptación q_1 en el diagrama de la figura 2.1, lleva a la conclusión de que éstas deben de poseer una cantidad impar de **b**s para ser aceptadas.

Ejemplo 1

Considérese la necesidad de construir un diagrama de transiciones para reconocer el lenguaje formado por todas las cadenas provenientes del alfabeto $\Sigma =$ { **a**, **b** } que terminan en **b**, es fácil visualizar que el diagrama de transiciones debe tener un estado de aceptación q_1, al que se accede cuando aparece el símbolo **b** en la cadena, esperando que sea el último símbolo, pero que se sale de él cuando se lee el símbolo **a**, de esta manera, se concibe el diagrama de transiciones mostrado en la figura 2.4.

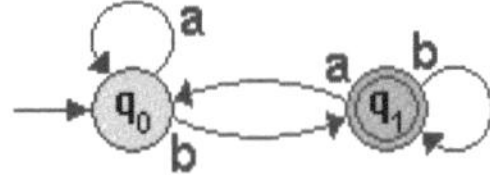

Figura 2.4

Ejemplo 2

El siguiente diagrama de transiciones consta de tres estados, etiquetados por q_0, q_1 y q_2, respectivamente; de los cuales q_1 es el estado de Aceptación. Además hay 6 transiciones, dos para cada estado, etiquetadas con los símbolos **a** y **b**, aunque por comodidad se suele usar una sola flecha para varios símbolos que coinciden en el mismo estado de destino.

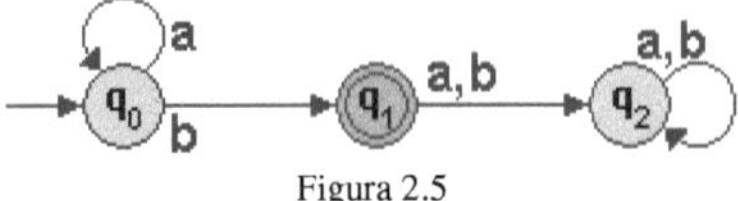

Figura 2.5

Las cadenas formadas por cualquier cantidad de **a**s seguida de una única **b** son aceptadas por el lenguaje que representa el diagrama anterior, se puede expresar este lenguaje de la forma $L = \{\ \mathbf{a}^n\mathbf{b} \mid n \geq 0\ \}$.

Cualquier otra cadena no será aceptada, dado que se provocará que pase al estado q_2, del cual no podrá salir y dado que no es un estado de Aceptación, se le denomina *Estado no Deseado* o *Estado de Rechazo*.

La expresión regular **a*b** describe el lenguaje antes citado.

Ejemplo 3

Ahora considérese el lenguaje (**ab**)*, el cual acepta, entre otras, a la cadena vacía, por lo que es necesario hacer que el Estado Inicial q_0 sea también un Estado de Aceptación, el diagrama de transiciones debe ser similar al que se muestra en la figura 2.6, se puede verificar que las cadenas que inician con una **b**, las que tienen dos **a**s o dos **b**s consecutivas pasarán a un estado no deseado y serán rechazadas.

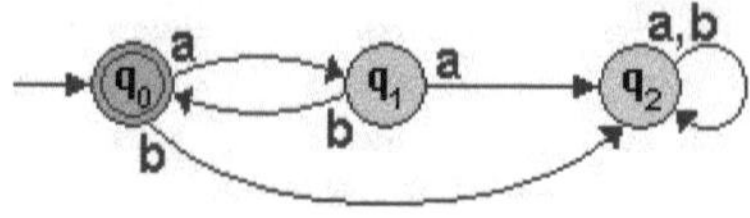

Figura 2.6

Tabla de Transiciones

Un diagrama de transiciones también puede ser representado de manera tabular de la siguiente forma: se coloca a cada símbolo como encabezado de cada una de las columnas y a cada estado al inicio de cada uno de los renglones. La flecha indica el estado inicial y el asterisco se usa para denotar los estados de aceptación. Dentro de la tabla se coloca el estado siguiente, según corresponda a cada transición. La tabla de transiciones del diagrama del ejemplo anterior se muestra en la tabla 2.1:

δ	**a**	**b**
$\rightarrow$*q_0	q_1	q_2
q_1	q_2	q_0
q_2	q_2	q_2

Tabla 2.1

Las tablas de transiciones son muy útiles para realizar programas de computadora que permitan el reconocimiento de lenguajes regulares, pero para cuando se hace el proceso de reconocimiento en forma manual, es preferible utilizar los diagramas de transiciones, tal como se seguirá haciendo en los siguientes ejemplos.

Ejemplo 1

Ahora considérese el lenguaje L = { $(ab)^n$ | n > 0 }, el cual se representa por medio de la expresión regular $(ab)^+$. Para construir el diagrama de transiciones correspondiente que acepte este lenguaje, se pueden seguir los siguientes pasos:

Primero se construye un diagrama que acepte una **a**, seguida de una **b**, (por ser **ab** la cadena más pequeña de dicho lenguaje) para llegar al estado de aceptación, así:

Figura 2.7

Cualquier cadena que empiece con una **b**, o que después de la primera **a** tenga otra **a** debe ser rechazada, pasando a un Estado No Deseado, tal como se muestra en la figura 2.8, a continuación:

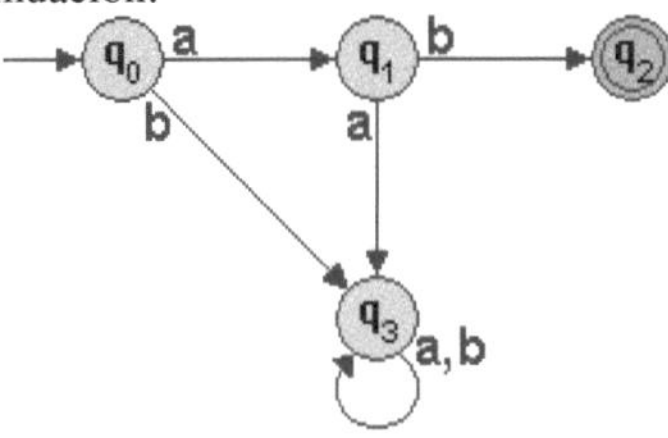

Figura 2.8

Si hay más de dos símbolos en la cadena, éstos tienen que ir en parejas de la forma **ab**, por lo que, si el tercer símbolo es una **b** se debe pasar del estado q_2 al estado de rechazo, mientras que una **a** después de la primera **b**, lleva nuevamente al estado q_1, en donde se espera que el siguiente símbolo sea una **b** para retornar al estado de aceptación. El diagrama completo queda finalmente como se ve en la figura 2.9:

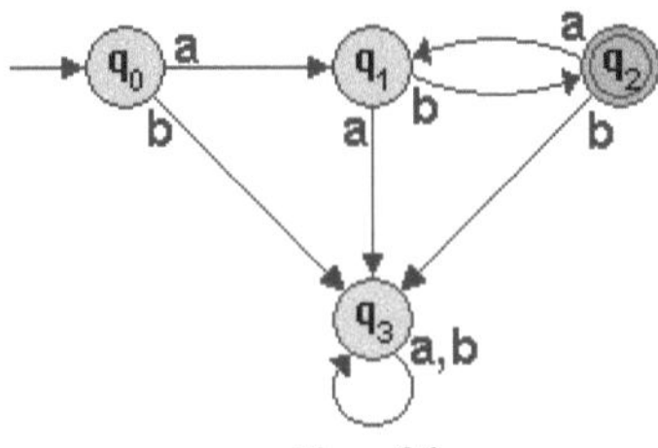

Figura 2.9

Ejemplo 2

Construya el diagrama de transiciones para el reconocimiento del lenguaje formado por las cadenas en el alfabeto $\Sigma = \{ \mathbf{a}, \mathbf{b} \}$, que contengan el sufijo (que terminan en) **ba**.

Primeramente, hay que analizar la cadena más simple que pertenece a este lenguaje y que es $w = $ **ba** y se trazan las transiciones necesarias para llegar a un estado de aceptación, como se muestra en la figura 2.10.

Figura 2.10

Posteriormente se agregan las transiciones faltantes; como falta una para el símbolo **a**, desde el estado q_0, la cual resulta ser un lazo sobre el mismo estado, tal como se indica en la figura 2.11.

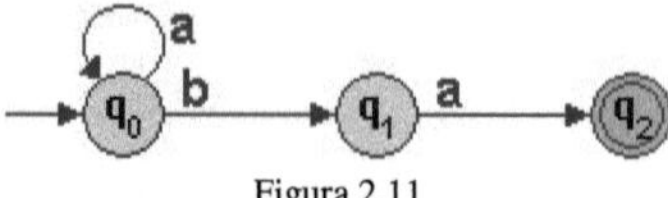

Figura 2.11

Similarmente, para el estado q_1 falta la transición para el símbolo **b**, la cual es también un lazo en ese estado, como se muestra en la figura 2.12.

Figura 2.12

Finalmente, las transiciones desde el estado q_2, hay una transición hacia q_0 para el símbolo **a** y hay otra hacia q_1 para el símbolo **b**, quedando el diagrama completo, tal como se aprecia en la figura 2.13.

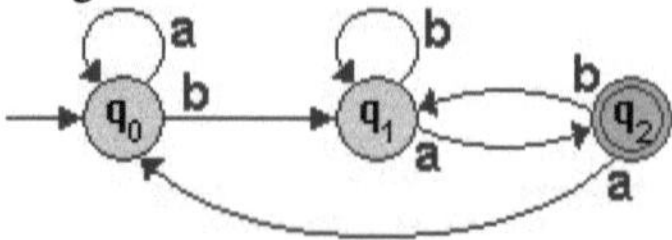

Figura 2.13

Autómata Finito Determinista

Se entiende por Autómata a un sistema que puede ser programable en algún lenguaje y que se diseña para realizar algún proceso secuencial. Imagínese una máquina expendedora de refrescos o golosinas. Cuando se diseñó esta máquina se tuvo que modelar su comportamiento, es decir, describir cómo debe funcionar. El orden en que efectúa sus operaciones es muy importante. Para los fines de este curso, un autómata es una Máquina abstracta, capaz de recibir un conjunto de instrucciones o datos en la entrada y con ellos obtener un cierto resultado.

Al modelo matemático que se ha definido por medio de un diagrama de transiciones, que representa a una máquina que pasa de un estado a otro como respuesta a cada uno de los símbolos de una cadena de entrada, se le llama Autómata Finito Determinista y se denota como **AFD**.

Formalmente se define a un **AFD** por la quíntupla M = (Q, Σ, s, F, δ), donde: Q es un conjunto finito de estados, Σ es el alfabeto de entrada, s $\in$ Q es el estado inicial, F es el subconjunto de Q de los estados de aceptación (F $\subseteq$ Q) y δ es la función de transición definida por δ: Q $\times$ Σ $\rightarrow$ Q.

La característica principal de un **AFD** es que δ es una función que está definida para todos los posibles estados q_i $\in$ Q y para todos los símbolos σ_j $\in$ Σ. Es decir para cualquier pareja de la forma (q_i, σ_j) siempre existe un único estado siguiente.

Ejemplo 1

Sea M el **AFD** definido por los siguientes elementos: Q = { q_0, q_1 }, Σ = {**a, b**}, s = q_0, F = { q_0 } y las siguientes cuatro transiciones:

$$\delta(q_0, \mathbf{a}) = q_0 \qquad\qquad \delta(q_0, \mathbf{b}) = q_1$$
$$\delta(q_1, \mathbf{a}) = q_1 \qquad\qquad \delta(q_1, \mathbf{b}) = q_0.$$

Este **AFD** se puede representar por medio de la siguiente tabla de transiciones:

δ	**a**	**b**
$\rightarrow^*q_0$	q_0	q_1
q_1	q_1	q_0

Tabla 2.2

Y a partir de la tabla se puede construir el diagrama de transiciones correspondiente a este **AFD**, el cual se muestra en la figura 2.14:

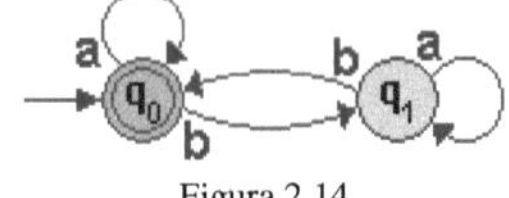

Figura 2.14

Este **AFD** acepta cadenas con una cantidad par de **b**s, para verificarlo, se puede probar algunas cadenas sobre el diagrama, por ejemplo: $w =$ **abba**, lo que resulta en la siguiente secuencia de estados:

Figura 2.15

Si se prueba el diagrama de transiciones con una cadena que contenga una cantidad impar de **b**s, terminará el análisis invariablemente en el estado q_1, y será rechazada, como por ejemplo la cadena $w =$ **abaa** arroja la siguiente secuencia de estados:

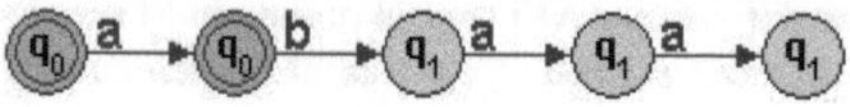

Figura 2.16

Es usual que se generalice la definición de la función de transición para cadenas completas no vacías, de la siguiente manera: $\delta: Q \times \Sigma^+ \to Q$, por lo que es frecuente que se encuentren expresiones como las siguientes: $\delta(q_0,$ **abba**$) = q_0$ y $\delta(q_0,$ **abaa**$) = q_1$, para resumir las transiciones de los ejemplos anteriores.

Si M es un **AFD**, se va a denotar como L(M) al lenguaje aceptado por M y es el conjunto de cadenas que conducen al autómata desde el estado inicial hasta un estado de aceptación, y se denota así:

$$L(M) = \{\ w \in \Sigma^* \mid \delta(\ q_0, w\ ) \in F\ \}$$

Entonces, se puede afirmar que el **AFD** anterior acepta el lenguaje formado por las cadenas que contienen una cantidad par de **b**s, y se puede representar por medio de la función $N_b(w)$, que representa la cantidad de veces que la cadena w contiene al símbolo **b**, así:

$$L(M) = \{\ w \in \{\ \mathbf{a}, \mathbf{b}\ \}^* \mid N_b(w) \text{ es par}\ \}$$

Ejemplo 2

Sea M el **AFD** definido por la tabla de transiciones siguiente:

δ	**a**	**b**
$\to *q_0$	q_0	q_1
$*q_1$	q_0	q_2
$*q_2$	q_0	q_3
q_3	q_3	q_3

Tabla 2.3

De la información contenida en la tabla se desprende que: Q = { q_0, q_1, q_2, q_3 }, s = q_0, Σ = { **a, b** }, F = { q_0, q_1, q_2 } y las transiciones siguientes: $\delta(q_0,$ **a** $)$ = q_0, $\delta(q_0,$ **b** $)$ = q_1, $\delta(q_1,$ **a** $)$ = q_0, $\delta(q_1,$ **b**$)$ = q_2, $\delta(q_2,$ **a** $)$ = q_0, $\delta(q_2,$ **b** $)$ = q_3, $\delta(q_3,$ **a** $)$ = q_3 y $\delta(q_3,$ **b**$)$ = q_3.

La figura 2.17 muestra el diagrama de transiciones correspondiente a este **AFD**, el cual acepta el lenguaje formado por cadenas que no contengan la secuencia **bbb**:

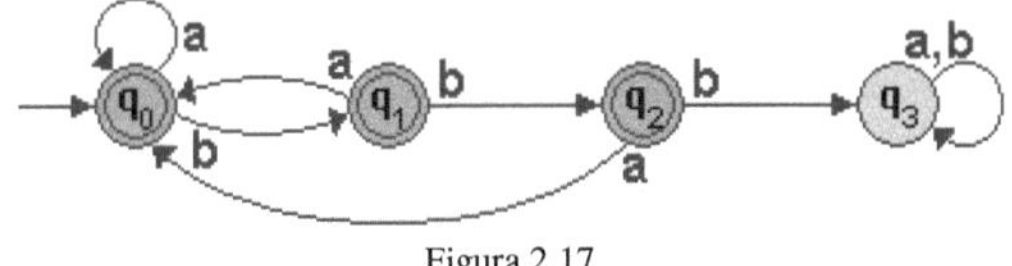

Figura 2.17

Y a continuación se detallan las descripciones instantáneas para la aceptación de la cadena *w* = **abbab**:

$$(q_0, \underline{\textbf{a}}\textbf{bbab}) \vdash (q_0, \underline{\textbf{b}}\textbf{bab}) \vdash (q_1, \underline{\textbf{b}}\textbf{ab}) \vdash (q_2, \underline{\textbf{a}}\textbf{b}) \vdash (q_0, \underline{\textbf{b}}) \vdash (q_1, \boldsymbol{\varepsilon})$$

Ejemplo 3

Sea M el **AFD** donde Q = { q_0, q_1, q_2, q_3 }, Σ = { **0, 1** }, F = { q_0 }, s = q_0 y por las siguientes transiciones: $\delta(q_0,$ **0**$)$ = q_1, $\delta(q_0,$ **1**$)$ = q_2, $\delta(q_1,$ **0**$)$ = q_0, $\delta(q_1,$ **1**$)$ = q_3, $\delta(q_2,$ **0**$)$ = q_3, $\delta(q_2,$ **1**$)$ = q_0, $\delta(q_3,$ **0**$)$ = q_2 y $\delta(q_3,$ **1**$)$ = q_1.

La tabla 2.4 resume toda la información del **AFD** antes descrito:

δ	**0**	**1**
$\rightarrow^*q_0$	q_1	q_2
q_1	q_0	q_3
q_2	q_3	q_0
q_3	q_2	q_1

Tabla 2.4

El diagrama de transiciones correspondiente a este **AFD** es el que contiene la figura 2.18 que se ilustra en la página siguiente.

Como se puede observar al estudiar a este **AFD**, acepta al lenguaje formado por las cadenas x $\in$ { **0, 1** }*, tales que la cantidad de ceros en *x* es par y también la cantidad de unos en *x* es par. Cambiando el estado de aceptación a cualquiera de los otros tres, se modifica la paridad de los ceros o de los unos a conveniencia.

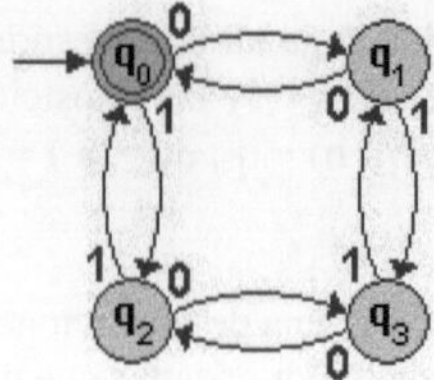

Figura 2.18

AFD Complemento

En el capítulo anterior se mencionó que, si L es regular, entonces $L^C = \Sigma^* - L$ también es regular, ahora se verá una forma muy sencilla de demostrarlo por medio de los autómatas; ya que, si se prueba que existe el autómata finito, significa que el lenguaje tiene que ser regular.

Sea M_1 el **AFD** que acepta el lenguaje L a partir del alfabeto Σ, formado por el conjunto de estados Q, y de los cuales F_1 es el subconjunto de estados de aceptación y con función de transición δ. Entonces M_2 será el **AFD** que acepte al lenguaje L^C, si está formado por el mismo conjunto de estados Q, el mismo estado inicial, la misma función de transición δ, el mismo alfabeto Σ, pero cuyo conjunto de estados de aceptación es ahora: $F_2 = Q - F_1$. Es decir, M_2 acepta las cadenas que M_1 rechaza y viceversa.

Ejemplo

La figura 2.19 muestra el diagrama de transiciones del autómata que acepta el lenguaje formado por las cadenas que contengan a la subcadena **bbb**, el cual es el complemento del **AFD** mostrado previamente en la figura 2.17.

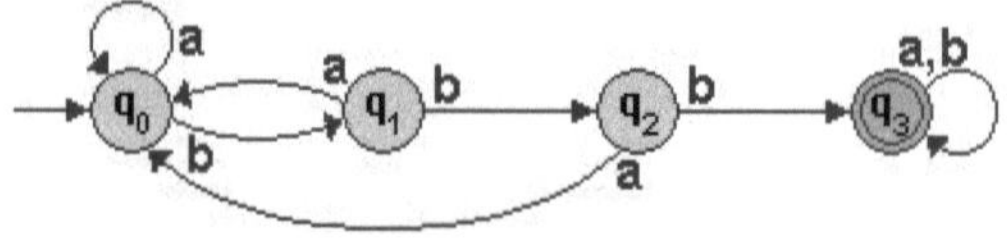

Figura 2.19

Autómatas Equivalentes

Sean M_1 y M_2 dos **AFD**s, entonces se dice que M_1 y M_2 son equivalentes si se cumple que $L(M_1) = L(M_2)$.

Considere a los **AFD**s M_1 y M_2 sobre el alfabeto $\Sigma = \{\ \mathbf{0,\ 1}\ \}$ que se muestran en las figuras 2.20a y 2.20b, respectivamente.

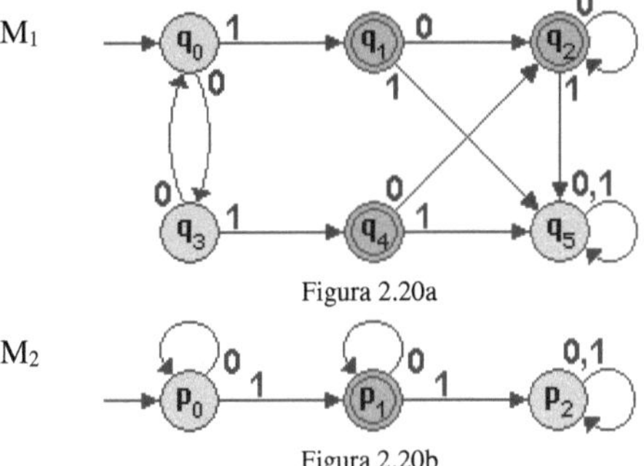

Figura 2.20a

Figura 2.20b

Como se puede verificar, ambos aceptan el mismo lenguaje **0*10***, por lo tanto, son equivalentes.

A pesar de que pueden existir varios autómatas equivalentes para un lenguaje dado, es posible verificar que solamente existe un único **AFD Mínimo** equivalente (mínimo número de estados y por ende de transiciones), que se considera como la representación óptima para dicho lenguaje, como es el caso del autómata etiquetado como M_2 en este ejemplo.

Estados Accesibles

Dado un **AFD** que tiene n estados, se dice que un estado q_i es accesible si existe una cadena w, $|w| < n$, que permite que el autómata llegue a ese estado partiendo del estado inicial q_0.

Es decir que existe w tal que $\delta(q_0, w) = q_i$. Gráficamente se diría que existe una trayectoria desde el estado q_0 al estado q_i formada por menos de n transiciones.

Autómatas conexos

Se dice que un **AFD** es un *Autómata conexo* si todos los estados de Q son accesibles desde el estado inicial.

Dado un autómata no conexo, se puede obtener, a partir de él, un autómata equivalente que sea conexo, simplemente eliminando todos los estados que no sean accesibles desde q_0.

Ejemplo

El autómata mostrado en la figura 2.21 no es conexo, porque contiene dos estados que no son accesibles: q_2 y q_3, lo que se puede verificar fácilmente:

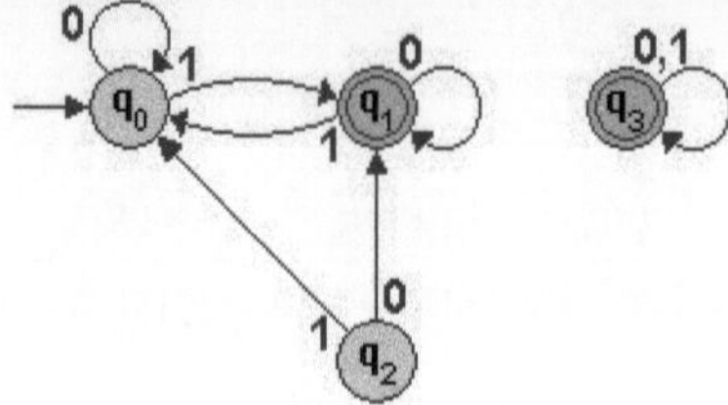

Figura 2.21

Eliminando esos estados queda el **AFD** equivalente que se muestra en la figura 2.22:

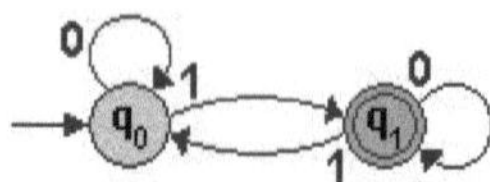

Figura 2.22

Estados Equivalentes

Dado un **AFD**, se dice que dos estados p y q son equivalentes (y se denota como pEq) si para toda cadena $w \in \Sigma^*$, se cumple que: $\delta(p, w) \in F \Leftrightarrow \delta(q, w) \in F$. Esto significa que, si dos estados son equivalentes, resulta indistinto encontrarse en cualquiera de ellos, en un momento dado, en lo que se refiere a la aceptación o rechazo de una cadena.

AFD Mínimo Equivalente

Dado M, un **AFD** cualquiera, se puede obtener M', el **AFD** con el mínimo número de estados que sea equivalente a M, por medio del siguiente algoritmo:

1. Se obtiene el autómata conexo equivalente, eliminando todos los estados que no son accesibles desde q_0.

2. Se realiza una partición de los estados de Q en dos clases:

   - En la clase C_1 se incluyen a los estados de aceptación, es decir: $C_1 = F$.
   - En la clase C_2 a los demás estados, esto es: $C_2 = Q - F$.

3. Se analiza cada clase C_m con objeto de ver si para todo $q_k \in C_m$ se cumple para cada símbolo $\sigma_i \in \Sigma$ que $\delta(q_k, \sigma_i) \in C_n$, para alguna clase C_n.

4. En caso de que no se cumpla lo anterior para alguna clase C_m, se realiza una partición de esa clase, dividiéndola en subclases que estén formadas por los grupos de estados que satisfagan la condición anterior entre sí.

5. Se repite el paso 3 hasta verificar que todas las clases cumplan la condición de equivalencia, entonces cada clase de estados equivalentes resultante se representará por un solo estado en el **AFD** mínimo.

Ejemplo 1

Considérese al **AFD** M_1 mostrado en la figura 2.20a. Es fácil verificar que se trata de un **AFD** conexo, entonces, aplicando el segundo paso del algoritmo, se hace la partición inicial: $C_1 = \{ q_2, q_3, q_4 \}$ y $C_2 = \{ q_0, q_1, q_5 \}$.

Ahora, continuando con el paso 3 del algoritmo, se analizan las transiciones para los estados contenidos en cada clase:

δ		**0**	**Clase**	**1**	**Clase**
	q_2	q_4	C_1	q_5	C_2
*C_1	q_3	q_4	C_1	q_5	C_2
	q_4	q_4	C_1	q_5	C_2
	q_0	q_1	C_2	q_2	C_1
→C_2	q_1	q_0	C_2	q_3	C_1
	q_5	q_5	C_2	q_5	C_2

Tabla 2.5

Para todos los estados de la clase C_1 se cumple la condición de equivalencia requerida, por lo que no se requiere realizar ninguna acción; para los tres estados contenidos en la clase C_2 se observa que no se satisface la condición exigida en todos los casos, entonces hay que separar los estados de C_2 en dos subclases a saber: $C_3 = \{ q_0, q_1 \}$, dado que ambos se comportan de forma equivalente y $C_4 = \{ q_5 \}$.

Ahora se debe repetir el paso 3, para verificar que se cumple la condición requerida para cada una de las tres clases que ahora se tienen. Básicamente consiste en revisar las transiciones que tenían como destino a la clase C_2, para anotar la nueva clase de destino. Se puede observar que esta partición no afecta los resultados para la clase C_1, puesto que solamente se reemplaza C_2 por C_4 en las transiciones del símbolo **1**. Similarmente, se puede ver que para las clases C_3 y C_4 se satisfacen las condiciones de equivalencia, tal como se muestra en las siguientes tablas, dando por terminado el proceso:

δ		0	Clase	1	Clase
	q_2	q_4	C_1	q_5	C_4
$*C_1$	q_3	q_4	C_1	q_5	C_4
	q_4	q_4	C_1	q_5	C_4
$\rightarrow C_3$	q_0	q_1	C_3	q_2	C_1
	q_1	q_0	C_3	q_3	C_1
C_4	q_5	q_5	C_4	q_5	C_4

Tabla 2.6

Con esto se concluye que el **AFD** Mínimo solamente consta de tres estados, el cual está representado por la siguiente tabla de transiciones, que se obtiene directamente de la anterior, eliminando las columnas correspondientes a los estados del **AFD** original.

δ	0	1
$\rightarrow C_3$	C_3	C_1
$*C_1$	C_1	C_4
C_4	C_4	C_4

Tabla 2.7

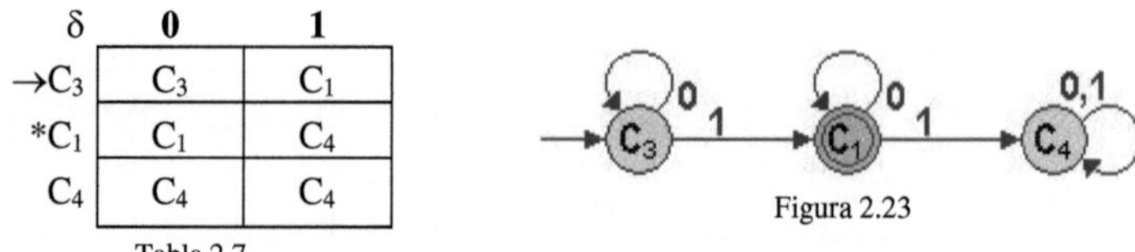

Figura 2.23

Observe que la clase C_3 que contiene el estado inicial original q_0 se considera el nuevo estado inicial y que la clase C_1, que surgió a partir de los estados de aceptación será el nuevo estado de aceptación.

El diagrama de transiciones mostrado en la figura 2.23 correspondiente a este **AFD** mínimo es el mismo que fue representado por el autómata M_2 en la figura 2.20b, tal como cabía esperar.

Ejemplo 2

Encontrar el **AFD** Mínimo equivalente al mostrado en la figura 2.24 de la página siguiente.

Primero se verifica que todos los estados son accesibles, luego se realiza la partición inicial de Q, de donde se tiene: $C_1 = \{ q_0, q_2 \}$ y $C_2 = \{ q_1, q_3, q_4, q_5, q_6 \}$, ahora se analizan las transiciones para los estados en cada clase.

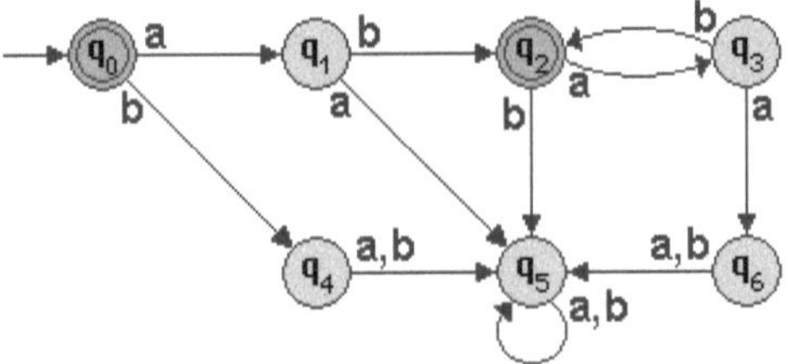

Figura 2.24

Para todos los estados de la clase C_2 se cumple la condición de equivalencia requerida en el paso 3, en cambio, se puede ver que no se cumple la condición de equivalencia para las transiciones del símbolo **b** en los cinco estados de la clase C_2, por lo que es necesario dividir esta clase en dos subclases.

δ		**a**	**Clase**	**b**	**Clase**
$\rightarrow *C_1$	q_0	q_1	C_2	q_4	C_2
	q_2	q_3	C_2	q_5	C_2
	q_1	q_5	C_2	q_2	C_1
	q_3	q_6	C_2	q_2	C_1
C_2	q_4	q_5	C_2	q_5	C_2
	q_5	q_5	C_2	q_5	C_2
	q_6	q_5	C_2	q_5	C_2

Tabla 2.8

Se particiona la clase C_2 como sigue: $C_3 = \{\ q_1,\ q_3\ \}$ y $C_4 = \{\ q_4,\ q_5,\ q_6\ \}$, y se reemplazan todas las transiciones que iban a la clase C_2 por la nueva clase correspondiente, quedando entonces como se muestra en la siguiente tabla:

δ		**a**	**Clase**	**b**	**Clase**
$\rightarrow *C_1$	q_0	q_1	C_3	q_4	C_4
	q_2	q_3	C_3	q_5	C_4
C_3	q_1	q_5	C_4	q_2	C_1
	q_3	q_6	C_4	q_2	C_1
	q_4	q_5	C_4	q_5	C_4
C_4	q_5	q_5	C_4	q_5	C_4
	q_6	q_5	C_4	q_5	C_4

Tabla 2.9

Es fácil comprobar que esta partición ya es definitiva y que todas las clases cumplen la condición de equivalencia impuesta por el algoritmo, por lo que se concluye que el **AFD** Mínimo equivalente solamente consta de tres estados, el cual está representado por la siguiente tabla de transiciones.

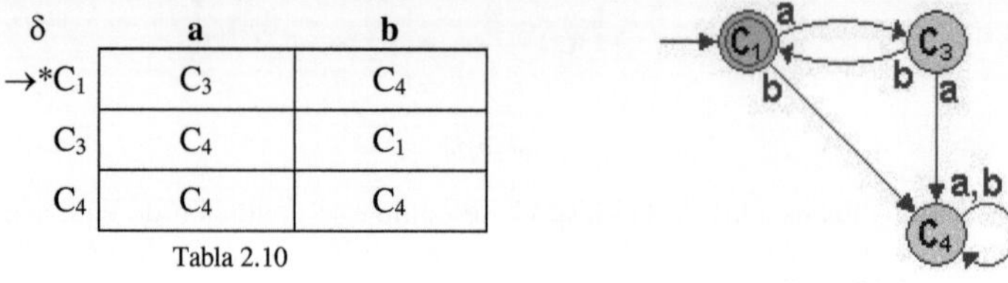

δ	a	b
$\rightarrow *C_1$	C_3	C_4
C_3	C_4	C_1
C_4	C_4	C_4

Tabla 2.10

Figura 2.25

Identificación de pares equivalentes

Una herramienta muy eficiente para encontrar el AFD mínimo equivalente es mediante la utilización de una tabla triangular que permite identificar los pares de estados equivalentes, en la tabla 2.11 cada celda representa a un par de estados $[q_i,q_j]$ del AFD a estudiar, como paso inicial, marque con una equis las celdas que correspondan a los pares donde uno de los estados sea de aceptación y el otro no:

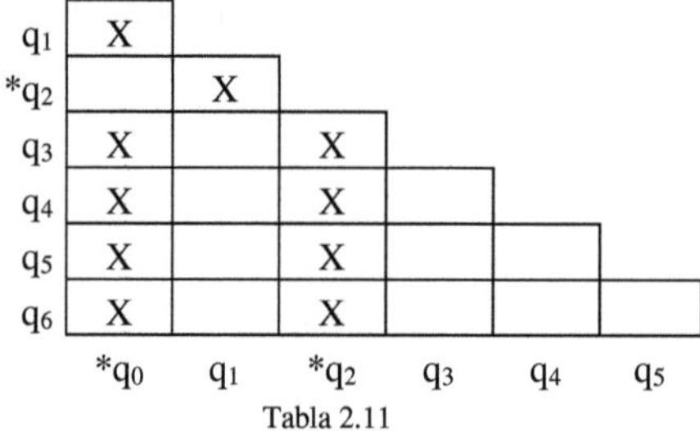

	$*q_0$	q_1	$*q_2$	q_3	q_4	q_5
q_1	X					
$*q_2$		X				
q_3	X		X			
q_4	X		X			
q_5	X		X			
q_6	X		X			

Tabla 2.11

A continuación se deberán analizar las celdas sin marcar $[q_i,q_j]$, verificando las transiciones del AFD para ambos símbolos, de tal forma que si para algún símbolo x, se tiene que $\delta(q_i, x) = q_k$ y $\delta(q_j, x) = q_n$, donde la celda $[q_k,q_n]$ ya esté marcada, entonces se procede a marcar también a la celda $[q_i,q_j]$. Se repite esta verificación para todas las celdas que permanezcan sin marcar.

Para aplicar eficazmente este algoritmo, es conveniente tener a la mano la tabla de transiciones del AFD en cuestión, tal como se muestra en la tabla 2.12.

δ	a	b
$*q_0$	q_1	q_4
q_1	q_5	q_2
$*q_2$	q_3	q_5
q_3	q_6	q_2
q_4	q_5	q_5
q_5	q_5	q_5
q_6	q_5	q_5

Tabla 2.12

A continuación se procede a analizar el comportamiento de las transiciones de la celda $[q_0,q_2]$ y se verifica si está marcada alguna de las celdas $[q_1,q_3]$ o $[q_4,q_5]$, y como no es cierto, se pasa a la siguiente celda.

Para las transiciones de la celda $[q_1,q_3]$ se analiza la celda $[q_5,q_6]$ y como no está marcada se pasa adelante.

Para las transiciones de la celda $[q_1,q_4]$ se analiza la celda $[q_2,q_5]$ y como en este caso si está marcada, se marca también la celda $[q_1,q_4]$.

Continuando con la celda $[q_3,q_4]$ se revisan las celdas $[q_5,q_6]$ y $[q_2,q_5]$ y como la segunda está marcada, se procede a marcar a esta celda.

Siguiendo el proceso con las siete celdas restantes, se encuentra que hay que marcar a las celdas $[q_1,q_5]$, $[q_3,q_5]$, $[q_1,q_6]$ y $[q_3,q_6]$, quedando finalmente la tabla como se muestra en la figura 2.13.

	$*q_0$	q_1	$*q_2$	q_3	q_4	q_5
q_1	X					
$*q_2$		X				
q_3	X		X			
q_4	X	X	X	X		
q_5	X	X	X	X		
q_6	X	X	X	X		

Tabla 2.13

Esto significa que los pares no marcados $[q_0,q_2]$, $[q_1,q_3]$, $[q_4,q_5]$, $[q_4,q_6]$ y $[q_5,q_6]$ representan estados equivalentes, y generan las siguientes clases de equivalencia: $C_1 = \{ q_0, q_2 \}$, $C_2 = \{ q_1, q_3 \}$ y $C_3 = \{ q_4, q_5, q_6\}$.

Ejemplo 3

Encontrar el **AFD** Mínimo equivalente al mostrado en la figura a continuación:

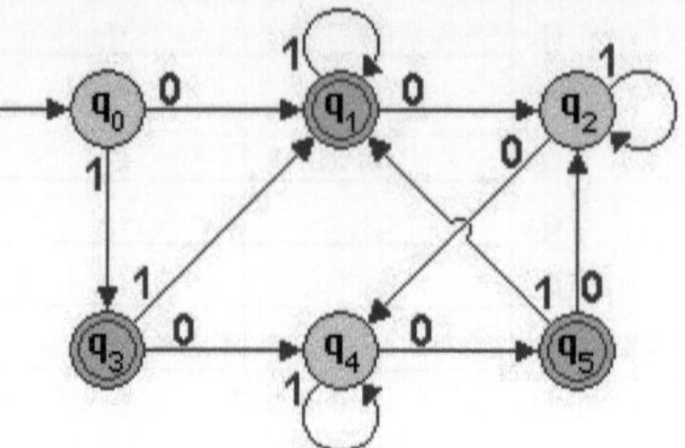

Figura 2.26

Primero se verifica que el **AFD** dado es conexo, luego se crea la tabla de transiciones correspondiente y se procede a crear la tabla triangular, marcando las celdas de todos los pares donde uno de los estados es de aceptación y el otro no. Con ayuda de la tabla 2.14 se procede a revisar cada una de las celdas que aún no están marcadas para ver si corresponden o no a pares equivalentes.

δ	**0**	**1**
q_0	q_1	q_3
$*q_1$	q_2	q_1
q_2	q_4	q_2
$*q_3$	q_4	q_1
q_4	q_5	q_4
$*q_5$	q_2	q_1

Tabla 2.14

De esta manera se identifican que las celdas $[q_0,q_2]$, $[q_0,q_4]$, $[q_2,q_4]$ se deben marcar, lo mismo que las celdas $[q_1,q_3]$ y $[q_3,q_5]$, a consecuencia de que se marcó la celda $[q_2,q_4]$. Quedando únicamente sin marcar en la tabla 2.15 la celda $[q_1,q_5]$.

	q_0	$*q_1$	q_2	$*q_3$	q_4
$*q_1$	X				
q_2	X	X			
$*q_3$	X	X	X		
q_4	X	X	X	X	
$*q_5$	X		X	X	X

Tabla 2.15

Por lo que los estados q_1 y q_5 forman una clase de equivalencia, identificada en la figura 2.27 como C_6, mientras que los otros estados son independientes, y cada uno constituye una clase de equivalencia, tal como se muestra en la figura 2.27, en la que el **AFD** Mínimo equivalente consta de cinco estados:

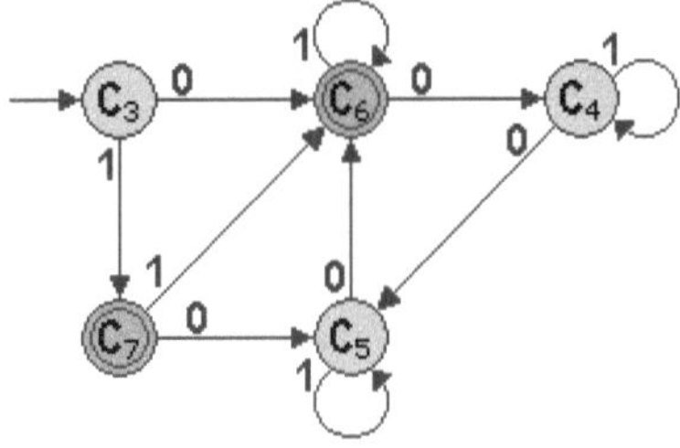

Figura 2.27

Ejemplo 4

Encontrar el **AFD** Mínimo equivalente al mostrado en la figura 2.28, a continuación, y como en el ejemplo anterior, luego de confirmar que el **AFD** dado es conexo, el siguiente paso es obtener la tabla de transiciones:

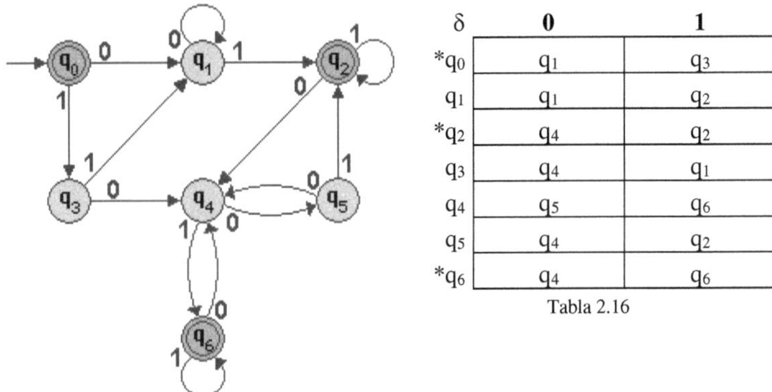

Figura 2.28

δ	**0**	**1**
*q_0	q_1	q_3
q_1	q_1	q_2
*q_2	q_4	q_2
q_3	q_4	q_1
q_4	q_5	q_6
q_5	q_4	q_2
*q_6	q_4	q_6

Tabla 2.16

A continuación, se construye la tabla triangular que representa a los diferentes pares de estados del AFD, y se marca con una X las celdas correspondientes a los pares donde uno de los estados es de aceptación y el otro no, como se observa en la tabla 2.17.

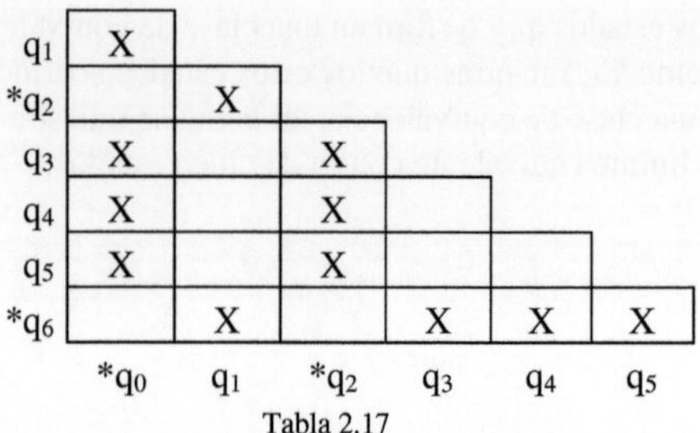

Tabla 2.17

A continuación se deberán analizar las nueve celdas que permanecen sin marcar, y se procede a marcar las siguientes celdas: $[q_0,q_2]$, $[q_0,q_6]$, $[q_1,q_3]$, $[q_3,q_4]$ y $[q_3,q_5]$. Mientras que permanecen igual las otras cuatro celdas: $[q_1,q_4]$, $[q_1,q_5]$, $[q_4,q_5]$ y $[q_2,q_6]$.

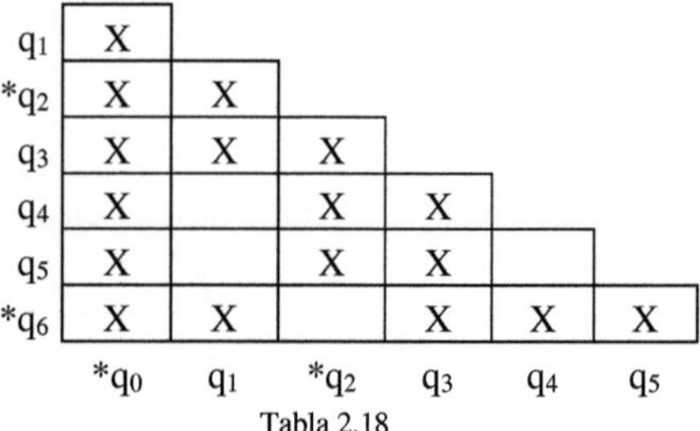

Tabla 2.18

Este resultado nos indica que los estados q_2 y q_6 son equivalentes, marcados como la clase C_4, así como que la otra clase de equivalencia es $C_6 = \{ q_1, q_4, q_5 \}$, mientras que los estados q_0 y q_3 son por sí solos independientes.

De esta forma, el diagrama de transiciones del **AFD** mínimo equivalente es el mostrado en la figura 2.29.

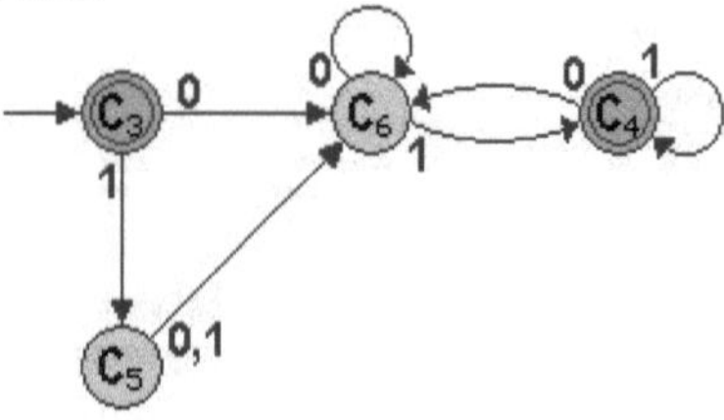

Figura 2.29

Ejemplo 5

Encontrar el **AFD** Mínimo equivalente al mostrado en la figura a continuación:

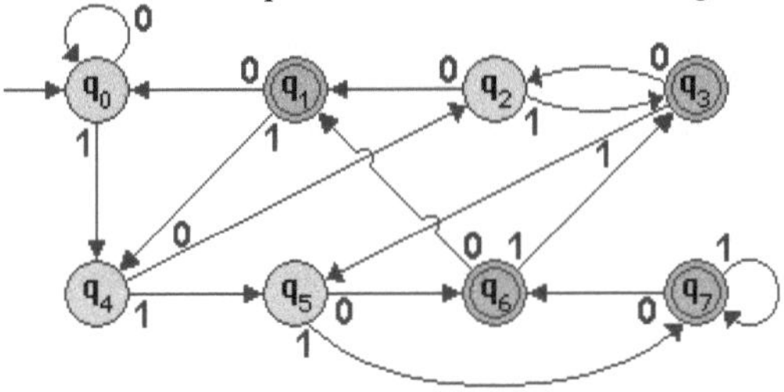

Figura 2.30

Se verifica que el **AFD** es conexo y se construye la tabla de transiciones:

δ	**0**	**1**
q_0	q_0	q_4
$*q_1$	q_0	q_4
q_2	q_1	q_3
$*q_3$	q_2	q_5
q_4	q_2	q_5
q_5	q_6	q_7
$*q_6$	q_1	q_3
$*q_7$	q_6	q_7

Tabla 2.19

A continuación, se construye la tabla triangular, marcando las celdas correspondientes a los pares donde uno de los estados es de aceptación y el otro no:

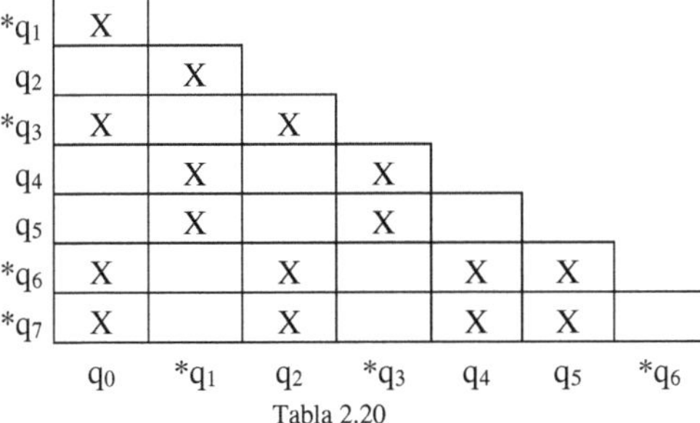

	q_0	$*q_1$	q_2	$*q_3$	q_4	q_5	$*q_6$
$*q_1$	X						
q_2		X					
$*q_3$	X		X				
q_4		X		X			
q_5		X		X			
$*q_6$	X		X		X	X	
$*q_7$	X		X		X	X	

Tabla 2.20

Se determina que se debe marcar la celda [q₀,q₂], y como consecuencia, también se marca las celdas [q₁,q₃] y [q₀,q₄]. Luego se marcan las celdas [q₂,q₄] y [q₀,q₅]. Dejando sin marcar la celda [q₂,q₅]. Se marcan las celdas [q₄,q₅], [q₁,q₆]. [q₃,q₆], [q₁,q₇] y [q₃,q₇], también se marca la celda [q₆,q₇] como consecuencia de haber marcado previamente las celdas correspondientes a sus transiciones. Por último, revisando la celda [q₂,q₅], que había quedado sin marcar, y se encuentra que también debe marcarse porque las celdas destino fueron marcadas posteriormente.

En conclusión, como todas las celdas de la tabla triangular han sido marcadas, se concluye que todos los estados del AFD tienen comportamiento diferente, lo que indica que el diagrama original representa a un AFD que ya es mínimo y, por lo tanto, no es posible reducirlo.

Algoritmo para ver si dos AFD son equivalentes

Aunque existen otras técnicas más eficientes, el algoritmo anterior para hallar el **AFD** *Mínimo Equivalente* también se puede utilizar para verificar si dos **AFD**s cualesquiera son o no equivalentes.

Para ello, simplemente se hace la unión de todas las transiciones de ambos autómatas en una sola tabla de transiciones, y se aplica el algoritmo anterior, si al final resulta que ambos estados iniciales pertenecen a la misma clase de equivalencia significa que ambos autómatas son equivalentes.

Ejemplo

Verifique si es que los dos **AFD**s mostrados en las siguientes figuras son equivalentes o no:

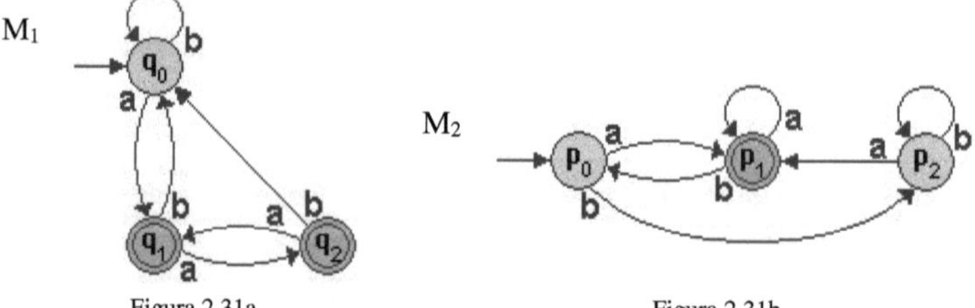

Figura 2.31a   Figura 2.31b

Juntando todas las transiciones de ambos autómatas como si se tratara de uno solo, se construye la tabla de transiciones, mostrada en la tabla 2.21, a partir de la cual se construye la tabla triangular.

δ	**a**	**B**
$\rightarrow q_0$	q_1	q_0
$*q_1$	q_2	q_0
$*q_2$	q_1	q_0
$\rightarrow p_0$	p_1	p_2
$*p_1$	p_1	p_0
p_2	p_1	p_2

Tabla 2.21

A continuación, se hace la tabla triangular aplicando los mismos criterios que en los ejemplos anteriores, primero se marcan las celdas correspondientes a los pares donde uno de los estados es de aceptación y el otro no, sin importar que pertenezcan a M_1 o a M_2 y luego se revisan las transiciones a las que conducen los estados correspondientes a las celdas sin marcar.

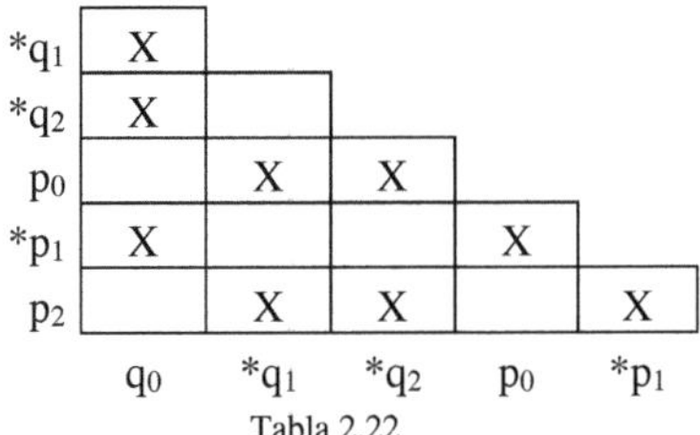

Tabla 2.22

Ahora, analizando las 6 celdas sin marcar, se puede confirmar que todas ellas corresponden a pares de estados equivalentes, en especial en este caso solamente interesa verificar que la celda $[q_0,p_0]$, correspondiente a los dos estados iniciales, permaneció sin marcar, significando que ambos **AFD**s son equivalentes, adicionalmente se puede determinar que el **AFD** mínimo equivalente a ambos contiene sólo dos estados, y que el lenguaje aceptado por ambos contiene las cadenas del alfabeto $\Sigma = \{ \mathbf{a}, \mathbf{b} \}$ que terminan en **a**.

Obtención de Expresiones Regulares

Ya se vio que, dada una **ER**, es posible construir algún **AFN** que acepte el lenguaje respectivo, ahora se verá, por medio de un método algebraico, que siempre es posible obtener una expresión regular del lenguaje aceptado por M, un **AFN** dado cualquiera. Para ello, primero se deben definir los lenguajes sufijos del lenguaje buscado L(M).

Sea M = (Q, Σ, Δ, s, F) un **AFN**, entonces se puede definir a A_i como el conjunto de las cadenas sobre Σ que hacen que M pase desde un estado q_i hasta algún estado de aceptación, esto es:

$$A_i = \{ \ w \in \Sigma^* \ | \ \Delta(\ q_i, w\ ) \in F\ \}.$$

Es decir, A_i representa al lenguaje aceptado por el **AF** si se supone que q_i es el estado inicial, en especial, se tiene que para el estado inicial q_0 se cumple que A_0 representa al leguaje buscado: L(M).

Ejemplo

Obtener los lenguajes sufijos para cada uno de los estados que forman el **AFD** representado por el diagrama de transiciones mostrado en la figura 2.32:

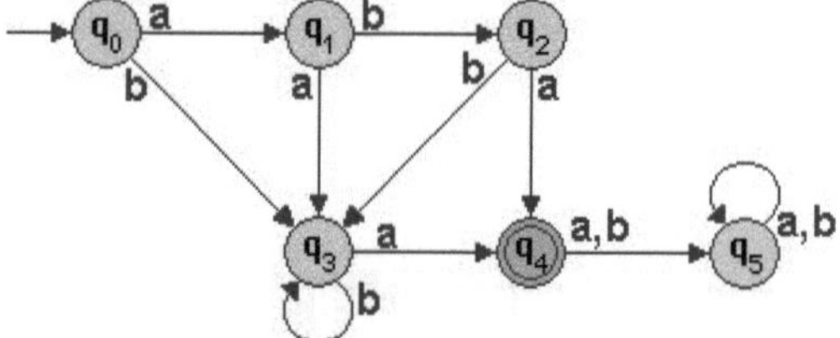

Figura 2.32

Aplicando la definición anterior para los estados de este **AFD**, comenzando por q_5, y continuando en sentido descendente, se obtiene que:

- $A_5 = \varnothing$
- $A_4 = \varepsilon$
- $A_3 = \mathbf{b^*a}$
- $A_2 = \mathbf{a} \cup \mathbf{b^+a} = \mathbf{b^*a}$, etc.

A cada paso se puede observar que la obtención de A_i es más compleja, por lo que es evidente que es más conveniente hacer este mismo análisis algebraicamente.

Si para el estado q_i hay una transición del símbolo **a** hacia el estado q_j y una transición del símbolo **b** hacia el estado q_k, entonces se plantea la siguiente ecuación para el lenguaje A_i: $A_i = \mathbf{a}A_j \cup \mathbf{b}A_k$. Puesto que A_j y A_k son dos sufijos de A_i.

Además, se debe tomar en cuenta que, si el estado q_i es un estado de aceptación, entonces hay que agregar el término independiente adicional ε, debido a que esto permite aceptar cualquier cadena que finalice su análisis llegando a ese estado.

Para el **AFD** mostrado en la figura 2.32, se tiene que se genera el siguiente sistema de ecuaciones:

$$A_0 = aA_1 \cup bA_3 \qquad\qquad A_1 = aA_3 \cup bA_2$$
$$A_2 = aA_4 \cup bA_3 \qquad\qquad A_3 = aA_4 \cup bA_3$$
$$A_4 = aA_5 \cup bA_5 \cup \varepsilon \qquad\qquad A_5 = aA_5 \cup bA_5$$

Para resolver este sistema de ecuaciones se parte del hecho que la única solución posible para A_5 es el lenguaje vacío $\varnothing$, ya que A_5 aparece en todos los términos de la ecuación. (Como una referencia, considere el análogo algebraico $x = 2x + 4x$, que tiene como única solución a $x = 0$).

Ahora sustituyendo A_5 en la ecuación de A_4, queda simplemente que $A_4 = \varepsilon$, y si se reemplaza este valor en la ecuación de A_3 queda: $A_3 = a \cup bA_3$.

Para resolver este tipo de ecuaciones, en las que el mismo elemento A_i aparece en ambos lados de la ecuación, se aplica el resultado del siguiente lema:

Lema de Arden

Una ecuación de la forma $A = rA \cup s$, tiene como solución única a: $A = r^*s$, donde **r** y **s** son dos expresiones regulares cualesquiera que no contienen a A.

Entonces, continuando con la solución del problema planteado, se resuelve la ecuación de A_3 aplicando el lema de Arden y se obtiene que: $A_3 = b^*a$.

A partir de ahí se obtiene por substitución: $A_2 = a \cup bb^*a = a \cup b^+a = b^*a$. (No es sorprendente que A_2 sea igual a A_3, pues ambos tienen la misma ecuación, esto se debe a que ambos estados q_2 y q_3 son equivalentes).

Luego se obtiene $A_1 = a(b^*a) \cup b(b^*a) = (a \cup b)b^*a$

Y finalmente, si se substituyen A_1 y A_3 en A_0, se tiene que el lenguaje buscado es:

$$L(M) = A_0 = a(a \cup b)b^*a \cup bb^*a = (aa \cup ab \cup b)b^*a$$

Ejemplo 1

Encontrar la **ER** del lenguaje aceptado por el **AFD** mostrado en la figura 2.33:

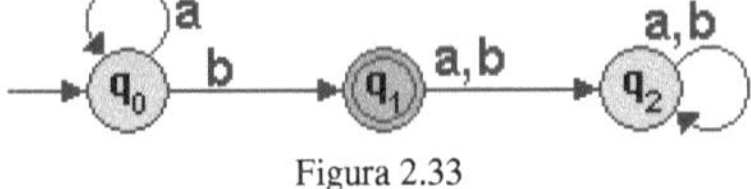

Figura 2.33

A partir del diagrama se obtiene el sistema de ecuaciones siguiente:

$$A_0 = \mathbf{a}A_0 \cup \mathbf{b}A_1$$
$$A_1 = \mathbf{a}A_2 \cup \mathbf{b}A_2 \cup \varepsilon$$
$$A_2 = \mathbf{a}A_2 \cup \mathbf{b}A_2$$

Para resolverlo, se puede ver que: $A_2 = \varnothing$, y a partir de ahí, se obtiene: $A_1 = \varepsilon$ y por tanto, queda: $A_0 = \mathbf{a}A_0 \cup \mathbf{b}$, y resolviendo por medio del Lema de Arden, resulta:

$$L(M) = A_0 = \mathbf{a}^*\mathbf{b}$$

Ejemplo 2

Encontrar la **ER** del lenguaje aceptado por el **AFD** representado por el **DT** mostrado en la figura 2.34:

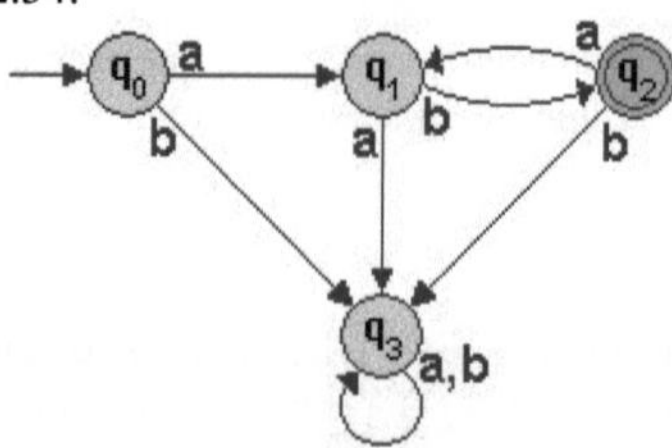

Figura 2.34

Analizando las transiciones en cada uno de los estados del diagrama, se obtiene el siguiente sistema de ecuaciones:

$$A_0 = \mathbf{a}A_1 \cup \mathbf{b}A_3$$
$$A_1 = \mathbf{a}A_3 \cup \mathbf{b}A_2$$
$$A_2 = \mathbf{a}A_1 \cup \mathbf{b}A_3 \cup \varepsilon$$
$$A_3 = \mathbf{a}A_3 \cup \mathbf{b}A_3$$

Partiendo del hecho que: $A_3 = \varnothing$, se obtiene que: $A_2 = \mathbf{a}A_1 \cup \varepsilon$ y que $A_1 = \mathbf{b}A_2$ por lo tanto $A_2 = \mathbf{ab}A_2 \cup \varepsilon$. Esta ecuación se resuelve por medio el Lema de Arden, obteniéndose que $A_2 = (\mathbf{ab})^*$ y posteriormente, sustituyendo esta expresión en A_1, se obtiene el siguiente resultado: $A_1 = \mathbf{b}(\mathbf{ab})^*$ y de ahí se llega a que la expresión buscada está dada por:

$$L(M) = A_0 = \mathbf{a}A_1 = \mathbf{ab}(\mathbf{ab})^* = (\mathbf{ab})^+.$$

Dado que el lenguaje aceptado por un estado no deseado es el lenguaje vacío, se puede facilitar la aplicación del método anterior si desde un inicio se descartan los estados no deseados y a las transiciones que conducen a ellos, tal como se muestra en el siguiente ejemplo:

Ejemplo 3

Dado el **AFD** de la figura 2.35a, se desea encontrar la expresión regular del lenguaje que acepta; ahora, si se considera el diagrama de la figura 2.35b, se verá que representa a un autómata equivalente en el cual se ha descartado a q_3, debido a que se trata de un estado no deseado, y que resulta más sencillo de manipular para determinar la expresión regular buscada.

Figura 2.35a
. Figura 2.35b

A partir del segundo diagrama se obtiene el siguiente sistema de ecuaciones reducido:

$$A_0 = \mathbf{a}A_1 \cup \mathbf{b}A_2 \cup \varepsilon$$
$$A_1 = \mathbf{a}A_0$$
$$A_2 = \mathbf{b}A_0$$

Se deja al lector la tarea de resolverlo, y de que verifique que la respuesta del sistema de ecuaciones anterior es: $L(M) = A_0 = (\mathbf{a}^2 \cup \mathbf{b}^2)^*$.

Ejemplo 4

Dado el **AFD** mostrado en la figura 2.36, es aparentemente simple, pero resulta más laborioso, que en los ejemplos anteriores, encontrar la expresión regular del lenguaje que acepta.

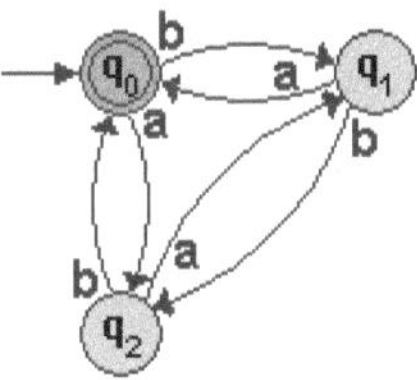

Figura 2.36

Analizando el diagrama, se obtiene el sistema de ecuaciones siguiente:

$$A_0 = \mathbf{a}A_2 \cup \mathbf{b}A_1 \cup \varepsilon$$
$$A_1 = \mathbf{a}A_0 \cup \mathbf{b}A_2$$
$$A_2 = \mathbf{a}A_1 \cup \mathbf{b}A_0$$

Existen varios caminos, cada uno de los cuales conduce a una expresión distinta, pero equivalente. Una alternativa sería la de sustituir A_1 en A_2, de donde se obtiene que:

$$A_2 = \mathbf{a}(\mathbf{a}A_0 \cup \mathbf{b}A_2) \cup \mathbf{b}A_0 = \mathbf{a}^2 A_0 \cup \mathbf{ab}A_2 \cup \mathbf{b}A_0$$

Y si se aplica el lema de Arden, se obtiene lo siguiente:

$$A_2 = \mathbf{ab}A_2 \cup \mathbf{a}^2 A_0 \cup \mathbf{b}A_0 = \mathbf{ab}A_2 \cup (\mathbf{a}^2 \cup \mathbf{b})A_0 = (\mathbf{ab})\text{*}(\mathbf{a}^2 \cup \mathbf{b})A_0$$

Este resultado se puede reemplazar en A_1:

$$A_1 = \mathbf{a}A_0 \cup \mathbf{b}(\mathbf{ab})\text{*}(\mathbf{a}^2 \cup \mathbf{b})A_0$$

Y ahora, se sustituyen tanto a A_1 como a A_2 en A_0, quedando de este modo:

$$A_0 = \mathbf{a}(\mathbf{ab})\text{*}(\mathbf{a}^2 \cup \mathbf{b})A_0 \cup \mathbf{b}(\mathbf{a}A_0 \cup \mathbf{b}(\mathbf{ab})\text{*}(\mathbf{a}^2 \cup \mathbf{b})A_0) \cup \varepsilon$$

Reagrupando y simplificando un poco se tiene:

$$A_0 = [(\mathbf{a} \cup \mathbf{b}^2)(\mathbf{ab})\text{*}(\mathbf{a}^2 \cup \mathbf{b}) \cup \mathbf{ba}]A_0 \cup \varepsilon$$

Finalmente, aplicando el Lema de Arden se llega a la respuesta buscada:

$$A_0 = L(M) = [(\mathbf{a} \cup \mathbf{b}^2)(\mathbf{ab})\text{*}(\mathbf{a}^2 \cup \mathbf{b}) \cup \mathbf{ba}]\text{*}$$

Máquina de Moore

La *Máquina de Moore* es una variedad de **AFD**, en el cual no existen estados de aceptación propiamente dichos, sino que a cada estado se le asocia un símbolo proveniente de un alfabeto de salida, que no necesariamente se relaciona con el alfabeto de entrada, cada vez que la *Máquina de Moore* llega a un estado, se genera un símbolo que se va a ir concatenando a una cadena de salida.

Cada estado se denota de la forma $q_i/\mathbf{s}$, donde $\mathbf{s}$ es el símbolo de salida asociado al estado q_i. La respuesta de la *Máquina de Moore* será la cadena de salida generada como consecuencia de la sucesión de estados por los que pasa durante el análisis de la cadena de entrada.

Ejemplo 1

La *Máquina de Moore* mostrada en la figura 2.37 genera el complemento de número binario.

Figura 2.37

Tómese la cadena de entrada: **10110**, y vea como trabaja la *Máquina de Moore* al analizar esta cadena, por medio de las **DI**s, las cuales mostrarán a un tercer elemento, correspondiente a la cadena de salida que se va formando:

$(q_0, \underline{1}0110, \varepsilon) \vdash (q_0, \underline{0}110, \underline{0}) \vdash (q_1, \underline{1}10, 0\underline{1}) \vdash (q_0, \underline{1}0, 01\underline{0}) \vdash (q_0, \underline{0}, 010\underline{0}) \vdash (q_1, \varepsilon, 0100\underline{1})$

Por tanto, el complemento binario de **10110**, es **01001**.

Ejemplo 2

La *Máquina de Moore* mostrada en la figura 2.38 permite calcular el módulo base 3 de cualquier número en formato binario. (La función módulo es el residuo que resulta de dividir el primer argumento entre el segundo). Para ello se tomará solamente el último símbolo de la cadena de salida.

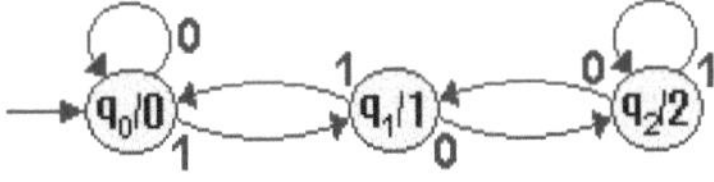

Figura 2.38

Tomando, por ejemplo, el número decimal 19, su representación binaria da la cadena de entrada: **10011**, al analizarla, se verá que en este caso las **DI**s mostrarán a un tercer elemento, que concatena un símbolo de salida en cada transición:

$(q_0, \underline{1}0011, \varepsilon) \vdash (q_1, \underline{0}011, \underline{1}) \vdash (q_2, \underline{0}11, 1\underline{2}) \vdash (q_1, \underline{1}1, 12\underline{1}) \vdash (q_0, \underline{1}, 121\underline{0}) \vdash (q_1, \varepsilon, 1210\underline{1})$

Al agotar la cadena se toma el último símbolo de la cadena de salida, el cual es **1**, y por lo tanto, se concluye que 19 **Mod** 3 = 1.

Máquina de Mealy

La *Máquina de Mealy* es otra variedad de **AFD**, en la cual tampoco existen estados de aceptación, sino que, en este caso, a cada transición se le asocia con un símbolo de salida (que suele pertenecer a un alfabeto distinto al de entrada). Los símbolos de salida se van concatenando, conforme se generan, para formar una cadena de salida de la misma longitud que la cadena de entrada. Cada transición de este tipo de autómatas se denota como: **e/s**, donde **e** es el símbolo de entrada y **s** es el símbolo de salida.

Ejemplo

Construir una *Máquina de Mealy* sobre el alfabeto $\Sigma = \{$ **a**, **b** $\}$, que genere una cadena de salida cuyo símbolo inicial sea una **a**, y que el i-ésimo símbolo sea una **a**, si los símbolos i $-$ 1 e i son diferentes en la cadena de entrada, en caso contrario, el símbolo será una **b**.

Para construir esta máquina, considere primero que las transiciones iniciales son: $\delta(q_0,$ **a/a**$) = q_1$ y $\delta(q_0,$ **b/a**$) = q_2$, donde el estado q_1 significa que el símbolo previo fue una **a**, mientras que el estado q_2 significa que el símbolo previo fue una **b**, a partir de esto, se puede ver que las transiciones desde q_1 son: $\delta(q_1,$ **a/b**$) = q_1$ y $\delta(q_1,$ **b/a**$) = q_2$, mientras que las transiciones desde q_2 son: $\delta(q_2,$ **a/a**$) = q_1$ y $\delta(q_2,$ **b/b**$) = q_2$. La figura 2.39 muestra la construcción de esta *Máquina de Mealy*:

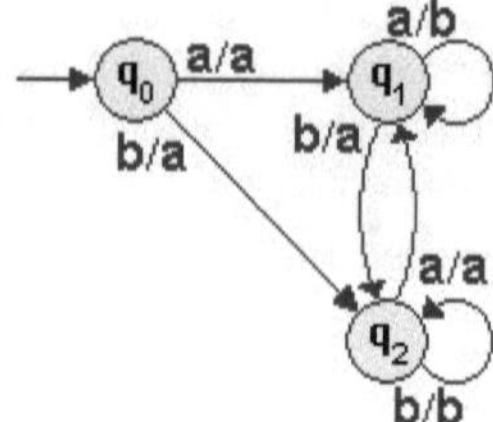

Figura 2.39

Ahora se puede comprobar que, si la cadena de entrada es **aabb**, la salida será: **abab**, tal como se muestra en la siguiente secuencia de **DI**s.

$(q_0,$ **aabb**, $\varepsilon) \vdash (q_1,$ **abb**, **a**$) \vdash (q_1,$ **bb**, **ab**$) \vdash (q_2,$ **b**, **aba**$) \vdash (q_2,$ $\varepsilon,$ **abab**$)$

Equivalencia entre las Máquinas de Moore y Mealy

Aunque, en general, el diseño de una *Máquina de Mealy* es más simple que el correspondiente de Moore, ambas máquinas son aplicables para la solución de la misma clase de problemas.

La conversión de una *Máquina de Moore* a una *Máquina de Mealy* equivalente es trivial, como se muestra en el siguiente ejemplo:

Ejemplo 1

Para convertir la *Máquina de Moore* mostrada en la figura 2.37 a una *Máquina de Mealy* equivalente, bastará modificar las transiciones para que su salida coincida con el símbolo de salida del estado destino en la *Máquina de Moore* original, tal como se aprecia en la figura 2.40:

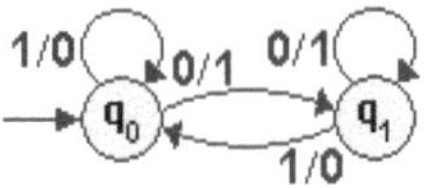

Figura 2.40

Aunque de haber construido directamente a la *Máquina de Mealy*, se hubiera obtenido un diagrama aún más sencillo, ya que ambos estados son equivalentes:

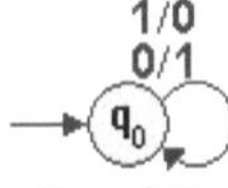

Figura 2.41

Ejemplo 2

Para convertir la *Máquina de Mealy* mostrada en la figura 2.39 a una *Máquina de Moore* equivalente, el proceso es más laborioso, se deben ir agregando estados en los que se escriban los símbolos de salida de cada transición, posteriormente se podrán descartar estados equivalentes que se hubieran detectado, el resultado final es como se aprecia en la figura 2.42.

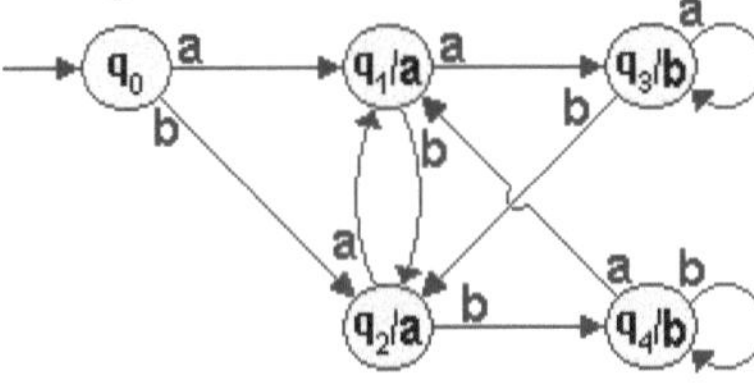

Figura 2.42

Transductor Determinista

Un dispositivo semejante a la Máquina de Mealy es el llamado *Transductor Determinista*, cuyo propósito es el de transformar cadenas de entrada en cadenas de salida, para cada transición agrega a la cadena de salida, cero, uno o varios símbolos, dependiendo del estado actual y el símbolo de entrada. Cada transición de este tipo de dispositivos se denota por: **e/s**, donde **e** es el símbolo de entrada y **s** es la subcadena de salida, que incluso puede ser la cadena vacía.

En el siguiente ejemplo se muestra la forma en que se construye un *Transductor Determinista* que genera la cadena a^n, donde n es el número de ocurrencias de la subcadena **ab** en la cadena de entrada *w*.

Ejemplo

Las transiciones desde q_0 son: $\delta(q_0, a/\varepsilon) = q_1$ y $\delta(q_0, b/\varepsilon) = q_0$, se puede interpretar al estado q_1 como el estado donde se lleva una **a**, y se permanece en éste esperando la **b**, entonces, las transiciones desde q_1 tienen que ser: $\delta(q_1, a/\varepsilon) = q_1$ y $\delta(q_1, b/a) = q_0$, ésta última transición agrega una **a** a la cadena de salida.

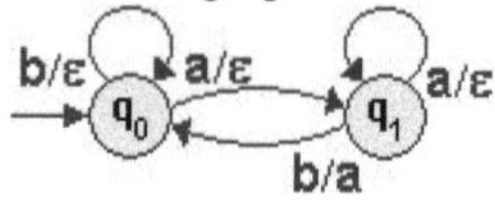

Figura 2.43

La figura 2.43 muestra la construcción de este autómata, con el que se puede comprobar que, si la cadena de entrada es **aabab**, la salida será **aa**, tal como lo indica la secuencia de **DI**s correspondiente.

$(q_0, \underline{a}abab, \varepsilon) \vdash (q_1, \underline{a}bab, \varepsilon) \vdash (q_1, \underline{b}ab, \varepsilon) \vdash (q_0, \underline{ab}, \underline{a}) \vdash (q_1, \underline{b}, \underline{a}) \vdash (q_0, \varepsilon, a\underline{a})$

Preguntas

a) ¿Bajo qué condiciones se cumple que un **AFD** es mínimo?

b) ¿Para qué casos se cumple que $\varepsilon \in L(M)$, donde M es un **AFD**?

c) ¿Para qué casos se cumple que $L(M) = \varnothing$, donde M es un **AFD**?

d) Dado M, un **AFD** que acepta al lenguaje L(M), ¿Cómo es posible construir un **AFD**, a partir de M, que acepte todas cadenas que sean prefijos de la cadena *w* para todo $w \in L(M)$?

e) Dados M_1 y M_2, dos **AFD**s que aceptan los lenguajes $L(M_1)$ y $L(M_2)$, ¿Cómo es posible construir un **AFD** que acepte el lenguaje $L(M_1) \cap L(M_2)$?

f) Y ¿Cómo es posible construir un **AFD** que acepte el lenguaje $L(M_1) - L(M_2)$?

g) ¿Cómo es posible demostrar que un **AFD** acepta el lenguaje universal?

h) ¿Qué significa que dos **AFD**s sean equivalentes?

i) ¿Qué significa que dos Estados sean Equivalentes?

Ejercicios

2.1. Construya el diagrama de transición del **AFD** a partir de la tabla 2.23:

δ	0	1
$\rightarrow *q_0$	q_2	q_1
q_1	q_1	q_2
q_2	q_1	q_3
q_3	q_3	q_1

Tabla 2.23

2.2. Para los siguientes ejercicios, construya el diagrama de transición del **AFD** que acepta a cada uno de los lenguajes sobre el alfabeto $\Sigma = \{$ **a**, **b** $\}$:

a) El lenguaje donde toda cadena tiene exactamente dos **b**s.

b) El lenguaje donde toda cadena tiene cuando menos dos **b**s.

c) El lenguaje donde toda cadena tiene cuando mucho dos **a**s.

d) El lenguaje donde toda cadena inicia con el prefijo **ba**.

e) El lenguaje donde toda cadena contiene el sufijo **aba**.

f) El lenguaje de las cadenas no vacías, de longitud múltiplo de tres.

g) El lenguaje de las cadenas no vacías, donde toda **a** está entre dos **b**s.

h) El lenguaje donde ninguna cadena contiene las subcadenas **aa** ni **bb**.

i) El lenguaje donde toda cadena contiene la subcadena **baba**.

j) El lenguaje donde toda cadena contiene a ambas subcadenas **ab** y **ba**.

k) Toda cadena es de longitud impar y contiene una cantidad par de **a**s.

2.3. Construya el diagrama de transiciones del **AFD** que acepta a cada uno de los lenguajes descritos por la expresión regular dada:

a) $L = \mathbf{a^+} \cup \mathbf{ba^*}$
b) $L = \mathbf{a^+ba^+b}$
c) $L = \mathbf{b^+a} \cup \mathbf{a^*}$
d) $L = \mathbf{ab(a} \cup \mathbf{b)^*}$
e) $L = \mathbf{(a^+b} \cup \mathbf{b^+a)^*}$
f) $L = \mathbf{\varepsilon} \cup \mathbf{ab^+a}$
g) $L = \mathbf{\varepsilon} \cup \mathbf{ab^+} \cup \mathbf{b^*a}$
h) $L = \mathbf{bab} \cup \mathbf{ab^*}$
i) $L = \mathbf{a^+ba} \cup \mathbf{ba^*}$
j) $L = \mathbf{a^+ba^*} \cup \mathbf{b}$
k) $L = \mathbf{a(a} \cup \mathbf{b)^+} \cup \mathbf{b}$

2.4. Encontrar el **AFD** mínimo equivalente a los **AFD**s cuyos diagramas de transiciones se muestran en las siguientes figuras:

a)

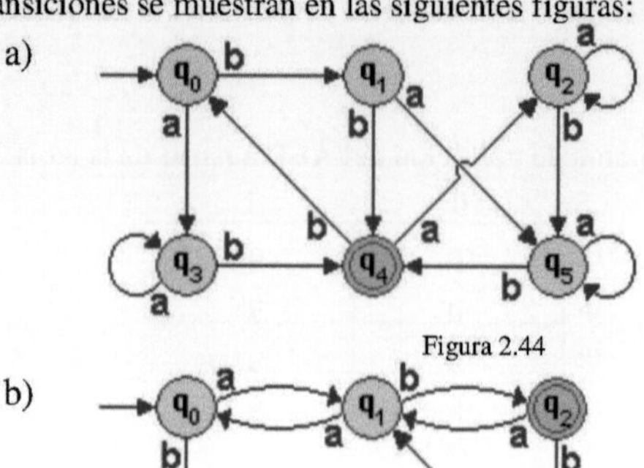

Figura 2.44

b)

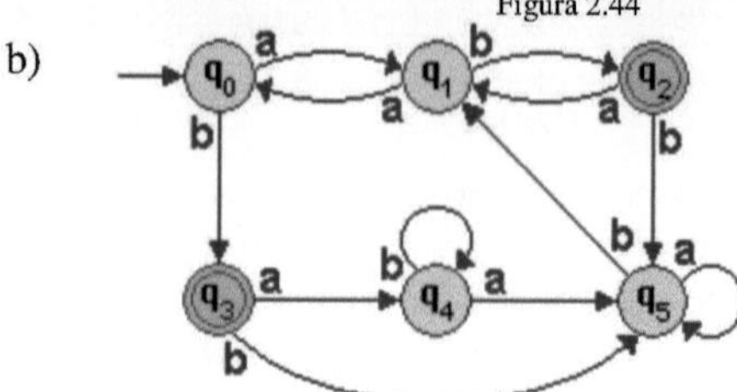

Figura 2.45

c)

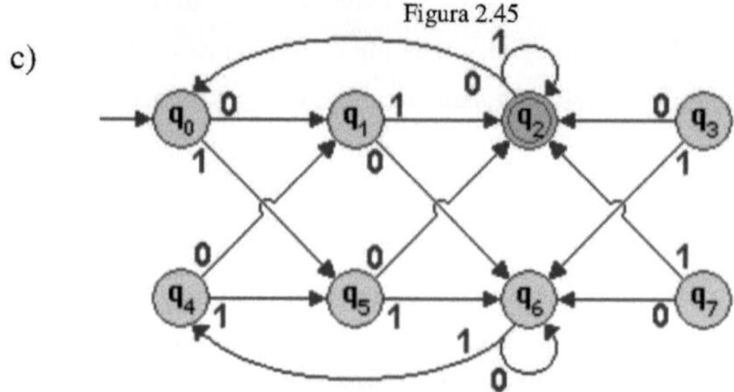

Figura 2.46

d)

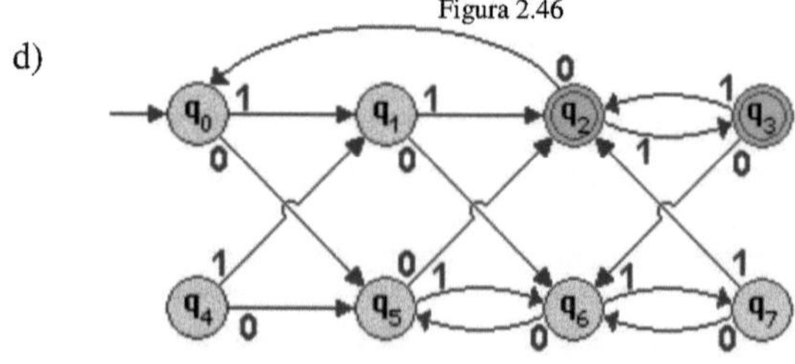

Figura 2.47

e)

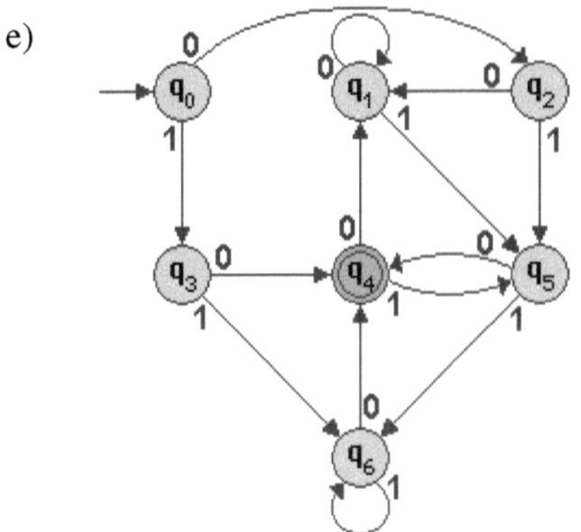

Figura 2.48

f)

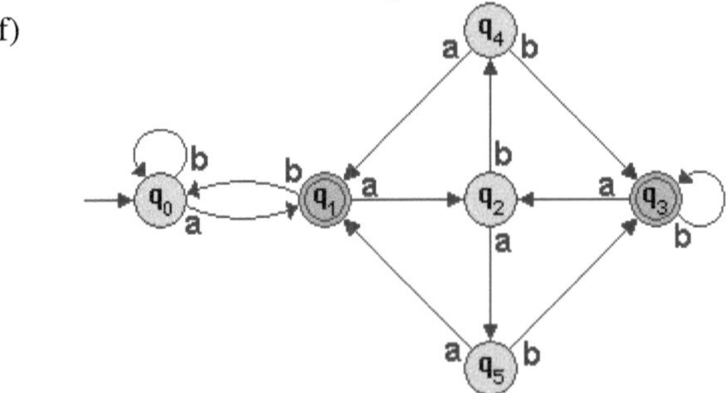

Figura 2.49

g)

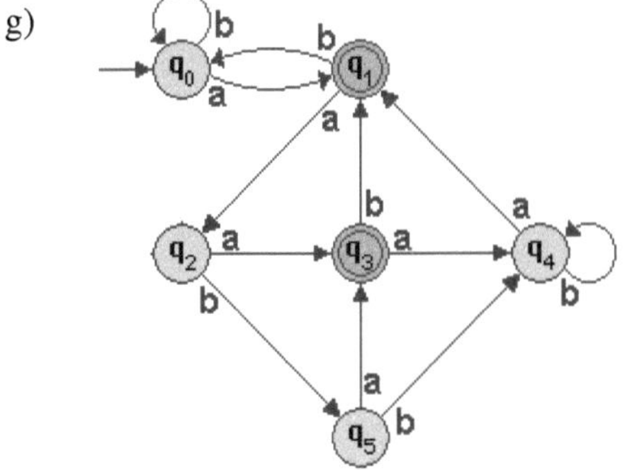

Figura 2.50

h)

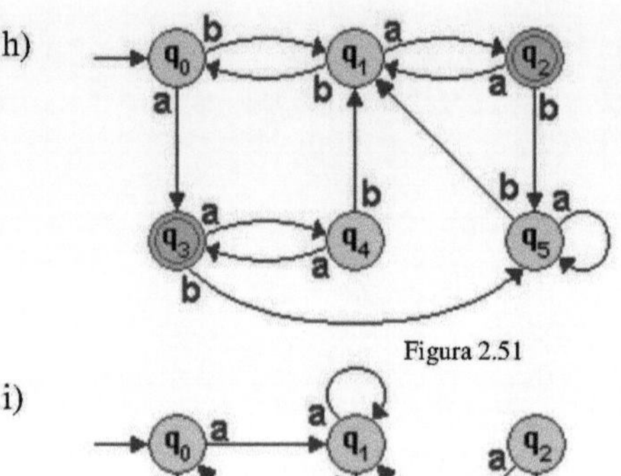

Figura 2.51

i)

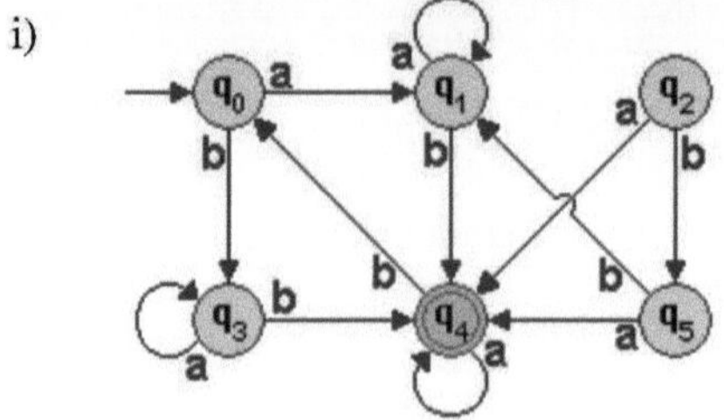

Figura 2.52

2.5. Determine si los **AFD**s mostrados en las figuras 2.53a y 2.53b son o no equivalentes.

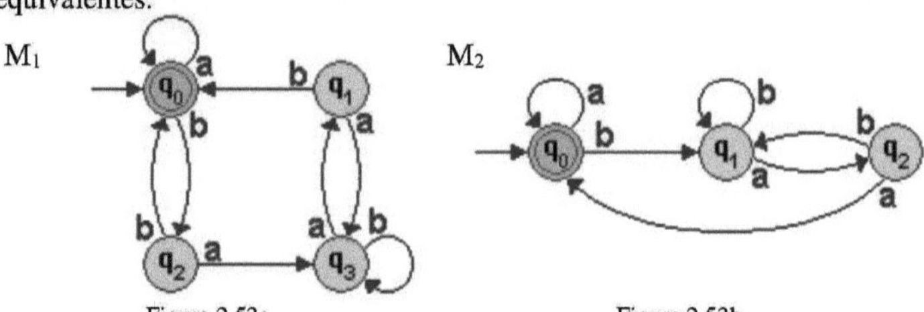

Figura 2.53a

Figura 2.53b

2.6. Determine si los **AFD**s de las figuras 2.54a y 2.54b son o no equivalentes.

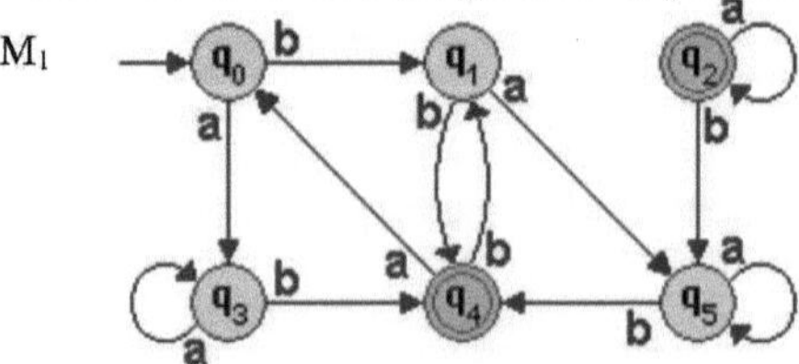

Figura 2.54a

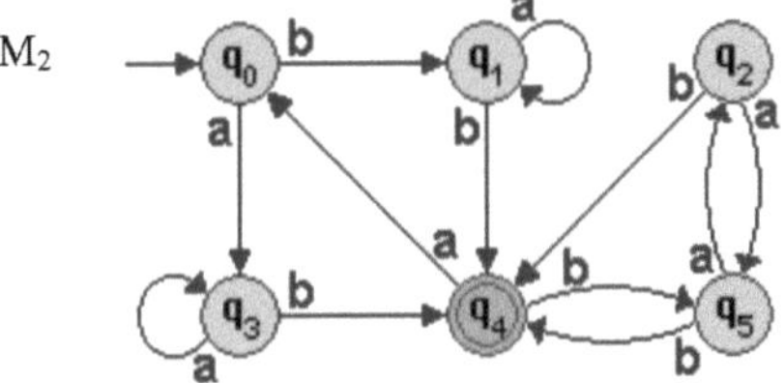

Figura 2.54b

2.7. Determine si el **AFD** mostrado en la figura 2.55 es equivalente al mostrado en la figura 2.24.

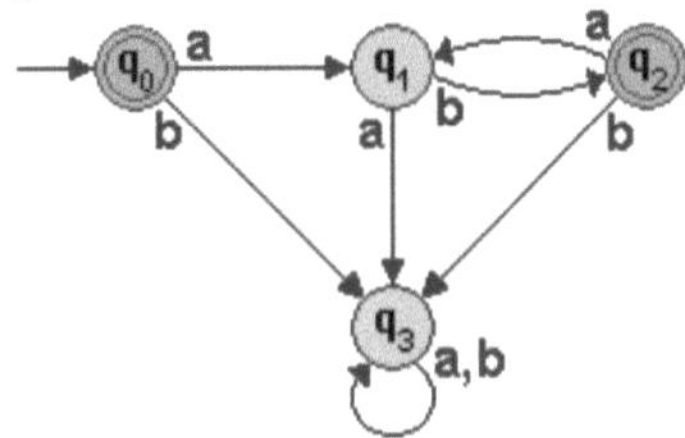

Figura 2.55

2.8. Dados los **AFD**s mostrados en las figuras 2.13, 2.14, 2.17, 2.19, 2.53a y 2.53b obtener la expresión regular del lenguaje que acepta cada uno de ellos.

2.9. Dados los **AFD**s mostrados en las figuras de la 2.56 a la 2.64, encontrar la expresión regular del lenguaje que acepta cada uno de ellos.

a)

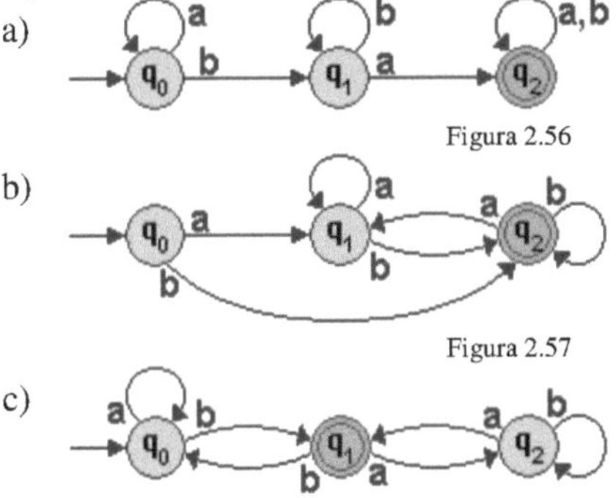

Figura 2.56

b)

Figura 2.57

c)

Figura 2.58

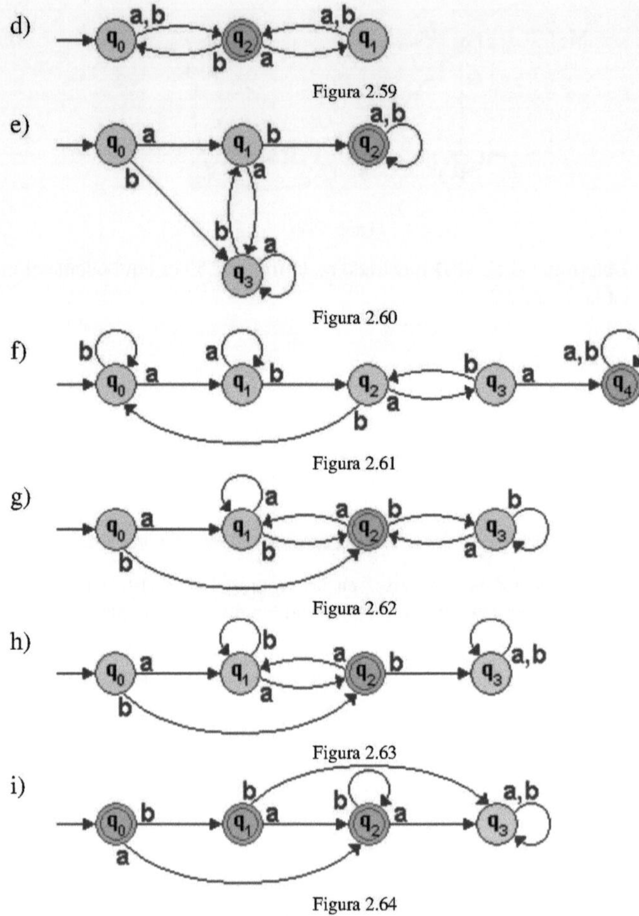

d)

Figura 2.59

e)

Figura 2.60

f)

Figura 2.61

g)

Figura 2.62

h)

Figura 2.63

i)

Figura 2.64

2.10. Construir una Máquina de Moore que permita calcular el módulo base 4 de un número en formato binario.

2.11. Construir una Máquina de Moore que permita calcular el módulo base 5 de un número en formato binario.

2.12. A partir de los resultados en los ejercicios 2.10 y 2.11 construya los **AFDs** que acepten los siguientes lenguajes:

a) L = { $w \in$ { **0, 1**}* | w es un número binario múltiplo de 4 }

b) L = { $w \in$ { **0, 1**}* | w es un número binario múltiplo de 5 }

2.13. Construir una Máquina de Mealy sobre el alfabeto Σ = { **0, 1** }, que genere una cadena de salida cuyo símbolo inicial sea un **0**, y que el i-ésimo símbolo sea una **0** si los símbolos i – 1 e i son ambos cero en la cadena de entrada, en caso contrario, el símbolo será un **1**.

2.14. Construya un *Transductor Determinista* sobre el alfabeto Σ = { **0, 1** }, que genere la cadena 1^n, donde n es el número de **ceros** que hay en la cadena w.

2.15. Construya un *Transductor Determinista* sobre el alfabeto Σ = { **a, b** }, que genere la cadena a^n, donde n es el número de ocurrencias de la subcadena **abb** en w.

Capítulo 3

Autómatas Finitos no Deterministas

En este capítulo se define autómata finito no determinista y las transiciones épsilon, se analizan los procedimientos para construir autómatas finitos a partir de las expresiones regulares. Se establece la metodología para encontrar autómatas no deterministas sin transiciones épsilon y deterministas equivalentes; se define el autómata finito generalizado y se establece un método para encontrar la expresión regular aceptada por un autómata finito, mediante la reducción de autómatas finitos generalizados.

Definición

Autómata finito no determinista es aquel que puede tener cero, una o más transiciones distintas para el mismo símbolo desde un mismo estado y se abrevia como **AFN**.

Todo **AFD** puede considerarse como un tipo particular de **AFN**, pero generalmente resulta mucho más sencillo construir e interpretar a un **AFN** que a un **AFD,** tal como se puede observar en los siguientes ejemplos.

Ejemplo 1

En la figura 2.9 del capítulo anterior se muestra un **AFD** para reconocimiento del lenguaje L = (**ab**)$^+$, si se excluye el estado no deseado q_3 y las transiciones que acceden a él, se obtiene como resultado un **AFN** equivalente, mucho más simple:

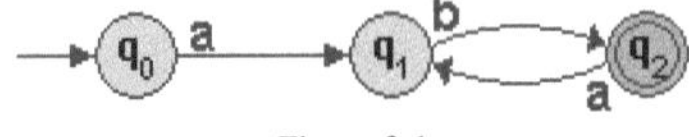

Figura 3.1

Se trata de un **AFN**, aunque es considerado por muchos autores como un **AFD**, pues su comportamiento es absolutamente determinista, con la única diferencia de que, al carecer de algunas transiciones, es posible que el análisis de ciertas cadenas se vea interrumpido. Entonces, si el autómata se detiene sin agotar la cadena, es considerado equivalente a pasar a un estado no deseado y, por lo tanto, el no poder terminar de analizar la cadena significa que ésta no puede ser aceptada. Ésta es una de las diferencias que existen entre los **AFN**s respecto de los **AFD**s, mientras que éstos siempre terminan de procesar una cadena dada, los primeros pueden enfrentar situaciones en los que no exista transición alguna y se detengan sin agotar la cadena, rechazándola.

Ejemplo 2

Considere ahora un lenguaje muy similar: $L = \mathbf{a} \cup (\mathbf{ab})^+$, a pesar de su simplicidad, construir el diagrama de transiciones de un **AFD** que acepte este lenguaje puede ser laborioso; el resultado es el que se muestra en la figura 3.2 a continuación:

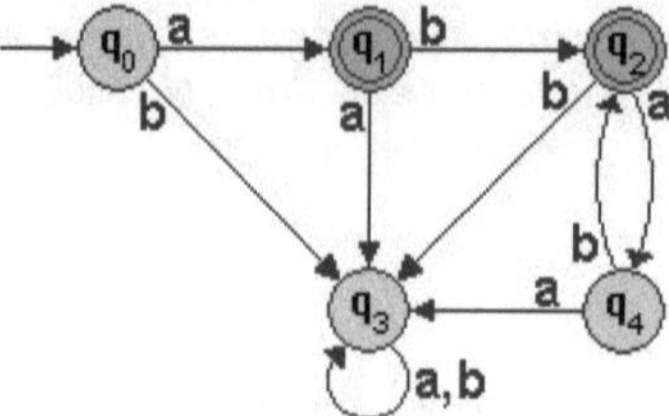

Figura 3.2

Sin embargo, resulta mucho más fácil construir e interpretar el diagrama de transiciones de un **AFN**, tal como se muestra en la figura 3.3, la técnica de construcción de la unión de expresiones regulares se tratará con detalle más adelante en este capítulo:

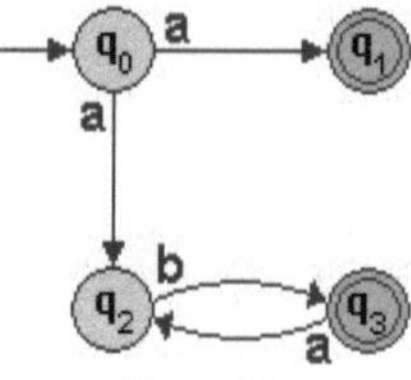

Figura 3.3

Ejemplo 3

Ahora considere al diagrama mostrado en la figura 3.4.

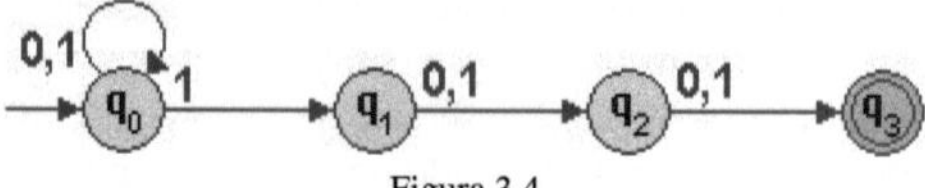

Figura 3.4

Al lector deberá resultar muy sencillo identificar mediante este diagrama a la expresión regular del lenguaje que acepta este **AFN**: L = $(0 \cup 1)*1(0 \cup 1)^2$, y que corresponde al lenguaje formado por las cadenas de ceros y unos cuyo antepenúltimo símbolo es un **1**. Por tratarse de un Autómata No Determinista, se puede ver que para el estado q_3 no existen transiciones definidas, mientras que para el estado q_0 hay dos transiciones para el símbolo **1**.

Ahora compare el diagrama de la figura 3.4 con el diagrama mostrado en la figura 2.30 y que corresponde al **AFD** mínimo equivalente para el lenguaje en cuestión y saque sus propias conclusiones.

Definición formal de AFN

Formalmente se define a un **AFN** por la quíntupla M = (Q, Σ, Δ, s, F), donde: Q es un conjunto finito de estados, Σ es el alfabeto de entrada, s $\in$ Q es el estado inicial, F es el subconjunto de Q de los estados de aceptación (F $\subseteq$ Q) y Δ es la función de transición (Δ: Q $\times$ Σ $\to$ 2^Q), donde se puede apreciar que el contra-dominio de esta función es el conjunto potencia de Q, es decir que esta función devuelve conjuntos de estados en vez de un solo estado.

Como los conjuntos de estados de un **AFN** pueden estar formados por un único estado cada uno, se puede deducir que los **AFD**s constituyen una subclase dentro de la clase de los **AFN**s, siendo esta definición mucho más amplia que la de aquéllos.

El **AFN** de la figura 3.4 está definido por: Q = {q_0, q_1, q_2, q_3}, s = q_0, F = { q_3 }, Σ = { **0, 1** } y Δ contiene a las transiciones siguientes:

$$\Delta(q_0, \mathbf{0}) = \{q_0\} \qquad \Delta(q_0, \mathbf{1}) = \{q_1, q_0\}$$
$$\Delta(q_1, \mathbf{0}) = \{q_2\} \qquad \Delta(q_1, \mathbf{1}) = \{q_2\}$$
$$\Delta(q_2, \mathbf{0}) = \{q_3\} \qquad \Delta(q_2, \mathbf{1}) = \{q_3\}$$

O resumiendo, el **AFN** y todos sus elementos se muestran en la siguiente tabla, por lo que se puede afirmar que esta tabla representa completamente al autómata:

Δ	**0**	**1**
$\to q_0$	$\{q_0\}$	$\{ q_1, q_0 \}$
q_1	$\{q_2\}$	$\{q_2\}$
q_2	$\{q_3\}$	$\{q_3\}$
$*q_3$	$\varnothing$	$\varnothing$

Tabla 3.1

Ejemplo 4

El diagrama de transiciones de la figura 3.5 representa a un **AFN**.

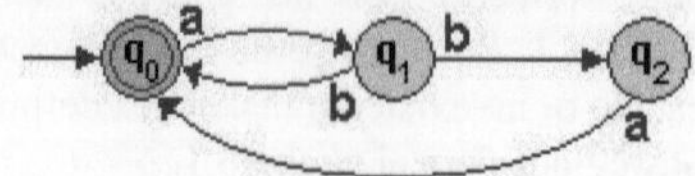

Figura 3.5

Los elementos de dicho **AFN** están contenidos en la tabla de transiciones 3.2:

Δ	**a**	**b**
$\rightarrow *q_0$	$\{q_1\}$	$\varnothing$
q_1	$\varnothing$	$\{q_0, q_2\}$
q_2	$\{q_0\}$	$\varnothing$

Tabla 3.2

El lenguaje que acepta este **AFN** está dado por la expresión (**ab** $\cup$ **aba**)*, esto se visualiza fácilmente analizando las dos trayectorias cíclicas que existen para regresar al estado q_0, pasando por el estado q_1.

Para analizar una cadena, se elegirá la opción que más convenga, si se trata de la cadena $w_1 = $ **aba**, se pasa a través del estado q_2, pero si la cadena es $w_2 = $ **abab**, entonces se selecciona la transición que va directamente de q_1 a q_0.

Analice este segundo caso, utilizando la función de transición se tiene:

- $\Delta(q_0, \mathbf{a}) = \{q_1\}$
- $\Delta(\{q_1\}, \mathbf{b}) = \Delta(q_1, \mathbf{b}) = \{q_0, q_2\}$
- $\Delta(\{q_0, q_2\}, \mathbf{a}) = \Delta(q_0, \mathbf{a}) \cup \Delta(q_2, \mathbf{a}) = \{q_1\} \cup \{q_0\} = \{q_0, q_1\}$
- $\Delta(\{q_0, q_1\}, \mathbf{b}) = \Delta(q_0, \mathbf{b}) \cup \Delta(q_1, \mathbf{b}) = \varnothing \cup \{q_0, q_2\} = \{q_0, q_2\}$

De esta manera, para simplificar la secuencia de transiciones, resulta más fácil escribir de modo resumido: $\Delta(\{q_0\}, \mathbf{abab}) = \{q_0, q_2\}$, la cadena analizada es aceptada debido a que en el conjunto final aparece q_0 que es un estado de aceptación.

Entonces, se observa que es posible extender el dominio de la función de transición original por el siguiente: $\Delta: 2^Q \times \Sigma^+ \rightarrow 2^Q$.

Ejemplo 5

En el diagrama de la figura 3.6, se tiene que el estado q_0 tiene dos transiciones posibles para el símbolo **0** y otras dos para el símbolo **1**, esto da la libertad de elegir la que convenga a una secuencia dada, con el fin de poder llegar al estado de aceptación. No importa si una alternativa no conduce al estado de aceptación, mientras exista una que si lleve a tal estado.

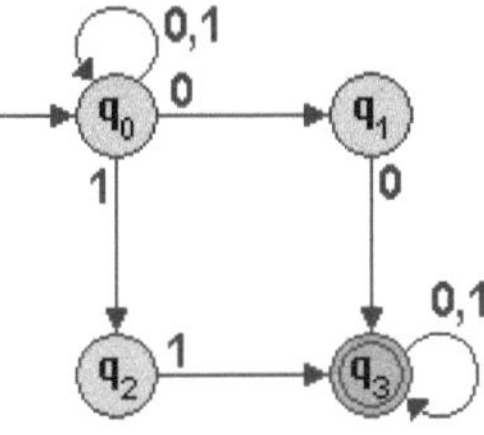

Figura 3.6

Este **AFN** acepta cualquier cadena con un par de ceros consecutivos o con un par de unos consecutivos.

La cadena $w = $ **01001** presenta el siguiente árbol de posibles transiciones, basta con que una de las trayectorias conduzca al estado de aceptación q_3, cuando se agote la cadena para que ésta sea aceptada:

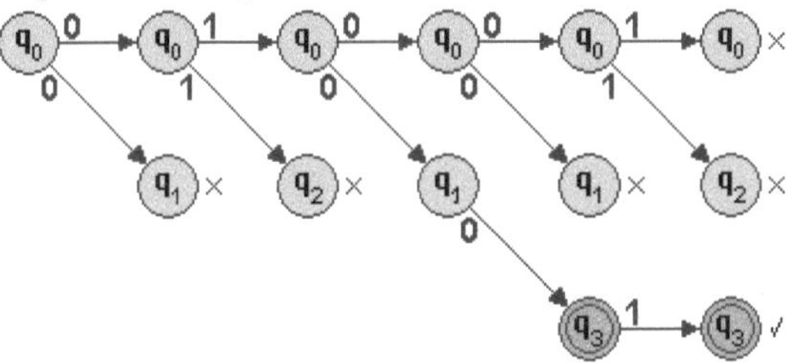

Figura 3.7

Los estados alineados verticalmente indican que, a consecuencia del no determinismo, el autómata puede encontrarse simultáneamente en varios estados, como resultado de una transición dada, y esto se puede ramificar aún más conforme se avanza en el análisis de una cadena, ya que existen 2^n posibles combinaciones de estados para un autómata de n estados, aunque en la práctica es muy raro que se presenten todas ellas.

Autómatas Equivalentes

Dado que los **AFN**s son más versátiles, es mucho más frecuente encontrar que algunos de ellos son equivalentes y en la mayoría de los casos no es fácil determinar cuál de ellos es mejor. En general, se considera que un **AFN** es mejor a otro, si está más cercano al comportamiento determinista, sin importar que tenga más estados, esto se explica porque es más fácil analizar las cadenas con ellos, de hecho, siempre convendrá encontrar un **AFD** equivalente para el análisis de cadenas.

Ejemplo

Sean M_1 y M_2 dos **AFN**s sobre el alfabeto $\Sigma = \{\ a, b\ \}$ que se muestran en la figura 3.8.

Se puede verificar fácilmente que son equivalentes, porque ambos aceptan el mismo lenguaje a^+b^+, pero definitivamente M_2 es mejor. ¿Por qué? Porque su comportamiento es determinista, lo que permite analizar fácilmente cualquier cadena, mientras que el no-determinismo de M_1 complica el análisis de cualquier cadena.

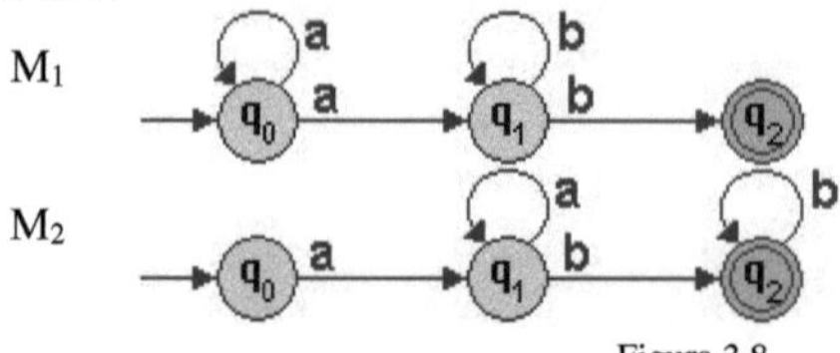

Figura 3.8

Equivalencia entre AFN y AFD

Aunque se puede considerar a un **AFD** dado como un caso particular de los **AFN**s y se sabe que éstos últimos son más versátiles, esto no significa que los **AFN** sean más poderosos que los **AFD**s, esto se confirma demostrando que, para cualquier **AFN**, siempre existe un **AFD** equivalente que acepta el mismo lenguaje.

Ejemplo 1

Encontrar un **AFD** equivalente al **AFN** definido por el diagrama de transiciones mostrado en la figura 3.9:

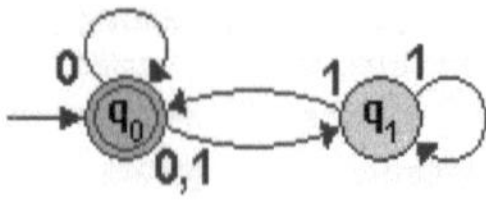

Figura 3.9

Es necesario, primero, representar al **AFN** por medio de su tabla de transiciones correspondiente, ya que se debe trabajar con ella para encontrar el **AFD** equivalente, tal como se muestra a continuación:

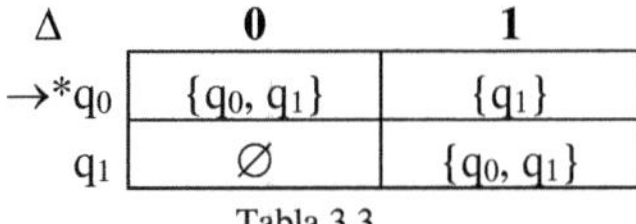

Δ	**0**	**1**
→*q_0	$\{q_0, q_1\}$	$\{q_1\}$
q_1	$\varnothing$	$\{q_0, q_1\}$

Tabla 3.3

A partir de los datos de la tabla se puede definir a M', el **AFD** equivalente a M, como sigue: cada uno de los posibles estados de M' corresponderá a una combinación de los estados de M, de tal forma que los estados de Q' serán las siguientes cuatro combinaciones: $[\varnothing]$, $[q_0]$, $[q_1]$ y $[q_0,q_1]$, donde el estado inicial es s' = $[q_0]$, y los estados de aceptación son todos aquellos que contengan a q_0, que es el estado de aceptación de M, es decir: F' = { $[q_0]$, $[q_0,q_1]$ }.

El empleo de los corchetes en esta notación sirve para representar a un solo estado del **AFD** que corresponda a un conjunto de estados para las transiciones del **AFN**, de tal forma que el conjunto de estados debe ser visto como una unidad que engloba a dicho conjunto y la notación sólo sirve para conservar la referencia con el conjunto de estados sobre el que se ha establecido la correspondencia.

De acuerdo con esta manera de representar los estados del **AFD**, la función de transición determinista δ queda definida inicialmente por la información que se obtiene directamente a partir de la tabla 3.3.

El primer paso consiste en comenzar la tabla 3.4, simplemente reemplazando a todos los estados y sus conjuntos obtenidos de la tabla 3.3, por la representación de los estados de **AFD** mediante el uso de corchetes en cada una de las celdas de la tabla, tal como se muestra a continuación:

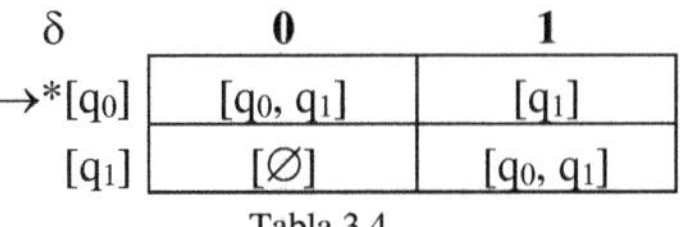

δ	**0**	**1**
→*$[q_0]$	$[q_0, q_1]$	$[q_1]$
$[q_1]$	$[\varnothing]$	$[q_0, q_1]$

Tabla 3.4

Ahora, para completar la tabla de transiciones, es necesario agregar las transiciones para los estados faltantes, por un lado, el estado $[\varnothing]$ corresponde a un estado no deseado, por lo que las transiciones de ambos símbolos retornarán hacia este mismo estado, es decir: $\delta([\varnothing], \mathbf{0}) = [\varnothing]$ y $\delta([\varnothing], \mathbf{1}) = [\varnothing]$.

Por otro lado, para determinar las transiciones del estado $[q_0,q_1]$, se toman en cuenta las transiciones de M, en la tabla 3.3, uniendo el contenido de ambas filas, para cada símbolo:

- $\Delta(\{q_0, q_1\}, \mathbf{0}) = \Delta(\{q_0\}, \mathbf{0}) \cup \Delta(\{q_1\}, \mathbf{0}) = \{q_0, q_1\} \cup \varnothing = \{q_0, q_1\}$
- $\Delta(\{q_0, q_1\}, \mathbf{1}) = \Delta(\{q_0\}, \mathbf{1}) \cup \Delta(\{q_1\}, \mathbf{1}) = \{q_1\} \cup \{q_0, q_1\} = \{q_0, q_1\}$

δ	**0**	**1**
$\rightarrow *[q_0]$	$[q_0, q_1]$	$[q_1]$
$[q_1]$	$[\varnothing]$	$[q_0, q_1]$
$*[q_0, q_1]$	$[q_0, q_1]$	$[q_0, q_1]$
$[\varnothing]$	$[\varnothing]$	$[\varnothing]$

Tabla 3.5

Aunque la nomenclatura suele parecer, al principio confusa, como último paso, se sugiere renombrar a cada uno de los estados del AFD con nombres más simples, por ejemplo, se pueden renombrar así: $p_0 = [q_0]$, $p_1 = [q_1]$, $p_2 = [q_0, q_1]$ y $p_3 = [\varnothing]$, tal como se muestra el resultado en la tabla 3.6.

δ	**0**	**1**
$\rightarrow *p_0$	p_2	p_1
p_1	p_3	p_2
$*p_2$	p_2	p_2
p_3	p_3	p_3

Tabla 3.6

De esta forma, el diagrama de transiciones del **AFD** equivalente es el mostrado en la figura 3.10.

Haciendo un análisis, se puede ver que este autómata acepta todas las cadenas que tenga unos y ceros, con excepción de $w = \mathbf{1}$ y de todas las cadenas que inicien con el prefijo **10**.

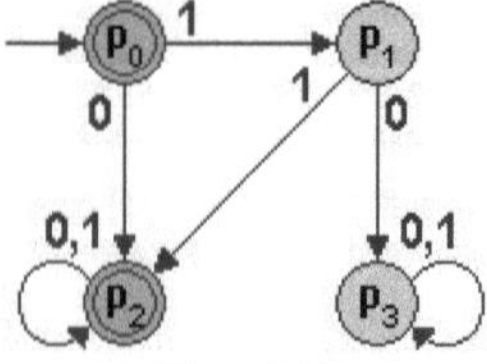

Figura 3.10

Ejemplo 2

Encontrar un **AFD** equivalente al **AFN** definido por el diagrama de transiciones mostrado en la figura siguiente:

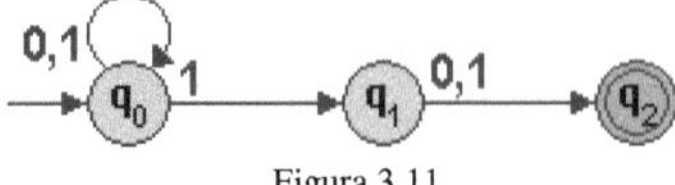

Figura 3.11

Construyendo la tabla de transiciones correspondiente, se tiene:

Δ	**0**	**1**
$\rightarrow q_0$	$\{\, q_0\,\}$	$\{q_0,q_1\}$
q_1	$\{\, q_2\,\}$	$\{\, q_2\,\}$
$*q_2$	$\varnothing$	$\varnothing$

Tabla 3.7

Para construir la tabla de transiciones para el **AFD** equivalente, se copia la primera fila de la tabla anterior, para el estado $[q_0]$ y se observa que se necesitan las transiciones para el estado $[q_0,q_1]$, las cuales se obtienen de la unión de las transiciones de los estados q_0 y q_1, que resultan: $\delta([q_0,q_1], \mathbf{0}) = [q_0,q_2]$ y $\delta([q_0,q_1], \mathbf{1}) = [q_0,q_1,q_2]$, y luego, como consecuencia de este resultado, se deben obtener las transiciones para los estados $[q_0,q_2]$ y $[q_0,q_1,q_2]$, los cuales, además, son de aceptación, dado que contienen a q_2, todo lo anterior se resume en la tabla 3.8, mostrada a continuación.

δ	**0**	**1**
$\rightarrow [q_0]$	$[q_0]$	$[q_0,q_1]$
$[q_0,q_1]$	$[q_0,q_2]$	$[q_0,q_1,q_2]$
$*[q_0,q_2]$	$[q_0]$	$[q_0,q_1]$
$*[q_0,q_1,q_2]$	$[q_0,q_2]$	$[q_0,q_1,q_2]$

Tabla 3.8

Finalmente, renombrando a los estados, se obtiene la tabla 3.9 que representa al **AFD** equivalente, cuyo diagrama de transiciones se muestra a la derecha de la misma, en la figura 3.12. Observe que en la tabla 3.8 no aparecen los estados $[q_1]$ y $[q_2]$, ya que no son accesibles desde $[q_0]$.

La forma en la que se construyó esta tabla permite que se obtenga un **AFD** conexo, ya que se están excluyendo todos los estados aislados que pudieran aparecer; un análisis posterior permite determinar que el autómata obtenido es además el mínimo, sin embargo, tenga en cuenta que este procedimiento no garantiza que lo que se obtiene sea el **AFD** mínimo equivalente, solamente se puede asegurar que se trata de un autómata conexo.

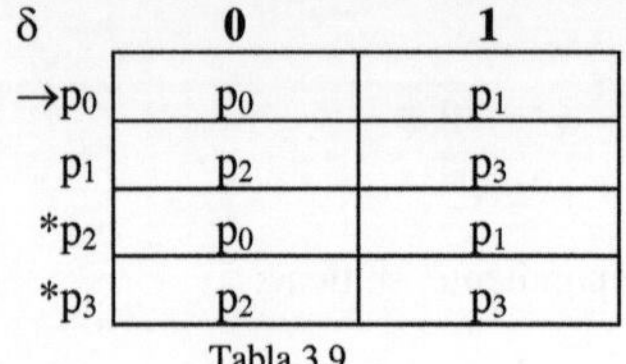

δ	0	1
→p_0	p_0	p_1
p_1	p_2	p_3
*p_2	p_0	p_1
*p_3	p_2	p_3

Tabla 3.9

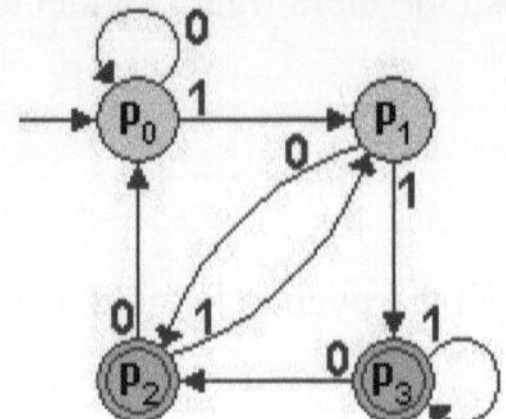

Figura 3.12

Ejemplo 3

Encontrar el **AFD** equivalente del **AFN** de la figura 3.3 y que como ya se vio, acepta el lenguaje **a** ∪ (**ab**)$^+$. Para ello, primero se obtiene su tabla de transiciones:

Δ	a	b
→q_0	$\{q_1, q_2\}$	∅
*q_1	∅	∅
q_2	∅	$\{q_3\}$
*q_3	$\{q_2\}$	∅

Tabla 3.10

Para obtener la tabla de transiciones del **AFD** equivalente, se convierte solamente la primera fila de la tabla del **AFN**, correspondiente al estado inicial [q_0], posteriormente se agrega a la tabla las filas correspondientes a los estados [q_1, q_2] y [∅], que son los estados hacia donde se dirigen las transiciones de [q_0]. Al poner las transiciones del estado [q_1, q_2], aparece como destino el estado [q_3], que corresponde a la cuarta fila que se agrega a la tabla y finalmente se agrega al estado [q_2].

δ	a	b
→[q_0]	[q_1, q_2]	[∅]
*[q_1, q_2]	[∅]	[q_3]
[∅]	[∅]	[∅]
*[q_3]	[q_2]	[∅]
[q_2]	[∅]	[q_3]

Tabla 3.11

Entonces el **AFD** equivalente está dado por: $Q' = \{ [q_0], [q_1,q_2], [q_2], [q_3], [\varnothing] \}$, $s' = [q_0]$ y $F' = \{ [q_3], [q_1,q_2] \}$, además de las transiciones de la tabla anterior, es fácil verificar que, renombrando los estados, éste es el mismo **AFD** cuyo diagrama de transiciones aparece en la figura 3.2.

Transiciones épsilon

Las transiciones épsilon son aquéllas que no dependen de ninguna entrada, ni consumen ningún símbolo para efectuarse y se denotan con el símbolo ε.

Ejemplo 1

Los dos Autómatas M_1 y M_2 mostrados en las figuras 3.13a y 3.13b, respectivamente, son equivalentes, pero M_1 emplea una transición ε para acceder al estado de aceptación, de manera no determinista, mientras que M_2 es un **AFD**:

Figura 3.13a   Figura 3.13b

El comportamiento no determinista de M_1 se debe básicamente a que la transición épsilon está disponible en todo momento y entonces el autómata puede permanecer en q_0 para leer el siguiente símbolo de entrada o moverse a q_1 sin realizar ninguna lectura, esperando que en este estado se pueda proseguir con la lectura de la cadena.

Ejemplo 2

El siguiente **AFN** con transiciones épsilon acepta cualquier cantidad de **0**s o ninguna, seguida de cualquier cantidad de **1**s y luego cualquier cantidad de **2**s. Es decir, acepta el lenguaje dado por la expresión regular: **0*1*2***.

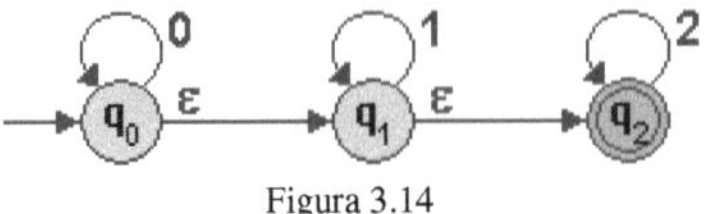

Figura 3.14

La función de transición d, de un **AFN** con transiciones épsilon se define de la siguiente manera: $d\colon Q \times (\Sigma \cup \varepsilon) \to 2^Q$, que como se puede ver, es muy semejante a la de la función Δ de los **AFN**s sin transiciones épsilon.

La tabla de transiciones del **AFN** anterior se muestra a continuación, en ella se incluye una columna adicional para las transiciones épsilon, como si fuera un símbolo más:

d	**0**	**1**	**2**	ε
$\rightarrow q_0$	$\{q_0\}$	$\varnothing$	$\varnothing$	$\{q_1\}$
q_1	$\varnothing$	$\{q_1\}$	$\varnothing$	$\{q_2\}$
$*q_2$	$\varnothing$	$\varnothing$	$\{q_2\}$	$\varnothing$

Tabla 3.12

De hecho, de forma semejante a lo que se hizo con las funciones de transición anteriores, se puede extender el dominio de esta función así $d{:}2^Q \times \sum{}^* \rightarrow 2^Q$.

La cadena **002** es aceptada por este **AFN**, porque equivale a **00εε2** y la secuencia de transiciones para este caso sería la mostrada en la figura 3.15, observe que las flechas para las transiciones épsilon son verticales, debido a que no se consume ningún símbolo:

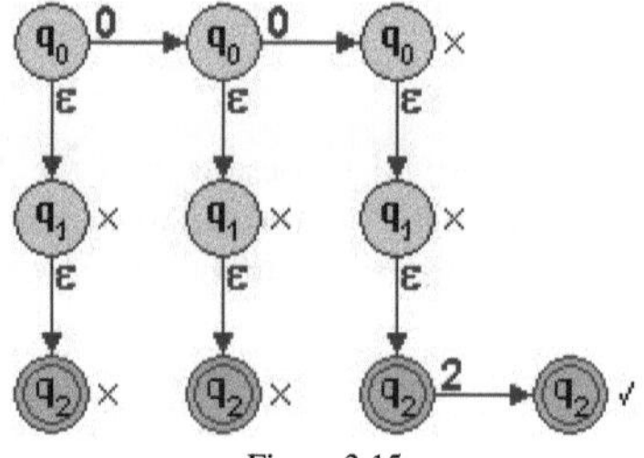

Figura 3.15

Ejemplo 3

Ahora considere el **AFN** M_1, mostrado en la figura 3.16a, que acepta al lenguaje (**ab** ∪ **aba**)*, y el cual es equivalente a M_2, mostrado en la figura 3.16b, el cual es un **AFN** sin transiciones épsilon.

M_1 $\qquad\qquad\qquad\qquad\qquad\qquad\qquad\qquad$ M_2

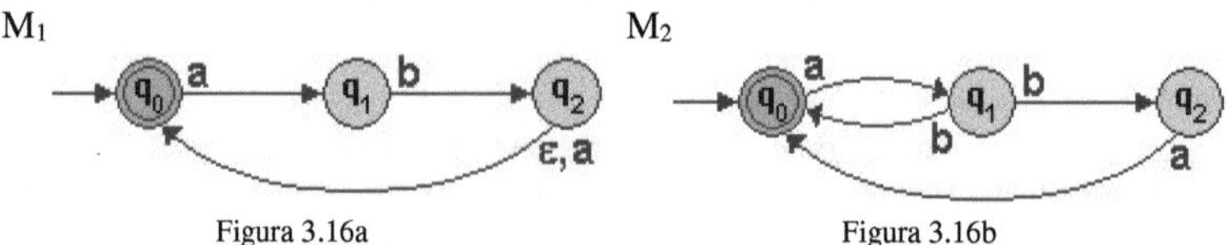

Figura 3.16a $\qquad\qquad\qquad\qquad\qquad\qquad$ Figura 3.16b

Construcción de Autómatas

Para construir autómatas a partir de expresiones regulares, se puede iniciar con los casos más triviales, los cuales se muestran en la figura 3.17.

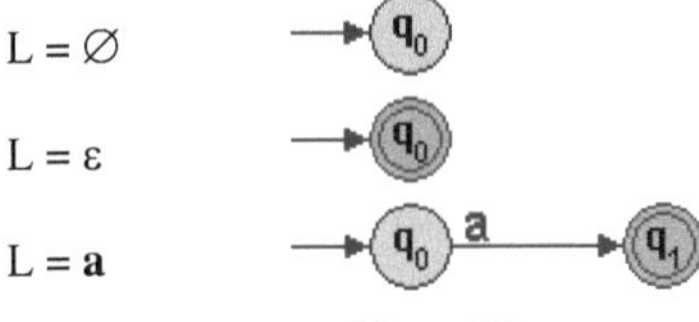

Figura 3.17

Posteriormente se podrán construir otros más complejos con base en las operaciones de unión, concatenación y cerradura. Por razones de simplicidad, se debe suponer, sin perder generalidad, que cada autómata deba poseer un único estado final.

Concatenación

Supóngase que $M_1 = (Q_1, \Sigma_1, \Delta_1, q_0, F_1)$ y $M_2 = (Q_2, \Sigma_2, \Delta_2, p_0, F_2)$, son dos **AFN** que aceptan los lenguajes L_1 y L_2 respectivamente, entonces se puede construir un nuevo **AFN** llamado $M_3 = (Q_3, \Sigma_3, \Delta_3, q_0, F_2)$, que acepte al lenguaje $L_3 = L_1 \cdot L_2$, colocando primero a M_1 con su estado inicial q_0 y enseguida se enlaza con M_2, añadiendo una transición ε que vaya del estado de aceptación q_f de M_1, que dejará de serlo, al estado inicial p_0 de M_2, que también deja de serlo.

De esta forma se tiene que el nuevo **AFN** M_3, con alfabeto $\Sigma_3 = \Sigma_1 \cup \Sigma_2$, está dado por $Q_3 = Q_1 \cup Q_2$, donde q_0 es el estado inicial y Δ_3 se define de tal forma que incluya todas las transiciones de Δ_1 y Δ_2 y la nueva transición $\Delta(q_f, \varepsilon) = \{ p_0 \}$, tal como se ilustra en la figura 3.18.

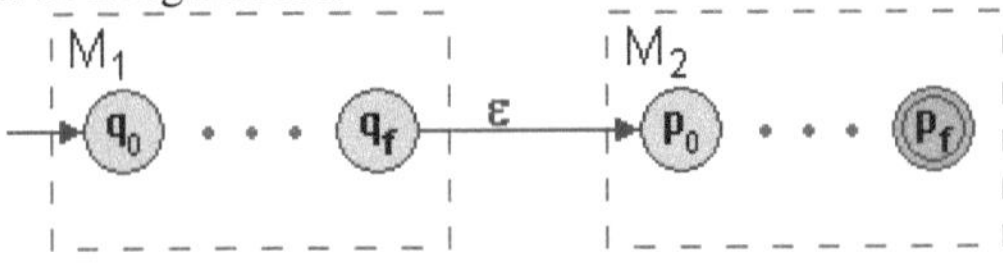

Figura 3.18

Ejemplo

Sean M_1 y M_2, los cuales aceptan los lenguajes $L(M_1) = $ **ab*** y $L(M_2) = $ **(ab)***, respectivamente, entonces el **AFN** M_3, obtenido a partir de M_1 y M_2, acepta el lenguaje $L(M_3) = $ **ab*(ab)***, tal como se muestra en la figura 3.19:

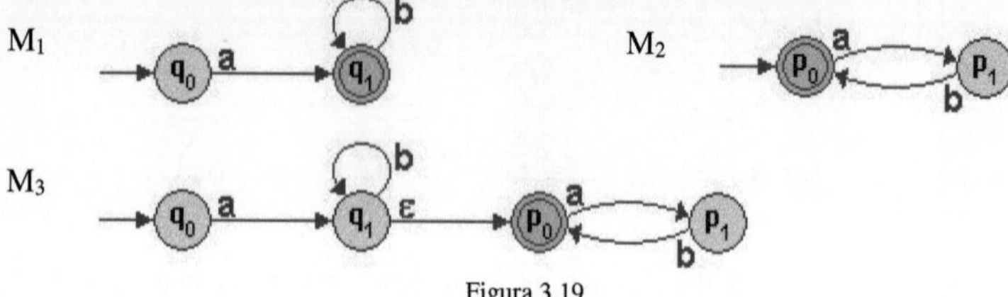

Figura 3.19

Unión

Supóngase que $M_1 = (Q_1, \Sigma_1, \Delta_1, q_0, F_1)$ y $M_2 = (Q_2, \Sigma_2, \Delta_2, p_0, F_2)$, son dos **AFN** que aceptan los lenguajes L_1 y L_2 respectivamente, entonces se puede construir un nuevo **AFN** $M_3 = (Q_3, \Sigma_3, \Delta_3, q_0', F_3)$, que acepte al lenguaje unión, $L_3 = L_1 \cup L_2$, a partir de M_1 y M_2, añadiendo un nuevo estado inicial q_0' y dos nuevas transiciones ε, que vayan de q_0' a los estados iniciales q_0 y p_0, respectivamente, así como también se añade un único estado final q_f' unido desde q_f y desde p_f por medio de dos transiciones ε.

De esta forma se tiene que M_3 está dado por $Q_3 = Q_1 \cup Q_2 \cup \{q_0', q_f'\}$, $F_3 = \{q_f'\}$, donde q_0' es el nuevo estado inicial y Δ_3 se define de tal forma que incluya todas las transiciones de Δ_1 y Δ_2 más las cuatro transiciones épsilon que se añadieron, tal como se ilustra en la figura 3.20.

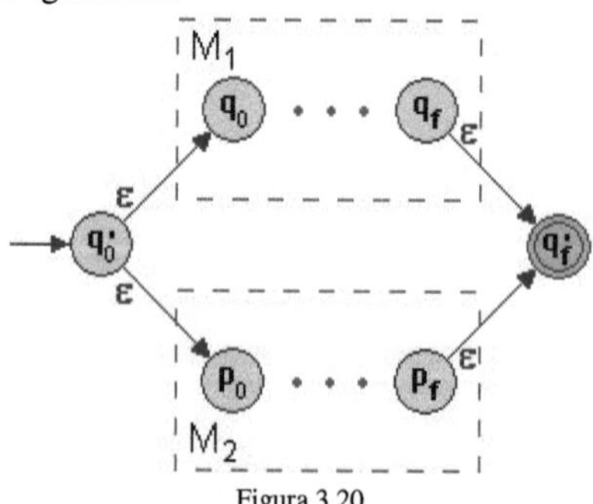

Figura 3.20

Ejemplo

Sean M_1 y M_2, los **AFN**s que aceptan los lenguajes $L(M_1) = $ **ab*** y $L(M_2) = $ **a*****b**, respectivamente, entonces el **AFN** M_3, acepta el lenguaje $L(M_3) = $ **ab*** $\cup$ **a*****b**, tal como se muestra en la figura 3.21:

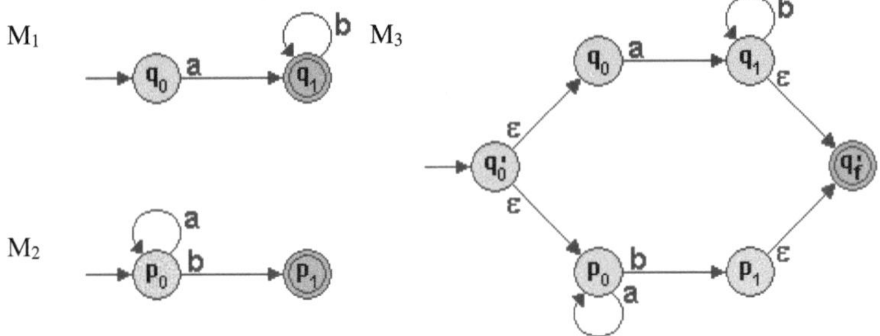

Figura 3.21

Una vez construido el diagrama de transiciones de M_3, se pueden utilizar los criterios que se verán más adelante para eliminar algunas de las transiciones épsilon y obtener un **AFN** más sencillo.

Cerradura

Supóngase que $M_1 = (Q_1, \Sigma_1, \Delta_1, q_0, F_1)$ es un **AFN** que acepta el lenguaje $L(M_1)$, entonces se puede construir un nuevo **AFN** M_3, que acepte al lenguaje $L(M_3) = L(M_1)$* agregando un nuevo estado inicial q_0', el cual también será el estado de aceptación (de tal forma que acepte la cadena vacía) y se agrega una transición ε que vaya de q_0' a q_0 (el estado inicial de M_1). Finalmente se cierra el ciclo con otra transición ε desde q_f, el anterior estado de aceptación de M_1, al nuevo estado q_0'.

De esta forma se tiene que el **AFN** $M_3 = (Q_3, \Sigma_1, \Delta_3, q_0', F_3)$ está determinado por $F_3 = \{q_0'\}$, $Q_3 = Q_1 \cup \{q_0'\}$, donde q_0' es el estado inicial y Δ_3 incluye todas las transiciones de Δ_1 y las nuevas transiciones $\Delta(q_0', \varepsilon) = \{ q_0 \}$ y $\Delta(q_f, \varepsilon) = \{ q_0' \}$, tal como se ilustra en la figura 3.22.

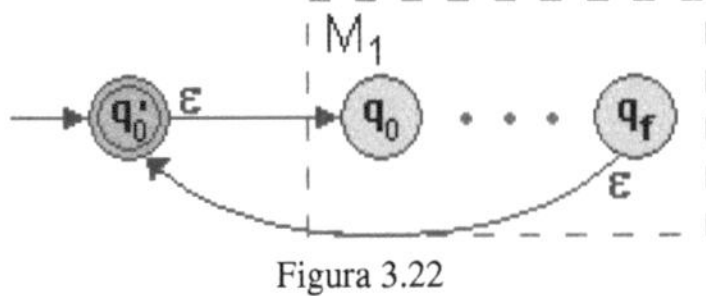

Figura 3.22

Ejemplo

Sean M_1, el cual acepta el lenguaje $L(M_1) =$ **a** $\cup$ **b**, entonces se tiene que el **AFN** M_3, obtenido a partir de M_1, acepta a $L(M_3) =$ (**a** $\cup$ **b**)*, tal como se muestra en la siguiente figura:

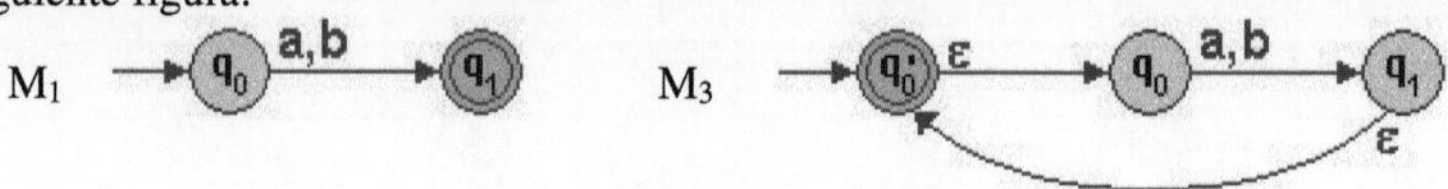

Figura 3.23

Es fácil comprobar que se puede reducir el diagrama de transiciones de M_3 anterior, para obtener el siguiente **AFD** equivalente sin transiciones épsilon:

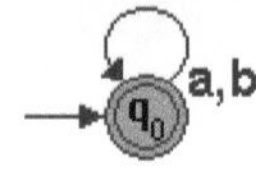

Figura 3.24

En conclusión

Dada cualquier expresión regular, se puede construir un **AFN** que acepte el lenguaje representado por ella, aplicando las técnicas anteriores, por lo tanto, se concluye que todo lenguaje regular es aceptado por algún autómata finito.

Ejemplo 1

Para construir un **AFN** que acepte el lenguaje **10*** $\cup$ **010**, se puede partir de los dos autómatas básicos M_1 y M_2, que aceptan cada una de las expresiones que aparecen en la unión, como se ilustran en la figura 3.25.

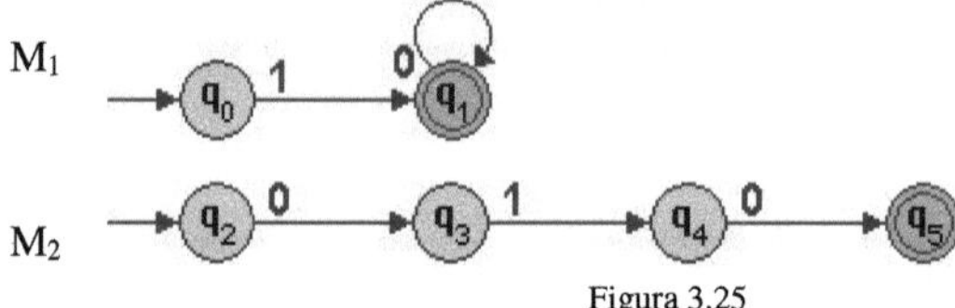

Figura 3.25

Luego se construye el autómata que representa la unión de las dos anteriores, como se ve en la figura 3.26.

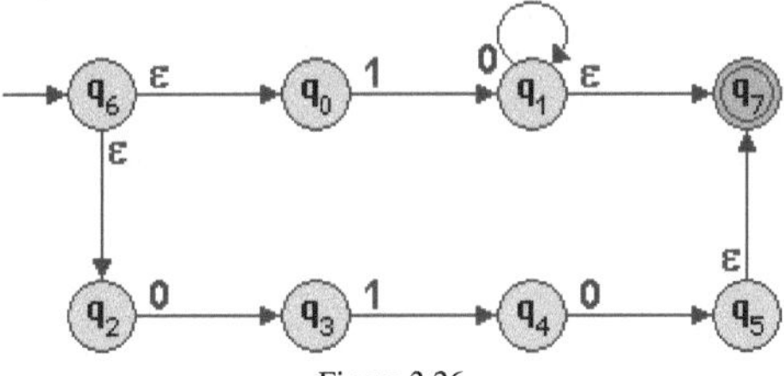

Figura 3.26

Ejemplo 2

Para construir un **AFN** que acepte el lenguaje (**abb**)* ∪ (**ab** ∪ **b***)***ba**, se debe empezar por construir los cuatro autómatas básicos correspondientes a las expresiones: **abb**, **ab**, **b*** y **ba**, los cuales se muestran en las figuras 3.27a, 3.27b, 3.27c y 3.27d:

$L_1 = $ **abb** M_1

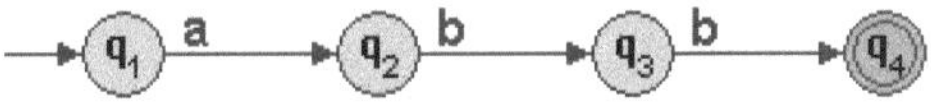

Figura 3.27a

$L_2 = $ **ab** M_2

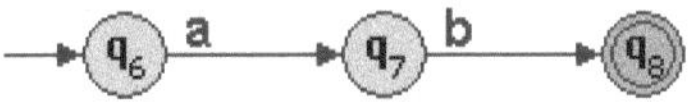

Figura 3.27b

$L_3 = $ **b*** M_3

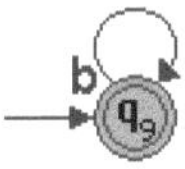

Figura 3.27c

$L_4 = $ **ba** M_4

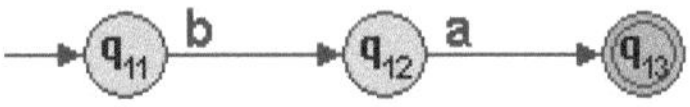

Figura 3.27d

A partir de estos autómatas, se pueden aplicar las operaciones de unión, concatenación y cerradura de Kleene, y obtener el resultado buscado, cuyo diagrama debe ser semejante al que se ilustra en la figura 3.28.

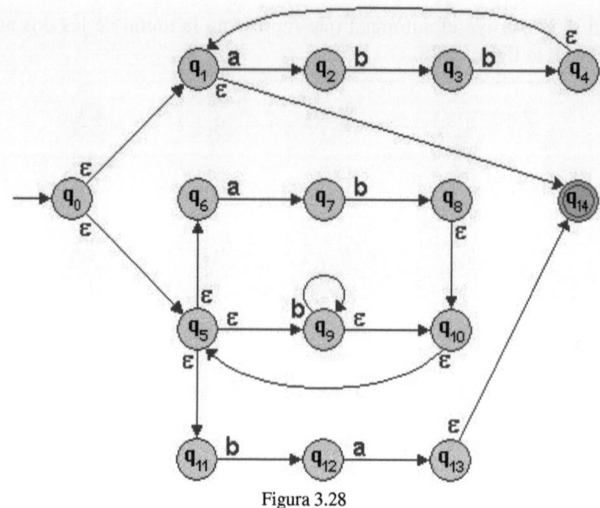

Figura 3.28

Criterios de Simplificación

En algunas ocasiones, surgen transiciones nuevas que resultan redundantes y en otras ocasiones se puede obtener, como resultado, que algunos estados se queden aislados o bien, que se conviertan en estados no deseados, para reducir estos inconvenientes, se recomienda que antes de aplicar el procedimiento descrito, se empleen los siguientes tres criterios, donde sea posible.

Criterio 1

Si la única entrada de un estado q_k, sea o no de aceptación, pero que no es el estado inicial, es una transición épsilon, proveniente desde un estado q_n cualquiera, entonces q_k se fusiona a q_n.

Ejemplo

En el siguiente ejemplo se muestra cómo se aplica este criterio, fusionando el estado q_1 al estado q_0 y el estado q_3 al estado q_4, quedando un **AFN** sin transiciones épsilon.

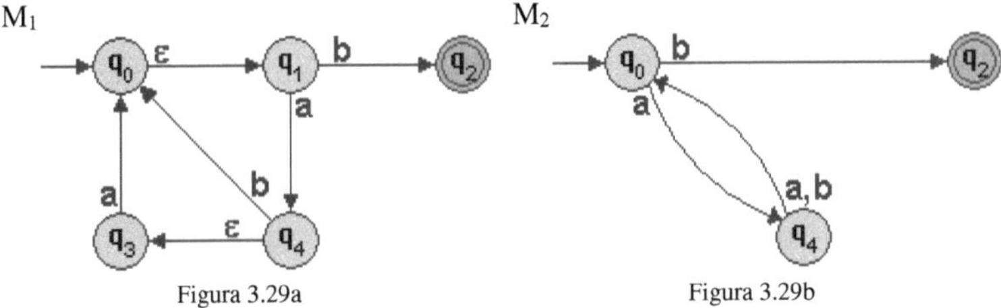

Figura 3.29a   Figura 3.29b

Criterio 2

Si la única salida de un estado q_k es una transición épsilon, hacia un estado q_n cualquiera, entonces q_k se fusiona a q_n; este criterio no es aplicable cuando q_k es un estado de aceptación y q_n no lo es.

Ejemplo

En el siguiente ejemplo se muestra cómo se aplica el segundo criterio, fusionando el estado q_2 al estado q_1, quedando un **AFN** sin transiciones épsilon.

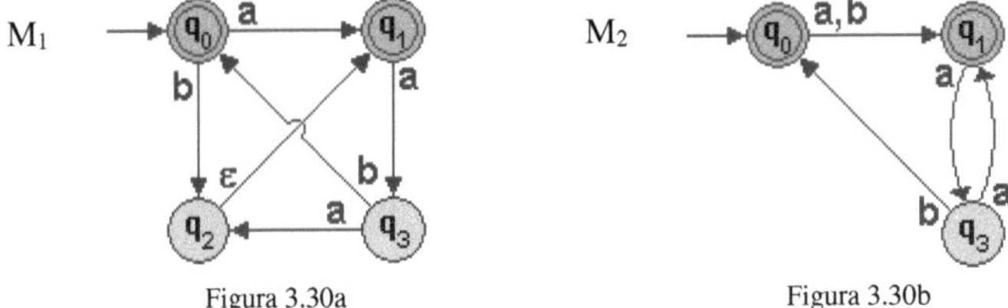

Figura 3.30a   Figura 3.30b

Criterio 3

Si un estado de aceptación q_k tiene varias entradas, una de las cuales es una transición épsilon desde el estado q_n, y no tiene salidas de ningún tipo, entonces q_n se convierte en un estado de aceptación y se elimina la transición épsilon hacia q_k, la aplicación de este criterio se ilustra en las siguientes figuras:

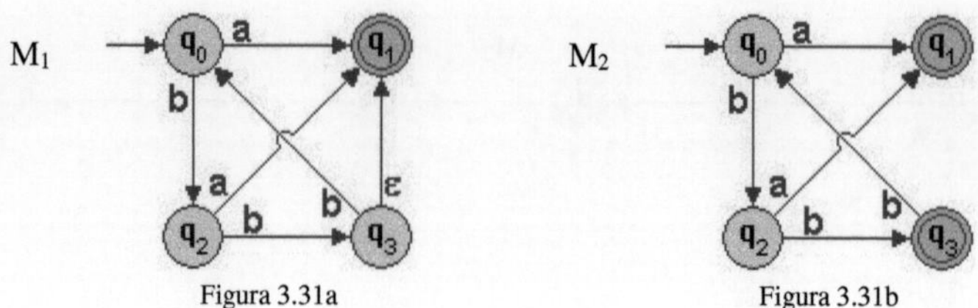

Figura 3.31a   Figura 3.31b

Ejemplo 1

Considere el **AFN** cuyo diagrama de transiciones se muestra en la figura 3.32:

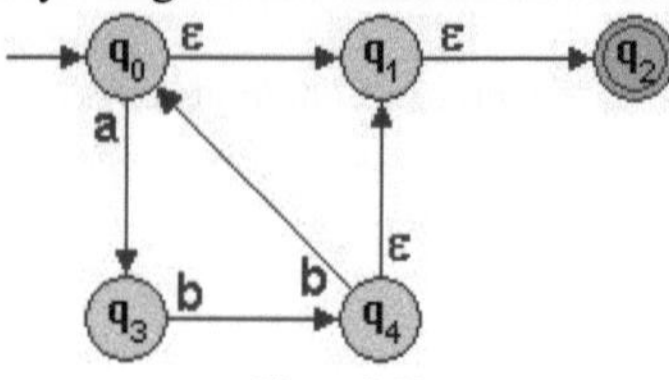

Figura 3.32

Aplicando el criterio 1, se fusiona el estado q_2 con el estado q_1. Posteriormente se aplica el criterio 3 en q_1, que ahora es un estado de aceptación y que ya no tiene salidas, transformando a los estados q_0 y q_4 en estados de aceptación, q_1 se elimina al quedar aislado cuando se descarta la transición épsilon, resultando el siguiente **AFN** sin transiciones épsilon:

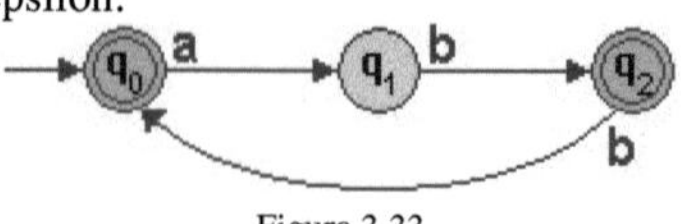

Figura 3.33

Ejemplo 2

Utilice los criterios anteriores para eliminar las transiciones épsilon del **AFN** cuyo diagrama de transiciones se muestra en la figura 3.34.

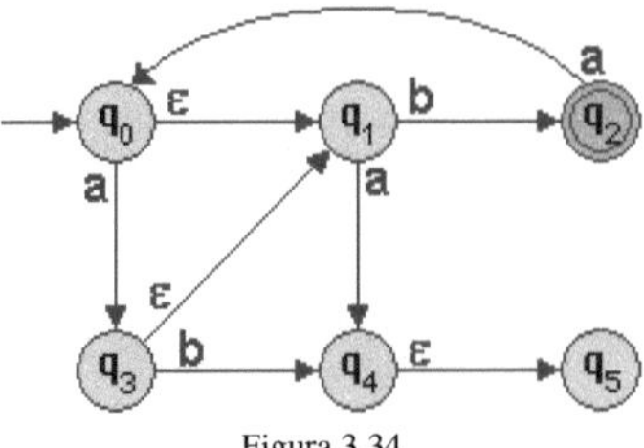

Figura 3.34

Antes de poder aplicar los criterios, observe que es posible eliminar a los estados q_4 y a q_5, puesto que se trata de estados no deseados. Hacer esto abre la posibilidad de aplicar el criterio 2, para fusionar al estado q_3 con el estado q_1, quedando un **AFN** con una transición épsilon, que ya no es posible simplificar por medio de los criterios, y es el que se muestra en la figura 3.35:

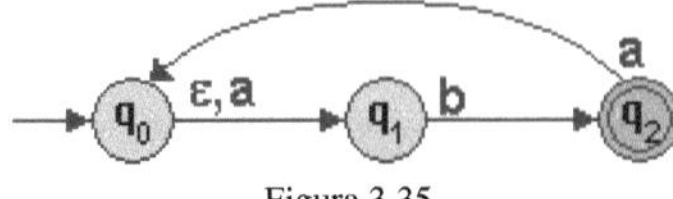

Figura 3.35

Eliminación de Transiciones ε

Debido a que no todas las transiciones épsilon pueden ser eliminadas mediante los criterios anteriores, a continuación se verá una metodología general para encontrar un **AFN** equivalente que no tenga transiciones épsilon, para ello, primero se debe definir la *Cerradura épsilon* de un estado q_m de la siguiente manera:

$$C(q_m) = \{ q_n \in Q \mid q_n \text{ es accesible desde } q_m \text{ sin consumir ningún símbolo}\}$$

Por definición q_m siempre está contenido en su propia cerradura $C(q_m)$, ya que no necesita de ningún símbolo para acceder a sí mismo.

Las transiciones del **AFN** equivalente sin transiciones épsilon se obtienen utilizando la fórmula que sigue, en donde se aplica dos veces la cerradura épsilon, antes y después de cada transición:

$$\Delta(q_m, \sigma) = C(d(C(q_m), \sigma))$$

A continuación, se verán un par de ejemplos en los que se utiliza la fórmula anterior para eliminar las transiciones épsilon y reemplazarlas por transiciones que permiten mantener la equivalencia.

Ejemplo 1

Considere el **AFN** cuyo diagrama de transiciones se muestra en la figura 3.36, y que se puede representar por medio de la tabla 3.13 de la derecha:

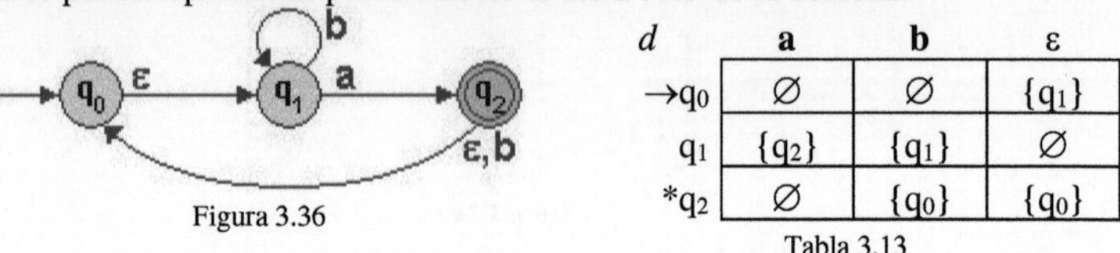

Figura 3.36

d	a	b	ε
→q_0	∅	∅	$\{q_1\}$
q_1	$\{q_2\}$	$\{q_1\}$	∅
*q_2	∅	$\{q_0\}$	$\{q_0\}$

Tabla 3.13

Es más sencillo aplicar la fórmula de la cerradura desde la tabla que analizando el diagrama, de cualquier forma, se deben obtener las siguientes cerraduras épsilon:

- $C(q_0) = \{q_0, q_1\}$
- $C(q_1) = \{q_1\}$
- $C(q_2) = \{q_0, q_1, q_2\}$

Las transiciones para construir el **AFN** sin transiciones épsilon se obtienen así:

- $\Delta(q_0, \mathbf{a}) = C(d(C(q_0),\mathbf{a})) = C(d(q_0,\mathbf{a}) \cup d(q_1,\mathbf{a})) = C(\varnothing \cup \{q_2\}) = C(q_2) = \{q_0,q_1,q_2\}$
- $\Delta(q_0, \mathbf{b}) = C(d(C(q_0),\mathbf{b})) = C(d(q_0,\mathbf{b}) \cup d(q_1,\mathbf{b})) = C(\varnothing \cup \{q_1\}) = C(q_1) = \{q_1\}$
- $\Delta(q_1, \mathbf{a}) = C(d(C(q_1), \mathbf{a})) = C(d(q_1, \mathbf{a})) = C(q_2) = \{q_0,q_1,q_2\}$
- $\Delta(q_1, \mathbf{b}) = C(d(C(q_1), \mathbf{b})) = C(d(q_1, \mathbf{b})) = C(q_1) = \{q_1\}$
- $\Delta(q_2, \mathbf{a}) = C(d(C(q_2), \mathbf{a})) = C(d(q_0, \mathbf{a}) \cup d(q_1, \mathbf{a}) \cup d(q_2, \mathbf{a})) = C(q_2) = \{q_0,q_1,q_2\}$
- $\Delta(q_2, \mathbf{b}) = C(d(C(q_2),\mathbf{b})) = C(d(q_0,\mathbf{b}) \cup d(q_1,\mathbf{b}) \cup d(q_2,\mathbf{b})) = C(q_1) \cup C(q_0) = \{q_0,q_1\}$

Resumiendo, las transiciones obtenidas se muestran en la tabla 3.14, se deja como ejercicio que el lector construya el diagrama de transiciones, así como que encuentre el **AFD** mínimo equivalente.

Δ	a	b
→q_0	$\{q_0, q_1, q_2\}$	$\{q_1\}$
q_1	$\{q_0, q_1, q_2\}$	$\{q_1\}$
*q_2	$\{q_0, q_1, q_2\}$	$\{q_0, q_1\}$

Tabla 3.14

Ejemplo 2

Encontrar el **AFN** sin transiciones épsilon equivalente al **AFN** cuyo diagrama de transiciones se muestra en la figura 3.37 y sus transiciones se representan en la tabla 3.15:

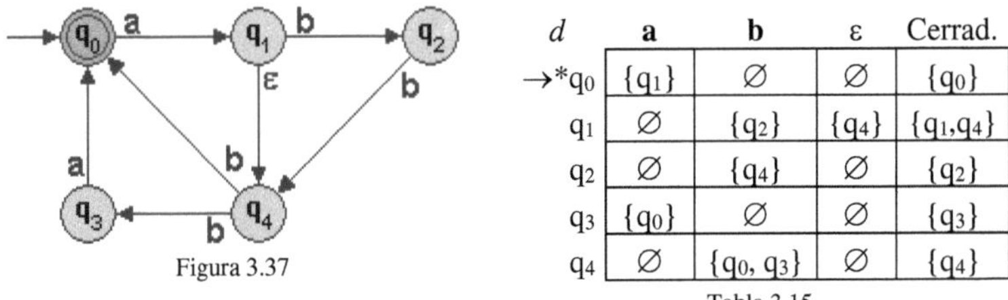

Figura 3.37

d	**a**	**b**	**ε**	Cerrad.
→*q_0	$\{q_1\}$	$\varnothing$	$\varnothing$	$\{q_0\}$
q_1	$\varnothing$	$\{q_2\}$	$\{q_4\}$	$\{q_1, q_4\}$
q_2	$\varnothing$	$\{q_4\}$	$\varnothing$	$\{q_2\}$
q_3	$\{q_0\}$	$\varnothing$	$\varnothing$	$\{q_3\}$
q_4	$\varnothing$	$\{q_0, q_3\}$	$\varnothing$	$\{q_4\}$

Tabla 3.15

Del diagrama anterior se pueden obtener las cerraduras épsilon respectivas, y que se incluyen en la tabla 3.15, donde se puede ver que la única que no resulta ser una identidad es la correspondiente al estado q_1.

La función Δ del **AFN** sin transiciones épsilon se obtiene con la fórmula antes vista y sus resultados se muestran en la tabla 3.16, siguiente:

Δ	**a**	**b**
→*q_0	$\{q_1, q_4\}$	$\varnothing$
q_1	$\varnothing$	$\{q_0, q_2, q_3\}$
q_2	$\varnothing$	$\{q_4\}$
q_3	$\{q_0\}$	$\varnothing$
q_4	$\varnothing$	$\{q_0, q_3\}$

Tabla 3.16

La gráfica del diagrama de transiciones correspondiente se muestra en la figura 3.38 a continuación:

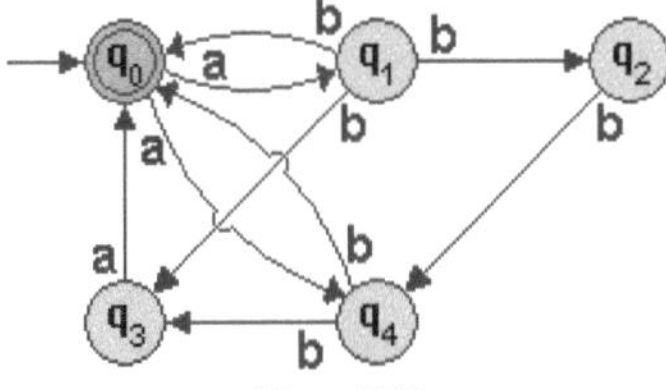

Figura 3.38

Obsérvese que todas las transiciones no-épsilon del **AFN** original se preservan y solamente surgen las nuevas transiciones que se agregan a cambio de las transiciones épsilon que se eliminaron, con objeto de que el **AFN** obtenido sea equivalente.

Ejemplo 3

Se pide al lector que aplique el procedimiento anterior, para eliminar la transición épsilon de la figura 3.35, y compruebe que se obtiene el **AFN** equivalente mostrado en la figura 3.39:

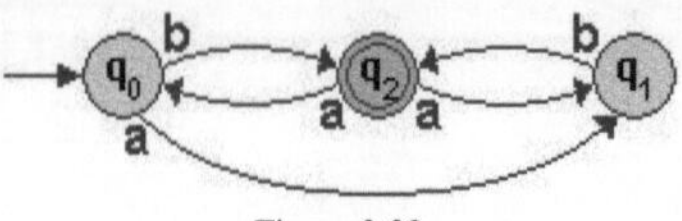

Figura 3.39

Autómatas Finitos Generalizados

En la página 94 se mencionó que la función de transición de los **AFN**s con transiciones épsilon se podía generalizar de la siguiente manera: $d{:}2^Q \times \sum{}^* \to 2^Q$. Esto permite suponer que es posible construir autómatas finitos en los que cada transición esté definida por una cadena de símbolos y no por uno solo nada más, esto se puede generalizar aún más, suponiendo que cada transición esté etiquetada por una expresión regular que represente a todo un lenguaje.

A este tipo de autómatas se les denomina Autómatas Finitos No Deterministas Generalizados (**AFNG**), con objeto de manipular funcionalmente cada transición de este tipo de autómatas, conviene definir una función dual como D: $Q \times Q \to L_R$, donde L_R es el conjunto de todos los lenguajes regulares, esto es, que entre dos estados cualesquiera se puede definir una transición descrita por una expresión regular.

La figura 3.40a muestra un **AFNG** que acepta el lenguaje regular **ab(bab)*ba**, y que es equivalente al diagrama simplificado mostrado en la figura 3.40b.

Figura 3.40a

Figura 3.40b

Simplificación de AFNGs

La simplificación de **AFNG**s ofrece un método para obtener la expresión regular aceptada por un **AF** dado, el algoritmo siguiente consiste en ir eliminando, estado por estado, a todos los estados intermedios del autómata, dejando a solamente dos, el estado inicial y el de aceptación, y la transición que resulte entre ellos estará etiquetada por la expresión regular buscada.

Para facilitar la aplicación de este algoritmo, se debe verificar que el **AF** original satisfaga las siguientes condiciones: primero, que el estado inicial no debe tener transiciones de entrada, y segundo, que el estado de aceptación debe ser único y no tener transiciones de salida. En caso contrario, es fácil, mediante transiciones épsilon, lograr que el **AF** dado cumpla los requerimientos.

Algoritmo

Dado un **AF** cualquiera, se debe verificar primero que se satisfacen las condiciones arriba mencionadas. Si el estado inicial tiene transiciones de entrada, se debe añadir un estado inicial previo conectado con el anterior mediante una transición épsilon; similarmente, si el estado de aceptación no es único o tiene transiciones de salida, se agrega un nuevo estado de aceptación y las transiciones épsilon requeridas.

Sea n el número actual de estados del **AF**, si n > 2, entonces se selecciona un estado intermedio q_i y se elimina, redefiniendo las transiciones para cada pareja de estados q_j y q_k que tengan transiciones hacia y desde q_i, respectivamente, de la siguiente forma: $D(q_j, q_k) = \mathbf{r_1 r_2^* r_3} \cup \mathbf{r_4}$, donde: $\mathbf{r_1} = D(q_j, q_i)$, $\mathbf{r_2} = D(q_i, q_i)$, $\mathbf{r_3} = D(q_i, q_k)$ y $\mathbf{r_4} = D(q_j, q_k)$, tal como se ilustra en la siguiente figura:

Figura 3.41

Cuando hay varios estados intermedios, se recomienda elegir como estado a eliminar al que tenga el menor producto del número de entradas por el número de salidas (sin contar los lazos que hubiera), ya que este resultado es el número de veces que hay que aplicar la reducción anterior.

Se repite el proceso hasta que el número actual de estados del **AF** sea n = 2, es decir, cuando solamente permanecen el estado inicial y el estado de aceptación, entonces la etiqueta de la transición es la expresión regular que representa al lenguaje aceptado por el **AF** original.

Ejemplo

Encontrar la expresión regular del lenguaje aceptado por el siguiente **AFN**:

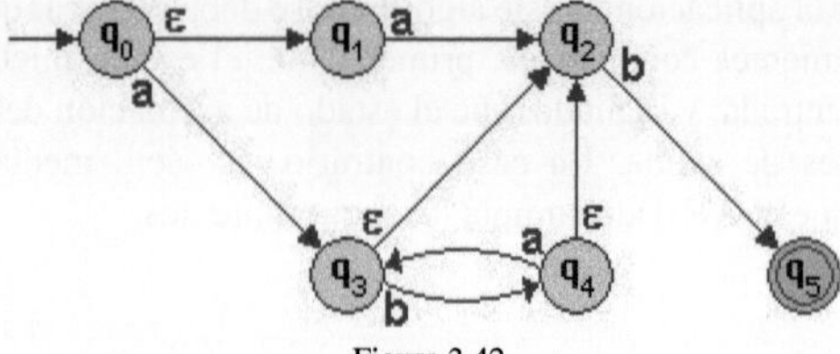

Figura 3.42

Como se cumplen las condiciones exigidas por el algoritmo, se procede a elegir uno de los estados para eliminarlo, y se escoge a q_1, puesto que solamente tiene una transición de entrada y una de salida.

Observe que el resultado mostrado en la figura 3.43, al eliminar a q_1, es equivalente a la aplicación del criterio 1 para la eliminación de transiciones épsilon, que se vio anteriormente en este capítulo.

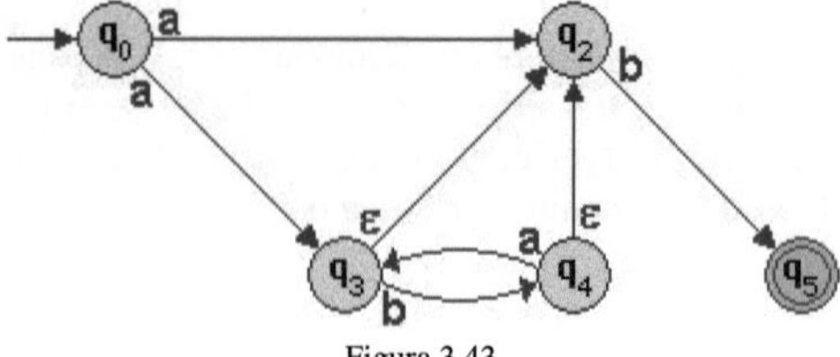

Figura 3.43

A continuación, se observa que conviene elegir a q_4 para eliminarlo, dado que sólo tiene dos transiciones de salida por una sola de entrada, correspondiendo un peso de dos, mientras que el peso del estado q_2 es de tres y el de q_3 es de cuatro.

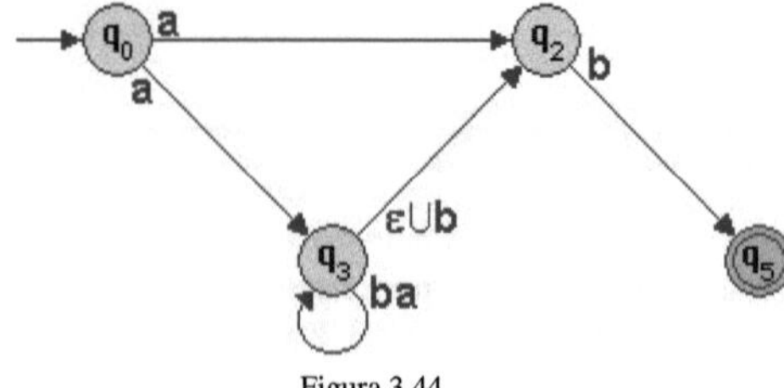

Figura 3.44

En la figura 3.44 se ilustra el resultado obtenido, y en el cual se han considerado las dos veces en que se ha tenido que aplicar el algoritmo, para ambas trayectorias que pasan por q_4, la primera es la que sale y regresa a q_3 y la segunda es la que sale de q_3 y llega a q_2.

La primera trayectoria que pasa por q_4 sale q_3 y regresa al mismo estado, dando la transición $D(q_3, q_3) = $ **ba** y la segunda trayectoria sale de q_3 y llega a q_2, y unida a la transición existente resulta la transición: $D(q_3,q_2) = \varepsilon \cup $ **b**.

A continuación, se procede a eliminar al estado q_3, ya que solo tiene una entrada y una salida.

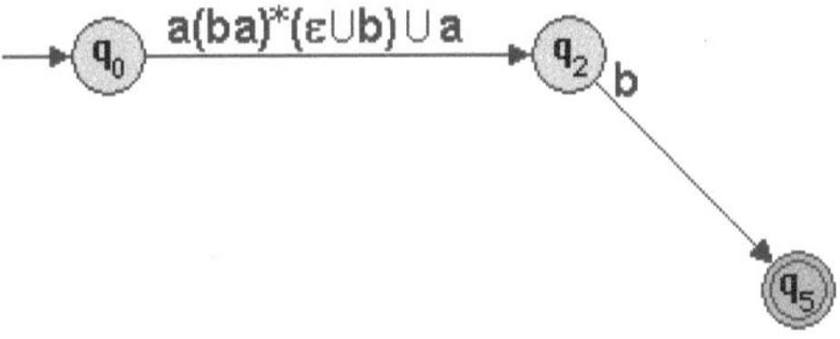

Figura 3.45

Finalmente eliminando el estado q_2 se obtiene la expresión regular buscada:

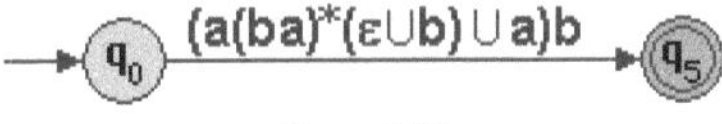

Figura 3.46

Por todo lo expuesto en este capítulo, se puede afirmar que, para cada Autómata Finito M, existe una Expresión Regular **r** para la cual $L(\mathbf{r}) = L(M)$ y viceversa, lo que concluye Kleene enunciando el siguiente teorema:

Teorema de Kleene

Un lenguaje es regular si y sólo si es aceptado por un autómata finito.

En la figura 3.47 se resume gráficamente lo que se ha realizado en estos dos capítulos sobre la convertibilidad que existe entre los **AF**s y las **ER**s.

Primeramente, dada cualquier **ER**, se puede construir un Autómata Finito No Determinista con transiciones épsilon, posteriormente se puede encontrar un **AFN** equivalente sin este tipo de transiciones, para que, de ahí, se encuentre un **AFD** equivalente y por último, dado un **AFD**, es posible encontrar la Expresión Regular del lenguaje aceptado por éste.

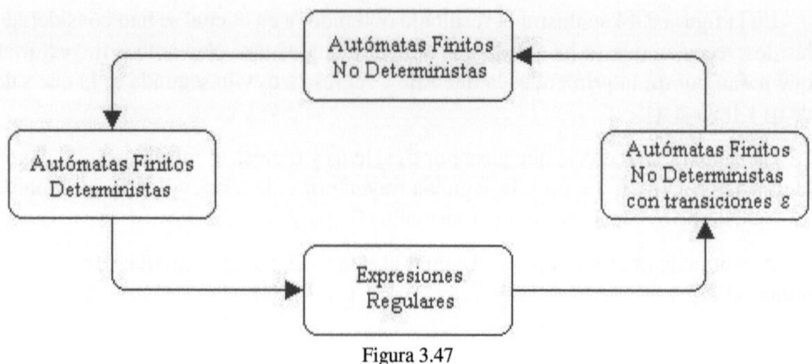

Figura 3.47

Ejemplo Práctico

Hay una Fábula que cuenta de un hombre que vivía a la orilla de un río y tenía que atravesarlo para ir a la ciudad. En una ocasión debía llevar un zorro, una gallina y un bulto de maíz, para cruzar el río poseía un pequeño bote donde solamente cabe él con uno de los animales o con el maíz, por lo que debía cruzar varias veces el río para pasar a todos ellos al otro lado. Sin embargo, no podía dejar al zorro con la gallina porque se la comería, por lo mismo, tampoco podía dejar a la gallina con el maíz. El objetivo consiste en representar un diagrama de estados que permita saber cómo puede el hombre finalmente cruzar el río sin que el maíz o la gallina sean devorados.

Los posibles estados se denotan como las combinaciones de las cuatro letras separadas por un guion, indicando de cual lado del río se encuentra cada personaje, de este modo se tiene:

Estado inicial: [HZGM - ∅] (cuando los cuatro están del lado donde está la casa)

Estado final: [∅ - HZGM] (cuando los cuatro pasaron al otro lado del río)

Algunos estados intermedios válidos son: [HG – ZM], [HZM – G] y [Z – HGM].

Los siguientes estados son inaceptables: [HM – ZG], [GM – HZ], [ZG – HM] y [HZ – GM], porque conducen a los siguientes estados no deseados: [HM – Z], [G – HZ], [Z – HM] y [HZ – G].

En el diagrama de transiciones correspondiente, no se muestran los estados inaceptables o no deseados, a fin de darle mayor claridad al mismo, Los símbolos del sistema son: **h** – cuando el hombre viaja solo, **z** – cuando viaja con el zorro, **g** – cuando viaja con la gallina y **m** – cuando viaja con el maíz.

Como puede observarse, en la figura 3.48 existen dos soluciones mínimas, y que se denotan como: **ghzbmhg** y **ghmbzhg**.

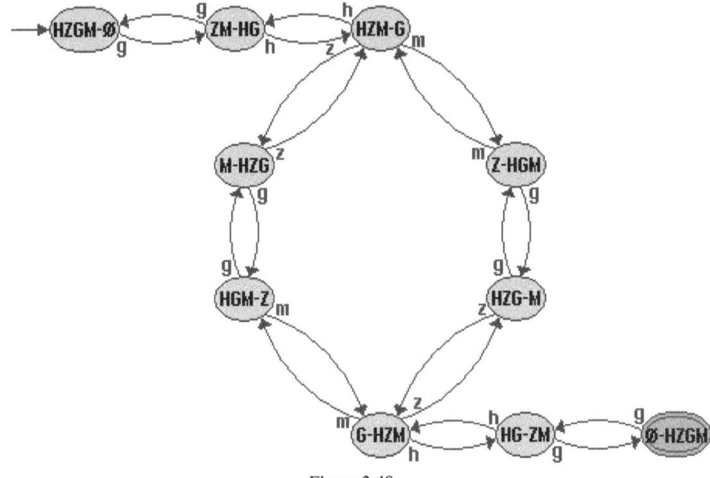

Figura 3.48

Preguntas

a) Dado M, un **AFD** que acepta al lenguaje L(M), Explique de qué manera es posible construir un **AFN**, a partir de M, que acepte todas cadenas que sean sufijos de *w* para todo $w \in$ L(M)?

b) ¿Para qué casos se cumple que un **AFN** con transiciones épsilon acepta la cadena vacía?

c) ¿Existen ventajas o desventajas al emplear **AFN**s en vez de **AFD**s en el reconocimiento de lenguajes?

d) ¿Es más sencillo construir un **AFD** que un **AFN** a partir de una **ER** dada?

e) ¿Existe algún Lenguaje Regular que no pueda ser aceptado por algún **AFN**?

f) ¿Existe algún **AFN** que reconozca a un lenguaje que no sea regular?

g) ¿Es necesario el empleo de las transiciones épsilon para construir **AF**s a partir de una Expresión Regular dada?

h) ¿Por qué, dado un **AFN**, es conveniente encontrar un **AFD** equivalente?

i) ¿Por qué es útil el empleo de los **AFN**s?

j) El método algebraico para encontrar **ER**s ¿es más confiable que el método de la simplificación de **AFNG**s?

k) ¿Por qué es aconsejable anteponer un estado inicial de aceptación para construir un **AFN** que acepte la cerradura de Kleene de un lenguaje L?

Ejercicios

3.1. Construir un **AFN** que acepte cada uno de los lenguajes regulares siguientes, donde su alfabeto es $\Sigma = \{\ 0, 1\ \}$:

a) Las cadenas que tienen solamente dos ceros, los cuales están separados por una cadena de unos de longitud múltiplo de 4.

b) El lenguaje descrito por la expresión regular $(00)^*(11)^*$

c) Las cadenas en las que el cuarto símbolo contado desde el final sea un **1**.

d) Las cadenas que contengan a la secuencia **101**.

3.2. Construir el **AFN** que acepte el lenguaje $(\mathbf{a} \cup \mathbf{b})^*\mathbf{aba}$, encontrar el **AFD** mínimo equivalente.

3.3. Determine si los pares de **AF**s dados en cada uno de los incisos de las siguientes figuras, son o no son equivalentes:

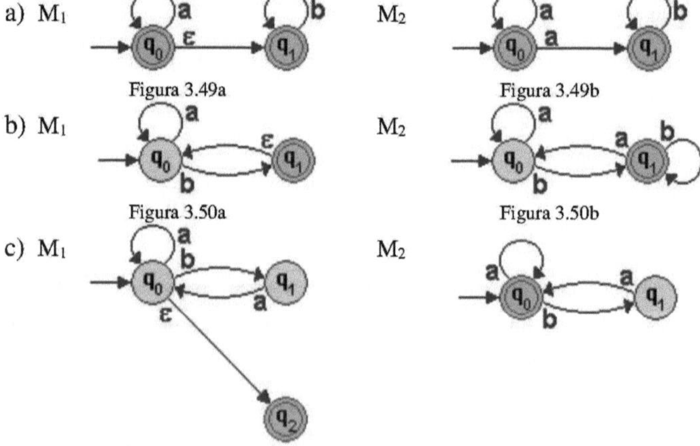

d) M₁

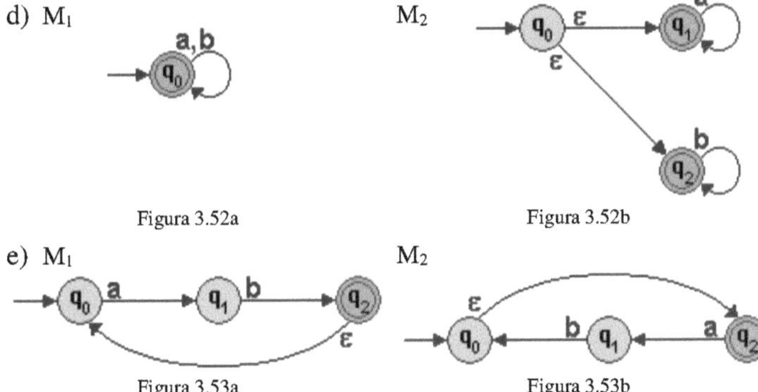

Figura 3.52a

M₂

Figura 3.52b

e) M₁

M₂

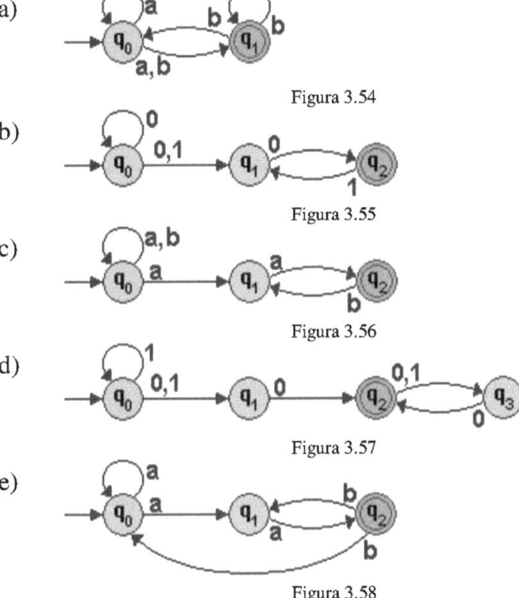

Figura 3.53a

Figura 3.53b

3.4. Encontrar el **AFD** mínimo equivalente a cada uno de los **AFN**s siguientes:

a)

Figura 3.54

b)

Figura 3.55

c)

Figura 3.56

d)

Figura 3.57

e)

Figura 3.58

f)

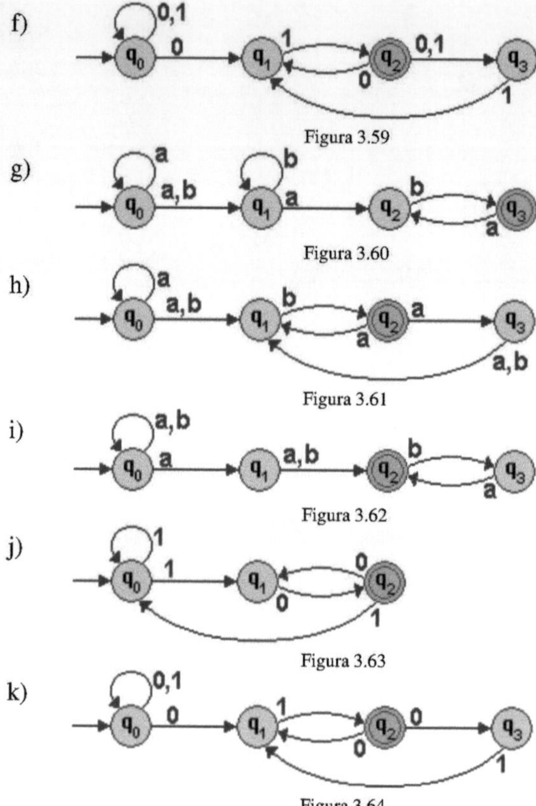

Figura 3.59

g)

Figura 3.60

h)

Figura 3.61

i)

Figura 3.62

j)

Figura 3.63

k)

Figura 3.64

3.5. Encontrar el **AFD** mínimo equivalente para los siguientes casos:

    a) Al **AFN** representado por la tabla 3.14

    b) Al **AFN** mostrado en la figura 3.38

    c) Al **AFN** mostrado en la figura 3.39

3.6. De acuerdo con las técnicas descritas para la construcción de autómatas, construir los **AFN** que acepten cada uno de los siguientes lenguajes y aplique los criterios para eliminar las transiciones épsilon donde sea posible:

    a) $(a \cup b)^* \cup (aba)^+$

b) $((\mathbf{ab} \cup \mathbf{aab})^*\mathbf{a}^*)^*$

c) $(\mathbf{ba} \cup \mathbf{b})^* \cup (\mathbf{bb} \cup \mathbf{a})^*$

d) $((\mathbf{a}^*\mathbf{b}^*\mathbf{a}^*)^*\mathbf{b})^*$

e) $(\mathbf{ab} \cup \mathbf{abb} \cup \mathbf{aba})^*$

f) $((\mathbf{ab})^* \cup (\mathbf{b} \cup \mathbf{a})\mathbf{b}^*)\mathbf{ab}$

3.7. Dados los lenguajes $L_1 = \mathbf{a}$ y $L_2 = \mathbf{ab}^*\mathbf{c}$, construir:

    a) Un **AFN** que acepte el Lenguaje $L_1 \cdot L_2 \cup L_1^*$

    b) Otro **AFN** que acepte el Lenguaje $L_2 \cdot L_1 \cup L_2^*$

3.8. a) Encontrar el **AFN** sin transiciones épsilon equivalente al mostrado en la figura 3.14. y b) a continuación encontrar el **AFD** mínimo equivalente.

3.9. Encontrar un **AFN** sin transiciones épsilon equivalente, posteriormente encontrar un **AFD** equivalente, finalmente encontrar el **AFD** mínimo equivalente para cada uno de los autómatas mostrados en las figuras siguientes:

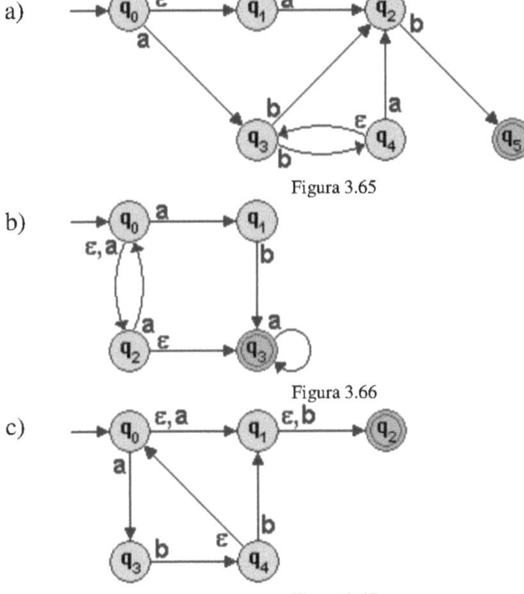

a)

Figura 3.65

b)

Figura 3.66

c)

Figura 3.67

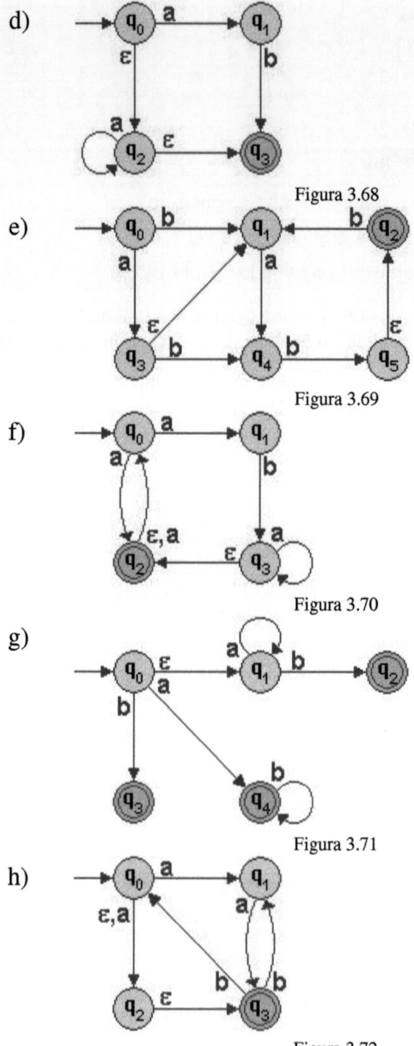

d)
Figura 3.68
e)
Figura 3.69
f)
Figura 3.70
g)
Figura 3.71
h)
Figura 3.72

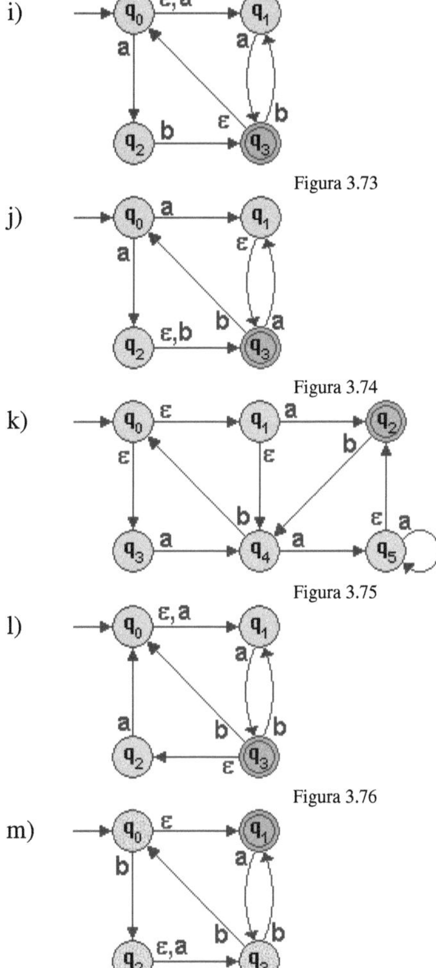

i)

Figura 3.73

j)

Figura 3.74

k)

Figura 3.75

l)

Figura 3.76

m)

Figura 3.77

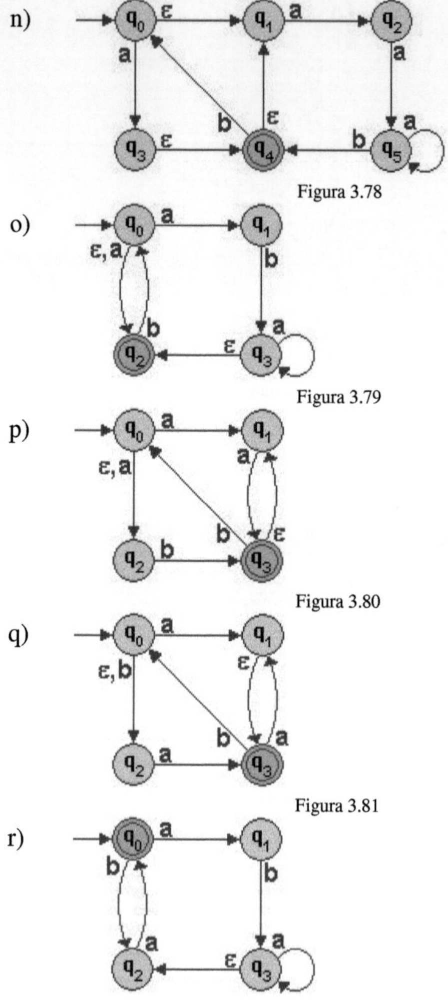

n)

Figura 3.78

o)

Figura 3.79

p)

Figura 3.80

q)

Figura 3.81

r)

Figura 3.82

3.10. Encontrar un **AFD** equivalente al **AFNG** representado en la siguiente figura:

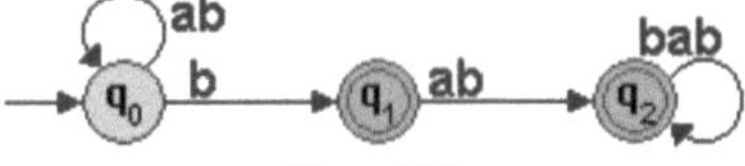

Figura 3.83

3.11. Dados los **AFN** mostrados en las figuras 3.84a y 3.84b, encontrar la expresión regular del lenguaje que aceptan.

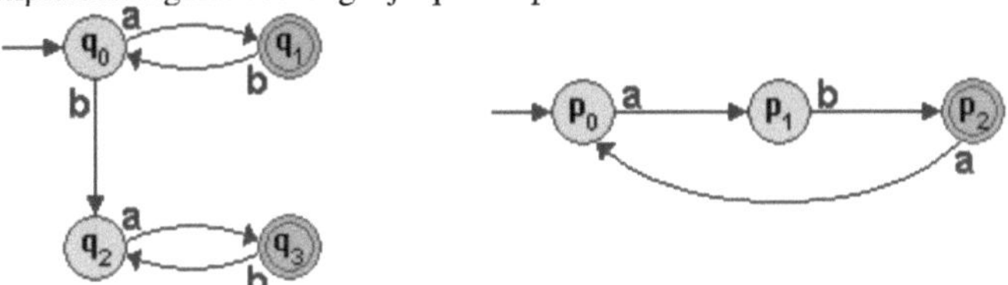

Figura 3.84a   Figura 3.84b

3.12. Sean M_1 y M_2, los **AFN**s mostrados en las figuras 3.84a y 3.84b, respectivamente

   a) Construir un **AFN** que acepte el lenguaje $L(M_2) \cup L(M_1)$.

   b) Construir un **AFN** que acepte el lenguaje $L(M_1) \cdot L(M_2)$.

3.13. Dados los **AFN**s mostrados en las figuras 3.85 a 3.93, encontrar la expresión regular del lenguaje que acepta cada uno de ellos.

   a)

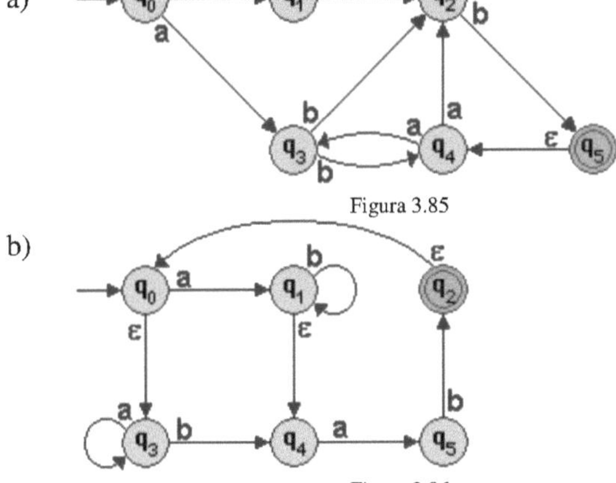

Figura 3.85

   b)

Figura 3.86

c)

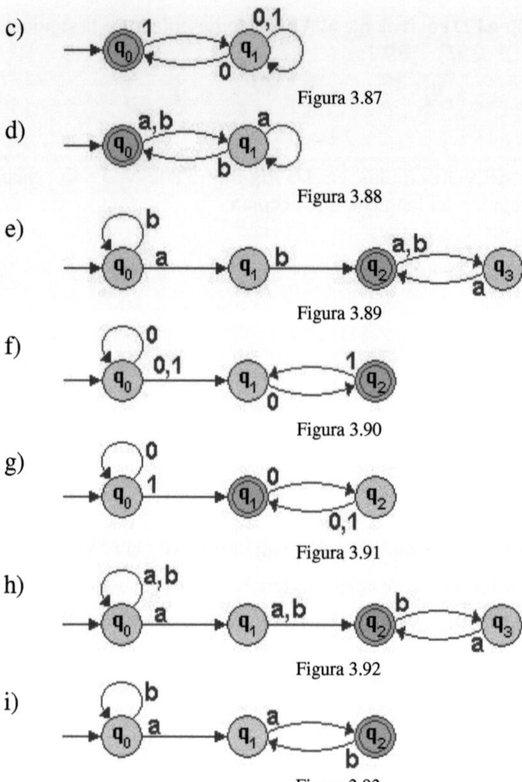

Figura 3.87

d)

Figura 3.88

e)

Figura 3.89

f)

Figura 3.90

g)

Figura 3.91

h)

Figura 3.92

i)

Figura 3.93

Capítulo 4

Gramáticas

En este capítulo se define el concepto de gramática, se estudian las gramáticas regulares y su equivalencia con las expresiones regulares y con los autómatas finitos. Se muestran las gramáticas regulares reversas y posteriormente se definen las gramáticas independientes del contexto y se estudian los lenguajes independientes del contexto, así como la construcción de los árboles de derivación y se plantea su uso para la identificación del problema de la ambigüedad en estas gramáticas. Por último, se consideran los problemas corrección y completez para estas gramáticas.

Definición de Gramática

Una Gramática es la cuarteta $G = (N, \Sigma, S, P)$, donde Σ es el alfabeto de Símbolos Terminales o símbolos de salida, N es la colección de Símbolos No Terminales (**SNT**), S es el Símbolo Inicial (No Terminal, $S \in N$) y P es la colección de reglas gramaticales, o reglas de sustitución, también llamadas *Producciones*. Son éstas últimas las que permiten distinguir a las distintas clases de gramáticas, como se indica más adelante.

Por conveniencia, se deben diferenciar los SNT de los terminales, empleando letras mayúsculas para los primeros y letras minúsculas o dígitos u otros símbolos para los segundos. Para las gramáticas que se estudian en este capítulo, las reglas gramaticales, se representan como $A \rightarrow w$, donde A es un símbolo No terminal, mientras que $w \in (\Sigma \cup N)^*$ es una cadena de símbolos terminales y no terminales que puede ser usada para reemplazar al símbolo no terminal A, de esta forma la regla $S \rightarrow \mathbf{ab}A$ expresa que S *"Es sustituido por"* o *"produce"* la cadena $\mathbf{ab}A$.

Ejemplo

Sean los alfabetos $N = \{ S, A, B \}$ y $\Sigma = \{ \mathbf{a}, \mathbf{b} \}$, algunas producciones que puede tener una gramática cualquiera a partir de ellos son: $S \rightarrow AB$, $A \rightarrow \mathbf{b}$, $A \rightarrow \varepsilon$ y $B \rightarrow SaA$.

Noam Chomsky[1] clasificó las gramáticas en cuatro tipos, a los que llamó simplemente tipos 0, 1, 2 y 3. La clase de gramáticas más simple es el conjunto de gramáticas pertenecientes al tipo 3, y que corresponde a las llamadas Gramáticas Regulares, mediante las cuales se producen los lenguajes regulares. Mientras que las gramáticas más complejas son llamadas Gramáticas No Restringidas y pertenecen al tipo 0. Las Gramáticas tipo 3 corresponden a un subconjunto de las gramáticas tipo 2, o Gramáticas Independientes del Contexto, las cuales a su vez son una subclase de las gramáticas tipo 1 que son las Gramáticas Sensibles al Contexto y éstas, a su vez están contenidas dentro de la clase tipo 0.

Gramáticas Regulares

Una Gramática Regular (**GR**) es una cuarteta $G = (N, \Sigma, S, P)$, en la cual, todas las Producciones son de la forma $A \rightarrow w$, donde $A \in N$, y $w \in \Sigma^* \cdot (\varepsilon \cup N)$, esto indica que w puede contener varios Símbolos Terminales y solamente puede haber uno o ningún **SNT**, al final de la cadena w.

Por ejemplo, sean los alfabetos $N = \{ S, A, B \}$ y $\Sigma = \{ \mathbf{0}, \mathbf{1} \}$, algunas producciones que puede tener una gramática regular a partir de ellos son: $S \rightarrow \mathbf{011}A$, $A \rightarrow B$, $A \rightarrow \varepsilon$, $B \rightarrow \mathbf{01}$ y $B \rightarrow \mathbf{0}A$. mientras que una gramática regular no admite producciones como las siguientes: $S \rightarrow AB$, $A \rightarrow \mathbf{0}A\mathbf{1}$ o $B \rightarrow S\mathbf{1}A$.

En los capítulos anteriores se han empleado los Diagramas de Transiciones como una representación Gráfica de los **AF**s para el reconocimiento de lenguajes, pero éstos también pueden ser utilizados para describir un mecanismo generador de cadenas para un lenguaje dado; de tal manera que partiendo de una cadena vacía, se le van a ir concatenando símbolos en la medida de que se recorren las distintas transiciones que forman una determinada trayectoria sobre el Diagrama, desde el estado inicial hasta algún estado final (y que dentro de este contexto no tiene sentido llamarlo estado de aceptación, sino de terminación).

---

[1] El lingüista, profesor e intelectual estadounidense Noam Chomsky es fundador de la teoría generativo-transformacional que ha revolucionado la lingüística. Trata la gramática dentro de la teoría general del lenguaje: esto es, Chomsky establece que, junto a las reglas gramaticales propias de cada lengua concreta, existen además unas reglas universales, comunes a todas las lenguas, lo que indica que cualquier persona posee la capacidad innata de producir y entender el lenguaje.

Ejemplo 1

El Diagrama de Transiciones mostrado en la figura 4.1 representa al lenguaje regular L = $\mathbf{a^+b} \cup \mathbf{ab^+}$.

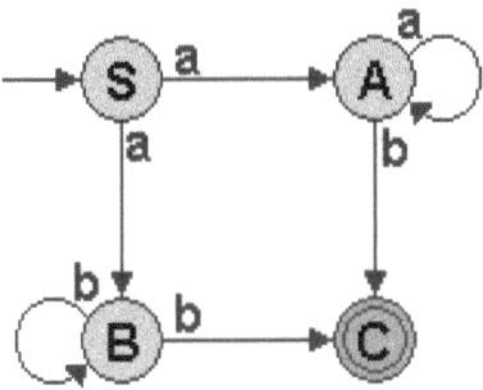

Figura 4.1

En la tabla 4.1 se muestra la aplicación del método descrito para generar la cadena *w* = **aaab**, perteneciente al lenguaje citado, de tal forma que la transición que lleva del estado S al estado A, genera el símbolo **a**, que se concatena a la cadena que se está produciendo y se puede denotar mediante la producción S → **a**A, y así sucesivamente hasta llegar al estado final C, en el que se utiliza una regla terminal C → ε, con la que se concluye el proceso.

Estado Actual	Destino	Símbolo	Cadena	Producción
S	A	**a**	**a**	S → **a**A
A	A	**a**	**aa**	A → **a**A
A	A	**a**	**aaa**	A → **a**A
A	C	**b**	**aaab**	A → **b**C
C	-	-	**aaab**	C → ε

Tabla 4.1

La figura 4.2 indica la secuencia de transiciones mediante la cual se genera la cadena *w* = **aaab**:

Figura 4.2

Obsérvese que se han nombrado a los estados con las letras mayúsculas S, A, B y C, en vez de la notación anteriormente empleada para los **AF**s, esto se hace para poder relacionarlos con los **SNT** de una gramática.

De esta forma se puede identificar cada transición con una producción de la gramática correspondiente, y así se tiene la siguiente colección de producciones obtenidas a partir del diagrama de transiciones mostrado en la figura 4.1: S → **a**A,

S → **a**B, A → **a**A, A → **b**C, B → **b**B, B → **b**C y adicionalmente, se requiere una producción terminal de la forma C → ε, que indique que C es el estado final o de terminación.

Una manera compacta de denotar este conjunto de producciones es mediante la utilización de la barra vertical | (que significa *o*) para agrupar a las reglas de sustitución de cada **SNT**. Además, obsérvese que es conveniente sustituir el **SNT** C por ε en las producciones donde aparece, de tal manera, el conjunto de reglas anteriores se representa así:

$$S \to \mathbf{a}A \mid \mathbf{a}B$$
$$A \to \mathbf{a}A \mid \mathbf{b}$$
$$B \to \mathbf{b}B \mid \mathbf{b}$$

Derivaciones

Al proceso de generar una cadena usando las reglas gramaticales se le llama *Derivación*, y se parte siempre del símbolo inicial, usualmente representado por el símbolo S. A cada paso de la derivación se aplica alguna de las reglas de sustitución y se continúa mientras existan símbolos no terminales en la cadena que se va construyendo. El proceso continúa hasta que, al aplicar alguna sustitución, ya no existen símbolos no terminales y la cadena queda completa.

Este proceso se puede escribir de manera compacta, utilizando la doble flecha, ⇒ que significa *genera*, y entonces la generación de la cadena w = **aaab** queda de la siguiente manera:

$$S \Rightarrow \mathbf{a}A \Rightarrow \mathbf{aa}A \Rightarrow \mathbf{aaa}A \Rightarrow \mathbf{aaab}$$

En este caso, la cadena w = **aaab** se obtiene a partir de la gramática anterior partiendo del símbolo inicial S, luego se aplica la regla S → **a**A, para obtener **a**A, a continuación, se aplica la regla A → **a**A en dos ocasiones dando por resultado la cadena **aaa**A, y finalmente se emplea la regla terminal A → **b** para obtener la cadena terminada **aaab**.

Construcción de Gramáticas Regulares

Una alternativa conveniente para obtener una Gramática Regular, a partir de una expresión regular dada, es mediante la construcción de un Diagrama de Transiciones que acepte al lenguaje regular en cuestión y mediante éste, obtener las producciones respectivas a partir de cada una de las transiciones, como se describió previamente, sin olvidar de agregar las producciones épsilon para los estados terminales que hubiera, tal como se muestra en los siguientes ejemplos.

Ejemplo 1

Para obtener una Gramática Regular que genere al lenguaje L = **a*b** ∪ **a**, primero se construye el Diagrama de Transiciones correspondiente al **AFN** que acepta el lenguaje referido, de esta manera se obtiene el diagrama mostrado en la figura 4.3:

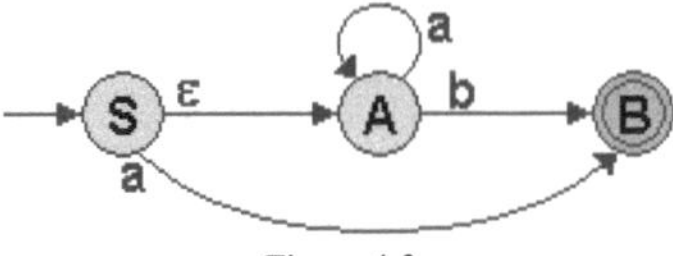

Figura 4.3

De las transiciones del diagrama anterior y considerando que B es el estado de terminación, se obtiene la gramática correspondiente:

$$S \to A \mid \mathbf{a}B$$
$$A \to \mathbf{a}A \mid \mathbf{b}B$$
$$B \to \varepsilon$$

Se puede simplificar esta gramática al sustituir el símbolo no terminal B por ε en las primeras producciones, quedando:

$$S \to A \mid \mathbf{a}$$
$$A \to \mathbf{a}A \mid \mathbf{b}$$

Ejemplo 2

Obtener una gramática regular para generar el lenguaje L = (**a*b** ∪ **b*a**)* y utilizarla para derivar la cadena *w* = **aaaba**; en la figura 4.4 se muestra el **DT** obtenido para la expresión regular dada:

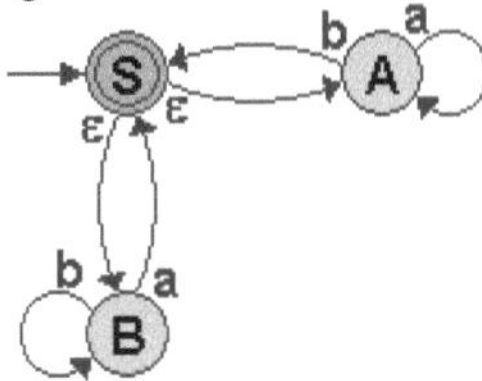

Figura 4.4

Del diagrama anterior se obtiene que la gramática buscada, que es:

$$S \to A \mid B \mid \varepsilon$$
$$A \to \mathbf{a}A \mid \mathbf{b}S$$
$$B \to \mathbf{b}B \mid \mathbf{a}S$$

Entonces, para generar la cadena solicitada se tiene, entre varias alternativas posibles, la siguiente derivación:

$$S \Rightarrow A \Rightarrow \mathbf{a}A \Rightarrow \mathbf{aa}A \Rightarrow \mathbf{aaa}A \Rightarrow \mathbf{aaab}S \Rightarrow \mathbf{aaab}B \Rightarrow \mathbf{aaaba}S \Rightarrow \mathbf{aaaba}$$

En muchas ocasiones, cuando se ha adquirido un poco de experiencia, es posible encontrar una Gramática Regular directamente, sin tener que construir el Diagrama de Transiciones respectivo, basta con analizar la expresión regular y determinar las reglas que debe contener la gramática para poder generar al lenguaje en cuestión.

Ejemplo 3

En algunos casos es posible obtener la Gramática Regular a partir de la Expresión Regular, sin tener que construir el Diagrama de Transiciones, como se ejemplifica para el lenguaje siguiente:

$$L = \mathbf{ab} \, (\, \mathbf{a} \cup \mathbf{b} \,)^* \, \mathbf{b}$$

Analizando la expresión regular, se determina que primero se necesita una producción para inicializar la cadena con el prefijo **ab**:

$$S \to \mathbf{ab}A$$

Posteriormente se deben considerar dos alternativas para concatenar la letra **a** o la **b**, tantas veces como se quiera y una producción final que permita colocar el sufijo **b** al término de la cadena:

$$A \to \mathbf{a}A \mid \mathbf{b}A \mid \mathbf{b}$$

Obtención de Expresiones Regulares

El lenguaje generado por una gramática G se denota como L(G). Una gramática puede ser especificada completamente por medio de sus producciones, así, por ejemplo, las producciones: $S \to \mathbf{a}S \mid \mathbf{b}$, especifican la gramática que genera al lenguaje $L(G) = \mathbf{a}^*\mathbf{b}$.

Ejemplo 1

Considérese la gramática regular $G = (N, \Sigma, S, P)$, donde $N = \{S, A\}$, siendo S el símbolo inicial, $\Sigma = \{\mathbf{a}, \mathbf{b}\}$ y con las producciones:

$$S \rightarrow \mathbf{b}A$$
$$A \rightarrow \mathbf{aa}A \mid \mathbf{b} \mid \varepsilon$$

La técnica más confiable para obtener este resultado consiste en expresar las producciones como ecuaciones, reemplazando las flechas por signos de igual y las barras por signo de unión, resultando un sistema de ecuaciones semejante al que se obtiene cuando se desea obtener la expresión regular a partir del diagrama de transiciones de un **AF**, en este caso el sistema de ecuaciones es:

$$S = \mathbf{b}A$$
$$A = \mathbf{aa}A \cup \mathbf{b} \cup \varepsilon$$

De esta forma, y aplicando el Lema de Arden se tiene que:

$$A = (\mathbf{aa})^* \, (\mathbf{b} \cup \varepsilon)$$

Y finalmente, reemplazando la A en la primera ecuación, se tiene:

$$L(G) = S = \mathbf{b}(\mathbf{aa})^* \, (\mathbf{b} \cup \varepsilon)$$

Ejemplo 2

Obtener una expresión regular para el lenguaje generado por la gramática dada por las siguientes producciones:

$$S \rightarrow \mathbf{b}A \mid \mathbf{a}B \mid \varepsilon$$
$$A \rightarrow \mathbf{aba}S$$
$$B \rightarrow \mathbf{bab}S$$

Expresando el sistema de ecuaciones respectivo, se tiene que:

$$S = \mathbf{b}A \cup \mathbf{a}B \cup \varepsilon$$
$$A = \mathbf{aba}S$$
$$B = \mathbf{bab}S$$

Reemplazando A y B en S y aplicando posteriormente el Lema de Arden, se tiene el resultado buscado:

$$S = \mathbf{baba}S \cup \mathbf{abab}S \cup \varepsilon = (\mathbf{baba} \cup \mathbf{abab})S \cup \varepsilon$$

$$S = L(G) = (\mathbf{baba} \cup \mathbf{abab})^*$$

Ejemplo 3

Obtener una expresión regular para el lenguaje generado por la gramática regular dada por las producciones siguientes:

$$S \to \mathbf{a}S \mid \mathbf{b}A \mid \mathbf{b}$$
$$A \to \mathbf{c}B$$
$$B \to \mathbf{a}S$$

Expresando las ecuaciones respectivas, se tiene:

$$S = \mathbf{a}S \cup \mathbf{b}A \cup \mathbf{b}$$
$$A = \mathbf{c}B$$
$$B = \mathbf{a}S$$

Reemplazando B en A y luego A en S se tiene:

$$S = \mathbf{a}S \cup \mathbf{bca}S \cup \mathbf{b} = (\mathbf{a} \cup \mathbf{bca})S \cup \mathbf{b}$$

Y aplicando el Lema de Arden resulta:

$$S = L(G) = (\mathbf{a} \cup \mathbf{bca})^* \, \mathbf{b}$$

Ejemplo 4

Obtener una expresión regular para el lenguaje generado por la gramática dada por las producciones:

$$S \to \mathbf{ab}A \mid B \mid \mathbf{ba}B \mid \varepsilon$$
$$A \to \mathbf{b}S \mid \mathbf{b}$$
$$B \to \mathbf{a}S$$

Expresando las ecuaciones respectivas, se tiene:

$$S = \mathbf{ab}A \cup B \cup \mathbf{ba}B \cup \varepsilon$$
$$A = \mathbf{b}S \cup \mathbf{b}$$
$$B = \mathbf{a}S$$

Reemplazando A y B en S se tiene:

$$S = \mathbf{ab}(\mathbf{b}S \cup \mathbf{b}) \cup \mathbf{a}S \cup \mathbf{baa}S \cup \varepsilon$$

Reagrupando los términos y aplicando el Lema de Arden resulta:

$$S = L(G) = (\mathbf{abb} \cup \mathbf{a} \cup \mathbf{baa})^* \, (\mathbf{abb} \cup \varepsilon)$$

Ejemplo 5

Obtener una expresión regular para el lenguaje generado por la gramática:

$$S \to \mathbf{a}S \mid \mathbf{b}A$$
$$A \to \mathbf{a}A \mid \mathbf{b}S$$

Pretender resolver el sistema de ecuaciones resultante dará como solución un lenguaje vacío, ya que esta gramática no puede generar ninguna cadena, puesto que no existe ninguna producción terminal (que no tenga símbolos No terminales).

Gramáticas Regulares Reversas

Una gramática cuyas producciones sean de la forma $A \rightarrow w$, donde $A \in N$, y en donde $w \in (\varepsilon \cup N) \cdot \Sigma^*$, (esto es: w puede iniciar con uno o ningún **SNT** seguidos de ninguno, uno o varios Símbolos Terminales) se le llama Gramática Regular Reversa, puesto que genera las cadenas de un lenguaje regular, pero en sentido contrario, es decir de derecha a izquierda.

Ejemplo

Para obtener la gramática reversa que genere el lenguaje $L_1 = $ **a*b** $\cup$ **b*a**, se requieren de las siguientes producciones:

$$S \rightarrow Ab \mid Ba$$
$$A \rightarrow Aa \mid \varepsilon$$
$$B \rightarrow Bb \mid \varepsilon$$

Para generar la cadena $w = $ **aaab**, se tiene la siguiente derivación, la cual inicia con el último símbolo y se concatenan símbolos a la izquierda, hasta terminar con el primero:

$$S \Rightarrow Ab \Rightarrow Aab \Rightarrow Aaab \Rightarrow Aaaab \Rightarrow aaab$$

Compare esta gramática con la siguiente Gramática Regular *Derecha Análoga*:

$$S \rightarrow bA \mid aB$$
$$A \rightarrow aA \mid \varepsilon$$
$$B \rightarrow bB \mid \varepsilon$$

Y la derivación siguiente:

$$S \Rightarrow bA \Rightarrow baA \Rightarrow baaA \Rightarrow baaaA \Rightarrow baaa$$

Resulta fácil comprobar en este caso que el lenguaje generado es:

$$L_2 = \textbf{ba*} \cup \textbf{ab*}$$

Por lo tanto, se puede concluir que una Gramática Reversa genera al lenguaje inverso de la Gramática *Derecha* Análoga, es decir $L_1 = L_2^R$.

Construir el diagrama de transiciones del **AF** que acepte el lenguaje generado por una gramática regular reversa también debe hacerse en sentido contrario, considere el diagrama del **AFN** mostrado en la figura 4.5a, que reconoce el lenguaje L = **ab*** ∪ **ba***. Ahora, si se invierte el sentido de todas las transiciones y se toma a C como el estado inicial, mientras que S queda como el estado de aceptación, se tendrá el **AFN** que acepta el lenguaje inverso L^R = **b*****a** ∪ **a*****b**, el cual es generado por la gramática reversa presentada al inicio de este ejemplo.

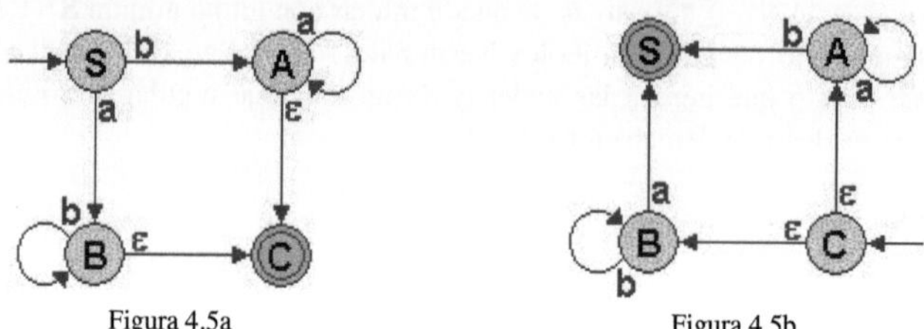

Figura 4.5a   Figura 4.5b

De esta manera se cuenta con una técnica para construir gramáticas regulares y autómatas finitos para un lenguaje dado, si se conoce el correspondiente para el lenguaje inverso. En estos casos es posible que se requiera la aplicación de la versión dual del Lema de Arden, que dice:

Lema Dual de Arden

Una ecuación de la forma A = A**r** ∪ **s**, tiene como solución única a: A = **sr***, donde **r** y **s** son dos expresiones regulares cualesquiera que no contienen a A.

Ejemplo

Obtener la expresión regular del lenguaje que genera la siguiente gramática regular reversa:

$$S \rightarrow Sa \mid Ab$$
$$A \rightarrow Bb \mid a$$
$$B \rightarrow Ba \mid b$$

Expresando las ecuaciones apropiadas, se tiene:

$$S = Sa \cup Ab$$
$$A = Bb \cup a$$
$$B = Ba \cup b$$

Ahora, para resolver este sistema de ecuaciones se aplica el lema dual de Arden y se encuentra que:

$$B = \mathbf{ba}*$$

Y si se sustituye B en la ecuación de A, se tiene:

$$A = \mathbf{ba}*\mathbf{b} \cup \mathbf{a}$$

Ahora, sustituyendo A en S y aplicando el Lema Dual de Arden, se obtiene:

$$S = Sa \cup (\mathbf{ba}*\mathbf{b} \cup \mathbf{a})\mathbf{b} = (\mathbf{ba}*\mathbf{b} \cup \mathbf{a})\mathbf{ba}*$$

Gramáticas Independientes del contexto

Al inicio de este capítulo se definió una gramática de manera general y posteriormente se trató sobre las gramáticas regulares, como una clase especial de gramáticas, ahora se procederá a analizar otra clase de gramáticas, para ello considere que se tiene la siguiente gramática:

$$S \rightarrow \mathbf{aSb} \mid \varepsilon$$

Obviamente no se trata de una Gramática Regular, porque no cumple con la definición que se ha dado, sino que se trata de una *Gramática Independiente del Contexto* (**GIC**), en esta clase de gramáticas se permiten producciones de la forma $A \rightarrow w$, en donde w puede contener cero, uno o más **SNT**s y además éstos pueden aparecer en cualquier parte de la cadena w.

Se les llama independientes del Contexto, porque en este tipo de Gramáticas, el símbolo no terminal del lado izquierdo de la producción puede ser reemplazado libremente en cualquier derivación donde aparezca, por cualquiera de las diferentes producciones que tenga definidas, sin que haya ningún tipo de condicionamiento.

Formalmente se define a una **GIC** como la cuarteta $G = (N, \Sigma, S, P)$, donde Σ es un alfabeto, N es la colección de símbolos no terminales, S es el símbolo inicial $(S \in N)$ y P es el conjunto de *Producciones*, que son de la forma $A \rightarrow w$, en donde $A \in N$ y $w \in (N \cup \Sigma)*$, como ya se mencionó al inicio de este capítulo.

Dado que esta definición es más amplia, se puede agregar que toda gramática regular también pertenece a la clase de las **GIC**s.

Lenguajes Independientes del Contexto

Se le llama Lenguaje Independiente del Contexto (**LIC**) al lenguaje que puede ser generado por alguna **GIC**. Dado que toda Gramática Regular también es una **GIC**, se puede también afirmar que todo Lenguaje Regular es también un **LIC**, pero por cuestiones prácticas, cuando se hable de un **LIC**, usualmente significa que se hace referencia a aquellos lenguajes que no son regulares.

Considérese la gramática anterior y hágase un análisis de las cadenas que se pueden obtener por medio de ella, para lo cual se realizan algunas derivaciones:

$$S \Rightarrow \varepsilon$$

$$S \Rightarrow aSb \Rightarrow ab$$

$$S \Rightarrow aSb \Rightarrow aaSbb \Rightarrow aabb$$

$$S \Rightarrow aSb \Rightarrow aaSbb \Rightarrow aaaSbbb \Rightarrow aaabbb, \text{ etc.}$$

Es fácil llegar a la conclusión que esta gramática genera al lenguaje formado por las cadenas que tienen una cierta cantidad de **a**s seguida por esa misma cantidad de **b**s, es decir, es el lenguaje siguiente:

$$L = \{ \ \varepsilon, \mathbf{ab}, \mathbf{aabb}, \mathbf{aaabbb}, \mathbf{aaaabbbb}, \dots \ \} = \{ \ \mathbf{a^n b^n} \mid n \geq 0 \ \}$$

Es posible que se confunda a este lenguaje con el Lenguaje Regular $\mathbf{a^*b^*}$, pero hay que observar que el lenguaje $L = \{ \ \mathbf{a^n b^n} \mid n \geq 0 \ \}$ es un sublenguaje de aquél, para el caso en que las cadenas satisfacen la restricción dada por n, y es precisamente por esto que se necesita de una gramática más poderosa que una gramática regular para generarlo.

Propiedades de los LICs

Es importante considerar que los **LIC**s satisfacen las siguientes propiedades:

- Todo Lenguaje Independiente del Contexto sobre un alfabeto de un solo símbolo es Regular.
- Sean L_1 y L_2 dos **LIC**s, entonces la unión de ellos $L_1 \cup L_2$ también es un **LIC**.
- Sean L_1 y L_2 dos **LIC**s, entonces la concatenación de ellos $L_1 L_2$ es un **LIC**.
- Sea L un **LIC**, entonces L*, la cerradura de Kleene de L, también es un **LIC**.
- Sea L un **LIC** y h es un homomorfismo dado, entonces h(L) también es un **LIC**.
- Sean L_1 y L_2 dos **LIC**s, entonces la intersección $L_1 \cap L_2$, no siempre es un **LIC**.
- La intersección de un **LIC** con un Lenguaje Regular siempre es un **LIC**.

Determinación de la Gramática

Un problema frecuente consiste en poder determinar una gramática que genere a un determinado lenguaje, para ello existen diferentes estrategias básicas que se consideran a continuación:

Sustitución

Para todos los lenguajes que sean similares a $\mathbf{a^n b^n}$, se puede obtener su gramática aprovechando esas similitudes mediante la sustitución adecuada; por ejemplo, la gramática que genera el lenguaje:

$$L = \{ \ \mathbf{a^{2n} b^n} \mid n \geq 0 \ \} = \{ \ (\mathbf{a^2})^n \mathbf{b^n} \mid n \geq 0 \ \}$$

Se puede obtener reemplazando $\mathbf{a}$ por $\mathbf{a^2}$, de esta manera se obtiene:

$$S \rightarrow \mathbf{aaSb} \mid \varepsilon$$

Concatenación

Sean L_1 y L_2 dos **LIC**s, entonces la concatenación $L_3 = L_1 \cdot L_2$ también es un **LIC**, por lo tanto para obtener una **GIC** que genera el lenguaje $L = \{\mathbf{a^{n+1} b^n} \mid n \geq 0\}$, se le puede representar como la concatenación de: $L_1 = \mathbf{a}$ y $L_2 = \{ \ \mathbf{a^n b^n} \mid n \geq 0\}$, entonces la producción inicial de la gramática deseada se le puede representar en la forma de una concatenación de dos símbolos no terminales:

$$S \rightarrow AB, \text{ donde:}$$
$$A \rightarrow \mathbf{a}$$
$$B \rightarrow \mathbf{aBb} \mid \varepsilon$$

Ejemplo 1

Encontrar una **GIC** que genera el lenguaje:

$$L = \{ \ \mathbf{a^n b^m} \mid m > n \geq 0 \ \}$$

Primeramente, conviene definir al índice $k = m - n > 0$, esto permite reemplazar a m por n + k y entonces representar a $\mathbf{b^m} = \mathbf{b^{n+k}} = \mathbf{b^n b^k}$ y de esta forma este lenguaje queda como la concatenación de dos lenguajes:

$$L_1 = \{ \ \mathbf{a^n b^n} \mid n \geq 0 \ \} \text{ y } L_2 = \{ \ \mathbf{b^k} \mid k > 0 \ \}$$

Por lo tanto, la gramática que genera a $L = L_1 \cdot L_2$ es:

$$S \rightarrow AB$$
$$A \rightarrow \mathbf{aAb} \mid \varepsilon$$
$$B \rightarrow \mathbf{bB} \mid \mathbf{b}$$

Ejemplo 2

Encontrar una **GIC** que genera el lenguaje:

$$L = \{\ \mathbf{a}^n\mathbf{b}^n\mathbf{c}^m\mathbf{d}^m \mid m, n \geq 0\ \}$$

Aplicando la técnica de la concatenación se tiene que la gramática que genera al lenguaje L es:

$$S \rightarrow AB$$
$$A \rightarrow \mathbf{aAb} \mid \varepsilon$$
$$B \rightarrow \mathbf{cBd} \mid \varepsilon$$

Unión

Sean L_1 y L_2 dos **LIC**s, entonces la unión de ellos $L_1 \cup L_2$ también es un **LIC**.

Ejemplo

Obtener la **GIC** que genera el lenguaje $L = \{\ \mathbf{a}^n\mathbf{b}^m \mid m = n$ o $m = 2n\ \}$.

Se puede observar que L se puede representar como la unión de estos dos lenguajes: $L_1 = \{\ \mathbf{a}^n\mathbf{b}^n \mid n \geq 0\ \}$ y $L_2 = \{\ \mathbf{a}^n\mathbf{b}^{2n} \mid n \geq 0\ \}$, entonces la producción inicial de la gramática deseada se puede definir de tal forma que permita elegir entre las dos posibilidades:

$$S \rightarrow A \mid B$$
$$A \rightarrow \mathbf{aAb} \mid \varepsilon$$
$$B \rightarrow \mathbf{aBbb} \mid \varepsilon$$

Anidamiento

Dado que estos lenguajes se construyen desde los extremos hacia el centro, en vez de una producción terminal se puede anidar otras producciones cambiando el símbolo no terminal, como se indica a continuación:

Obtener la **GIC** que genera el lenguaje $L = \{\ \mathbf{a}^n\mathbf{b}^m\mathbf{c}^m\mathbf{d}^n \mid m, n \geq 0\ \}$.

Se puede observar que L se trata como si fuera el lenguaje: $L_1 = \{\ \mathbf{a}^n\mathbf{d}^n \mid n \geq 0\ \}$, y una vez satisfecha esta parte, se puede anidar la gramática que genera al lenguaje $L_2 = \{\ \mathbf{b}^m\mathbf{c}^m \mid m \geq 0\ \}$, por lo tanto, la gramática buscada es:

$$S \rightarrow \mathbf{aSd} \mid A$$
$$A \rightarrow \mathbf{bAc} \mid \varepsilon$$

Ejemplo

Obtener la **GIC** que genera el lenguaje L = { $\mathbf{a^n b^m c^p}$ | p > m + n }.

Primeramente se puede introducir a la variable k > 0, definiendo p = k + m + n, para descartar la desigualdad, quedando ahora como: L = { $\mathbf{a^n b^m c^{k+m+n}}$ | n, m ≥ 0, k > 0 } = { $\mathbf{a^n b^m c^k c^m c^n}$ | n, m ≥ 0, k > 0 }, entonces la gramática buscada queda de la forma siguiente:

$$S \to \mathbf{aSc} \mid A$$
$$A \to \mathbf{bAc} \mid B$$
$$B \to \mathbf{cB} \mid \mathbf{c}$$

Palíndromas

Como las cadenas se construyen desde los extremos, se puede fácilmente garantizar que cada vez que se introduzca un símbolo en un extremo, se agregue el mismo símbolo en el otro extremo, y así continuar hasta que en el centro exista un único símbolo, dado el caso de que la cadena sea de longitud impar.

Obtener la **GIC** que genera el lenguaje L = { $w \in \{\mathbf{a}, \mathbf{b}\}^*$ | $w = w^R$ }:

Tal como ya se describió, la gramática sería:

$$S \to \mathbf{bSb} \mid \mathbf{aSa} \mid \mathbf{b} \mid \mathbf{a} \mid \varepsilon$$

Lenguajes No Regulares

Cuando se afirma que el lenguaje L = { $\mathbf{a^n b^n}$ | n ≥ 0 } no es regular, es porque existe una manera confiable de demostrar esta aseveración, mediante una prueba consistente en constatar que no es posible construir un **AF** que acepte dicho lenguaje, y por lo tanto, tampoco se puede construir una Gramática Regular que lo genere. A esta prueba se le conoce con el nombre de *Lema del Rizo*, el cual permite diferenciar entre lenguajes regulares y no regulares.

Lema del Rizo

Sea L un Lenguaje Regular infinito, entonces existe una constante k, de tal forma que cualquier cadena $w \in$ L cuya longitud sea mayor o igual a k, se puede escribir de la forma $w = uvx$, donde $|v| \geq 1$ y $|uv| \leq$ k, se debe cumplir también que todas las cadenas de la forma $uv^m x$ pertenecen a L para todo m ≥ 0.

Si se pudiera construir un **AFD** con k estados que acepte a L, y si la cadena es de longitud mayor o igual a k, es forzoso que las transiciones pasen por un mismo estado dos veces antes de llegar al estado de aceptación. El ciclo o rizo que se forma para regresar al mismo estado se puede repetir tantas veces como se quiera. Gráficamente esto se puede representar por medio del diagrama mostrado en la figura 4.6:

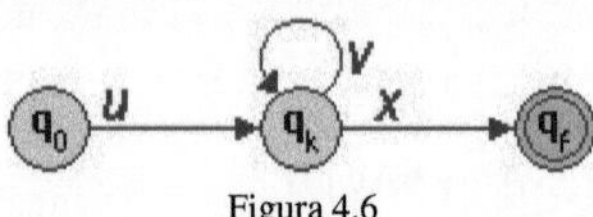

Figura 4.6

Utilizando el lema anterior, se va a analizar el lenguaje $L = \mathbf{a}^n\mathbf{b}^n$, y considere la cadena $w = \mathbf{aaabbb}$, obsérvese que no se puede encontrar ninguna subcadena v en w, tal que se satisfaga que cualquier cadena de la forma $uv^m x$ también pertenezca a L.

Si se supone que $v = \mathbf{a}$, la descomposición de w sería: **aa/a/bbb**, entonces se tendría que permitir que una cadena con cualquier cantidad de **a**s mayor que 3 y solo tres **b**s pertenezca a L, lo que no corresponde a la definición del lenguaje. Un razonamiento similar se sigue si se asume $v = \mathbf{b}$ con la descomposición siguiente **aaa/b/bb**; finalmente, si se supone la descomposición: **aa/ab/bb**, con $v = \mathbf{ab}$, entonces el lenguaje tendría que aceptar cadenas que contengan subcadenas de la forma **ababab**..., lo cual tampoco es válido.

Para concluir la prueba de que $L = \mathbf{a}^n\mathbf{b}^n$ no es regular, bastará con generalizar este razonamiento para cadenas de cualquier longitud, porque no importa lo grande que se tome a la constante k, cualquier cadena con mayor longitud a k que se considere, presentará la misma problemática al pretender identificar la subcadena v, por lo que necesariamente se concluye que el citado rizo no puede existir, y por lo tanto, no puede construirse ningún **AFD** que acepte al lenguaje $L = \mathbf{a}^n\mathbf{b}^n$, luego entonces, L no es regular.

Árboles de Derivación

El árbol de derivación es una herramienta que se emplea para analizar la estructura de la derivación de una cadena, es decir, permite visualizar estructuralmente el modo en se generó dicha cadena, lo cual es sumamente útil en el estudio de compiladores.

Un árbol de derivación se construye para una cadena específica obtenida de una gramática dada en una forma determinada por la derivación elegida, se inicia colocando el símbolo inicial S en la raíz del árbol y poniendo como sus descendientes directos a cada uno de los símbolos con los que se reemplazó en el paso inicial de la derivación, por ejemplo, dada la gramática S → **aSb** | ε y la cadena w = **aaabbb**, se tiene que el primer paso para su derivación es: S ⇒ **aSb**, que se representa como el primer nivel del árbol en la figura 4.7:

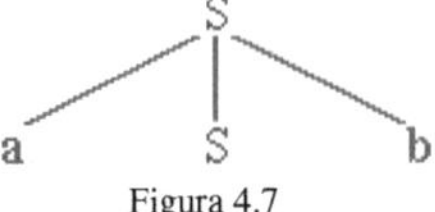

Figura 4.7

Cada sustitución que se realiza en la derivación de la cadena se refleja por una ramificación del árbol similar a la anterior, colocando como descendientes directos de un símbolo no terminal a los símbolos que reemplazaron a dicho símbolo. Los símbolos terminales no tendrán hijos y serán las hojas del árbol, al final de la derivación se tienen solamente símbolos terminales en las hojas del árbol, tal como se muestra la derivación completa S ⇒ **aSb** ⇒ **aaSbb** ⇒ **aaaSbbb** ⇒ **aaabbb** en la figura 4.8:

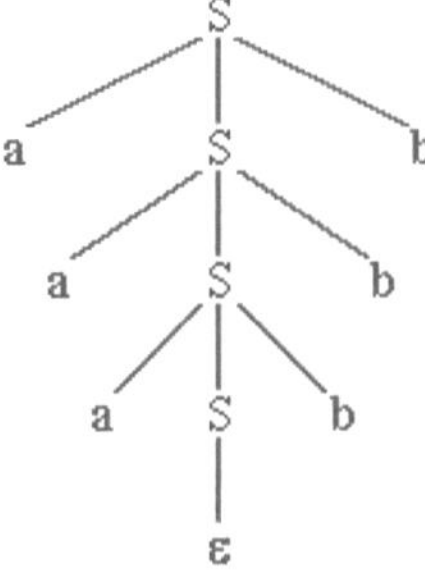

Figura 4.8

Ambigüedad

La ambigüedad lingüística se presenta cuando una palabra o un enunciado tienen dos o más significados. Un ejemplo de ambigüedad en español sería la frase "*Juan ve a una muchacha con un telescopio*", ya que puede interpretarse como que Juan observa a la muchacha por medio del telescopio, pero también se entiende como que la muchacha es quién tiene un telescopio, en estos casos, se requiere usar otras expresiones equivalentes que estén libres de ambigüedad, por ejemplo, se puede decir "*Juan ve a una muchacha por medio de un telescopio*", para la primera interpretación de la frase, o bien, "*Juan ve a una muchacha que lleva un telescopio*", para el segundo caso.

Para las gramáticas independientes del contexto, es posible detectar la ambigüedad de una gramática mediante la construcción de árboles de derivación. Normalmente, para una cadena dada, existen distintas derivaciones posibles, se puede afirmar que una gramática no es *Ambigua*, si siempre se tiene una misma representación gráfica para el árbol de derivación de cualquier cadena generada, independientemente de la derivación que se haya utilizado para generarla; en cambio, si para alguna cadena se tienen dos diferentes árboles de derivación posibles, entonces resulta que esa gramática es ambigua.

Ejemplo 1

Considere la **GIC** siguiente:

$$S \rightarrow AB$$
$$A \rightarrow \mathbf{aA} \mid \mathbf{a}$$
$$B \rightarrow \mathbf{bB} \mid \mathbf{b}$$

Se pueden analizar tres maneras distintas de generar a la cadena $w = \mathbf{aabbb}$; primeramente se considera la derivación por la derecha (es decir, reemplazar el SNT que aparece más a la derecha en la cadena):

$$S \Rightarrow AB \Rightarrow AbB \Rightarrow AbbB \Rightarrow Abbb \Rightarrow aAbbb \Rightarrow \mathbf{aabbb}$$

A continuación se muestra la derivación por la izquierda:

$$S \Rightarrow AB \Rightarrow aAB \Rightarrow aaB \Rightarrow aabB \Rightarrow aabbB \Rightarrow \mathbf{aabbb}$$

Y finalmente se tiene una derivación con elección aleatoria del SNT a sustituir:

$$S \Rightarrow AB \Rightarrow aAB \Rightarrow aAbB \Rightarrow aAbbB \Rightarrow aAbbb \Rightarrow \mathbf{aabbb}$$

Es evidente que las tres derivaciones son distintas, pero se puede verificar que el árbol de derivación para las tres derivaciones mostradas es el mismo, tal como se muestra en la figura 4.9. Para concluir que esta gramática no es ambigua, se tendría que comprobar que esta propiedad se mantiene para todas las cadenas que se generen con esta gramática, lo cual no resulta tan evidente en la mayoría de las gramáticas como en este caso, dado que el lenguaje generado en este ejemplo es el lenguaje regular $\mathbf{a^+b^+}$.

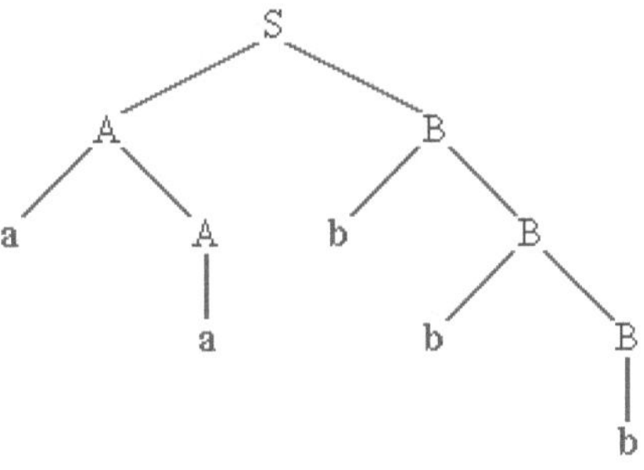

Figura 4.9

Ejemplo 2

Ahora considere la gramática siguiente, por medio de la cual es posible generar cadenas del lenguaje $L = \{\ w \in \{\mathbf{a}, \mathbf{b}\}^* \mid N_a(w) = N_b(w)\ \}$.

$$S \rightarrow \mathbf{Sab} \mid \mathbf{Sba} \mid \mathbf{bSa} \mid \mathbf{aSb} \mid \varepsilon$$

Por ejemplo, la cadena $w = \mathbf{bababa}$ se puede derivar de estas dos formas:

$$S \Rightarrow \mathbf{Sba} \Rightarrow \mathbf{Sbaba} \Rightarrow \mathbf{Sbababa} \Rightarrow \mathbf{bababa}$$

$$S \Rightarrow \mathbf{bSa} \Rightarrow \mathbf{baSba} \Rightarrow \mathbf{babSaba} \Rightarrow \mathbf{bababa}$$

Los árboles de derivación obtenidos para cada alternativa, son totalmente distintos uno del otro, a pesar de que ambos producen la misma cadena, como se aprecia en las siguientes figuras:

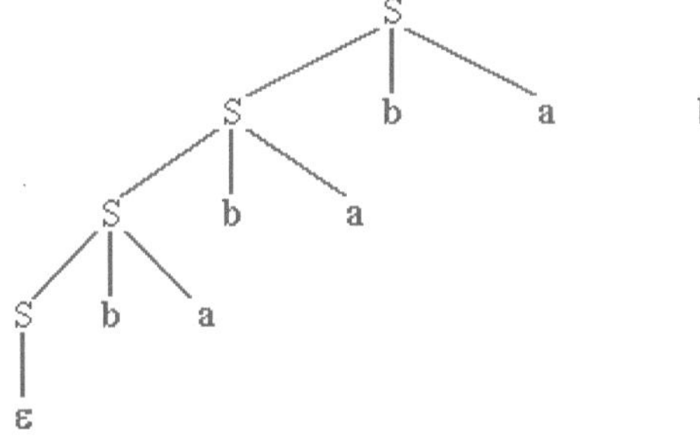

Figura 4.10a

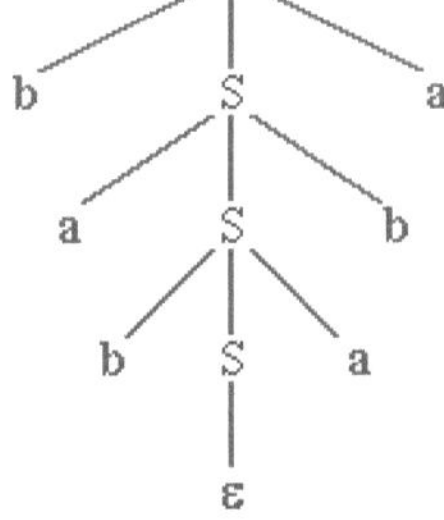

Figura 4.10b

Como ambos árboles de derivación son distintos para la misma cadena, se concluye que la gramática en cuestión es *Ambigua*. ¿Es posible encontrar una gramática equivalente que no sea ambigua? La respuesta es que sí para la mayoría de los casos, así, para este lenguaje se puede utilizar la siguiente gramática libre de ambigüedad, obtenida mediante la introducción de otros símbolos no terminales auxiliares:

$$S \rightarrow \mathbf{bA} \mid \mathbf{aB}$$
$$A \rightarrow \mathbf{bAA} \mid \mathbf{aS} \mid \mathbf{a}$$
$$B \rightarrow \mathbf{aBB} \mid \mathbf{bS} \mid \mathbf{b}$$

Ejemplo 3

Es importante evitar la presencia de la ambigüedad en la definición de las gramáticas empleadas para construir las sentencias de un lenguaje de programación, por ejemplo, si se define una expresión aritmética de la siguiente manera:

$$S \rightarrow S + S \mid S \times S \mid (S) \mid \mathbf{n}$$

Esta gramática permite construir todas las expresiones aritméticas que se deseen, pero no siempre se interpretan de la forma correcta, la expresión $\mathbf{n} + \mathbf{n} \times \mathbf{n}$ puede ser generada de dos formas distintas, con diferentes interpretaciones, en un primer caso se trata de la suma de un producto, mientras que en el segundo caso es el producto de una suma:

$$S \Rightarrow S + S \Rightarrow S + S \times S \Rightarrow \mathbf{n} + S \times S \Rightarrow \mathbf{n} + \mathbf{n} \times S \Rightarrow \mathbf{n} + \mathbf{n} \times \mathbf{n}$$

$$S \Rightarrow S \times S \Rightarrow S + S \times S \Rightarrow \mathbf{n} + S \times S \Rightarrow \mathbf{n} + \mathbf{n} \times S \Rightarrow \mathbf{n} + \mathbf{n} \times \mathbf{n}$$

Los árboles de derivación correspondientes se muestran en las figuras 4.11a y 4.11b:

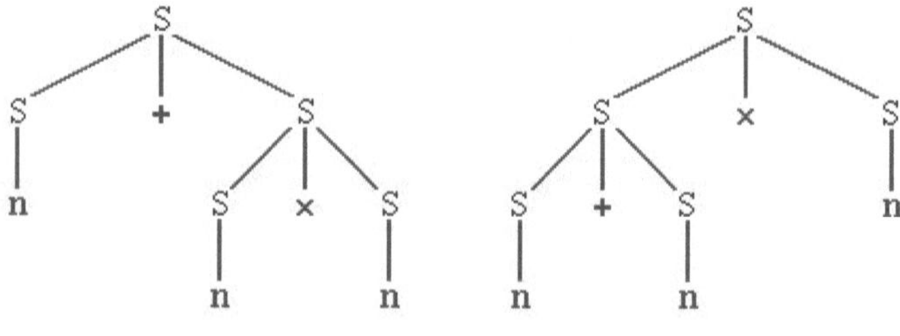

Figura 4.11a   Figura 4.11b

Una causa frecuente de ambigüedad consiste en construir gramáticas con menos símbolos no terminales de los necesarios, por lo que el recurso generalmente utilizado para encontrar una gramática equivalente no ambigua consiste en el empleo de símbolos no terminales adicionales. Para la gramática anterior, se puede verificar que la siguiente es una gramática equivalente no ambigua:

$$S \rightarrow S + T \mid T$$
$$T \rightarrow T \times F \mid F$$
$$F \rightarrow (S) \mid \mathbf{n}$$

Aunque una derivación requiere de más pasos, la verdadera ventaja de esta gramática está en que existe una única forma de derivar a la cadena: $\mathbf{n} + \mathbf{n} \times \mathbf{n}$, la cual se interpreta como la suma de un producto, tal como establece la precedencia de la multiplicación sobre la suma.

$$S \Rightarrow S + T \Rightarrow S + T \times F \Rightarrow T + T \times F \Rightarrow F + T \times F \Rightarrow F + F \times F$$

$$\Rightarrow \mathbf{n} + F \times F \Rightarrow \mathbf{n} + \mathbf{n} \times F \Rightarrow \mathbf{n} + \mathbf{n} \times \mathbf{n}$$

Para la derivación de la cadena $(\mathbf{n} + \mathbf{n}) \times \mathbf{n}$ se requieren los siguientes pasos:

$$S \Rightarrow T \Rightarrow T \times F \Rightarrow F \times F \Rightarrow (S) \times F \Rightarrow (S + T) \times F \Rightarrow (T + T) \times F \Rightarrow$$

$$(F + T) \times F \Rightarrow (F + F) \times F \Rightarrow (\mathbf{n} + F) \times F \Rightarrow (\mathbf{n} + \mathbf{n}) \times F \Rightarrow (\mathbf{n} + \mathbf{n}) \times \mathbf{n}$$

Lenguajes inherentemente ambiguos

Existen dos tipos de ambigüedad: la ambigüedad que proviene de la forma de la gramática que se está utilizando, y por tanto, es removible y la ambigüedad que es de fondo y que es una característica del lenguaje, no es posible encontrar una gramática que no sea ambigua, porque el lenguaje es *inherentemente ambiguo*.

Ejemplo

El lenguaje $L = \{\ \mathbf{a^n b^m c^m} \mid n, m \geq 0\ \} \cup \{\ \mathbf{a^n b^n c^m} \mid n, m \geq 0\}$ es un lenguaje Inherentemente ambiguo, puesto que las cadenas de la forma $\mathbf{a^n b^n c^n}$, para cualquier valor de n, pertenecen a ambos sublenguajes que lo forman, y por lo tanto, independientemente de la gramática empleada, siempre habrá dos maneras distintas de obtenerlas.

Pruebas de Corrección y Completez

Frecuentemente es necesario probar con certeza matemática que una gramática determinada corresponde a un lenguaje dado. Las pruebas que permiten establecer esta correspondencia entre un lenguaje y una gramática dados son dos:

1. Prueba de Corrección, la cual asegura que todas las palabras que se generan por medio de la gramática corresponden al lenguaje dado.

2. Prueba de Completez, que asegura que no existan palabras en el lenguaje dado que no puedan ser generadas por la gramática.

Nótese que la completez y la corrección de una gramática son dos propiedades independientes, ya que una gramática dada puede tener ambas, una o ninguna de ellas.

Prueba de Corrección

Para realizar la prueba de corrección se emplea la inducción sobre la longitud de la derivación, consiste en demostrar que todas las palabras por las que se pasa a lo largo del proceso de derivación cumplen una propiedad, que concuerda con el enunciado mismo del lenguaje, los pasos a seguir son:

1. Primero se debe establecer el enunciado del lenguaje, a partir de su definición, adaptándolo para que se pueda aplicar a las cadenas intermedias en el proceso de la derivación, reconociendo tanto símbolos terminales como no terminales.

2. El paso base de la inducción consiste en probar que la propiedad se cumple para las palabras intermedias de la derivación producidas en al menos k_0 pasos.

3. El paso inductivo supone que la propiedad se cumple tras haber hecho i pasos de derivación y se prueba que también se cumple al hacer un paso más, con esto, se deberá probar que todas las palabras intermedias en el proceso de derivación cumplen con la propiedad.

4. Finalmente, basta con distinguir que la propiedad se mantiene para la última palabra de la derivación, que es la que contiene sólo símbolos terminales y con esto se concluye la prueba.

Ejemplo

Probar por inducción la corrección de la gramática siguiente que genera el lenguaje de los paréntesis correctamente balanceados:

$$S \rightarrow (S) \mid SS \mid \varepsilon$$

Primero se debe obtener el enunciado del lenguaje en tal forma que sea aplicable a las cadenas que aparecen a la mitad del proceso de derivación.

Esto es, se necesita un lenguaje extendido donde se admita que las palabras contengan variables, para ello se define:

$$L' = \{\ w \in (N \cup \Sigma)^* \mid \mathrm{elim}(S, w) \in L\ \}$$

Es decir, si se eliminan las Ss de las cadenas de L', se obtienen cadenas de paréntesis correctamente balanceados.

El paso base es inmediato, ya que sin ejecutar ningún paso se puede eliminar la S inicial y queda la cadena vacía: $\varepsilon \in L$.

El paso inductivo. Supóngase que después de i pasos, se genera la cadena $xSy \in$ L', donde $x, y \in \Sigma^*$ y evidentemente $xy \in L$; si a esta cadena se le aplica la primera regla, se obtiene $x(S)y \in L'$ (el lector puede verificar que siempre se cumple que: $x()y \in L$), aplicando la segunda regla se obtiene $xSSy \in L'$ y aplicando la tercera regla , se genera la cadena $xy \in L'$, la cual, como ya se mencionó, también pertenece a L, con lo que concluye esta demostración.

Prueba de Completez

La prueba de completez demuestra que todas las palabras del lenguaje en cuestión pueden ser generadas por medio de la gramática dada. En algunas ocasiones esta prueba puede ser muy ardua, ya que no hay procedimientos definidos, sino que depende de cada gramática en particular, por lo que solamente se presenta como ejemplo la prueba de completez para la gramática de los paréntesis correctamente balanceados.

Ejemplo

Para probar la completez de la gramática en cuestión, se va a hacer una prueba por inducción sobre la longitud de la cadena.

El paso básico de la inducción dice que esta gramática puede generar la cadena vacía, $\varepsilon \in L$.

El paso inductivo, supone que la gramática puede generar todas las cadenas del lenguaje cuya longitud sea menor o igual a 2i. Supóngase que se tiene una cadena $w \in L$ de longitud $2(i + 1)$, w sólo tiene dos posibilidades a saber:

1. La cadena *w* se puede descomponer como la concatenación de dos cadenas no vacías *x* y *y*, es decir: *w* = *xy*, de forma tal que *x*, *y* ∈ L. Esto significa que en el paso inicial de la generación de *w* se utilizó la regla S → SS, y que *x* se derivó con la gramática a partir de la primera S, mientras que la *y* se derivó a partir de la segunda S, dado que la longitud de ambas debe ser menor o igual a 2i.

2. La cadena *w* se puede descomponer en dos partes, en este caso, se puede representar a *w* de la forma *w* = (*x*), donde *x* ∈ L. Al quitar los dos paréntesis externos se tiene una palabra con paréntesis correctamente balanceados y cuya longitud es 2i, por lo que se puede generar con la gramática dada. Entonces, la cadena *w* puede generarse aplicando primero la regla S → (S), y luego derivando la cadena *x* a partir de la S. Lo que completa la prueba.

Teorema del Rizo para los LICs

Sea G una Gramática Independiente del Contexto, entonces existe una constante k, de tal forma que cualquier cadena *w* ∈ L(G) cuya longitud sea mayor o igual a k, se puede escribir de la forma *w* = *uvxyz*, de tal forma que *v* y *y* no son ambas vacías, se debe cumplir que también que todas las cadenas $uv^n xy^n z$ pertenecen a L(G) para todo n ≥ 0.

Para demostrar este teorema, se parte del hecho que debe existir una derivación tal que S ⇒* *uvxyz*, y dado que la cadena es suficientemente grande, habrá más de un paso en ella en que aparezca el mismo **SNT** A, puesto que la cantidad de símbolos y la cantidad de reglas en la gramática son finitos; esto se puede representar así:

$$S \Rightarrow^* uAz \Rightarrow^* uvAyz \Rightarrow^* uvxyz$$

Por lo tanto, existe una sub-derivación de la forma A ⇒* *vAy*, la cual es posible aplicar de manera repetida tantas veces como se quiera: A ⇒* *vAy* ⇒* $v^2 Ay^2$ A ⇒* $v^3 Ay^3$ ⇒* ..., para generar todas las cadenas de la forma: $uv^n xy^n z$, con *n* ≥ 0. Esta propiedad se conoce como la *Periodicidad* de las **GIC**s.

Se puede concluir que para que un lenguaje sea un **LIC** deberá permitir que exista sólo una condicionante entre dos símbolos o subcadenas, como sería el caso de $a^n b^n$, o bien, que haya varias condicionantes entre varios símbolos, pero siempre por pares ya sea que estén definidas por índices independientes entre sí, como en el caso de $a^m b^m c^n d^n$ o que estén correctamente anidadas como en el caso de $a^n b^m c^m d^n$.

Pero este teorema también permite demostrar que cuando existen condicionantes solapadas como en $a^n b^m c^n d^m$ o que vinculan a tres o más símbolos como es el caso de $a^n b^n c^n$, se trata de lenguajes que no son **LIC**s y, por tanto, no existe una **GIC** que pueda generar dicho lenguaje.

Ejemplo

Utilizar el Lema del Rizo para demostrar que el lenguaje $a^n b^n c^n$ no es un **LIC**.

Primero se supondrá que el lenguaje $a^n b^n c^n$ es un **LIC,** y por tanto, existe w que puede descomponerse como $uvxyz$, entonces todas las cadenas de la forma $uv^n xy^n z$, también pertenecen a dicho lenguaje.

Supóngase que w es la cadena **aaabbbccc**, y considere alguna de las siguientes descomposiciones posibles: **aaa/b/bb/c/cc**, **aa/a/bbb/c/cc** o **aa/a/bb/b/ccc**, entonces el lenguaje debe contener cadenas como: $aaab^k bbc^k cc$, $aaa^k bbbc^k cc$ o $aaa^k bbb^k ccc$, lo que no se cumple para ningún valor de k $\neq 1$.

Ahora supóngase otras dos descomposiciones: **aa/ab/bb/c/cc** o **aa/a/bb/bc/cc**, de tal manera que las cadenas: $aa(ab)^k bbc^k cc$ o $aaa^k bb(bc)^k cc$ deben pertenecer al lenguaje dado, pero esto ocasionaría que las cadenas contengan secuencias **abab...** o **bcbcbc...**, lo que tampoco es congruente con la definición del lenguaje.

Estas mismas contradicciones (o se desbalancean las cantidades de símbolos o se trastoca el orden en que aparecen) se presentan para cualquier otra cadena del lenguaje, no importando su longitud, y por tanto, se concluye que $a^n b^n c^n$ no puede ser un **LIC**.

Preguntas

a) ¿Existe algún Lenguaje Regular que no pueda ser generado por una **GR**?

b) ¿Cómo se puede construir una **GR** que genere el lenguaje que sea la concatenación de dos lenguajes regulares cuyas gramáticas son conocidas?

c) ¿Puede construirse una **GR** para generar un lenguaje que sea la intersección de dos lenguajes regulares?

d) ¿Puede construirse una **GR** para generar el lenguaje complemento de un lenguaje regular dado?

e) ¿Para quiénes son útiles las Gramáticas Regulares Reversas?

f) ¿Es posible que una Gramática Regular sea Ambigua?

g) Sea n un número primo. ¿El lenguaje formado por todas las cadenas cuya longitud es múltiplo de n es regular?

h) ¿Para cada **GIC** G existe un autómata finito determinista M tal que $L(G) = L(M)$?

i) Sea *G* una gramática independiente de contexto tal que sólo existe una regla para cada símbolo no terminal. ¿Es regular el lenguaje *L(G)*?

Ejercicios

4.1. Construya un **AFN** que acepte cada uno de los siguientes lenguajes y encuentre una gramática regular que los genere:

a) L(G) = **a*bc**

b) L(G) = **(a ∪ b) c***

c) L(G) = **(a ∪ b)* c**

d) L(G) = **(a ∪ b)* c***

e) L(G) = **b⁺ ∪ a (a ∪ b)⁺ b**

f) L(G) = **a⁺ba ∪ b (a ∪ b)***

4.2. Obtenga una gramática regular que genere cada uno de los siguientes lenguajes, sin construir el diagrama de transiciones:

a) L(G) = **a*baa**

b) L(G) = **(a ∪ ba ∪ ac)***

c) L(G) = **a*bc⁺ ∪ cb⁺**

d) L(G) = **a⁺b (b ∪ a)⁺**

e) L(G) = **b⁺a ∪ ab (a ∪ b)***

4.3. Encuentre una gramática regular que genere cada uno de los siguientes lenguajes:

a) L(G) = **a*b (a ∪ b)* ∪ ab⁺**

b) L(G) = **b*a ∪ (a ∪ b)* b**

c) L(G) = **a(a ∪ b)⁺b ∪ b***

d) L(G) = **b*a ∪ (a ∪ bb)*aa**

e) L(G) = **0*1 ∪ (01)* ∪ 01⁺**

f) L(G) = **10* ∪ 1(0 ∪ 1)*0**

g) L(G) = **0*10 ∪ 1(0⁺11)***

h) L(G) = **0*1 (1 ∪ 0)* ∪ 01**

4.4. Construya una gramática regular que genere el lenguaje aceptado por el siguiente **AFN**:

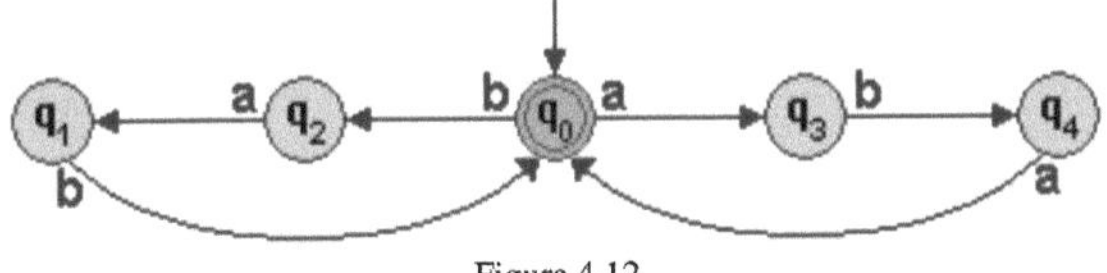

Figura 4.12

4.5. Construya una gramática regular que genere el siguiente lenguaje:

L(G) = {$w \in \{0, 1\}$* | w es la representación binaria de 5, 10, 20, 40, ...}

4.6. Construya una gramática regular que genere el lenguaje aceptado por el **AFNG** mostrado en la figura 4.13.

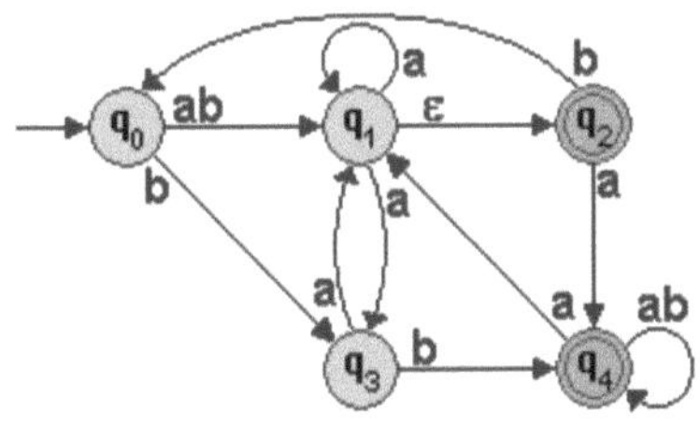

Figura 4.13

4.7. Construya un **AFN** y encuentre la expresión regular para el lenguaje que genera cada una de las siguientes gramáticas regulares:

a) S → **bA** | **aB** | **baB**
   A → **bS** | **b**
   B → **aA**

b) S → **aA** | **bB**
   A → **bS** | **b**
   B → **a**

c) S → **A** | **bS**
   A → **bB** | **bC**
   B → **aC**
   C → **a**

d) S → **aA** | **bB**
   A → **aA** | **bA** | ε
   B → **aA** | **bC**
   C → **aB** | **bC**

e) S → **aA** | **bB**
   A → **bA** | **aS** | **b**
   B → **aS** | **bC**
   C → **aB** | **bC**

f) S → **aA** | **bC**
   A → **aA** | **bB**
   B → **aB** | **bB** | **b**
   C → **aB** | **bA**

g) $S \rightarrow aC \mid bS$
   $A \rightarrow aA \mid bS$
   $B \rightarrow aS \mid bA$
   $C \rightarrow aB \mid bC \mid b$

4.8. Encuentre la **Expresión regular** del lenguaje que genera cada una de las siguientes gramáticas regulares:

a) $S \rightarrow aS \mid bB$
   $A \rightarrow b \mid a \mid bB$
   $B \rightarrow aB \mid bA$

b) $S \rightarrow aA \mid bB$
   $A \rightarrow bS \mid aA \mid b$
   $B \rightarrow aS \mid b$

c) $S \rightarrow aB \mid bS$
   $A \rightarrow a \mid aA \mid b$
   $B \rightarrow aA \mid bS$

d) $S \rightarrow aA \mid bB$
   $A \rightarrow b \mid a \mid bS$
   $B \rightarrow aS \mid bA$

e) $S \rightarrow aA \mid bC \mid \varepsilon$
   $A \rightarrow bC \mid aA$
   $B \rightarrow bA \mid aS$
   $C \rightarrow aB \mid bS$

4.9. Construya un **AFN** y encuentre la expresión regular para el lenguaje que genera la siguiente gramática regular reversa:

$S \rightarrow Ab \mid Aa \mid Bb$
$A \rightarrow Sa \mid b$
$B \rightarrow Sb \mid \varepsilon$

4.10. Encuentre una **GIC** que genere cada uno de los siguientes lenguajes:

a) $L = \{\, a^n bc^{n+1} \mid n > 0 \,\}$

b) $L = \{\, a^m b^n \mid m > n \geq 0 \,\}$

c) $L = \{\, a^{n+2} b^n \mid n > 0 \,\}$

d) $L = \{\, a^{2n} bc^n \mid n > 0 \,\}$

e) $L = \{\, a^n b^m c^{n+m} \mid n \geq 0 \text{ y } m \geq 0 \,\}$

f) $L = \{\, a^n b^m c^m a^n \mid n \geq 0, m \geq 0 \,\}$

g) $L = \{ \mathbf{a}^n\mathbf{b}^n\mathbf{c}^m\mathbf{d}^m \mid n \geq 0 \text{ y } m \geq 0 \}$

h) $L = \{ \mathbf{a}^n\mathbf{b}^{n+m}\mathbf{c}^m \mid n \geq 0 \text{ y } m \geq 0 \}$

i) $L = \{ \mathbf{a}^m\mathbf{b}^n \mid m \neq n \}$

j) $L = \{ \mathbf{a}^m\mathbf{b}^n \mid 0 \leq n \leq m \leq 2n \}$

k) $L = \{ \mathbf{a}^n\mathbf{b}^{n+m}\mathbf{c}^{2m} \mid m \geq 0, n \geq 0 \}$

l) $L = \{ \mathbf{a}^m\mathbf{b}^n\mathbf{c}^p \mid m \geq 0, n \geq 0, p \geq 0, m \neq n + p \}$

m) $L = \{ \mathbf{a}^m\mathbf{b}^n\mathbf{c}^p \mid m = n \text{ o } n = p \}$

n) $L = \{ \mathbf{a}^m\mathbf{b}^n\mathbf{c}^p \mid m < n \text{ o } m > p \}$

o) $L = \{ \mathbf{a}^m\mathbf{b}^n\mathbf{c}^p \mid n > m + p \}$

p) $L = \{ w \in \{\mathbf{a}, \mathbf{b}\}^* \mid w = w^R \}$

q) $L = \{ w \in \{\mathbf{a}, \mathbf{b}\}^* \mid w \neq w^R \}$

r) $L = \{ \mathbf{a}^{n+m}\mathbf{b}^m\mathbf{c}^n \mid n \geq 0, m \geq 0 \}$

s) $L = \{ \mathbf{a}^n\mathbf{b}^{2n}\mathbf{c}^m \mid n \geq 0, m \geq 0 \}$

t) $L = \{ \mathbf{a}^{n+2}\mathbf{b}^m\mathbf{c}^n \mid n \geq 0, m \geq 0 \}$

u) $L = \{ \mathbf{a}^{n+2}\mathbf{b}^m\mathbf{c}^m\mathbf{d}^n \mid n > 0, m > 0 \}$

v) $L = \{ w \in \{\mathbf{0}, \mathbf{1}\}^* \mid w \text{ es una palíndroma de longitud impar} \}$

w) $L = \{ \mathbf{a}^n\mathbf{b}^m\mathbf{c}^n \mid n, m > 0 \}$

x) $L = \{ \mathbf{a}^n\mathbf{b}^m \mid n > 2m \}$

y) $L = \{ x\mathbf{a}y \mid x, y \in \{\mathbf{a}, \mathbf{b}\}^*, |x| = |y| \}$

z) $L = \{ xy \mid x \in \{\mathbf{a}, \mathbf{b}\}^*, y = \mathbf{a}^n, |x| = n \}$

4.11. Cada una de las siguientes **GIC**s genera a un Lenguaje Regular, encuentre la Expresión Regular para cada caso:

a) $S \rightarrow AabB$
   $A \rightarrow \mathbf{a}A \mid \mathbf{b}A \mid \varepsilon$
   $B \rightarrow B\mathbf{ab} \mid B\mathbf{b} \mid \mathbf{ab} \mid \mathbf{b}$

b) $S \rightarrow SSS \mid \mathbf{a} \mid \mathbf{ab}$

c) $S \rightarrow AAS \mid \mathbf{ab} \mid \mathbf{aab}$
   $A \rightarrow \mathbf{ab} \mid \mathbf{ba} \mid \varepsilon$

d) $S \rightarrow \mathbf{a}S\mathbf{b} \mid \mathbf{a}S\mathbf{a} \mid \mathbf{b}S\mathbf{a} \mid \mathbf{b}S\mathbf{b} \mid \varepsilon$

e) $S \rightarrow AB$
   $A \rightarrow \mathbf{a}A \mid A\mathbf{b} \mid \mathbf{a} \mid \mathbf{b}$
   $B \rightarrow \mathbf{a}B \mid \mathbf{b}B \mid \varepsilon$

f) $S \rightarrow AA \mid B$
$A \rightarrow AAA \mid Ab \mid bA \mid a$
$B \rightarrow bB \mid \varepsilon$

4.12. Describa al lenguaje generado por cada una de las gramáticas siguientes:

a) $S \rightarrow aSa \mid bSb \mid \varepsilon$

b) $S \rightarrow aSa \mid bSb \mid a \mid b$

c) $S \rightarrow aSa \mid bSb \mid A$
$A \rightarrow aBb \mid bBa$
$B \rightarrow aB \mid bB \mid \varepsilon$

4.13. Identifique al lenguaje generado por cada una de las gramáticas siguientes:

a) $S \rightarrow aS \mid bS \mid a$

b) $S \rightarrow SS \mid bS \mid Sb \mid a$

4.14. Utilice el lema del rizo para demostrar que los siguientes lenguajes no son regulares:

a) $L = \{\, w \in \{\mathbf{a}, \mathbf{b}\}^* \mid w = w^R \,\}$

b) $L = \{\, \mathbf{a}^m \mathbf{b}^n \mid m > n \geq 0 \,\}$

4.15. Utilice el lema del rizo para los **LIC**s para demostrar que los lenguajes anteriores son **LIC**s.

4.16. Utilice el lema del rizo para los **LIC**s para demostrar que los lenguajes siguientes no son **LIC**s.

a) $L = \{\, \mathbf{a}^n \mathbf{b}^m \mathbf{c}^n \mathbf{a}^m \mid n, m \geq 0 \,\}$

b) $L = \{\, \mathbf{a}^n \mathbf{b}^m \mathbf{c}^p \mid n > m > p \geq 0 \,\}$

Capítulo 5

Formas Normales y Autómatas de Pila

En este capítulo se presentan diversos algoritmos para la depuración de anomalías de las gramáticas independientes del contexto, y se definen las formas normales de Chomsky y Greibach, así como el algoritmo CYK. Posteriormente se define el concepto de Autómata de Pila como un mecanismo para el reconocimiento de Lenguajes Independientes del Contexto.

Depuración de Anomalías

Para encontrar una gramática en una forma normal, equivalente a una gramática dada, es requisito previo el verificar que se encuentre libre de anomalías, esto es, determinar que no contiene producciones que pueden resultar inaccesibles o símbolos no terminales que sean inútiles. Tampoco es deseable tener producciones unitarias ni producciones épsilon.

A continuación se presenta una metodología que permita eliminar tales anomalías y encontrar una gramática depurada equivalente. Tome en cuenta que este proceso no pretende encontrar una gramática óptima.

Con la finalidad de mostrar la aplicación de cada uno de los siguientes algoritmos, se empleará la siguiente gramática como modelo, se trata de una gramática regular que presenta todas las anomalías que se van a detectar y erradicar:

$$S \rightarrow \mathbf{aA} \mid B \mid \mathbf{bD}$$
$$A \rightarrow \mathbf{baA} \mid \mathbf{abA} \mid B \mid \varepsilon$$
$$B \rightarrow \mathbf{b} \mid \mathbf{aF}$$
$$C \rightarrow \mathbf{ab}$$
$$E \rightarrow \mathbf{aE}$$
$$F \rightarrow \varepsilon$$

El primer paso consiste en eliminar las producciones épsilon, para ello se deben buscar las producciones sustitutas que preserven la equivalencia, con la posible excepción de la producción $S \rightarrow \varepsilon$, que de presentarse significa que $\varepsilon \in L(G)$ y no se puede descartar.

Algoritmo 1

Sea la gramática G que contiene producciones épsilon anulables, se puede obtener una gramática equivalente G' que no tenga producciones épsilon, de modo que L(G) = L(G'), aplicando el siguiente criterio:

Para cada producción de la forma A → ε, que se desea eliminar, se seleccionan todas las producciones de la forma N → *w*, en las que *w* contiene al símbolo A y se obtienen nuevas producciones N → *w'* en donde se ha reemplazado al símbolo A por ε, las cuales se agregarán a la gramática G', a cambio de la eliminación de la producción A → ε.

Este procedimiento se repite para todas las producciones épsilon que haya en G, incluyendo aquellas que surjan como consecuencia de estas substituciones. En los casos en que se vuelva a obtener alguna producción épsilon que previamente se hubiera eliminado, ya no tomará en cuenta y simplemente se le descarta. Similarmente, si durante la aplicación del algoritmo se obtuviera una producción de la forma A → A, también se descarta de la gramática, dado que no contribuye en nada a la misma.

Aplicando sobre la Gramática Modelo

En este ejemplo existen dos producciones épsilon, en la tabla 5.1 se muestra la aplicación de este algoritmo para la eliminación de A → ε:

1. Producciones épsilon (esta producción se elimina)	2. Producciones donde aparece el símbolo A (estas producciones permanecen)	3. Sustituyendo 1 en 2 (estas producciones se agregan a G')
A → ε	S → **aA** A → **baA** A → **abA**	S → **a** A → **ba** A → **ab**

Tabla 5.1

Y en la tabla 5.2 se ilustra para el caso de F → ε:

1. Producciones épsilon (esta producción se elimina)	2. Producciones donde aparece el símbolo F (esta producción permanece)	3. Sustituyendo 1 en 2 (esta producción se agrega a G')
F → ε	B → **aF**	B → **a**

Tabla 5.2

En resumen, para eliminar las producciones A → ε y F → ε, se deben agregar, a cambio, las cuatro producciones que surgen de estas sustituciones: S → **a**, A → **ba**, A → **ab** y B → **a**, quedando como resultado la gramática equivalente siguiente:

$$S \rightarrow \textbf{aA} \mid B \mid \textbf{bD} \mid \textbf{a}$$
$$A \rightarrow \textbf{baA} \mid \textbf{abA} \mid B \mid \textbf{ba} \mid \textbf{ab}$$
$$B \rightarrow \textbf{b} \mid \textbf{aF} \mid \textbf{a}$$
$$C \rightarrow \textbf{ab}$$
$$E \rightarrow \textbf{aE}$$

El siguiente paso consiste en eliminar los *Símbolos No Terminales Inútiles*, es decir, aquellos símbolos que no participan en la producción de alguna cadena generada por la gramática en cuestión.

Algoritmo 2

Sea la gramática G que contiene *Símbolos No Terminales Inútiles*, se puede obtener una gramática equivalente G' que no los tenga, de modo que L(G) = L(G'), por medio del siguiente procedimiento:

1. Se inicializa N' = ∅ y P' con todas las producciones terminales de G, es decir, las producciones de la forma A → *w*, donde *w* contiene solamente Símbolos Terminales (*w* ∈ Σ*), esto incluye a la posible presencia de S → ε como caso excepcional.

2. Se añaden a N' todos los símbolos no terminales presentes en el lado izquierdo de alguna de las producciones que fueron incorporadas a P' en el paso anterior.

3. Se analizan las producciones restantes de G y se agregan a P' aquellas que contengan solamente algunos de los símbolos no terminales incluidos en N', además de cualquier otro símbolo terminal, es decir, añadir a P' las producciones de la forma A → *w* donde *w* ∈ (N' ∪ Σ)*.

4. Se repiten los pasos 2 y 3 hasta que ya no se puedan añadir más símbolos no terminales a N' o más producciones a P'.

Aplicando sobre la Gramática Modelo

Aplicando este algoritmo a la gramática modelo resultante del primer algoritmo, se inicializa N' = ∅ y se incorporan a P' las producciones terminales, y que son las siguientes:

$$S \to \mathbf{a}$$
$$A \to \mathbf{ba} \mid \mathbf{ab}$$
$$B \to \mathbf{b} \mid \mathbf{a}$$
$$C \to \mathbf{ab}$$

Entonces se agregan al conjunto N' los Símbolos No Terminales que aparecen del lado izquierdo en las producciones anteriores, es decir: N' = { S, A, B, C }.

Luego, analizando las producciones restantes que contengan a alguno de los símbolos no terminales de N' junto con cualquier terminal, se encuentran las cinco producciones siguientes, que se agregarán a P' junto con las 6 anteriores:

$$S \to \mathbf{a}A \mid B$$
$$A \to \mathbf{ba}A \mid \mathbf{ab}A \mid B$$

Como ya no hay más Símbolos No Terminales ni producciones que añadir a la gramática, se da por terminado el proceso. Se puede observar que los símbolos D, E y F son superfluos y desaparecen de la gramática, (recuerde que F se volvió superfluo al eliminar la producción F $\to$ ε). Las siguientes producciones se eliminan: S $\to$ **b**D, E$\to$ **a**E y B $\to$ **a**F, y dado que en este caso se trata de una gramática regular, se puede verificar que esta eliminación equivale a descartar los estados no deseados de un autómata finito.

La gramática equivalente después de aplicar este algoritmo queda como sigue:

$$S \to \mathbf{a}A \mid B \mid \mathbf{a}$$
$$A \to \mathbf{ba}A \mid \mathbf{ab}A \mid B \mid \mathbf{ba} \mid \mathbf{ab}$$
$$B \to \mathbf{b} \mid \mathbf{a}$$
$$C \to \mathbf{ab}$$

El tercer paso consiste en eliminar las producciones unitarias, las cuales son de la forma A $\to$ B, donde A y B son símbolos no terminales. Son equivalentes a las transiciones épsilon de un autómata finito, como estas producciones son consideradas *improductivas*, es preciso que sean reemplazadas.

Algoritmo 3

Sea la gramática G que contiene *Producciones Unitarias*, se puede obtener una gramática equivalente G' que no las tenga, de modo que L(G) = L(G'), por medio del siguiente criterio:

Sea la producción unitaria A → B, para cada una de las producciones de B de la forma B → *w*, se reemplaza la producción unitaria A → B por todas las producciones de la forma: A → *w* que resultan de la sustitución de B.

Aplicando sobre la Gramática Modelo

En la gramática modelo existen dos producciones unitarias. La eliminación de la producción S → B se ilustra en la siguiente tabla:

1. Producciones unitarias (esta producción se elimina)	2. Producciones de B (estas producciones permanecen)	3. Sustituyendo 2 en 1 (estas producciones se agregan a G')
S → B	B → **b** | **a**	S → **b** | **a**

Tabla 5.3

Y en la tabla 5.4 se ilustra la eliminación de la producción A → B:

1. Producciones unitarias (esta producción se elimina)	2. Producciones de B (estas producciones permanecen)	3. Sustituyendo 2 en 1 (estas producciones se agregan a G')
A → B	B → **b** | **a**	A → **b** | **a**

Tabla 5.4

Este procedimiento genera cuatro nuevas producciones, que reemplazarán a las producciones unitarias anteriores, la gramática equivalente queda así (no se duplica la producción S → **a**):

$$S \rightarrow \textbf{aA} \mid \textbf{a} \mid \textbf{b}$$
$$A \rightarrow \textbf{baA} \mid \textbf{abA} \mid \textbf{ba} \mid \textbf{ab} \mid \textbf{b} \mid \textbf{a}$$
$$B \rightarrow \textbf{b} \mid \textbf{a}$$
$$C \rightarrow \textbf{ab}$$

El último paso consiste en eliminar las producciones inaccesibles desde el símbolo inicial S, es decir, las que nunca se van a poder aplicar.

Algoritmo 4

Sea la gramática G que contiene *Producciones Inaccesibles*, se puede obtener una gramática equivalente G' que no las tenga, de modo que L(G) = L(G'), por medio del siguiente algoritmo:

1. Se inicializan los siguientes conjuntos: N' = {S} y P' = ∅

2. Para cada símbolo no terminal A ∈ N', se agregan las producciones de la forma A → *w* al conjunto P'.

3. Se agregan todos los símbolos no terminales presentes en w, al conjunto N'.

4. Se repiten los pasos 2 y 3 hasta que ya no se puedan añadir más producciones.

Aplicando sobre la Gramática Modelo

Aplicando este algoritmo en la gramática modelo, primero se inicializa el conjunto N' con el símbolo inicial N' = {S}, entonces se agregan a P' las tres producciones que corresponden al símbolo S:

$$S \to \mathbf{aA} \mid \mathbf{a} \mid \mathbf{b}$$

Se agrega el símbolo no terminal A a N', quedando: N' = { S, A }, y luego se agregan a P' las producciones correspondientes a A:

$$A \to \mathbf{baA} \mid \mathbf{abA} \mid \mathbf{ba} \mid \mathbf{ab} \mid \mathbf{b} \mid \mathbf{a}$$

Y como ya no existe nada que agregar a N', se da por terminado el proceso, encontrando que las producciones que desaparecen son: $B \to \mathbf{b} \mid \mathbf{a}$ y $C \to \mathbf{ab}$.

Ejemplo 1

Depurar de anomalías la siguiente gramática:

$$S \to \mathbf{aA} \mid \varepsilon$$
$$A \to \mathbf{bA} \mid \mathbf{aB} \mid \varepsilon$$
$$B \to \mathbf{bB}$$

Eliminando la producción $A \to \varepsilon$ (recuerde que $S \to \varepsilon$ permanece) queda entonces como sigue:

$$S \to \mathbf{aA} \mid \mathbf{a} \mid \varepsilon$$
$$A \to \mathbf{bA} \mid \mathbf{b} \mid \mathbf{aB}$$
$$B \to \mathbf{bB}$$

Aplicando el algoritmo 2 se elimina el símbolo B, quedando la gramática como:

$$S \to \mathbf{aA} \mid \mathbf{a} \mid \varepsilon$$
$$A \to \mathbf{bA} \mid \mathbf{b}$$

Los algoritmos 3 y 4 no modifican el resultado anterior.

Ejemplo 2

Depurar de anomalías la siguiente gramática:

$$S \rightarrow A \mid A\mathbf{a}$$
$$A \rightarrow B$$
$$B \rightarrow C \mid \mathbf{b} \mid D$$
$$C \rightarrow \mathbf{a} \mid \mathbf{ab} \mid \varepsilon$$

Aplicando el algoritmo 1, se descarta la producción $C \rightarrow \varepsilon$, aparece la producción $B \rightarrow \varepsilon$, la cual se elimina añadiendo la producción $A \rightarrow \varepsilon$; y para eliminarla se agregan las producciones $S \rightarrow \varepsilon \mid \mathbf{a}$ a la gramática:

$$S \rightarrow A \mid A\mathbf{a} \mid \varepsilon \mid \mathbf{a}$$
$$A \rightarrow B$$
$$B \rightarrow C \mid \mathbf{b} \mid D$$
$$C \rightarrow \mathbf{a} \mid \mathbf{ab}$$

Mientras que el algoritmo 2 deja la gramática siguiente, donde desaparece el símbolo no terminal D:

$$S \rightarrow A \mid A\mathbf{a} \mid \varepsilon \mid \mathbf{a}$$
$$A \rightarrow B$$
$$B \rightarrow C \mid \mathbf{b}$$
$$C \rightarrow \mathbf{a} \mid \mathbf{ab}$$

Aplicando el tercer algoritmo se eliminan las producciones unitarias, quedando:

$$S \rightarrow \mathbf{b} \mid \mathbf{ab} \mid A\mathbf{a} \mid \varepsilon \mid \mathbf{a}$$
$$A \rightarrow \mathbf{a} \mid \mathbf{b} \mid \mathbf{ab}$$
$$B \rightarrow \mathbf{a} \mid \mathbf{b} \mid \mathbf{ab}$$
$$C \rightarrow \mathbf{a} \mid \mathbf{ab}$$

Y aplicando el cuarto algoritmo desaparecen las producciones de B y C, quedando solo:

$$S \rightarrow \mathbf{b} \mid \mathbf{ab} \mid A\mathbf{a} \mid \varepsilon \mid \mathbf{a}$$
$$A \rightarrow \mathbf{a} \mid \mathbf{b} \mid \mathbf{ab}$$

Ejemplo 3

Depurar de anomalías la siguiente **GIC**:

$$S \rightarrow B\mathbf{ba}C \mid \mathbf{a}E$$
$$A \rightarrow AB \mid \mathbf{a}$$
$$B \rightarrow \mathbf{b} \mid \varepsilon$$
$$C \rightarrow D \mid \varepsilon$$
$$D \rightarrow \mathbf{b} \mid \mathbf{b}A$$
$$E \rightarrow \mathbf{a} \mid \varepsilon$$

Se aplica el algoritmo 1, iniciando con la eliminación de la producción: B → ε.

1. Producciones épsilon (esta producción se elimina)	2. Producciones donde aparece el símbolo B (estas producciones permanecen)	3. Sustituyendo 1 en 2 (estas producciones se agregan a G')
B → ε	S → BbaC A → AB	S → baC A → A

Tabla 5.5

Obsérvese que se obtiene la producción A → A, la cual se descarta; siguiendo con C → ε, tome en cuenta que recién se agregó la producción S → **ba**C a la gramática, por lo que se tiene:

1. Producciones épsilon (esta producción se elimina)	2. Producciones donde aparece el símbolo C (estas producciones permanecen)	3. Sustituyendo 1 en 2 (estas producciones se agregan a G')
C → ε	S → B**ba**C | **ba**C	S → B**ba** | **ba**

Tabla 5.6

Por último, se analiza el caso de la producción E → ε.

1. Producciones épsilon (esta producción se elimina)	2. Producciones donde aparece el símbolo E (estas producciones permanecen)	3. Sustituyendo 1 en 2 (estas producciones se agregan a G')
E → ε	S → a**E**	S → **a**

Tabla 5.7

Se incorporan las 4 nuevas producciones a la gramática equivalente a cambio de las producciones épsilon:

$$S \rightarrow B\mathbf{ba}C \mid a\mathbf{E} \mid \mathbf{ba}C \mid B\mathbf{ba} \mid \mathbf{ba} \mid \mathbf{a}$$
$$A \rightarrow AB \mid \mathbf{a}$$
$$B \rightarrow \mathbf{b}$$
$$C \rightarrow D$$
$$D \rightarrow \mathbf{b} \mid \mathbf{b}A$$
$$E \rightarrow \mathbf{a}$$

Ahora aplicando el segundo algoritmo, el lector puede verificar que la gramática queda idéntica.

Pasando ahora al algoritmo 3, se observa que hay que reemplazar la producción unitaria C → D por las producciones de D, quedando: C → **b** \| **b**A.

Finalmente, aplicando el último algoritmo, se descartan las producciones de D porque quedó aislado al sustituir la producción unitaria, quedando la gramática depurada como sigue:

$$S \rightarrow \textbf{Bba}C \mid \textbf{a}E \mid \textbf{ba}C \mid \textbf{Bba} \mid \textbf{ba} \mid \textbf{a}$$
$$A \rightarrow AB \mid \textbf{a}$$
$$B \rightarrow \textbf{b}$$
$$C \rightarrow \textbf{b} \mid \textbf{b}A$$
$$E \rightarrow \textbf{a}$$

Forma Normal de Chomsky

Una Gramática Independiente del Contexto está en la Forma Normal de Chomsky si todas las producciones son de la forma $A \rightarrow \textbf{a}$, donde $\textbf{a} \in \Sigma$, o de la forma $A \rightarrow BC$; donde A, B y C son símbolos no terminales, considere la posible excepción de la producción $S \rightarrow \varepsilon$ para los lenguajes que contengan la cadena vacía.

Cualquier **GIC** puede ser transformada a la Forma Normal de Chomsky, el procedimiento general consta de tres pasos:

- Primero se verifica que se encuentre libre de anomalías, para ello, hay que aplicar el procedimiento anterior para depurar la gramática y eliminar las producciones épsilon, los símbolos inútiles, las producciones unitarias y las inaccesibles que pudiera haber en G.

- El siguiente paso consiste en definir nuevas producciones; se añade un nuevo símbolo no terminal para producir cada uno de los símbolos terminales que aparezcan en cualquier producción que no esté normalizada. Los nuevos símbolos no terminales, se substituirán en todas ellas.

- El último paso se aplica para reducir el número de símbolos no terminales en todas las producciones que tengan tres o más, para ello es necesario agregar nuevas producciones; se definen nuevos símbolos no terminales que agrupen de dos en dos los símbolos que aparezcan en las producciones sin normalizar.

Ejemplo 1

La siguiente **GIC**, sobre el alfabeto $\Sigma = \{\ \textbf{a}, \textbf{b}\ \}$, genera de manera no ambigua al lenguaje formado por las cadenas no vacías, que contienen la misma cantidad de **a** que **b** y está libre de anomalías:

$$S \rightarrow \mathbf{b}A \mid \mathbf{a}B$$
$$A \rightarrow \mathbf{b}AA \mid \mathbf{a}S \mid \mathbf{a}$$
$$B \rightarrow \mathbf{a}BB \mid \mathbf{b}S \mid \mathbf{b}$$

En esta gramática, las únicas dos producciones que previamente están normalizadas, y por lo tanto, no se les debe hacer nada, son: $A \rightarrow \mathbf{a}$ y $B \rightarrow \mathbf{b}$. El siguiente paso consiste en definir dos producciones, una para producir el símbolo $\mathbf{a}$ y otra para la $\mathbf{b}$, que se agregarán a la gramática normalizada:

$$C \rightarrow \mathbf{a}$$
$$D \rightarrow \mathbf{b}$$

Los símbolos $\mathbf{a}$ y $\mathbf{b}$ en las producciones que no están normalizadas se substituirán por los no terminales C y D, quedando estas producciones de este modo:

$$S \rightarrow DA \mid CB$$
$$A \rightarrow DAA \mid CS$$
$$B \rightarrow CBB \mid DS$$

Gracias a este cambio otras cuatro producciones han quedado normalizadas y sólo faltan dos, que tienen tres símbolos no terminales cada una, el último paso se aplica precisamente para reducir este número de símbolos, para ello, se definen dos nuevas producciones, que en este caso son:

$$E \rightarrow AA$$
$$F \rightarrow BB$$

Reemplazando estos nuevos símbolos no terminales en las dos producciones restantes, se obtiene finalmente la **GIC** equivalente en la **FNCh**:

$$S \rightarrow DA \mid CB$$
$$A \rightarrow DE \mid CS \mid \mathbf{a}$$
$$B \rightarrow CF \mid DS \mid \mathbf{b}$$
$$C \rightarrow \mathbf{a}$$
$$D \rightarrow \mathbf{b}$$
$$E \rightarrow AA$$
$$F \rightarrow BB$$

Ejemplo 2

Encontrar la **GIC** en **FNCh** equivalente a la siguiente **GIC** libre de anomalías:

$$S \rightarrow \mathbf{a}A \mid \mathbf{a} \mid BA\mathbf{b}$$
$$A \rightarrow \mathbf{a}\mathbf{b} \mid \mathbf{a}A\mathbf{b}$$
$$B \rightarrow \mathbf{b}$$

Las únicas dos producciones que previamente están normalizadas son:

$$S \to \mathbf{a}$$
$$B \to \mathbf{b}$$

A continuación se define una nueva producción C → **a**, para reemplazar al símbolo terminal **a**, la producción B → **b** es única para el no terminal B, por lo que se puede utilizar para ser reemplazada en la **GIC**.

Reemplazando los símbolos B y C en las cuatro producciones de la **GIC** original que no están normalizadas, se obtiene:

$$S \to CA \mid BAB$$
$$A \to CB \mid CAB$$

Dos de ellas aún no están normalizadas, para lo cual se define otra producción:

$$D \to AB$$

Por lo tanto, la **GIC** equivalente en la **FNCh** queda finalmente así:

$$S \to CA \mid \mathbf{a} \mid BD$$
$$A \to CB \mid CD$$
$$B \to \mathbf{b}$$
$$C \to \mathbf{a}$$
$$D \to AB$$

Ejemplo 3

Encontrar la **GIC** en **FNCh** equivalente a la siguiente **GIC**, la cual no está libre de anomalías, por lo que previamente hay que aplicar los cuatro algoritmos para depurarla.

$$S \to B \mid \mathbf{a}A\mathbf{b}$$
$$A \to \mathbf{ab}A \mid E\mathbf{a} \mid \varepsilon$$
$$B \to D\mathbf{b} \mid AC$$
$$C \to \mathbf{b}A \mid \varepsilon$$
$$D \to D\mathbf{ab}$$

Eliminando las producciones épsilon resulta:

$$S \to B \mid \mathbf{a}A\mathbf{b} \mid \mathbf{ab} \mid \varepsilon$$
$$A \to \mathbf{ab}A \mid E\mathbf{a} \mid \mathbf{ab}$$
$$B \to D\mathbf{b} \mid AC \mid C \mid A$$
$$C \to \mathbf{b}A \mid \mathbf{b}$$
$$D \to D\mathbf{ab}$$

Ahora aplicando el segundo algoritmo se obtienen las producciones siguientes:

$$S \to B \mid \mathbf{aAb} \mid \mathbf{ab} \mid \varepsilon$$
$$A \to \mathbf{ab}A \mid \mathbf{ab}$$
$$B \to AC \mid C \mid A$$
$$C \to \mathbf{b}A \mid \mathbf{b}$$

Y eliminando las producciones unitarias, la gramática queda:

$$S \to AC \mid \mathbf{b}A \mid \mathbf{b} \mid \mathbf{ab}A \mid \mathbf{ab} \mid \mathbf{aAb} \mid \varepsilon$$
$$A \to \mathbf{ab}A \mid \mathbf{ab}$$
$$B \to AC \mid \mathbf{b}A \mid \mathbf{b} \mid \mathbf{ab}A \mid \mathbf{ab}$$
$$C \to \mathbf{b}A \mid \mathbf{b}$$

Y finalmente, al descartar lãs producciones inaccesibles, resulta la gramática depurada:

$$S \to AC \mid \mathbf{b}A \mid \mathbf{b} \mid \mathbf{ab}A \mid \mathbf{ab} \mid \mathbf{aAb} \mid \varepsilon$$
$$A \to \mathbf{ab}A \mid \mathbf{ab}$$
$$C \to \mathbf{b}A \mid \mathbf{b}$$

Ahora ya está lista para transformarla a una gramática equivalente en la FNCh, y que finalmente resulta:

$$S \to AC \mid EA \mid \mathbf{b} \mid FA \mid DE \mid GE \mid \varepsilon$$
$$A \to FA \mid DE$$
$$C \to EA \mid \mathbf{b}$$
$$D \to \mathbf{a}$$
$$E \to \mathbf{b}$$
$$F \to DE$$
$$G \to DA$$

Algoritmo CYK (Cocke, Younger y Kasami)

Sea G una **GIC** en la forma Normal de Chomsky y sea w una cadena cualquiera de Σ^*, el algoritmo CYK permite determinar si dicha cadena puede ser o no generada por esta gramática, y se basa en la idea de construir un árbol de derivación para la cadena w, pero en sentido inverso, es decir, partiendo desde las hojas (los símbolos terminales) y tratar de llegar a la raíz (el Símbolo Inicial S), si es posible lograrlo, significa que la cadena puede ser generada por esa gramática.

La razón de utilizar la gramática en la **FNCh** es que el árbol de derivación es un árbol binario, y por tanto, tiene una estructura bien definida. Antes de exponer el algoritmo es conveniente comprender, mediante un ejemplo, su funcionamiento básico.

Ejemplo 1

Determinar si la cadena w = **bab** puede ser generada por la siguiente **GIC**, que está en la **FNCh**:

$$S \rightarrow AB \mid BC$$
$$A \rightarrow BA \mid a$$
$$B \rightarrow CC \mid b$$
$$C \rightarrow AB \mid a$$

Como se trata de una cadena de sólo tres símbolos, se puede observar que solamente dos estructuras de árbol de derivación son posibles, las cuales se muestran en las figuras 5.1 a y b, pero se desconocen los símbolos que ocupa cada uno de los nodos del árbol, con excepción de las hojas, y se señalan mediante el signo de interrogación. El objetivo es ir reemplazándolos por los **SNT**s correspondientes.

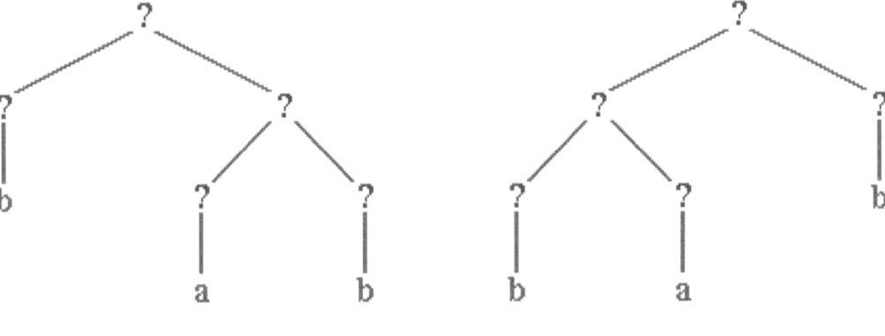

Figura 5.1a   Figura 5.1b

Primero se consideran las producciones para los símbolos terminales, que son: $A \rightarrow$ **a**, $B \rightarrow$ **b** y $C \rightarrow$ **a**, con las cuales se podrá subir un nivel en la sustitución de las incógnitas de estos árboles, sustituyendo los nodos cuyos hijos sean una hoja por los símbolos no terminales que producen el símbolo terminal respectivo, algunos nodos pueden tener más de una alternativa, como se puede apreciar en las figuras 5.2 a y b:

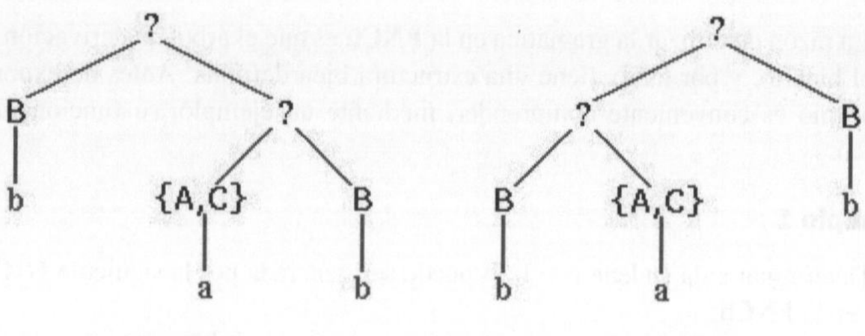

Figura 5.2a   Figura 5.2b

Los demás niveles se deberán ir reemplazando con las producciones que permitan generar los pares de símbolos No Terminales posibles, en este caso: S → AB | BC, A → BA y C → AB, tal como se aprecia en las figuras 5.3 a y b:

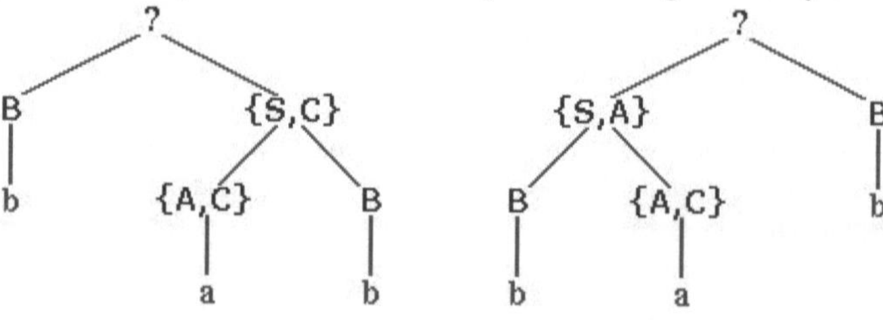

Figura 5.3a   Figura 5.3b

Finalmente, el proceso sigue hasta poder determinar los posibles símbolos que podrían estar en la raíz, en las figuras 5.4 a y b, se puede ver que en ambos casos contienen al símbolo S, entonces, se prueba que es posible construir un árbol de derivación a partir del símbolo S, para generar a la cadena $w = $ **bab**. Adicionalmente, se deduce que esta gramática es ambigua, porque ambas derivaciones, siendo distintas, contienen a S en su raíz.

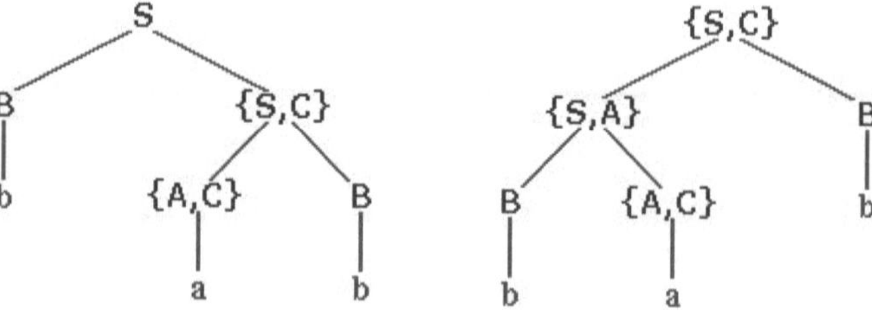

Figura 5.4a   Figura 5.4b

Este procedimiento se vuelve tremendamente enredado si se pretende dibujar a todos los árboles posibles para cadenas más grandes, una cadena de longitud 4 tiene 5 posibles árboles de derivación, y una cadena de longitud 5 tendrá 14 combinaciones posibles, una de longitud 6 tendrá 42 árboles y así sucesivamente.

Presentación del algoritmo CYK

En vez de tener que trazar una multitud de alternativas de árboles de derivación, se hace uso del algoritmo **CYK**, mediante el cual se puede construir una sola tabla, como la siguiente, construida de abajo hacia arriba, y con forma piramidal, en la cual se resumen todas las posibles opciones de árboles de derivación:

Se repite el ejemplo anterior mediante esta técnica, los primeros dos pasos, para los niveles j = 1 y 2 de la tabla 5.8, se asemejan a lo descrito anteriormente, pero en la misma tabla se incluye el análisis hecho para ambos árboles (Figuras 5.2 a y b):

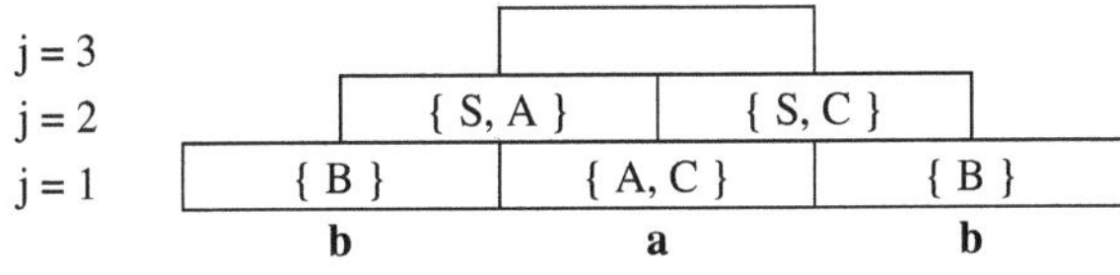

Tabla 5.8

Finalmente, para j = 3, la obtención de los símbolos que ocupan la única celda se realiza mediante la unión de los nodos raíz de ambos árboles, que se obtienen por las dos maneras diferentes de sumar 3. Primero, se identifican las celdas para la combinación 1 + 2 (ambas celdas se marcaron con el símbolo ♦) y que representa los pares SB y AB, este último generado por S y por C, luego las celdas para la combinación 2 + 1 (identificadas por el símbolo ★), que corresponde a los pares BS y BC, el segundo es generado por S.

Recordando que las parejas de Símbolos No Terminales siempre se forman de izquierda a derecha, independientemente de que una celda esté en un nivel inferior o superior a la otra.

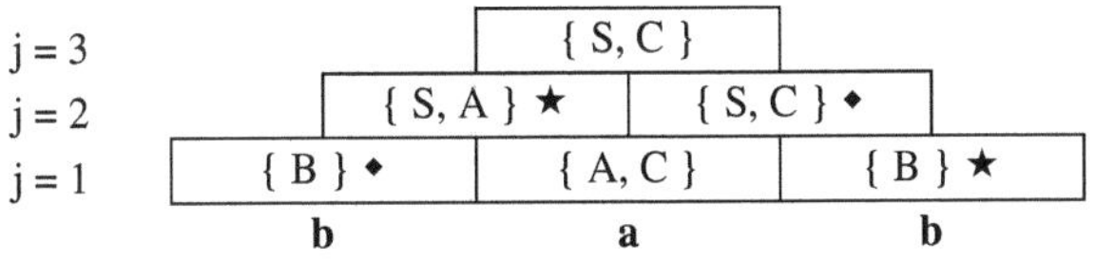

Tabla 5.9

Ejemplo 2

Ahora se quiere determinar si la cadena $w = $ **abab** puede ser generada por la misma gramática.

Aplicando el algoritmo, se obtiene la tabla 5.10, ahí se puede observar que la tabla anterior está contenida en ella, solamente aparecen las nuevas celdas al inicio de cada fila. Para obtener el contenido de la cuarta línea, hay que analizar las tres posibles combinaciones: $1 + 3$, $2 + 2$ y $3 + 1$; indicadas en las celdas por los símbolos ♦, ★ y •, respectivamente. Finalmente, se puede observar que una celda se construye por medio de las celdas inferiores que forman las diagonales convergentes a dicha celda, independientemente de la posición de la misma en la pirámide.

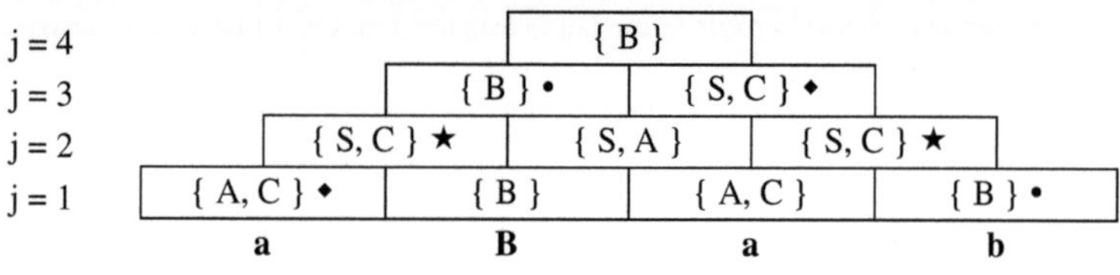

Tabla 5.10

Dado que S no se encuentra en la parte superior de la tabla, se concluye que w no puede ser generado por dicha gramática.

Ejemplo 3

Finalmente se quiere determinar si la cadena $w = $ **baaba** puede ser generada por la misma gramática.

Aplicando el algoritmo, se obtiene la tabla 5.11, en la que se puede observar que el **SNT** S se encuentra en la cima de la pirámide, por lo que existe una derivación posible para esa cadena:

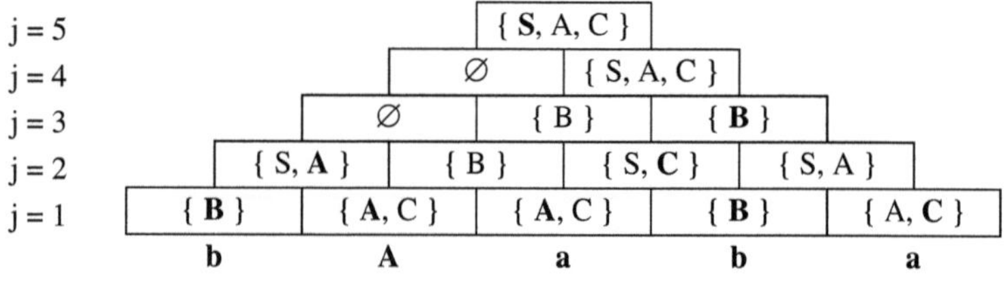

Tabla 5.11

Haciendo un proceso de *Backtracking*, se puede identificar la forma en que esa cadena se deriva con la gramática, identificando las producciones empleadas en cada caso, en la tabla anterior se han puesto con letras negritas los símbolos que corresponden al árbol de derivación correspondiente, tomando en cuenta que como esta gramática es ambigua, existen dos diferentes derivaciones, sólo se muestra una de ellas.

Ejemplo 4

Determinar si la cadena w = **baaa** puede ser generada por la siguiente **GIC**, libre de anomalías:

$$S \rightarrow AB \mid \textbf{ab} \mid \textbf{b}$$
$$A \rightarrow \textbf{aB} \mid \textbf{bA}$$
$$B \rightarrow SS \mid \textbf{a}$$

Como la gramática anterior no está en la **FNCh**, primero se debe normalizarla, quedando de la siguiente forma:

$$S \rightarrow AB \mid CD \mid \textbf{b}$$
$$A \rightarrow CB \mid DA$$
$$B \rightarrow SS \mid \textbf{a}$$
$$C \rightarrow \textbf{a}$$
$$D \rightarrow \textbf{b}$$

Ahora ya se puede aplicar el algoritmo, el cual permite responder afirmativamente la pregunta planteada:

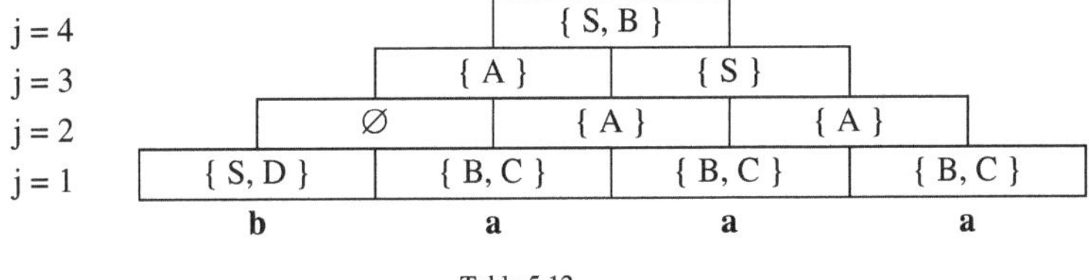

Tabla 5.12

Forma Normal de Greibach

Otra Forma Normal importante en las Gramáticas Independientes del Contexto es la Forma Normal de Greibach (**FNG**), la cual se define así:

Una **GIC** está en **FNG** si todas sus producciones son de la forma: A → **a**α, en donde **a** es un Símbolo Terminal, **a** ∈ Σ y α ∈ (Σ ∪ N)*, con la posible excepción de S → ε. Es decir que se requiere que toda producción tenga un símbolo terminal al principio, y por tanto, se incluye de forma excepcional a la producción de la cadena vacía, de esta manera, cualquier **GIC** puede ser convertida a una gramática equivalente en la **FNG**.

Ejemplo

Sea la siguiente **GIC** encuentre una equivalente en la **FNG**.

$$S → bS \mid AcS \mid a$$
$$A → bA \mid Ba$$
$$B → aB \mid b$$

Se puede observar que las producciones de B ya están normalizadas, por lo que bastará reemplazar las producciones de B en la segunda producción de A, que inicia con ese símbolo, para normalizarlas:

$$A → bA \mid aBa \mid ba$$

Similarmente, reemplazando las producciones de A, ya normalizadas, por la inicial de la segunda producción de S se tiene que también quedan normalizadas:

$$S → bS \mid bAcS \mid aBacS \mid bacS \mid a$$

Reuniendo todas producciones anteriores, el resultado final en la **FNG** es:

$$S → bS \mid bAcS \mid aBacS \mid bacS \mid a$$
$$A → bA \mid aBa \mid ba$$
$$B → aB \mid b$$

Teorema de la Recursividad

Si el **SNT** A tiene producciones de la forma A → Aα y otras producciones de la forma A → β, se pueden eliminar las producciones recursivas a la izquierda por medio de la introducción de un nuevo **SNT** A' y entonces se reemplazan las producciones anteriores por las siguientes:

$$A → β \mid βA'$$
$$A' → α \mid αA'$$

En ocasiones, encontrar una **GIC** equivalente en la **FNG**, requiere de la aplicación del teorema de la recursividad.

Ejemplo 1

Utilice el teorema de la recursividad para encontrar una **GIC** equivalente en la **FNG** para la siguiente gramática regular reversa:

$$S \rightarrow Sb \mid a$$

Aplicando las transformaciones para $\alpha = b$ y $\beta = a$. se obtienen las siguientes producciones:

$$S \rightarrow a \mid aS'$$
$$S' \rightarrow b \mid bS'$$

Ejemplo 2

Encuentre una gramática equivalente en la **FNG** para la siguiente **GIC**.

$$S \rightarrow SbS \mid ScS \mid a$$

Ahora aplicando el teorema de la recursividad, se identifica que $\beta = a$, mientras que $\alpha_1 = bS$ y $\alpha_2 = cS$, por lo que queda:

$$S \rightarrow aS' \mid a$$
$$S' \rightarrow bS \mid cS \mid bSS' \mid cSS'$$

Segunda Forma Normal de Greibach

Una **GIC** está en la **SFNG** si todas sus producciones son de la forma: $A \rightarrow a\alpha$, donde $a \in \Sigma$ y $\alpha \in N^*$. Es decir, que se requiere que toda producción tenga un símbolo terminal al principio, seguido de uno, varios o ningún **SNT**. Igual que en el caso anterior, siempre es posible encontrar una gramática equivalente en la **SFNG** para cualquier **GIC** dada. Una muestra de esta forma es la que se obtuvo en el ejemplo previo.

Ejemplo

Sea la siguiente **GIC** en **FNCh**, encuentre una gramática equivalente en la **FNG**.

$$S \rightarrow AA \mid a$$
$$A \rightarrow SA \mid b$$

Primero se reemplazan las producciones de S en la primera producción para A, (también se hubiera podido reemplazar la A en la producción correspondiente al símbolo S), resultando que:

A → AAA | aA | **b**

Ahora se aplica el teorema de la recursividad, de donde resulta:

A → aA | **b** | aAA' | bA'
A' → AA | AAA'

Ahora se reemplaza la A inicial en la primera producción de S, quedando normalizada:

S → **a**AA | **b**A | **a**AA'A | **b**A'A | **a**

Finalmente se reemplaza la A inicial en las producciones de A', quedando:

A' → **a**AA | **b**A | **a**AA'A | **b**A'A | **a**AAA' | **b**AA' | **a**AA'AA' | **b**A'AA'

Reuniendo los resultados, la gramática equivalente en la segunda **FNG** es:

S → **a**AA | **b**A | **a**AA'A | **b**A'A | **a**
A → **a**A | **b** | **a**AA' | **b**A'
A' → **a**AA | **b**A | **a**AA'A | **b**A'A | **a**AAA' | **b**AA' | **a**AA'AA' | **b**A'AA'

Autómata de pila determinista

Un Autómata de Pila es un dispositivo que hace uso de una memoria infinita, la que opera como una pila, de manera semejante a la operación que se realiza en una cocina donde se lavan los platos, una vez secados se amontonan en la pila y cada vez que se requiere de un plato, siempre se toma el que está en la cima. A este tipo de modelos se le denomina **UEPS** (última entrada, primera salida).

Este tipo de autómatas pasa por distintos estados de manera similar a un **AF**, pero al mismo tiempo, las transiciones le permiten interactuar con la pila, agregando, sustituyendo o quitando símbolos en ella; además el símbolo que se encuentre en la cima de la pila también puede determinar las transiciones del autómata. El empleo de la pila le permite al autómata la identificación de cadenas para todos los lenguajes Libres del contexto.

En un autómata, la pila es representada por una cadena de Símbolos provenientes del alfabeto de la pila, denotado por Γ, y por convención, se considera que el primer símbolo de esta cadena es el que corresponde a la cima de la pila y que cuando se apila un símbolo, éste se concatena a la izquierda de la misma.

Operaciones en la Pila

A continuación, se describe la notación que se empleará para representar las operaciones que se permiten en un autómata de pila para el reconocimiento de un lenguaje, las cuales pueden ser:

$A \rightarrow A$ Denota que, si en la cima de la pila se encuentra el símbolo A, éste no cambia.

$A \rightarrow B$ Denota que, si en la cima de la pila se encuentra el símbolo A, éste se reemplaza por el símbolo B, la altura de la pila no se altera.

$A \rightarrow \varepsilon$ Denota que, si en la cima de la pila se encuentra el símbolo A, éste se deberá desapilar, disminuyendo la altura de la pila. (Equivale a reemplazarlo por la cadena vacía)

$A \rightarrow wA$ Denota que, si en la cima de la pila se encuentra el símbolo A, se apilará sobre éste a la cadena w, que puede estar formada por varios símbolos de la pila.

Función de transición de un APD

Las acciones por realizar de un **APD** se representan por medio de transiciones definidas por la siguiente función δ: $Q \times (\Sigma \cup \varepsilon) \times \Gamma \rightarrow Q \times \Gamma^*$. Esto significa que para que ocurra una transición es necesario indicar el estado actual en que se encuentra el **APD**, el símbolo de entrada y el símbolo en la cima de la pila. La combinación de estos tres elementos corresponde a una configuración, y cuando es posible provoca a un cambio de estado y realiza cierta operación sobre la pila, tal como se describe en los siguientes ejemplos:

La transición $\delta(q_1, \mathbf{a}, A) = (q_2, \varepsilon)$ se aplica cuando el **APD** se encuentra en el estado q_1, tiene el símbolo de entrada $\mathbf{a}$ y el símbolo A se encuentra en la cima de la pila, entonces se realiza el cambio del estado q_1 al estado q_2 y se quita el símbolo A de la cima de la pila.

La transición $\delta(q_2, \mathbf{a}, A) = (q_1, A)$ cambia del estado q_2 al q_1 con el símbolo de entrada $\mathbf{a}$, cuando el símbolo de la cima de la pila sea una A, el cual permanece.

Y la transición $\delta(q_3, \mathbf{a}, A) = (q_1, BA)$ cambia del estado q_3 al q_1 con el símbolo de entrada $\mathbf{a}$, cuando el símbolo de la cima de la pila sea una A, y apilando una B sobre el símbolo A.

Definición de APD

Formalmente se define a un Autómata de Pila Determinista como el siguiente septeto: $M = (Q, \Sigma, \Gamma, s, F, Z, \delta)$; en donde Q es el conjunto de estados, Σ es el alfabeto de entrada, Γ es el alfabeto de la Pila, s es el estado inicial, F es el conjunto de estados de aceptación, Z es el símbolo inicial de la pila y δ es el conjunto de Reglas de Transición.

El determinismo se establece cuando existe *cuando mucho* una transición aplicable para cada configuración posible, esto es, puede haber configuraciones que provoquen la parada del **APD** y el rechazo de la cadena, debido a que no existan transiciones posibles, pero no existen configuraciones en las cuales existan varias transiciones factibles.

Ejemplo 1

Sea el **APD** definido por: $Q = \{ q_0, q_1, q_A \}$, $\Sigma = \{ \mathbf{a}, \mathbf{b} \}$, $\Gamma = \{ A, Z \}$, $F = \{q_A\}$, $s = q_0$ y δ está dado por las siguientes transiciones:

$$\delta(q_0, \mathbf{a}, Z) = (q_0, AZ) \qquad \delta(q_0, \mathbf{a}, A) = (q_0, AA)$$
$$\delta(q_0, \mathbf{b}, A) = (q_1, \varepsilon) \qquad \delta(q_1, \mathbf{b}, A) = (q_1, \varepsilon)$$
$$\delta(q_1, \varepsilon, Z) = (q_A, \varepsilon)$$

Una cadena *w* será aceptada por este **APD** siempre que sea posible llegar al estado de aceptación q_A al mismo tiempo que se agota la cadena, no es necesario que se vacíe la pila, aunque si es recomendable hacerlo. Si el autómata se detiene en cualquier otro estado, por no existir una transición disponible, o se llega al estado de aceptación sin haber agotado la cadena, ésta será rechazada, ya que el estado de aceptación no tiene ninguna transición que salga de él.

Gráficamente el **APD** anterior se puede representar por medio del diagrama de transiciones mostrado en la figura 5.5, donde cada una de las transiciones involucra un símbolo de entrada y una acción sobre la pila:

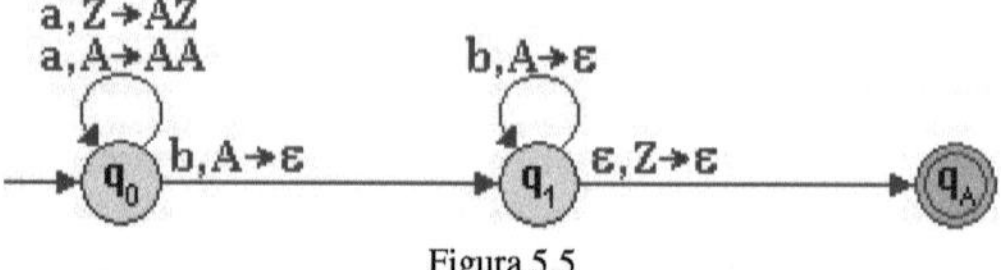

Figura 5.5

Si se analiza detalladamente el funcionamiento del **APD** anterior, se puede observar que se apila un símbolo A por cada símbolo de entrada **a**, después, al encontrar un símbolo de entrada **b**, cambia de estado a q_1 quitando un símbolo A de la pila. En el estado q_1 continúa desapilando un símbolo A por cada **b** de entrada, hasta que eventualmente se encuentra con el símbolo inicial de la pila, lo que provoca una transición épsilon al estado q_A, y si se hubo agotado la cadena, ésta es aceptada, de este análisis se puede deducir que este **APD** acepta las cadenas del lenguaje siguiente: $L = \{ \ \mathbf{a^n b^n} \mid n > 0 \ \}$

El autómata pasa por distintas fases instantáneas, del mismo modo que los cuadros de una película, en la siguiente figura se ilustra la secuencia de pasos en la que la cadena $w = \mathbf{aabb}$ es procesada por este autómata, hasta alcanzar una configuración de aceptación:

Estado: q_0	Estado: q_0	Estado: q_0	Estado: q_1	Estado: q_1	Estado: q_A
Cadena: aabb	Cadena: abb	Cadena: bb	Cadena: b	Cadena: ε	Cadena: ε
Pila: Z	Pila: AZ	Pila: AAZ	Pila: AZ	Pila: Z	Pila: ε

Figura 5.6

Cada una de las fases se describe por medio de la combinación de los tres elementos del Autómata: el estado actual, el resto de la cadena sin analizar, indicando el símbolo actual de entrada y la cadena que forma la pila, señalando el símbolo ubicado en la cima de la pila.

En notación más compacta y práctica se hace uso del símbolo $\vdash$ para denotar el paso entre dos descripciones instantáneas consecutivas, de este modo se puede mostrar cómo procesa el autómata a la cadena anterior pasando por cada una de las distintas fases instantáneas hasta alcanzar la configuración de aceptación:

$(q_0, \underline{\mathbf{a}}\mathbf{abb}, \underline{Z}) \vdash (q_0, \underline{\mathbf{a}}\mathbf{bb}, \underline{A}Z) \vdash (q_0, \underline{\mathbf{b}}\mathbf{b}, \underline{A}AZ) \vdash (q_1, \underline{\mathbf{b}}, \underline{A}Z) \vdash (q_1, \varepsilon, \underline{Z}) \vdash (q_A, \varepsilon, \varepsilon)$

Las cadenas $w_1 = \mathbf{aab}$, $w_2 = \mathbf{abab}$ y $w_3 = \mathbf{abb}$, no pertenecen al lenguaje $\mathbf{a^n b^n}$, por lo que no deben ser aceptadas por este autómata, en el primer caso, aunque se agota la cadena, el autómata se detiene en q_1, y no puede ser aceptada, mientras que en los otros dos casos se alcanza el estado q_A, pero no se agota la cadena, tal como se ilustra por medio de sus respectivas descripciones instantáneas:

- $(q_0, \underline{\mathbf{a}}\mathbf{ab}, \underline{Z} \ ) \vdash (q_0, \underline{\mathbf{a}}\mathbf{b}, \underline{A}Z \ ) \vdash (q_0, \underline{\mathbf{b}}, \underline{A}AZ) \vdash (q_1, \varepsilon, \underline{A}Z \ )$
- $(q_0, \underline{\mathbf{a}}\mathbf{bab}, \underline{Z} \ ) \vdash (q_0, \underline{\mathbf{b}}\mathbf{ab}, \underline{A}Z \ ) \vdash (q_1, \underline{\mathbf{a}}\mathbf{b}, \underline{Z} \ ) \vdash (q_A, \underline{\mathbf{a}}\mathbf{b}, \varepsilon \ )$
- $(q_0, \underline{\mathbf{a}}\mathbf{bb}, \underline{Z} \ ) \vdash (q_0, \underline{\mathbf{b}}\mathbf{b}, \underline{A}Z \ ) \vdash (q_1, \underline{\mathbf{b}}, \underline{Z} \ ) \vdash (q_A, \underline{\mathbf{b}}, \varepsilon \ )$

Un **APD** que solamente apila y desapila una vez le se llama **APD** *de Una Vuelta*, y sirve para reconocimiento de lenguajes generados por *Gramáticas Lineales*, es decir, de aquellas que contienen cuando mucho un Símbolo No Terminal en cada una de sus producciones.

La clase de Gramáticas Regulares se considera un subconjunto de la clase de Gramáticas Lineales, como se verá en el siguiente ejemplo.

Ejemplo 2

Construir un **APD** que reconozca las cadenas pertenecientes al lenguaje regular $L = \{ \mathbf{a^n b} \mid n \geq 0 \}$

El **APD** requerido estará dado por: $Q = \{ q_0, q_A \}$, $\Sigma = \{ \mathbf{a}, \mathbf{b} \}$, $\Gamma = \{Z\}$, $s = q_0$, $F = \{ q_A \}$ y las transiciones siguientes:

$$\delta(q_0, \mathbf{a}, Z) = (q_0, Z) \qquad\qquad \delta(q_0, \mathbf{b}, Z) = (q_A, \varepsilon)$$

El cual se muestra en la figura 5.7:

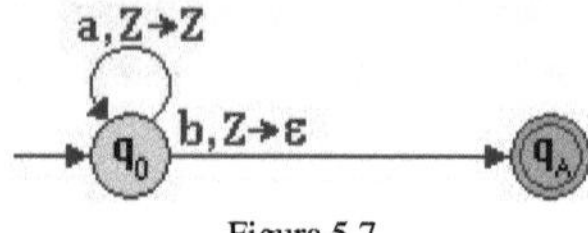

Figura 5.7

Dado que el lenguaje es regular, no requiere realizar ninguna operación en la pila, aunque en ocasiones se puede utilizar la pila para reducir el número de estados necesarios en un **AFD**.

Ejemplo 3

En la figura 5.8 se muestra un **APD** que reconoce el lenguaje regular: $L = \mathbf{a^+ b^+ c}$ mediante operaciones en la pila.

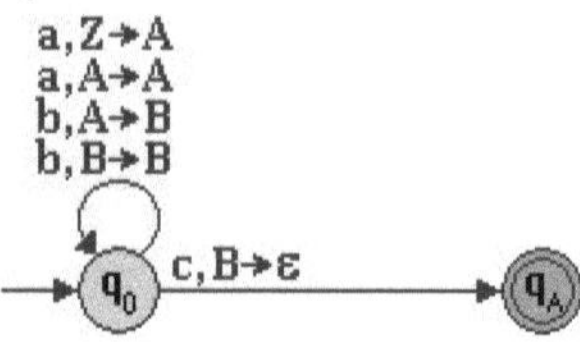

Figura 5.8

Este autómata requiere que inicialmente exista una **a**, y reemplaza la Z de la pila por una A, después puede haber cualquier cantidad de **a**s, hasta que aparezca una **b**, entonces se cambia el símbolo de la pila por una B, a continuación puede aceptarse cualquier cantidad de **b**s, finalmente debe existir una **c**, como condición necesaria para que la cadena sea aceptada.

Ejemplo 4

Construir un **APD** que acepte las cadenas del Lenguaje L = {$wcw^R|w \in$ {**a**, **b**}*},
entonces considere que: Q = {q_0, q_1, q_A}, Σ = { **a**, **b**, **c** }, Γ = { A, B, Z }, F = {q_A},
s = q_0 y las transiciones siguientes:

$$\delta(q_0, \mathbf{a}, Z) = (q_0, AZ) \qquad \delta(q_0, \mathbf{b}, Z) = (q_0, BZ)$$
$$\delta(q_0, \mathbf{a}, A) = (q_0, AA) \qquad \delta(q_0, \mathbf{b}, A) = (q_0, BA)$$
$$\delta(q_0, \mathbf{a}, B) = (q_0, AB) \qquad \delta(q_0, \mathbf{b}, B) = (q_0, BB)$$
$$\delta(q_0, \mathbf{c}, Z) = (q_1, Z) \qquad \delta(q_0, \mathbf{c}, A) = (q_1, A)$$
$$\delta(q_0, \mathbf{c}, B) = (q_1, B) \qquad \delta(q_1, \mathbf{a}, A) = (q_1, \varepsilon)$$
$$\delta(q_1, \mathbf{b}, B) = (q_1, \varepsilon) \qquad \delta(q_1, \varepsilon, Z) = (q_A, \varepsilon)$$

Este **APD** *de Una Vuelta* trabaja de la siguiente manera, primero apila una A
por cada **a** y una B por cada **b** de la cadena *w*, al encontrar la **c** cambia de estado sin
modificar la pila, y después, desapila una A por cada **a** y una B por cada **b** de la
cadena w^R, hasta agotar la cadena y volver a encontrar el símbolo inicial de la pila,
tal como se muestra en la figura 5.9.

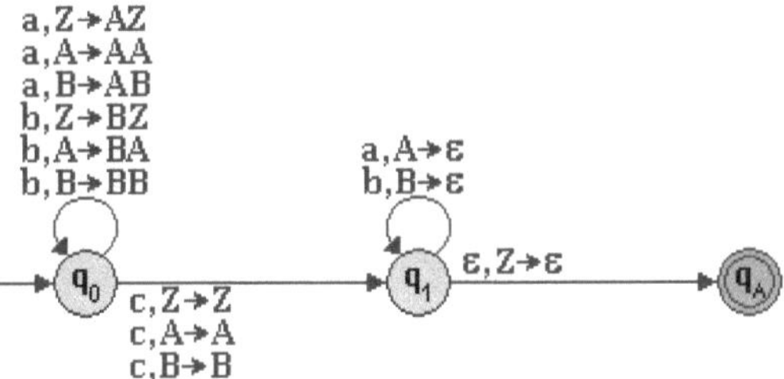

Figura 5.9

Una cadena aceptada por este autómata sería *w* = **abbcbba**, la cual pasa por las
siguientes fases instantáneas:

(q_0, **a**bbcbba, Z) ⊢ (q_0, **b**bcbba, AZ) ⊢ (q_0, **b**cbba, BAZ) ⊢ (q_0, **c**bba, BBAZ)
⊢ (q_1, **b**ba, BBAZ) ⊢ (q_1, **b**a, BAZ) ⊢ (q_1, **a**, AZ) ⊢ (q_1, ε, Z) ⊢ (q_A, ε, ε)

Si la cadena no es palíndroma, entonces el **APD** se detendrá en q_1 por alguno de
los siguientes motivos: que no coincida el símbolo de entrada con el esperado en la
cima de la pila o que se agote la cadena sin encontrar Z en la pila, también se puede
rechazar alcanzando q_A pero sin haber agotado la cadena. Además, si no aparece el
símbolo **c** en la cadena, el **APD** nunca podrá pasar al estado q_1.

Ejemplo 5

Construir un **APD** que acepte las cadenas del Lenguaje siguiente: $L = \{\ a^m b^n\ |\ m > n > 0\ \}$, entonces se tiene que: $Q = \{q_0, q_1, q_A\}$, $\Sigma = \{a, b\}$, $\Gamma = \{A, Z\}$, $s = q_0$, $F = \{q_A\}$ y las transiciones siguientes:

$$\Delta(q_0, \mathbf{a}, Z) = (q_0, AZ) \qquad \Delta(q_0, \mathbf{a}, A) = (q_0, AA)$$
$$\Delta(q_0, \mathbf{b}, A) = (q_1, \varepsilon) \qquad \Delta(q_1, \mathbf{b}, A) = (q_1, \varepsilon)$$
$$\Delta(q_1, \varepsilon, A) = (q_A, \varepsilon)$$

El autómata resultante es no determinista, puesto que en q_1 hay dos transiciones posibles, una que lee el símbolo **b**, mientras desapila una A, permaneciendo en ese estado, y la otra que sin leer ninguna entrada se pasa al estado q_A, desapilando una A, tal como se muestra en la siguiente figura:

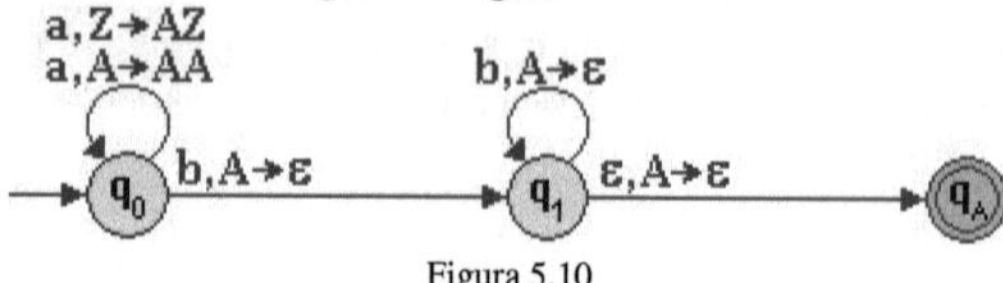

Figura 5.10

No es necesario desapilar todas las As que haya en exceso en la pila, basta con asegurarse que al menos exista una A para garantizar que se cumple la desigualdad y poder acceder al estado de aceptación q_A, pero esto solamente es válido cuando se ha agotado la cadena, ya que, como se dijo antes, en el estado de aceptación no hay transiciones.

No-determinismo removible

El No Determinismo del ejemplo anterior es *removible*, ya que en casos como este, se puede utilizar un pequeño truco para construir un **APD** equivalente, consistente en agregar al final de la cadena un símbolo especial (\$), que sirve precisamente para indicar que se ha alcanzado el final de la cadena, en este caso las transiciones se redefinirían como sigue:

$$\delta(q_0, \mathbf{a}, Z) = (q_0, AZ) \qquad \delta(q_0, \mathbf{a}, A) = (q_0, AA)$$
$$\delta(q_0, \mathbf{b}, A) = (q_1, \varepsilon) \qquad \delta(q_1, \mathbf{b}, A) = (q_1, \varepsilon)$$
$$\delta(q_1, \$, A) = (q_A, \varepsilon)$$

Y el **APD** modificado queda como se muestra en la figura a continuación:

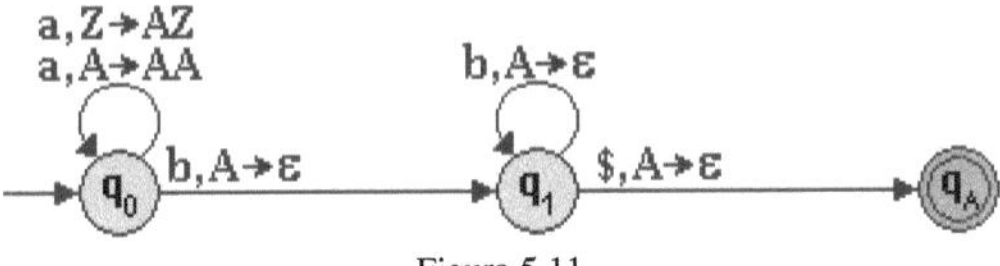

Figura 5.11

De esta manera, el reconocimiento de la cadena w = **aaab**, se convierte en la aceptación de la cadena **aaab$**, como se muestra con las descripciones instantáneas a continuación:

$$(q_0, \underline{a}aab\$, \underline{Z}) \vdash (q_0, \underline{a}ab\$, \underline{A}Z) \vdash (q_0, \underline{a}b\$, \underline{A}AZ) \vdash (q_0, \underline{b}\$, \underline{A}AAZ) \vdash$$
$$(q_1, \underline{\$}, \underline{A}AZ) \vdash (q_A, \underline{\varepsilon}, \underline{A}Z)$$

Ejemplo 6

Construir un **APD**, para reconocer el lenguaje siguiente:

$$L = \{ \mathbf{a^m b^n} \mid n > m > 0 \}.$$

La solución es muy semejante al anterior, pero con la diferencia que se debe encontrar al símbolo Z antes de agotar la cadena, cuando esto sucede, se pasa al estado q_2, para agotar ahí la cadena, sin modificar la pila, antes de pasar al estado de aceptación q_A, por medio del símbolo de fin de cadena. Las transiciones necesarias son:

$$\delta(q_0, \mathbf{a}, Z) = (q_0, AZ) \qquad \delta(q_0, \mathbf{a}, A) = (q_0, AA)$$
$$\delta(q_0, \mathbf{b}, A) = (q_1, \varepsilon) \qquad \delta(q_1, \mathbf{b}, A) = (q_1, \varepsilon)$$
$$\delta(q_1, \mathbf{b}, Z) = (q_2, Z) \qquad \delta(q_2, \mathbf{b}, Z) = (q_2, Z)$$
$$\delta(q_2, \$, Z) = (q_A, \varepsilon)$$

Y el **APD** queda como se muestra en la figura a continuación:

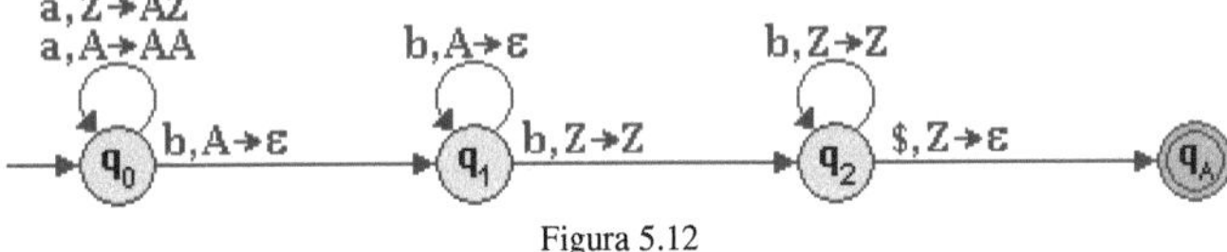

Figura 5.12

Una cadena aceptada por este autómata sería w = **abbb**, la cual se convierte en $w' = w\$ = $ **abbb$**, y su análisis pasa por la siguiente secuencia de fases instantáneas:

$$(q_0, \underline{a}bbb\$, \underline{Z}) \vdash (q_0, \underline{b}bb\$, \underline{A}Z) \vdash (q_1, \underline{b}b\$, \underline{Z}) \vdash (q_2, \underline{b}\$, \underline{Z}) \vdash (q_2, \underline{\$}, \underline{Z}) \vdash (q_A, \varepsilon, \varepsilon)$$

Ejemplo 7

Construir un **APD** que acepte al lenguaje: $L = \{\ w \in \{\textbf{a}, \textbf{b}\}^* \mid N_a(w) = N_b(w)\ \}$. La solución está dada por: $Q = \{\ q_0, q_A\ \}$, $\Sigma = \{\ \textbf{a}, \textbf{b}\ \}$, $\Gamma = \{\ A, B, Z\ \}$, $F = \{\ q_A\ \}$, $s = q_0$ y las transiciones siguientes:

$$\delta(q_0, \textbf{a}, Z) = (q_0, AZ) \qquad \delta(q_0, \textbf{a}, A) = (q_0, AA)$$
$$\delta(q_0, \textbf{b}, Z) = (q_0, BZ) \qquad \delta(q_0, \textbf{b}, B) = (q_0, BB)$$
$$\delta(q_0, \textbf{b}, A) = (q_0, \varepsilon) \qquad \delta(q_0, \textbf{a}, B) = (q_0, \varepsilon)$$
$$\delta(q_0, \$, Z) = (q_A, \varepsilon)$$

Este **APD** trabaja de la siguiente manera, primero apila una A por cada **a**, pero si el símbolo en la cima de la pila es una B, entonces la desapila. Si el símbolo de entrada es una **b**, entonces apila una B, excepto cuando el símbolo en la cima es una A, porque entonces la desapila.

Cada vez que se encuentra Z en la cima de la pila significa que la parte de la cadena que ya fue analizada contiene la misma cantidad de **a**s que de **b**s. Con una transición épsilon, este autómata podría pasar al estado q_1 cada vez que la Z esté en la cima de la pila, sin embargo, solamente interesa cambiar de estado cuando la cadena se agote y por eso se utiliza el símbolo de fin de cadena para acceder al estado q_A cuando también se encuentre el símbolo Z en la cima de la pila, y aceptar la cadena.

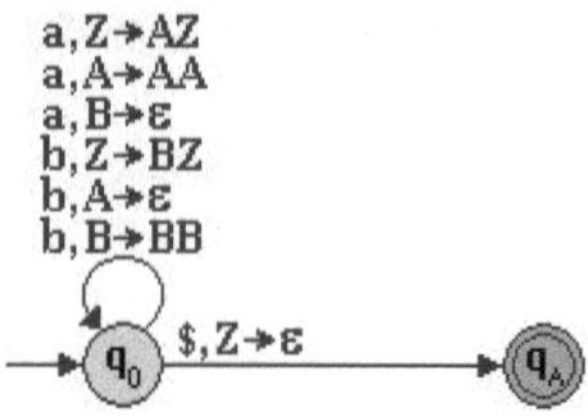

Figura 5.13

Una cadena aceptada por este autómata sería $w = \textbf{abba}$, la cual se convierte en $w' = \textbf{abba}\$$, y su análisis pasa por la siguiente secuencia de fases instantáneas:

$$(q_0, \underline{\textbf{a}}\text{bba}\$,\underline{Z}) \vdash (q_0, \underline{\textbf{b}}\text{ba}\$,\underline{A}Z) \vdash (q_0, \underline{\textbf{b}}\text{a}\$,\underline{Z}) \vdash (q_0, \underline{\textbf{a}}\$,\underline{B}Z) \vdash (q_0, \underline{\$},\underline{Z}) \vdash (q_A, \varepsilon, \varepsilon)$$

APD complemento

Dado M un **APD** que acepta a L(M), se puede construir un **APD** M', tal que acepte a L^C, agregando las transiciones necesarias hacia un estado de rechazo, de modo que queden definidas las transiciones todas las configuraciones posibles e intercambiando el estado de aceptación por el de no-aceptación y viceversa. Para ello es recomendable el empleo del símbolo de fin de cadena.

Ejemplo

Construya un **APD** para el lenguaje complemento de L = { $a^n b^n \mid n > 0$}, a partir del **APD** mostrado en la figura 5.5:

$\delta(q_0, \mathbf{a}, Z) = (q_0, AZ)$
$\delta(q_0, \mathbf{a}, A) = (q_0, AA)$
$\delta(q_0, \mathbf{b}, A) = (q_1, \varepsilon)$
$\delta(q_1, \mathbf{b}, A) = (q_1, \varepsilon)$
$\delta(q_1, \$, Z) = (q_R, \varepsilon)$ – Ahora esta transición conduce al estado de rechazo.

A las transiciones anteriores se les debe agregar todas las transiciones necesarias para ir hacia los estados q_3 y a q_A (el nuevo estado de aceptación).

En el estado q_3 se agregan las transiciones necesarias para agotar las cadenas que van a ser aceptadas por M', es decir, las que serían rechazadas por M:

$\delta(q_0, \mathbf{b}, Z) = (q_3, Z)$	$\delta(q_1, \mathbf{a}, A) = (q_3, \varepsilon)$
$\delta(q_1, \mathbf{a}, Z) = (q_3, Z)$	$\delta(q_1, \mathbf{b}, Z) = (q_3, Z)$
$\delta(q_3, \mathbf{a}, A) = (q_3, \varepsilon)$	$\delta(q_3, \mathbf{b}, A) = (q_3, \varepsilon)$
$\delta(q_3, \mathbf{a}, Z) = (q_3, Z)$	$\delta(q_3, \mathbf{b}, Z) = (q_3, Z)$

A q_A se llega al encontrar el símbolo de fin de cadena, sin necesidad de vaciar la pila en caso de que sobren As:

$\delta(q_0, \$, A) = (q_A, \varepsilon)$	$\delta(q_0, \$, Z) = (q_A, \varepsilon)$
$\delta(q_1, \$, A) = (q_A, \varepsilon)$	$\delta(q_3, \$, Z) = (q_A, \varepsilon)$
$\delta(q_3, \$, Z) = (q_A, \varepsilon)$	

Recuerde que el estado q_R es el estado de rechazo y se puede eliminar. Aun así, trazar el diagrama de transiciones de este **APD** resulta bastante confuso debido a la gran cantidad de transiciones que contiene, incluso al haber omitido el estado de rechazo q_R, tal como se observa en la figura 5.14:

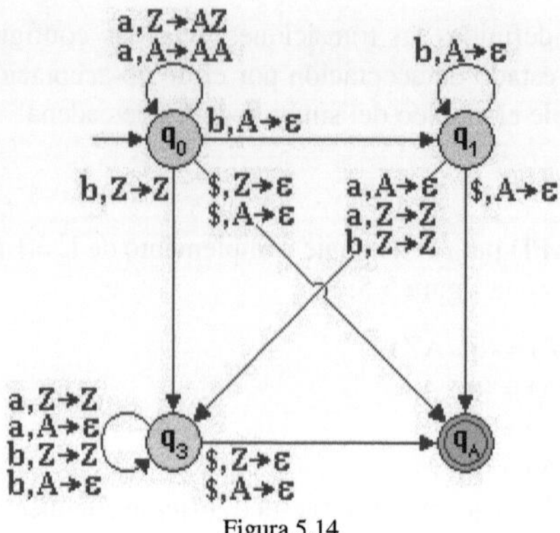

Figura 5.14

Autómata de pila no determinista

Un Autómata de Pila No Determinista es la septeta $M = (Q, \Sigma, \Gamma, s, F, Z, \Delta)$, que contiene dos o más transiciones definidas para una configuración dada. Las transiciones para este tipo de autómatas provienen de la siguiente función de transición Δ: $Q \times (\Sigma \cup \varepsilon) \times \Gamma \to 2^{Q \times \Gamma^*}$. Los autómatas de este tipo son más poderosos que los **APD**s, por lo que permiten el reconocimiento de algunos lenguajes que no pueden ser identificados por medio de ningún **APD**.

Debido a esto, los **LIC**s se subdividen en dos subclases, por un lado a los lenguajes que pueden ser reconocidos por algún **APD** se les identifica como **LICD**s, mientras que a los lenguajes que no pueden ser reconocidos por ningún **APD** y que requieren necesariamente de un **APN** para su análisis, se les designa como **LICN**s. Para mostrar que un **APN** resulta un dispositivo más poderoso, considere el siguiente caso:

Ejemplo 1

Resulta imposible construir un **APD** que acepte el $L = \{\ ww^R \mid w \in \{\ \mathbf{a}, \mathbf{b}\ \}^*\ \}$, entonces considere como alternativa al **APN**, donde: $Q = \{\ q_0, q_1, q_A\ \}$, $\Sigma = \{\mathbf{a}, \mathbf{b}\}$, $\Gamma = \{\ A, B, Z\ \}$, $F = \{q_A\}$, $s = q_0$ y las transiciones siguientes:

$$\Delta(q_0, \mathbf{a}, Z) = (q_0, AZ) \qquad \Delta(q_0, \mathbf{b}, Z) = (q_0, BZ)$$
$$\Delta(q_0, \mathbf{a}, A) = (q_0, AA) \qquad \Delta(q_0, \mathbf{b}, A) = (q_0, BA)$$
$$\Delta(q_0, \mathbf{a}, B) = (q_0, AB) \qquad \Delta(q_1, \mathbf{b}, B) = (q_1, BB)$$

$$\Delta(q_0, \varepsilon, Z) = (q_1, Z) \qquad \Delta(q_0, \varepsilon, A) = (q_1, A)$$
$$\Delta(q_0, \varepsilon, B) = (q_1, B) \qquad \Delta(q_1, \mathbf{a}, A) = (q_1, \varepsilon)$$
$$\Delta(q_1, \mathbf{b}, B) = (q_1, \varepsilon) \qquad \Delta(q_1, \varepsilon, Z) = (q_A, \varepsilon)$$

Este **APN**, cuyo diagrama de transiciones se muestra en la figura 5.15, es casi idéntico al **APD** presentado en un ejemplo anterior, sin embargo, tiene las transiciones épsilon que le permiten pasar del estado q_0 al q_1 de forma no determinista.

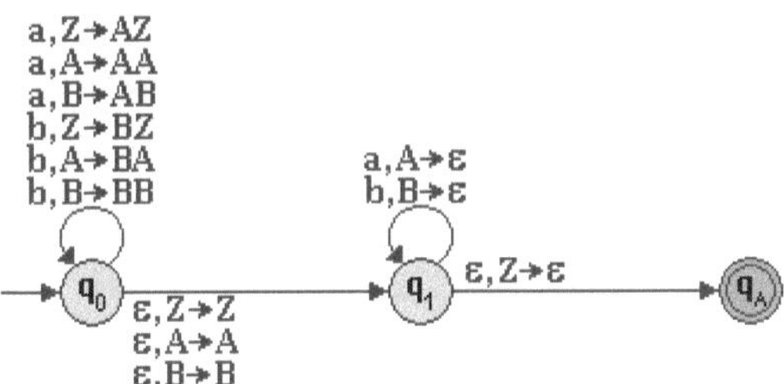

Figura 5.15

Por ejemplo, la cadena $w = \mathbf{abba}$, pertenece al lenguaje referido y por tanto debe ser aceptada por el autómata, en la siguiente figura se representa este proceso, y se puede observar que existen múltiples trayectorias posibles, en la mayoría de los casos no se vacía la pila o no se agota la cadena, u ocurren ambas cosas; sin embargo, existe un camino en el que cumplen ambas condiciones, se vacía la pila y se agota la cadena, por lo tanto ésta es aceptada por el **APN**.

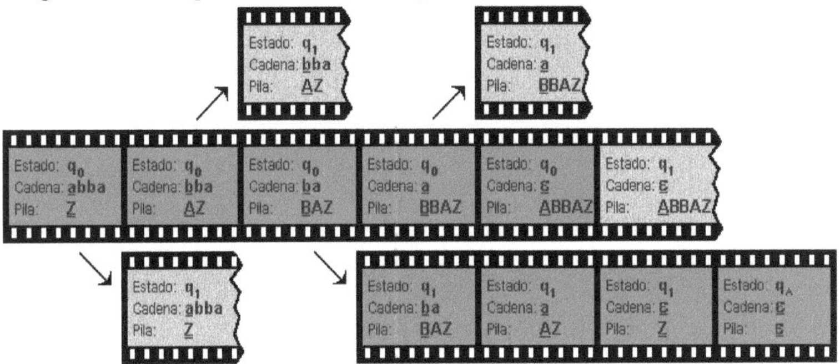

Figura 5.16

Obtención de las GICs

Ahora se procederá a obtener una **GIC** que genere el lenguaje aceptado por un **AP** dado. Esta gramática se definirá con símbolos no terminales de la forma $[q_iAq_j]$, con objeto de señalar la referencia de las transiciones de donde proceden. Para aplicar esta metodología, es necesario que trate de un **APD** o un **APN** que debe vaciar la pila al llegar al estado de aceptación, el cual deberá ser único.

En caso de que no se cumpla alguna de estas condiciones, se deberá modificar al autómata a una forma equivalente que las satisfaga, agregándole las transiciones, símbolos No Terminales y estados que se requieran. Los criterios básicos son:

- El símbolo inicial de la **GIC** es: $S = [q_0Zq_A]$, donde q_0 es el estado inicial, Z es el símbolo inicial de la pila y q_A es el estado de aceptación.
- Las transiciones de la forma: $\Delta(q_i, \mathbf{a}, A) = (q_j, \varepsilon)$, generan producciones de la forma: $[q_iAq_j] \rightarrow \mathbf{a}$
- Las transiciones de la forma: $\Delta(q_i, \mathbf{a}, A) = (q_j, B)$, dan producciones de la forma: $[q_iAq_m] \rightarrow \mathbf{a}[q_jBq_m]$, para algún estado $q_m \in Q$ por determinar.
- Las transiciones de la forma: $\Delta(q_i, \mathbf{a}, A) = (q_j, BC)$, dan producciones de la forma: $[q_iAq_m] \rightarrow \mathbf{a}[q_jBq_n]\,[q_nCq_m]$, para algunos estados q_n y q_m por determinar.

Ejemplo 1

Construir la **GIC** que genere el lenguaje $L = \{\ \mathbf{a}^n\mathbf{b}^n \mid n > 0\ \}$, y que es aceptado por el **APD** mostrado en la figura 5.5.

Para iniciar el proceso, primero se consideran las transiciones que desapilan:

$$\delta(q_0, \mathbf{b}, A) = (q_1, \varepsilon)$$
$$\delta(q_1, \mathbf{b}, A) = (q_1, \varepsilon)$$
$$\delta(q_1, \varepsilon, Z) = (q_A, \varepsilon)$$

Se encuentra que estas transiciones originan las producciones siguientes:

$$[q_0Aq_1] \rightarrow \mathbf{b}$$
$$[q_1Aq_1] \rightarrow \mathbf{b}$$
$$[q_1Zq_A] \rightarrow \varepsilon$$

Continuando con las transiciones que apilan, a saber:

$$\delta(q_0, \mathbf{a}, Z) = (q_0, AZ)$$
$$\delta(q_0, \mathbf{a}, A) = (q_0, AA)$$

Se observa que estas transiciones producen las siguientes expresiones:

$$[q_0Zq_m] \rightarrow \mathbf{a}[q_0Aq_n] \, [q_nZq_m]$$
$$[q_0Aq_m] \rightarrow \mathbf{a}[q_0Aq_n] \, [q_nAq_m]$$

Para algunos estados q_n y q_m por determinar, se requiere encontrar los valores de n y m para los que se obtienen transiciones útiles, para ello se toman en cuenta a las producciones anteriormente obtenidas y hay que fijarse en el primer corchete del lado derecho de la producción:

Para el primer caso, dado que existe $[q_0Aq_1]$, se puede deducir que n = 1, y dado que también existe $[q_1Zq_A]$, se concluye que m = A, quedando por consiguiente:

$$[q_0Zq_A] \rightarrow \mathbf{a}[q_0Aq_1] \, [q_1Zq_A]$$

Para el segundo caso, dado que existe $[q_0Aq_1]$, entonces se tiene que n = 1, y dado que también existe $[q_1Aq_1]$, resulta que m = 1, quedando:

$$[q_0Aq_1] \rightarrow \mathbf{a}[q_0Aq_1] \, [q_1Aq_1]$$

Ahora ya se tienen las cinco producciones, como último paso, es recomendable hacer un cambio de variables como por ejemplo, reemplazar a $[q_0Zq_A]$ por S, $[q_0Aq_1]$ por A, $[q_1Aq_1]$ por B y $[q_1Zq_A]$ por C, resultando que la gramática queda definida por las siguientes producciones:

$$S \rightarrow \mathbf{aAC}$$
$$A \rightarrow \mathbf{b} \mid \mathbf{aAB}$$
$$B \rightarrow \mathbf{b}$$
$$C \rightarrow \varepsilon$$

Y reemplazando a las últimas dos producciones, la gramática equivalente se reduce a:

$$S \rightarrow \mathbf{aA}$$
$$A \rightarrow \mathbf{b} \mid \mathbf{aAb}$$

Por ejemplo, si se aplica la gramática precedente para realizar la generación de la cadena $w = \mathbf{aabb}$, se tiene la siguiente derivación:

$$S \Rightarrow \mathbf{aA} \Rightarrow \mathbf{aaAb} \Rightarrow \mathbf{aabb}$$

Ejemplo 2

Obtener una gramática que genere el lenguaje que es aceptado por el **APD** definido por: $Q = \{ q_0, q_1, q_A \}$, $s = q_0$, $\Sigma = \{ \mathbf{a}, \mathbf{b} \}$, $\Gamma = \{ A, Z \}$, $F = \{ q_A \}$, donde δ está dado por:

$$\delta(q_0, \mathbf{a}, Z) = (q_0, AZ) \qquad \delta(q_0, \mathbf{b}, A) = (q_0, AA)$$
$$\delta(q_0, \mathbf{a}, A) = (q_1, \varepsilon) \qquad \delta(q_1, \varepsilon, A) = (q_1, \varepsilon)$$
$$\delta(q_1, \varepsilon, Z) = (q_A, \varepsilon)$$

Para las transiciones que desapilan se tienen las siguientes producciones:

$$[q_0 A q_1] \to \mathbf{a}$$
$$[q_1 A q_1] \to \varepsilon$$
$$[q_1 Z q_A] \to \varepsilon$$

Y para las transiciones que apilan, resultan las siguientes producciones:

$$[q_0 Z q_A] \to \mathbf{a}[q_0 A q_1] \, [q_1 Z q_A]$$
$$[q_0 A q_1] \to \mathbf{b}[q_0 A q_1] \, [q_1 A q_1]$$

Reemplazando $[q_0 Z q_A]$ por S, que es el símbolo inicial, $[q_0 A q_1]$ por A, $[q_1 A q_1]$ por B y $[q_1 Z q_A]$ por C se tiene:

$$S \to \mathbf{a}AC$$
$$A \to \mathbf{b}AB \mid \mathbf{a}$$
$$B \to \varepsilon$$
$$C \to \varepsilon$$

Y eliminando las producciones épsilon, resulta la siguiente gramática regular:

$$S \to \mathbf{a}A$$
$$A \to \mathbf{b}A \mid \mathbf{a}$$

Usando esta gramática para la generación de la cadena $w = \mathbf{abba}$, se tiene:

$$S \Rightarrow \mathbf{a}A \Rightarrow \mathbf{ab}A \Rightarrow \mathbf{abb}A \Rightarrow \mathbf{abba}$$

Resulta interesante observar que las gramáticas obtenidas por esta técnica se encuentran en la **FNG**, esto facilita enormemente la generación de las cadenas correspondientes al lenguaje en cuestión, como se puede apreciar en los dos ejemplos previos.

Ejemplo 3

Obtener una **GIC** que genere el lenguaje aceptado por el **APN** definido por:
$Q = \{ q_0, q_1, q_A \}$, $F = \{ q_A \}$, $\Sigma = \{ \mathbf{a}, \mathbf{b} \}$, $\Gamma = \{ A, Z \}$, $s = q_0$ y donde Δ dado por:

$$\Delta(q_0, \mathbf{a}, Z) = (q_0, AZ) \qquad \Delta(q_0, \mathbf{b}, Z) = (q_0, Z)$$
$$\Delta(q_0, \mathbf{a}, A) = \{ (q_0, \varepsilon), (q_0, AA) \} \qquad \Delta(q_0, \mathbf{b}, A) = \{ (q_0, A), (q_1, A) \}$$
$$\Delta(q_1, \mathbf{a}, A) = (q_1, \varepsilon) \qquad \Delta(q_1, \mathbf{b}, A) = (q_1, A)$$
$$\Delta(q_1, \varepsilon, Z) = (q_A, \varepsilon)$$

Ahora se procede a encontrar las producciones correspondientes a las transiciones que desapilan:

$$[q_0Aq_0] \to \mathbf{a}$$
$$[q_1Aq_1] \to \mathbf{a}$$
$$[q_1Zq_A] \to \varepsilon$$

Se sigue con las transiciones que no alteran la pila, la primera de ellas pendiente de definir, pues no hay ningún símbolo no terminal con prefijo q_0Z:

$$[q_0Zq_m] \to \mathbf{b}[q_0Zq_m]$$

Para las transiciones que llevan al estado q_1, se tiene:

$$[q_0Aq_1] \to \mathbf{b}[q_1Aq_1]$$
$$[q_1Aq_1] \to \mathbf{b}[q_1Aq_1]$$

Por último, para la transición que permanece en el estado q_0, resultan dos alternativas:

$$[q_0Aq_0] \to \mathbf{b}[q_0Aq_0]$$
$$[q_0Aq_1] \to \mathbf{b}[q_0Aq_1]$$

Y para las transiciones que apilan, se tiene que también resultan dos posibles alternativas para el primer caso y otras tres para el segundo:

$$[q_0Zq_A] \to \mathbf{a}[q_0Aq_1]\,[q_1Zq_A]$$
$$[q_0Zq_A] \to \mathbf{a}[q_0Aq_0]\,[q_0Zq_A]$$
$$[q_0Aq_0] \to \mathbf{a}[q_0Aq_0]\,[q_0Aq_0]$$
$$[q_0Aq_1] \to \mathbf{a}[q_0Aq_1]\,[q_1Aq_1]$$
$$[q_0Aq_1] \to \mathbf{a}[q_0Aq_0]\,[q_0Aq_1]$$

Además, con estos resultados ya se puede definir el valor de m para la producción que quedó pendiente:

$$[q_0 Z q_A] \to \mathbf{b}[q_0 Z q_A]$$

Finalmente, reemplazando los símbolos no terminales en las trece producciones obtenidas, queda la siguiente gramática:

$$S \to \mathbf{a}AS \mid \mathbf{a}DC \mid \mathbf{b}S$$
$$A \to \mathbf{a}AA \mid \mathbf{b}A \mid \mathbf{a}$$
$$B \to \mathbf{b}B \mid \mathbf{a}$$
$$C \to \varepsilon$$
$$D \to \mathbf{a}AD \mid \mathbf{a}DB \mid \mathbf{b}D \mid \mathbf{b}B$$

Preguntas

a) ¿Es posible encontrar una gramática en la **FNCh** que genere a un Lenguaje Regular?

b) ¿Bajo qué circunstancias se puede considerar que una Gramática Regular se encuentra en la **FNG**?

c) Sea G una Gramática Regular Inversa. ¿Puede encontrarse una gramática equivalente en la **FNG**?

d) ¿Es posible escribir un algoritmo equivalente al **CYK** para gramáticas que no estén en la **FNCh**?

e) ¿Garantiza el algoritmo **CYK** que siempre es posible determinar si una cadena puede ser generada o no por una gramática dada?

f) Sean M_1 y M_2 dos **APN**s que aceptan los lenguajes L_1 y L_2 respectivamente, ¿Cómo es posible construir un **APN** que acepte al Lenguaje $L_1 \cup L_2$?

g) Sean M_1 y M_2 dos **APN**s que aceptan los lenguajes L_1 y L_2 respectivamente, describa ¿Cómo es posible construir un **APN** que acepte al Lenguaje $L_1 L_2$?

h) Sean M_1 un **APN** que acepta al lenguaje L_1, describa ¿Cómo es posible construir un **APN** que acepte al Lenguaje L_1^*?

i) ¿Es posible encontrar un **APN** complemento para cualquier **APN** dado?

j) ¿Cómo diseñaría un autómata de dos pilas para el reconocimiento del lenguaje: $L = \{ \mathbf{a}^n \mathbf{b}^n \mathbf{c}^n \mid n > 0 \}$?

k) ¿Es más poderoso un autómata de dos pilas que uno de una sola pila?

l) ¿Es posible diseñar un autómata no determinista que utilice una cola en vez de una pila para el reconocimiento del lenguaje $L = \{ ww \mid w \in \{ \mathbf{a}, \mathbf{b} \}^* \}$?

m) ¿Para qué situaciones sería conveniente utilizar autómatas de cola en vez de los autómatas de pila que se han visto en este capítulo?

Ejercicios

5.1. Depurar las siguientes gramáticas regulares y encontrar una gramática equivalente libre de anomalías, para cada uno de los siguientes casos:

a) S → **a** | **a**A | B
   A → **a**B | **d**A
   B → **e**A
   C → **b**

b) S → **a**A | **b**A | **a**
   A → **a**A | **bb**A | ε

d) S → **a** | **a**A | B
   A → B | D | ε
   B → A | **b**

c) S → **ab**A
   A → **cc**C
   B → **dd** | D
   C → **a** | **e**A
   D → **f**
   E → **g**F

e) S → A
   A → **a** | B
   B → A | ε

5.2. Depurar cada una de las siguientes gramáticas independientes del contexto y encontrar una gramática equivalente libre de anomalías:

a) S → AB
   A → **a**A | **ab**B | **a**Ca
   B → **b**A | BB | ε
   C → ε
   D → **d**B | BCB

b) S → **a**B
   A → **bc**CCC | **d**A
   B → **a**B | ε
   C → **f**A
   D → D**gh**

c) S → A | AA | AAA
   A → ABa | ACa | **a**
   B → ABa | A**b** | ε
   C → Cab | CC
   D → CD | C**d** | CEa
   E → **b**

d) S → D | **a**E | **b**CD
   A → C**d** | CSa | **b**B
   B → **a**B | **b**A
   C → Cab | **c**B
   D → **a**A | Ca | **b**
   E → BEa | DBb | ε

e) S → B | **a**Ac | SbA
   A → **ab**A | EB | ε
   B → Cb | Aa | Db | AC
   C → Aab | **b**A | ε

f) S → BA | **a**Ac | SbA
   A → **ab**B | AS
   B → Cb | Aa | AC
   C → Aab | **b**A | ε

g) S → **a** | **a**A | B | C
   A → **a**B | ε
   B → Aa
   C → **b**CD
   D → **ccc**

h) S → **a**Ab | **c**EB | CE
   A → **d**BE | **ee**C
   B → **ff** | D
   C → **g**FB | **ae**
   D → **h**B

i) S → AS | AC | ε
   A → **aD** | **bS** | **b**
   B → **bD** | **BA** | **bE**
   C → D | **aC** | ε
   D → **bCB** | AD

j) S → **bAD** | **aA**
   A → **aB** | **bS** | **b** | ε
   B → **bC** | **aED**
   C → **bB** | **aC** | E
   D → **bA** | AS | ε

k) S → **bAS** | AB
   A → **aD** | **bS** | **b** | ε
   B → **bA** | **aEB** | ε
   C → **bD** | **aC** | EA
   D → **bCB** | **aAD**

l) S → BD | **aAc** | SbA
   A → **abB** | AS | ε
   B → **Cb** | **Aa** | **b** | AC
   C → **Aab** | **bA**

m) S → **Cd** | **CSb** | **bEA**
   A → S | **aE** | **aCD**
   B → **aB** | **bSC**
   C → **Cab** | **aB**
   D → **aA** | **Cb** | **b**
   E → **BEa** | **DBb** | ε

n) S → AC | **bC** | **aAF**
   A → **Sb** | **Db** | **a**
   B → **bB** | **Eb**
   C → SC | **Ba** | ε
   D → **bEB** | **aE**
   E → **Bba** | **aE**

o) S → D | **aED** | **bCD**
   A → **Cd** | **CSa** | **bB**
   B → **aB** | **bA**
   C → **Cab** | **cB**
   D → **aA** | **Ea** | **b**
   E → **Ea** | **DBb** | ε

p) S → DB | **aE** | **bCD**
   A → **Cd** | **CSa** | **bA**
   B → **aB** | **bS** | ε
   C → **Cab** | **cAE**
   D → **aA** | **Ca** | **b**
   E → **BEa** | **Dab**

5.3. Encontrar la gramática en Forma Normal de Chomsky equivalente a cada una de las gramáticas independientes el contexto que ya están libres de anomalías:

a) S → AB | **ac** | ε
   A → **aB** | **bBbA**
   B → **b**

b) S → **aA** | **a** | Ab
   A → **aBb**
   B → **b** | Aa

c) S → **aA** | **Ba** | **b**
   A → **aC** | **bBS**
   B → **Bab** | **a**
   C → ACa | Sb

d) S → **a** | **bAB**
   A → **aS** | **bB** | **cCA**
   B → **aS** | **b**
   C → **bB** | **cB** | Ca

e) S → **AbS** | **aB** | ε
   A → **Ab** | **Ca** | **b**
   B → **aA** | **bB** | **a**
   C → **Cab** | **aB**

f) S → **bA** | **aB** | ε
   A → **aB** | **bCS** | **b**
   B → **aA** | **bAS** | **a**
   C → SaC | Ba

5.4. Depurar cada una de las siguientes gramáticas y encontrar una gramática equivalente en la Forma Normal de Chomsky:

a) $S \rightarrow \mathbf{aAb} \mid \mathbf{cEB} \mid CG$
   $A \rightarrow \mathbf{dBH} \mid \mathbf{ebC}$
   $B \rightarrow \mathbf{f} \mid D$
   $C \rightarrow \mathbf{gEB} \mid \mathbf{ah}$
   $E \rightarrow \mathbf{dcGGG} \mid \mathbf{cE}$
   $G \rightarrow \mathbf{Gam}$

b) $S \rightarrow \mathbf{aB} \mid \mathbf{Aa}$
   $A \rightarrow \mathbf{bB}$
   $B \rightarrow A \mid \mathbf{b}$

c) $S \rightarrow AAA \mid \mathbf{a} \mid \mathbf{aA}$
   $A \rightarrow \mathbf{Bb} \mid \mathbf{aBS} \mid \varepsilon$
   $B \rightarrow \mathbf{ba} \mid \mathbf{ab}$

5.5. Por medio el algoritmo de **CYK**, determina si la cadena **baabb** puede ser generada por la gramática siguiente:

$$S \rightarrow \mathbf{a} \mid AB$$
$$A \rightarrow AS \mid \mathbf{b}$$
$$B \rightarrow BC \mid \mathbf{a}$$
$$C \rightarrow CB \mid \mathbf{b}$$

5.6. Utilice el algoritmo **CYK** para verificar si las cadenas siguientes pueden ser generadas por la gramática independiente del contexto en la forma normal de Chomsky dada a continuación:

$$S \rightarrow AB \mid BC$$
$$A \rightarrow BA \mid \mathbf{a}$$
$$B \rightarrow AC \mid \mathbf{b}$$
$$C \rightarrow CB \mid \mathbf{a}$$

a) $w_1 = \mathbf{aaa}$
b) $w_2 = \mathbf{aba}$
c) $w_3 = \mathbf{ababa}$
d) $w_4 = \mathbf{baaab}$

5.7. Por medio el algoritmo de **CYK**, determina si las cadenas **01101** y **11111** pueden ser generadas por la siguiente gramática en la forma normal de Chomsky:

$$S \rightarrow BA \mid 0 \mid 1$$
$$A \rightarrow AS \mid 1$$
$$B \rightarrow BS \mid 0$$

5.8. Determinar, por medio del algoritmo **CYK**, si la cadena **01101** puede ser generada por la siguiente **GIC**, en la forma normal de Chomsky:

$$S \rightarrow SA \mid SB \mid 0$$
$$A \rightarrow BA \mid CC \mid 1$$
$$B \rightarrow AS \mid 0$$
$$C \rightarrow SA \mid 1$$

5.9. Determinar, por medio del algoritmo **CYK**, si las cadenas **01101 y 01110** pueden ser generadas por la siguiente **GIC**, en la forma normal de Chomsky:

$$S \rightarrow SA \mid AB \mid 0$$
$$A \rightarrow BA \mid SC \mid 1$$
$$B \rightarrow AB \mid 0$$
$$C \rightarrow BA \mid 0$$

5.10. Por medio el algoritmo de **CYK**, determina si la cadena **ababb** puede ser generada por la siguiente gramática en la forma normal de Chomsky:

$$S \rightarrow a \mid SA$$
$$A \rightarrow CB \mid a$$
$$B \rightarrow BA \mid b$$
$$C \rightarrow SB \mid b$$

5.11. Determinar, por medio del algoritmo **CYK**, si la cadena **10110** puede ser generada por la siguiente **GIC**, en la forma normal de Chomsky:

$$S \rightarrow SA \mid SB \mid 0$$
$$A \rightarrow BA \mid CC \mid 1$$
$$B \rightarrow AS \mid 0$$
$$C \rightarrow SA \mid 1$$

5.12. Determinar, por medio del algoritmo **CYK**, si las cadenas **10110 y 10011** pueden ser generadas por la siguiente **GIC**, en la forma normal de Chomsky:

$$S \rightarrow S0 \mid 1B \mid 0$$
$$A \rightarrow BA \mid CC \mid 1$$
$$B \rightarrow A0 \mid 0$$
$$C \rightarrow 1A \mid 1$$

5.13. Determinar, por medio del algoritmo **CYK**, si la cadena **babab** puede ser generada por la siguiente **GIC**, en la forma normal de Chomsky:

$$S \rightarrow Ab \mid aB \mid b$$
$$A \rightarrow BC \mid SC \mid a$$
$$B \rightarrow Cb \mid b$$
$$C \rightarrow aS \mid a$$

5.14. Por medio el algoritmo de **CYK**, determina si la cadena **babab** puede ser generada por la siguiente gramática en la forma normal de Chomsky:

$$S \rightarrow a \mid AS$$
$$A \rightarrow AB \mid b$$
$$B \rightarrow SB \mid b$$

5.15. Utilice el algoritmo **CYK** para verificar si las cadenas siguientes pueden ser generadas por la **GIC** en la **FNCh** dada a continuación:

$$S \rightarrow AB \mid AC \mid \mathbf{a}$$
$$A \rightarrow BD$$
$$B \rightarrow CS \mid \mathbf{b}$$
$$C \rightarrow DC \mid \mathbf{b}$$
$$D \rightarrow AB \mid \mathbf{a}$$

a) $w_1 = \mathbf{bbab}$

b) $w_2 = \mathbf{baba}$

c) $w_3 = \mathbf{abbba}$

d) $w_4 = \mathbf{abaab}$

5.16. Encuentre una gramática equivalente en la **FNG** a cada una de las gramáticas siguientes:

a) $S \rightarrow \mathbf{a}Sc \mid Sc \mid \mathbf{b}$

b) $S \rightarrow \mathbf{b}S \mid S\mathbf{a} \mid \mathbf{a} \mid S\mathbf{ba}$

c) $S \rightarrow S\mathbf{a} \mid S\mathbf{b} \mid \mathbf{c}A$
$\quad A \rightarrow A\mathbf{a} \mid \mathbf{a}$

d) $S \rightarrow S\mathbf{a} \mid S\mathbf{b} \mid A\mathbf{ab}$
$\quad A \rightarrow A\mathbf{ba} \mid S\mathbf{a} \mid \mathbf{a}$

e) $S \rightarrow S\mathbf{a}B \mid \mathbf{a}A \mid SB\mathbf{b}$
$\quad A \rightarrow BA \mid S\mathbf{b} \mid \mathbf{b}$
$\quad B \rightarrow \mathbf{b}B \mid \mathbf{a}$

f) $S \rightarrow \mathbf{a}A\mathbf{b} \mid \mathbf{c}SB \mid SS$
$\quad A \rightarrow \mathbf{b}BA \mid \mathbf{ba}A$
$\quad B \rightarrow \mathbf{ac} \mid SA$

g) $S \rightarrow ABA \mid \mathbf{b} \mid \mathbf{a}S$
$\quad A \rightarrow B\mathbf{b} \mid \mathbf{a}BS \mid AS$
$\quad B \rightarrow \mathbf{ba} \mid \mathbf{ab}$

h) $S \rightarrow S\mathbf{a}B \mid \mathbf{a}A \mid B\mathbf{b}$
$\quad A \rightarrow \mathbf{b}BA \mid A\mathbf{b} \mid \mathbf{b}$
$\quad B \rightarrow \mathbf{b}BC \mid \mathbf{ab}$
$\quad C \rightarrow B\mathbf{b}C \mid \mathbf{a}$

i) $S \rightarrow \mathbf{a}S \mid \mathbf{b}A \mid C\mathbf{a}$
$\quad A \rightarrow \mathbf{b}BA \mid \mathbf{a}BB \mid A\mathbf{b}C$
$\quad B \rightarrow B\mathbf{b}C \mid \mathbf{ab} \mid \mathbf{a}A$
$\quad C \rightarrow S\mathbf{a}C \mid \mathbf{b}$

j) $S \rightarrow \mathbf{a}S \mid \mathbf{b}A \mid B\mathbf{a}$
$\quad A \rightarrow \mathbf{b}BA \mid \mathbf{a}BB \mid B\mathbf{b}C$
$\quad B \rightarrow B\mathbf{ba} \mid \mathbf{ab} \mid \mathbf{a}A$
$\quad C \rightarrow C\mathbf{a}S \mid \mathbf{b}$

k) $S \rightarrow \mathbf{a}B \mid \mathbf{a}A \mid B\mathbf{b}$
$\quad A \rightarrow BC \mid \mathbf{b}S \mid \mathbf{b}$
$\quad B \rightarrow \mathbf{b}B \mid B\mathbf{a} \mid \mathbf{ab}$
$\quad C \rightarrow BA \mid S\mathbf{a}$

l) $S \rightarrow 0S \mid 0A \mid S1 \mid \varepsilon$
$\quad A \rightarrow 1BA \mid A1 \mid B0$
$\quad B \rightarrow 0BC \mid 10 \mid 1A$
$\quad C \rightarrow S1C \mid 0$

m) $S \rightarrow A\mathbf{b}S \mid \mathbf{a}A \mid B\mathbf{b} \mid \varepsilon$
$\quad A \rightarrow \mathbf{b}BA \mid A\mathbf{b} \mid C\mathbf{b}$
$\quad B \rightarrow \mathbf{b}BC \mid \mathbf{ab} \mid \mathbf{a}A$
$\quad C \rightarrow C\mathbf{b}C \mid \mathbf{a}$

n) $S \rightarrow 0S \mid 0A \mid A1$
$\quad A \rightarrow 1BA \mid 1BB \mid 0AS$
$\quad B \rightarrow BAC \mid 10 \mid 1A$
$\quad C \rightarrow S1C \mid A0$

5.17. Construya los **APD** para aceptar a cada uno los siguientes lenguajes:

    a) $L = \{\ \mathbf{a}^n\mathbf{b}^m\mathbf{c}^n \mid n, m > 0\ \}$

    b) $L = \{\ \mathbf{a}^n\mathbf{b}^{2n} \mid n > 0\}$

    c) $L = \{\ \mathbf{a}^n\mathbf{b}\mathbf{c}^n \mid n \geq 0\}$

    d) $L = \{\ \mathbf{a}^n\mathbf{b}^m\mathbf{c}^{n+m} \mid n, m > 0\}$

    e) $L = \{\ \mathbf{a}^{2n}\mathbf{b}^n \mid n > 0\}$

    f) $L = \{\ \mathbf{a}^n\mathbf{b}^n\mathbf{a}^m\mathbf{b}^m \mid n, m > 0\ \}$

    g) $L = \{\ \mathbf{a}^n\mathbf{b}^{n+1} \mid n \geq 0\ \}$

    h) $L = \{\ \mathbf{a}^n(\mathbf{bc})^n \mid n \geq 0\ \}$

    i) $L = \{\ \mathbf{a}^n\mathbf{b}^m\mathbf{a}^m\mathbf{b}^n \mid n \geq 0, m > 0\}$

    j) $L = \{\ \mathbf{a}^n\mathbf{b}^{n+m}\mathbf{a}^m \mid n, m > 0\ \}$

    k) $L = \{\ \mathbf{a}^n\mathbf{b}^m\mathbf{c}^p \mid n + m > p > 0\ \}$

    l) $L = \{\ \mathbf{a}^{n+2}\mathbf{b}^m\mathbf{c}^n \mid n \geq 0, m > 0\}$

    m) $L = \{\ \mathbf{a}^n\mathbf{b}^m \mid n \geq m \geq 0\ \}$

    n) $L = \{\ \mathbf{a}^m\mathbf{b}^n \mid m, n \geq 0 \text{ y } m \neq n\}$

    o) $L = \{\ \mathbf{a}^n\mathbf{b}^m \mid m \geq n \geq 0\ \}$

    p) $L = \{\ \mathbf{a}^n\mathbf{b}w \mid w \in \{\ \mathbf{a}, \mathbf{b}\ \}^* \text{ y } n \geq |w|\ \}$

    q) $L = \{\ w \in \{\ \mathbf{a}, \mathbf{b}\ \}^* \mid N_a(w) = 2N_b(w)\ \}$

    r) $L = \{\ w \in \{\ \mathbf{a}, \mathbf{b}\ \}^* \mid N_a(w) > N_b(w)\ \}$

5.18. Construya un **APD** para aceptar el lenguaje regular L = **ac*ba**, pero utilizando la pila en lugar de hacer cambios de estado, de este modo todas las transiciones del **APD** se harán en un solo estado.

5.19. Construya los **APN**s que permitan aceptar a cada uno los siguientes lenguajes:

    a) $L = \{\ \mathbf{a}^m\mathbf{b}^n \mid 0 \leq m \leq n \leq 2m\}$

    b) $L = \{\ w \in \{\ \mathbf{a}, \mathbf{b}\ \}^* \mid w = w^R \text{ y } |w| \text{ es impar}\ \}$

    c) $L = \{\ x\mathbf{a}y\mathbf{b} \mid x, y \in \{\ \mathbf{a}, \mathbf{b}\ \}^*, |x| = |y|\ \}$

    d) $L = \{\ w \in \{\ \mathbf{a}, \mathbf{b}\ \}^* \mid w \neq w^R\ \}$

    e) $L = \{\ w \in \{\ \mathbf{a}, \mathbf{b}\ \}^* \mid N_a(w) \leq N_b(w) \leq 2N_a(w)\ \}$

5.20. Obtenga una **GIC** que genere el lenguaje aceptado por el **APD** definido por: $Q = \{\ q_0, q_1, q_A\ \}$, $s = q_0$, $F = \{\ q_A\ \}$, $\Sigma = \{\mathbf{a}, \mathbf{b}\}$, $\Gamma = \{A, Z\}$ y las transiciones siguientes:

$$\delta(q_0, \mathbf{a}, Z) = (q_0, AZ) \qquad \delta(q_0, \mathbf{a}, A) = (q_0, AA)$$
$$\delta(q_0, \mathbf{b}, A) = (q_0, \varepsilon) \qquad \delta(q_0, \mathbf{b}, Z) = (q_1, AZ)$$
$$\delta(q_1, \mathbf{b}, A) = (q_1, \varepsilon) \qquad \delta(q_1, \varepsilon, Z) = (q_A, \varepsilon)$$

5.21. Obtenga una **GIC** que genere el lenguaje aceptado por el **APD** definido por:
  $Q = \{ q_0, q_1, q_A \}$, $s = q_0$, $\Sigma = \{ \mathbf{a}, \mathbf{b} \}$, $\Gamma = \{ A, Z \}$, $F = \{ q_A \}$ y δ dado por:

$$\delta(q_0, \mathbf{a}, Z) = (q_0, AZ) \qquad \delta(q_0, \mathbf{a}, A) = (q_0, A)$$
$$\delta(q_0, \mathbf{b}, A) = (q_1, A) \qquad \delta(q_1, \mathbf{b}, A) = (q_1, \varepsilon)$$
$$\delta(q_1, \varepsilon, Z) = (q_A, \varepsilon)$$

5.22. Obtenga una **GIC** que genere el lenguaje aceptado por el **APN** definido por:
  $Q = \{ q_0, q_1, q_A \}$, $s = q_0$, $\Sigma = \{ \mathbf{a}, \mathbf{b} \}$, $\Gamma = \{ X, Z \}$, $F = \{ q_A \}$ y Δ dado por:

$$\Delta(q_0, \mathbf{a}, Z) = (q_0, XZ) \qquad \Delta(q_0, \mathbf{b}, X) = (q_0, XX)$$
$$\Delta(q_0, \mathbf{a}, X) = (q_1, X) \qquad \Delta(q_1, \mathbf{b}, X) = (q_1, \varepsilon)$$
$$\Delta(q_1, \mathbf{a}, Z) = (q_0, Z) \qquad \Delta(q_0, \varepsilon, Z) = (q_A, \varepsilon)$$

5.23. Obtenga una **GIC** que genere el lenguaje aceptado por el **APN** definido por:
  $Q = \{ q_0, q_1, q_A \}$, $s = q_0$, $F = \{ q_A \}$, $\Sigma = \{ \mathbf{a}, \mathbf{b} \}$, $\Gamma = \{ A, Z \}$ y Δ dado por:

$$\Delta(q_0, \mathbf{a}, Z) = (q_0, AZ) \qquad \Delta(q_0, \mathbf{a}, A) = (q_0, AA)$$
$$\Delta(q_0, \mathbf{b}, A) = (q_1, \varepsilon) \qquad \Delta(q_0, \varepsilon, Z) = (q_A, \varepsilon)$$
$$\Delta(q_1, \mathbf{a}, A) = (q_1, \varepsilon) \qquad \Delta(q_1, \mathbf{b}, Z) = (q_0, Z)$$

5.24. Obtenga una **GIC** que genere el lenguaje aceptado por el **APN** definido por:
  $Q = \{ q_0, q_1, q_2, q_A \}$, $s = q_0$, $\Sigma = \{ \mathbf{a}, \mathbf{b} \}$, $\Gamma = \{ A, B, Z \}$, $F = \{ q_A \}$ y Δ dado
  por:

$$\Delta(q_0, \mathbf{a}, Z) = (q_1, AZ) \qquad \Delta(q_1, \mathbf{a}, A) = \{ (q_1, A), (q_2, \varepsilon) \}$$
$$\Delta(q_0, \mathbf{b}, Z) = (q_1, BZ) \qquad \Delta(q_1, \mathbf{b}, B) = \{ (q_1, B), (q_2, \varepsilon) \}$$
$$\Delta(q_1, \mathbf{a}, B) = (q_1, B) \qquad \Delta(q_1, \mathbf{b}, A) = (q_1, A)$$
$$\Delta(q_2, \varepsilon, Z) = (q_A, \varepsilon)$$

5.25. Obtenga una **GIC** que genere el lenguaje aceptado por el **APN** definido por:
  $Q = \{ q_0, q_1, q_A \}$, $s = q_0$, $F = \{ q_A \}$, $\Sigma = \{ \mathbf{a}, \mathbf{b} \}$, $\Gamma = \{ A, B, Z \}$ y las
  transiciones siguientes:

$$\Delta(q_0, \mathbf{a}, Z) = \{ (q_1, A), (q_A, \varepsilon) \} \qquad \Delta(q_1, \mathbf{a}, B) = (q_A, \varepsilon)$$
$$\Delta(q_1, \mathbf{b}, A) = (q_1, B) \qquad \Delta(q_1, \mathbf{b}, B) = (q_1, B)$$

5.26. Obtenga una **GIC** que genere el lenguaje aceptado por el **APN** definido por:
  $Q = \{ q_0, q_1, q_A \}$, $s = q_0$, $F = \{ q_A \}$, $\Sigma = \{ \mathbf{a}, \mathbf{b} \}$, $\Gamma = \{ A, Z \}$ y Δ dado por:

$$\Delta(q_0, \mathbf{a}, Z) = (q_0, AZ) \qquad \Delta(q_0, \mathbf{a}, A) = (q_0, AA)$$
$$\Delta(q_0, \mathbf{b}, Z) = (q_1, Z) \qquad \Delta(q_1, \mathbf{b}, Z) = (q_1, Z)$$
$$\Delta(q_0, \mathbf{b}, A) = (q_0, \varepsilon) \qquad \Delta(q_1, \varepsilon, Z) = (q_A, \varepsilon)$$

5.27. Obtenga una **GIC** que genere el lenguaje aceptado por el **APD** definido por: $Q = \{\ q_0, q_1, q_A\ \}$, $s = q_0$, $\Sigma = \{\ \mathbf{a}, \mathbf{b}, \mathbf{c}\ \}$, $\Gamma = \{\ X, Z\}$, $F = \{\ q_A\ \}$ y δ dado por:

$$\delta(q_0, \mathbf{a}, Z) = (q_0, XZ) \qquad \delta(q_0, \mathbf{a}, X) = (q_0, XX)$$
$$\delta(q_0, \mathbf{b}, Z) = (q_0, XZ) \qquad \delta(q_0, \mathbf{b}, X) = (q_0, XX)$$
$$\delta(q_0, \mathbf{c}, Z) = (q_1, Z) \qquad \delta(q_0, \mathbf{c}, X) = (q_1, X)$$
$$\delta(q_1, \mathbf{a}, X) = (q_1, \varepsilon) \qquad \delta(q_1, \mathbf{b}, X) = (q_1, \varepsilon)$$
$$\delta(q_1, \mathbf{c}, X) = (q_1, \varepsilon) \qquad \delta(q_1, \varepsilon, Z) = (q_A, \varepsilon)$$

5.28. Obtenga una **GIC** que genere el lenguaje aceptado por el **APN** definido por: $Q = \{\ q_0, q_1, q_A\ \}$, $s = q_0$, $F = \{\ q_A\ \}$, $\Sigma = \{\ \mathbf{0}, \mathbf{1}\ \}$, $\Gamma = \{\ A, Z\}$ y Δ dado por:

$$\Delta(q_0, \mathbf{0}, Z) = (q_0, AZ) \qquad \Delta(q_0, \mathbf{0}, A) = (q_0, A)$$
$$\Delta(q_0, \mathbf{1}, Z) = (q_1, Z) \qquad \Delta(q_1, \mathbf{0}, Z) = (q_1, Z)$$
$$\Delta(q_0, \mathbf{1}, A) = (q_0, \varepsilon) \qquad \Delta(q_1, \varepsilon, Z) = (q_A, \varepsilon)$$

5.29. Obtenga una **GIC** que genere el lenguaje aceptado por el **APN** definido por: $Q = \{\ q_0, q_1, q_A\ \}$, $s = q_0$, $F = \{\ q_A\ \}$, $\Sigma = \{\ \mathbf{a}, \mathbf{b}\ \}$, $\Gamma = \{\ A, Z\}$ y Δ dado por:

$$\Delta(q_0, \mathbf{a}, Z) = (q_0, AZ) \qquad \Delta(q_0, \mathbf{a}, A) = (q_1, \varepsilon)$$
$$\Delta(q_0, \mathbf{b}, A) = (q_0, AA) \qquad \Delta(q_1, \mathbf{a}, A) = (q_1, \varepsilon)$$
$$\Delta(q_1, \mathbf{b}, Z) = (q_0, Z) \qquad \Delta(q_0, \varepsilon, Z) = (q_A, \varepsilon)$$

Capítulo 6

Análisis léxico y sintáctico

En este capítulo se define el concepto de compiladores y el diseño de analizadores léxicos, y se presenta el uso de los autómatas de pila para el análisis sintáctico. Se define la Notación de Backus-Naur para gramáticas, se expone el uso de diagramas sintácticos de Conway para posteriormente aplicarlos en el diseño de Analizadores Sintácticos.

Introducción a los Compiladores

Se le llama traductor a un programa que convierte un texto o código escrito en un lenguaje fuente, llamado de *Alto Nivel*, hasta un texto o código equivalente escrito en un lenguaje destino, que en este caso se le denomina lenguaje de máquina. Es posible que adicionalmente se generen mensajes de error, en el caso de que la traducción no pudiera realizarse con éxito, tal como se ilustra en la figura 6.1.

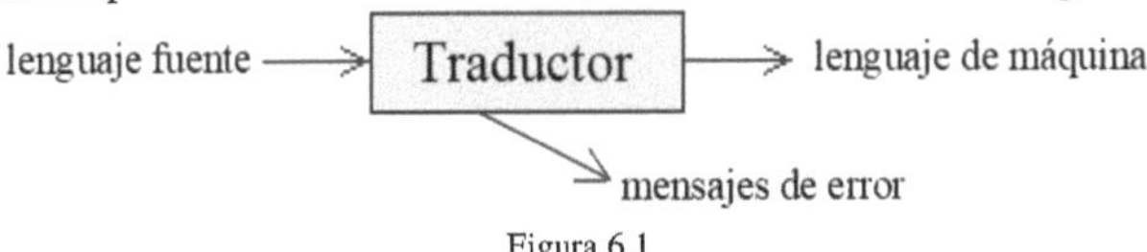

Figura 6.1

Los procesos de traducción son muy complejos, para logar un resultado eficaz deben efectuar varios pasos y requieren del empleo de sofisticados algoritmos de optimización, es por ello que se requiere de la aplicación de la teoría de autómatas y lenguajes formales para facilitar la creación de traductores.

Un *Compilador* es aquel tipo de traductor que transforma un programa entero escrito en código fuente de lenguaje de programación y genera como salida un archivo ejecutable escrito en lenguaje de máquina. Ciertos compiladores generan un archivo objeto escrito en código intermedio en vez del archivo ejecutable.

En cambio, un *Intérprete* es un traductor que va realizando la traducción del código fuente en la medida en que se va requiriendo, es decir, se hace instrucción por instrucción. Por lo tanto, no genera un programa objeto o ejecutable como el caso de un compilador, sino que produce una ejecución. Su principal ventaja es que permite una fácil depuración del código, ya que identifica un error en el instante en que se produce, existiendo la posibilidad de que se pueda modificar el programa en tiempo de ejecución y reanudando la ejecución en el punto donde se interrumpió.

El inconveniente de esta característica es su relativa lentitud de ejecución, ya que el intérprete debe traducir el programa fuente cada vez que se ejecuta, aunado a que éste debe permanecer en la memoria principal, dando por resultado que se necesiten más recursos computacionales.

Los lenguajes *pseudo-interpretados* son aquellos que intentan combinar las ventajas de los compiladores y de los intérpretes, evitando al mismo tiempo sus desventajas.

En estos casos, el traductor realiza una compilación hacia un lenguaje intermedio, permitiendo guardar este código intermedio libre de errores de programación, para su uso posterior, para ejecutar este código intermedio se utiliza un motor de ejecución que lo interpreta de manera muy eficiente, tal como se ilustra en la figura 6.2. Esta técnica ofrece la ventaja de la portabilidad, ya que el programa intermedio es independiente de la máquina en que se ejecute, sólo es necesario que dicha máquina cuente con el motor de ejecución apropiado para interpretarlo. El ejemplo actual más conocido lo constituye el lenguaje Java.

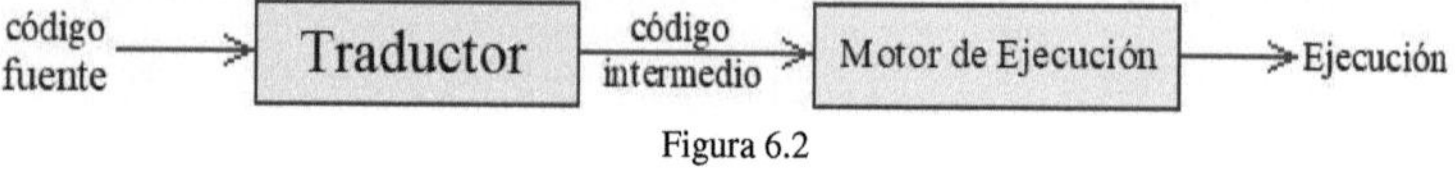

Figura 6.2

El proceso de compilación

La compilación es el proceso por medio del cual se traducen las instrucciones escritas en un determinado lenguaje de programación al lenguaje de máquina.

A veces se requiere de una actividad previa de preparación del programa fuente, ésta se realiza mediante un programa llamado *Preprocesador*, el cual modifica al programa original con objeto de agregar código complementario proveniente de alguna *librería*, según sea indicado en las directivas de compilación y las macroinstrucciones.

Un compilador divide su labor en dos etapas fundamentales, la primera etapa es el *Análisis*, en ella se analiza el código de entrada para verificar la corrección del programa fuente y genera una estructura intermedia, que se pasa a la segunda etapa que corresponde a la *Síntesis*, en la cual se genera la salida a partir de dicha estructura, como se muestra en la figura 6.3.

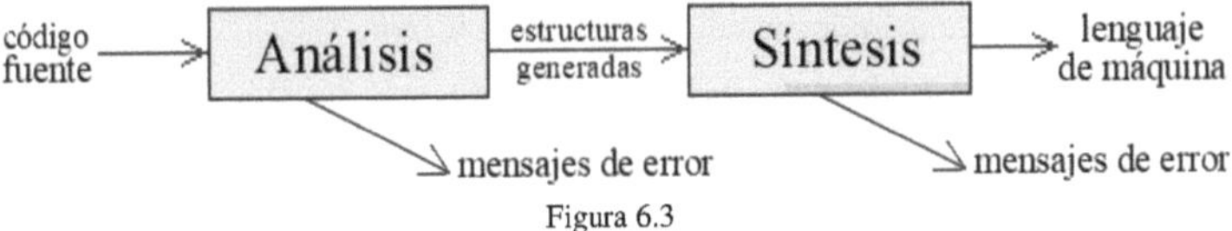

Figura 6.3

Etapa de Análisis

La primera etapa del proceso de compilación consiste en analizar el código fuente para verificar que las instrucciones del programa son válidas y completas. Como resultado de este análisis, se genera una serie de estructuras de información que servirán a la etapa posterior para continuar con el proceso.

El análisis consta a su vez de tres fases bien definidas:

- Análisis léxico. Esta fase le permite al compilador leer las instrucciones del programa fuente y descomponer cada línea de código en secuencias de caracteres que tengan un significado propio; estos componentes básicos identificados se les denomina *lexemas* y deben pertenecer a una determinada categoría léxica. Toda la información generada es registrada en una estructura principal llamada *Tabla de Símbolos*.

- Análisis sintáctico. Esta fase se comprueba que la estructura de los componentes léxicos sea correcta según las reglas gramaticales del lenguaje que se compila y genera un árbol sintáctico con estos componentes.

- Análisis semántico. Esta fase se comprueba que el programa fuente respeta las directrices generales del lenguaje que se compila, en esta fase se revisa el árbol sintáctico, junto con los atributos y demás información contenida en la tabla de símbolos para verificar su consistencia, de modo que no existan errores semánticos.

Etapa de Síntesis

En la etapa de síntesis el compilador se prepara para generar el código de máquina, para ello utiliza toda la información contendía en las estructuras generadas en la etapa anterior: el árbol sintáctico y la tabla de símbolos. Esta etapa también se compone de tres fases:

- Generación de código intermedio. Esta fase genera una representación intermedia del código similar a lo que podría ser un lenguaje ensamblador y que es independiente de la máquina. Se trata de un código que es fácil de generar y fácil de convertir a lenguaje de máquina.

- Optimización. Esta fase se realiza sobre el código intermedio, con el objetivo de que el código de máquina resultante sea más eficiente.

- Generación del código de máquina. En esta fase se crea un conjunto de instrucciones que pueden ser ejecutadas por la máquina, incluyendo con todas las directrices necesarias para poder disponer de la memoria necesaria para contener los datos en el momento de cargar el programa para su ejecución.

Separar el proceso en varias fases permite simplificar el diseño de traductores. Esto se hace especialmente evidente cuando es necesario realizar modificaciones o extensiones al lenguaje inicialmente ideado; en otras palabras, se facilita el mantenimiento del compilador a medida que el lenguaje evoluciona.

Para los fines de esta obra, solamente se profundizará en estudio de los análisis léxico y sintáctico, porque son las fases en las que se aplica el fundamento teórico estudiado en los capítulos precedentes, tal como se ilustra en la figura 6.4.

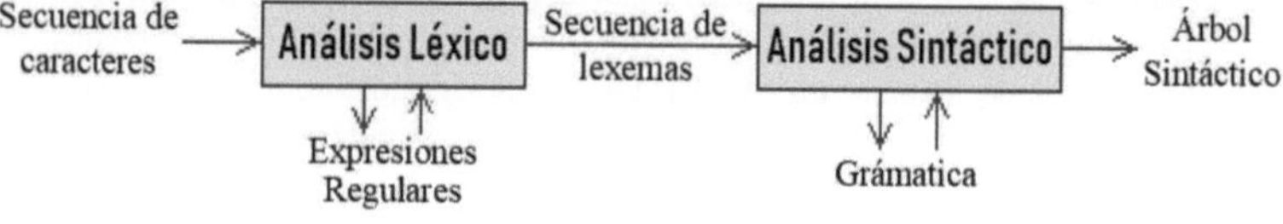

Figura 6.4

Análisis léxico

En la elaboración de programas de cómputo es necesario tener la seguridad de que el código ha sido escrito de manera correcta.

El mecanismo inicial para analizar la validez de las instrucciones proporcionadas por el usuario se conoce como análisis léxico, su principal función consiste en leer uno por uno los caracteres del programa fuente e identificar los componentes léxicos que forman cada instrucción, tales como palabras reservadas, números, cadenas, identificadores, operadores y otros símbolos. Este proceso requiere de la utilización de un conjunto de reglas o patrones que se emplean para reconocer los componentes léxicos de un lenguaje. Estos patrones se establecen mediante el uso de expresiones regulares.

El analizador agrupa secuencias de caracteres con significado propio, que identifica mediante un patrón como perteneciente a una determinad categoría léxica, también conocida como *token*, a esa secuencia se le conoce como *lexema*. Los lexemas se registran en una tabla de símbolos que son enviados al analizador sintáctico para hacer el proceso siguiente.

Para poder realizar su función básica de manera eficiente, el analizador léxico realiza las siguientes funciones auxiliares:

- Elimina del programa todos los elementos superfluos, tales como comentarios.
- Elimina los espacios en blanco, los tabuladores, los saltos de línea y todo aquello que carezca de significado según la sintaxis del lenguaje.
- Lleva el registro del número de línea y de columna en la que va leyendo, por si se requiere emitir algún mensaje de error.
- En caso de ocurrir, notifica los errores léxicos detectados.
- En ocasiones puede hacer las funciones de preprocesador, como añadir el código descrito en la directiva #include, o el de interpretar las sentencias #define.

La tabla de símbolos

Una función esencial de un analizador léxico es registrar todos los elementos identificados en una tabla de símbolos, donde se reúne toda la información relativa a cada uno de los distintos lexemas, dependiendo de la categoría a la que pertenezcan.

La tabla de símbolos es una estructura de datos donde se registra toda la información sobre los elementos encontrados en el código del programa fuente. Esta tabla hace las funciones de diccionario de datos y su estructura debe ser tal que las operaciones de acceso sean muy eficientes. La información asociada que se registra en la tabla de símbolos sobre cada categoría léxica debe ser la necesaria y suficiente.

Gran parte del tiempo de compilación se invierte en leer el programa fuente y dividirlo en componentes léxicos. Con el empleo de técnicas especializadas en la lectura de caracteres de entrada y procesamiento de patrones se agiliza significativamente el rendimiento de un compilador.

Token, patrón y lexema

Para entender la estructura de la tabla de símbolos se deben definir los siguientes conceptos fundamentales para su estudio:

- *Token*: es la categoría léxica asociada a un patrón. Cada *token* se convierte en un número o código de identificación único. En algunos casos, cada token tiene asociada información adicional necesaria para las fases posteriores del análisis. Algunos tokens son: Palabras reservadas, operadores aritméticos o lógicos, identificadores, constantes numéricas, cadenas literales y signos de puntuación.

- Patrón: es una regla que permite la identificación de que un determinado lexema corresponde a determinada categoría léxica, para ello se define una expresión regular asociada con la descripción de un Token.

- Lexema: Es cada secuencia de caracteres concreta que encaja con un determinado patrón, por ejemplo: **8**, **23** y **50** son lexemas que encajan con el patrón **[0-9]+**. Los lexemas correspondientes a palabras reservadas son únicos para un determinado patrón, por ejemplo el lexema *while*.

Como se dijo, el analizador léxico recibe una secuencia de caracteres de entrada y la va leyendo símbolo por símbolo, intentando identificar la categoría a la que pertenece esa secuencia que lleva leída, para ello, va leyendo los demás símbolos mientras coincidan con el patrón, hasta encontrar un símbolo diferente. Entonces termina de construir el lexema, determinando su categoría de acuerdo con el patrón empleado. Este método se conoce como el principio de Máxima Longitud y requiere de anticipar el símbolo siguiente para decidir sobre la categoría identificada.

Por ejemplo, si el símbolo leído es una letra, podría tratarse de un identificador o de una palabra reservada, se deben seguir leyendo los símbolos siguientes para poder determinarlo, mientras siga habiendo letras o dígitos, podría tratarse de un identificador válido y descartarse que sea una palabra reservada. Una vez encontrado un símbolo distinto que no corresponda al patrón de un identificador, este símbolo queda en espera mientras se registran todos los anteriores que forman parte del identificador detectado.

Una vez que el analizador léxico detecta una secuencia de caracteres que coincide con un determinado patrón, se considera que se ha encontrado un lexema. A continuación, se le asocia con la categoría léxica correspondiente al patrón utilizado; y dicho *token*, junto con el lexema y la información adicional, se registran en la tabla de símbolos, es la que se pasa al analizador sintáctico.

Como se puede deducir, el analizador léxico deberá ir al menos un símbolo adelante para lograr la identificación de la categoría de cada elemento léxico, y este proceso se continúa hasta encontrar el símbolo de terminación, generalmente identificado como **EOL** (fin de línea).

Ejemplo

En la tabla 6.1 se ilustra de manera simplificada, la forma como se analiza una instrucción y se registran en la tabla de símbolos los lexemas identificados mediante algún patrón como correspondientes a determinado componente léxico.

La instrucción por considerar es: **if (x > 3) a = x - 3;**

Lexema	Componente léxico	Patrón
if	If	if
(	Paréntesis izquierdo	(
x	Identificador	[A-Za-z][A-Za-z0-9]*
>	Relación	==, <, >, !=, >=, >=
3	Número Entero	[0-9]+
)	Paréntesis derecho	)
a	Identificador	[A-Za-z][A-Za-z0-9]*
=	Asignación	=
-	Operador resta	-

Tabla 6.1

En analizador léxico deberá identificar cada componente léxico de acuerdo con los códigos que emplea el analizador sintáctico para cada uno de ellos. A estos códigos son a los que propiamente se les denomina tokens.

Componentes léxicos

Para describir los patrones más utilizados en la definición de los componentes léxicos, es frecuente el uso de *metasímbolos*, los metasímbolos son nombres asignados a ciertas expresiones regulares, los más comunes son **letra** que identifica a cualquier elemento de la clase **[a-zA-Z]** y el **dígito** que representa a cualquier símbolo de la clase **[0-9]**, con ellos se pueden definir las distintas categorías en que se clasifican los *Tokens*:

- *Identificador*, corresponde a cualquier cadena de letras seguida de letras o dígitos (a veces se permite el uso de algunos otros caracteres) y generalmente

las letras pueden ser tanto mayúsculas como minúsculas, excluyendo aquellas categorías que correspondan a las palabras reservadas para ese lenguaje.
La expresión regular correspondiente es: **letra (letra | dígito)***.

- *Entero sin signo*, corresponde a cualquier cadena de dígitos, su expresión regular es: **dígito+**.
- *Número*, que corresponde a una cadena que represente a un número de punto flotante y opcionalmente que utilice la *Notación Científica*, su expresión regular es: **[+-]?(dígito+(\.dígito*)?|\.dígito+)(E[+-]?dígito+)?**
- *Palabras Reservadas*, las cuales se deben declarar de manera concreta cada una de ellas para que se excluyan de los identificadores válidos, como, por ejemplo: if, else, while, case, break, for, int, char, etc.
- *Operadores*, que se subdividen en diversas categorías: relacionales, aritméticos, asignación, usualmente consisten en un solo símbolo, pero en ocasiones son dobles, como ==, +=, **, !=, &&, etc.
- *Símbolos Especiales*, son aquellos símbolos que se emplean para la sintaxis del lenguaje, y que deben identificarse individualmente, como son paréntesis, corchetes, llaves, coma y otros signos de puntuación.

Errores léxicos

Los errores léxicos se detectan cuando el analizador léxico intenta reconocer una cadena de caracteres que no encaja con ningún patrón. Usualmente se trata de situaciones en las que usa un símbolo inválido, como el caso de @, \$, #, ¿, etc.; ya sea porque no pertenece al vocabulario del lenguaje o porque se emplean fuera del ámbito que les corresponde. Los errores léxicos más comunes son:

- Uso de nombre para los identificadores con caracteres inválidos.
- Números mal escritos, como en el caso de colocar dos puntos decimales o el empleo de la coma.
- Palabras reservadas mal escritas, las que se pueden catalogar como identificadores comunes.
- Caracteres de control fuera de contexto.

En general, los errores léxicos se deben a descuidos del programador al escribir su código, y son detectados como un error de sintaxis por tratarse de un lexema no contemplado en la gramática del lenguaje. Su corrección es sencilla una vez detectados por el programador.

Implementación de un analizador léxico

Todos los analizadores léxicos realizan la misma función, por lo que se implementan de la misma forma independientemente del lenguaje en cuestión, la diferencia radica solamente en la definición de las expresiones regulares que se van a utilizar para reconocer los tokens que se requieren en ese lenguaje. Para este fin existen en la actualidad diversos generadores de analizadores léxicos que solo necesitan conocer la especificación de los distintos patrones usados para reconocer los tokens.

Lex es uno de los primeros generadores de analizadores léxicos (*lexers*), su función básica consiste en tomar como entrada una especificación de analizador léxico y devolver como salida el código fuente del analizador léxico en lenguaje C. Por tratarse de software propietario, se han desarrollado diversas alternativas de software libre y código abierto, como el caso de Flex, Jlex y JFlex, estos dos últimos desarrollados en Java.

El *Lexer* JFlex

Uno de los generadores de analizadores léxicos más conocidos en la actualidad es JFlex, desarrollado por Gerwin Klein como una extensión de JLex, está desarrollado en Java y genera código Java.

La clase *Main* del paquete JFlex es la que se encarga de metacompilar el programa del usuario que describe al analizador léxico y que está contenido en un archivo de entrada con extensión .jflex; de esta manera, una ejecución típica es de la forma: *java JFlex.Main archivo.jflex*

Como resultado de esta ejecución se genera un archivo de salida *Yylex.java*, que contiene el código fuente del analizador lexicográfico y deberá ser posteriormente compilado con java para su ejecución, tal como se ilustra en la figura 6.5:

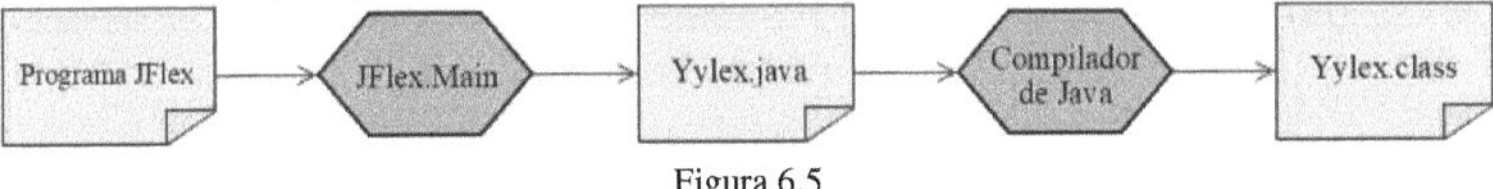

Figura 6.5

Aunque se estudia de manera independiente, un analizador léxico está diseñado para comportarse en sincronía con un analizador sintáctico, típicamente el analizador sintáctico invoca al analizador léxico mediante la función llamada yylex(), la cual comienza a leer la entrada, carácter por carácter, hasta que encuentra el mayor prefijo en la entrada que coincida con una de las expresiones regulares, dicho prefijo constituye un lexema y, una vez leído, el punto de lectura avanza hasta el primer carácter que le sigue. A continuación yylex() ejecuta la acción asociada a la expresión regular y seguirá con el siguiente lexema hasta que llegue al final de la cadena y devuelva el control al analizador sintáctico.

El texto de un programa JFlex se encuentra dividido en tres secciones separadas por %%, siendo la estructura general de la forma:

Área de código, importaciones y paquete
%%
Área de opciones y declaraciones
%%
Área de reglas

La primera sección contendrá código Java que se trasladará tal cual al archivo *.java* generado por *JFlex*, está destinada a la importación de los paquetes que se vayan a utilizar en la ejecución de las acciones definidas al lado de cada patrón en la zona de reglas, también puede indicarse una cláusula *package* para los archivos *.java* generados por el meta-analizador.

El área de opciones permite al usuario configurar las opciones de *JFlex* que mejor se ajusten al archivo *.java* resultante, hay muchas clases de opciones y todas ellas comienzan con el carácter %. Por ejemplo la declaración *%class Lexer* se usa para cambiar por *Lexer* el nombre de la clase que genera *JFlex* y que por defecto es *Yylex*.

También permite que el programador incluya sus propias declaraciones y métodos en el interior de la clase *Yylex*, cualquier código que se declare en esta sección debe encerrarse entre las etiquetas %{ y %}. Permite declarar metasímbolos que identifiquen a determinados patrones usados en el área de reglas, como, por ejemplo:

Digito = [0-9]
Letra = [A-Za-z]
Espacio = [\t\r\n]

Además, la sentencia *%state* permite declarar los nombres de los estados léxicos que se deseen usar.

Estos nombres se emplean para indicar que hay varios patrones en el área de reglas que comparten el mismo estado léxico, agrupando a todas estas reglas entre llaves. El estado léxico predefinido está dado por la constante YYINITIAL y puede utilizarse igual que cualquier otro estado léxico definido por el usuario.

En el área de reglas se definen los patrones de los lexemas que se quieren identificar, cada una de las reglas de traducción se declaran de la siguiente forma:

Patrón {Acción}

Donde *Patrón* es una expresión regular dada y *Acción* es un fragmento de programa que describe la acción del analizador léxico cuando identifica un lexema que encaja con ese patrón. Tal como se ilustra en los siguientes ejemplos, donde *yytext()* contiene el lexema identificado por el patrón dado:

{Espacio}+ {/* se ignoran los espacios */}
{Digito}+ {printf("%s", yytext()); printf(" es un número\n");}
{Letra}+ {printf("%s", yytext()); printf(" = palabra\n");}

Es importante hacer notar que el orden de las reglas es fundamental. Las expresiones regulares más específicas se deben de poner antes que las más generales, además hay que observar que toda regla debe tener una acción léxica asociada, aunque sea vacía. Hay que cerciorarse de que todo lexema pueda ser identificado, en caso contrario, si un lexema no encaja por ningún patrón se produce un error léxico.

En la sección de ejercicios se describe una práctica sobre la forma como se debe utilizar *JFlex* empleando la herramienta *Netbeans* para construir un analizador léxico en Java y crear una interfaz que permita ejecutar y probar el analizador obtenido.

Análisis Sintáctico

Las gramáticas independientes del contexto se utilizan para describir lenguajes de programación. El análisis sintáctico es el proceso que permite determinar si una secuencia de tokens dada puede ser generada por la gramática que describe el lenguaje, y en caso afirmativo, genera el árbol sintáctico que indica la forma en que se debe interpretar dicha cadena y que será enviado al analizador semántico. En caso contrario, generará el mensaje de error sintáctico correspondiente.

Las gramáticas formales ofrecen ventajas importantes a los diseñadores de lenguajes y a los desarrolladores de compiladores, ya que se cuenta con una forma clara y precisa para describir las reglas de programación de un lenguaje determinado. Para este objetivo se emplea una notación estandarizada conocida como BNF (*Backus-Naur Form*) para describir la sintaxis de un lenguaje computacional.

Tipos de análisis sintáctico

Dependiendo del orden en que se construyen los nodos del árbol sintáctico, se clasifican los analizadores sintácticos en dos tipos; los *descendentes*, que parten del símbolo inicial de la gramática, y van efectuando derivaciones a la izquierda hasta obtener la secuencia de derivaciones que reconoce a la sentencia dada. Y los *ascendentes*, que parten de la sentencia de entrada, y van aplicando derivaciones inversas, hasta llegar al símbolo inicial.

En ambos casos, los analizadores sintácticos suelen utilizar algoritmos eficientes que examinan la expresión dada, de izquierda a derecha, viendo uno por uno, cada componente léxico de la entrada.

Análisis Descendente

Con el enfoque descendente, se inicia la construcción del árbol sintáctico comenzando con el símbolo inicial de la gramática en la raíz del árbol, y se avanza paso a paso hacia las hojas y en cada paso se reemplaza el símbolo no terminal que aparezca más hacia la izquierda. El método descendente más eficiente trabaja con una subclase de gramáticas, que se les conoce como las gramáticas **LL** (left to left: leen en la cadena de izquierda a derecha y hacen la derivación por la izquierda).

Para determinar que una cadena pertenece al lenguaje definido por una gramática G dada, se utiliza un autómata de pila que realiza el análisis descendente de las cadenas, a continuación, se presenta el procedimiento general empleado:

Sea una gramática independiente del contexto $G = (N, \Sigma, S, P)$, es posible construir un autómata de pila que acepte L(G), definido por los siguientes elementos: $Q = \{ q_0, q_1, q_A \}$, $\Gamma = \{Z\} \cup N \cup \Sigma$, $s = q_0$, $F = \{ q_A \}$ y donde las transiciones se definen de acuerdo con las siguientes reglas:

- Una transición inicial para introducir en la pila el Símbolo No Terminal Inicial:
  $\Delta(q_0, \varepsilon, Z) = (q_1, SZ)$

- Para cada producción de la forma $A \rightarrow w$ de la gramática G, se define una transición que substituye en la pila al símbolo no terminal A, por la cadena *w*:
  $\Delta(q_1, \varepsilon, A) = (q_1, w)$

- Se define una transición que desapila, cuando en la cima de la pila haya un símbolo terminal que coincida con el símbolo de entrada:

  $\Delta(q_1, \mathbf{a}, \mathbf{a}) = (q_1, \varepsilon)$

- Se define la transición final cuando se haya agotado la cadena y se encuentre a Z en la cima de la pila:

  $\Delta(q_1, \varepsilon, Z) = (q_A, \varepsilon)$

Ejemplo

Sea la gramática: S $\to$ **aSa** | **bSb** | **c**, que genera a: L = { $wcw^R \mid w \in \{\mathbf{a}, \mathbf{b}\}^*$ }, aplicando los criterios anteriores, las transiciones del autómata de pila obtenido son:

$$\Delta(q_0, \varepsilon, Z) = (q_1, SZ)$$
$$\Delta(q_1, \varepsilon, S) = \{ (q_1, \mathbf{aSa}), (q_1, \mathbf{bSb}), (q_1, \mathbf{c}) \}$$
$$\Delta(q_1, \mathbf{a}, \mathbf{a}) = \Delta(q_1, \mathbf{b}, \mathbf{b}) = \Delta(q_1, \mathbf{c}, \mathbf{c}) = (q_1, \varepsilon)$$
$$\Delta(q_1, \varepsilon, Z) = (q_A, \varepsilon)$$

De tal forma que la cadena w = **abcba** es aceptada mediante la siguiente secuencia de descripciones instantáneas:

(q_0, **abcba**, Z) ⊢ (q_1, **abcba**, SZ) ⊢ (q_1, **abcba**, aSaZ) ⊢ (q_1, **bcba**, SaZ) ⊢ (q_1, **bcba**, bSbaZ) ⊢ (q_1, **cba**, SbaZ) ⊢ (q_1, **cba**, cbaZ) ⊢ (q_1, **ba**, baZ) ⊢ (q_1, **a**, aZ) ⊢ (q_1, ε, Z) ⊢ (q_A, ε, ε)

El autómata obtenido por medio de esta técnica es no determinista, en la secuencia anterior solamente se muestran las transiciones que conducen a la aceptación de la cadena de entrada, pero se puede observar que en el segundo paso se debió haber probado las sustituciones del símbolo no terminal S usando las otras dos transiciones, lo mismo debió haber ocurrido en el cuarto y en el sexto pasos.

Este comportamiento no determinista se debe a que todas las transiciones se han definido alrededor de un único estado q_1 como se aprecia en la figura 6.6.

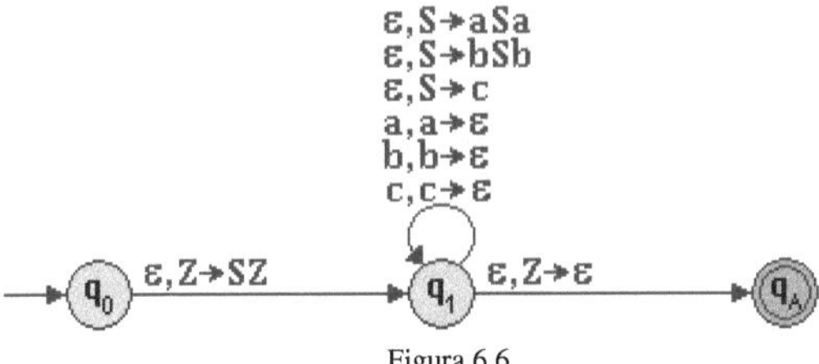

Figura 6.6

Es posible eliminar el no determinismo del autómata anterior si se añaden nuevos estados que permitan decidir las transiciones adecuadas conociendo el símbolo terminal de entrada de manera anticipada.

Técnica de anticipación

Es conveniente modificar las transiciones del autómata de pila no determinista para obtener un autómata de pila determinista equivalente, por medio de la técnica de *anticipación*, que le permite conocer por adelantado cuál es el símbolo de entrada siguiente, para poder elegir adecuadamente la transición requerida. Esta técnica es la que se emplea en los Analizadores Sintácticos para las gramáticas tipo LL.

Para aplicar esta técnica, se agrega un nuevo estado q_σ hacia el cual se dirige una transición de la forma $\Delta(q_1, \boldsymbol{\sigma}, \varepsilon) = (q_\sigma, \varepsilon)$, que sin afectar la pila, lea por anticipado al símbolo de entrada $\boldsymbol{\sigma}$; una vez en el estado q_σ se aplica la transición que sustituya al símbolo S en la cima de la pila por la expresión que tenga como prefijo al símbolo $\boldsymbol{\sigma},$ y posteriormente se define una transición que conduzca de regreso al estado q_1, quitando el símbolo $\boldsymbol{\sigma}$ de la pila: $\Delta(q_\sigma, \varepsilon, \boldsymbol{\sigma}) = (q_1, \varepsilon)$.

Ejemplo

Entonces, aplicando la técnica de la anticipación al autómata de pila no determinista anterior, se define el autómata de pila determinista equivalente dado por: $Q = \{q_0, q_1, q_A, q_a, q_b, q_c\}$, $\Sigma = \{\ \mathbf{a}, \mathbf{b}, \mathbf{c}\ \}$, $\Gamma = \{Z, S, \mathbf{a}, \mathbf{b}, \mathbf{c}\}$, $F = \{q_A\}$, $s = q_0$ y las transiciones siguientes:

$$\delta(q_0, \varepsilon, Z) = (q_1, SZ) \qquad \delta(q_1, \mathbf{a}, \varepsilon) = (q_a, \varepsilon)$$
$$\delta(q_a, \varepsilon, S) = (q_a, \mathbf{aSa}) \qquad \delta(q_a, \varepsilon, \mathbf{a}) = (q_1, \varepsilon)$$
$$\delta(q_1, \mathbf{b}, \varepsilon) = (q_b, \varepsilon) \qquad \delta(q_b, \varepsilon, S) = (q_b, \mathbf{bSb})$$
$$\delta(q_b, \varepsilon, \mathbf{b}) = (q_1, \varepsilon) \qquad \delta(q_1, \mathbf{c}, \varepsilon) = (q_c, \varepsilon)$$
$$\delta(q_c, \varepsilon, S) = (q_c, \mathbf{c}) \qquad \delta(q_c, \varepsilon, \mathbf{c}) = (q_1, \varepsilon)$$
$$\delta(q_1, \varepsilon, Z) = (q_A, \varepsilon)$$

La aceptación de la cadena $w = \mathbf{abcba}$ mediante la siguiente secuencia de descripciones instantáneas, que es totalmente determinista:

$(q_0, \underline{\mathbf{a}}\mathbf{bcba}, \underline{Z}) \vdash (q_1, \underline{\mathbf{a}}\mathbf{bcba}, \underline{S}Z) \vdash (q_a, \underline{\mathbf{b}}\mathbf{cba}, \underline{S}Z) \vdash (q_a, \underline{\mathbf{b}}\mathbf{cba}, \underline{\mathbf{a}}SaZ) \vdash (q_1, \underline{\mathbf{b}}\mathbf{cba}, \underline{S}aZ) \vdash$
$(q_b, \underline{\mathbf{c}}\mathbf{ba}, \underline{S}aZ) \vdash (q_b, \underline{\mathbf{c}}\mathbf{ba}, \underline{\mathbf{b}}SbaZ) \vdash (q_1, \underline{\mathbf{c}}\mathbf{ba}, \underline{S}baZ) \vdash (q_c, \underline{\mathbf{b}}\mathbf{a}, \underline{S}baZ) \vdash (q_c, \underline{\mathbf{b}}\mathbf{a}, \underline{\mathbf{c}}baZ) \vdash$
$(q_1, \underline{\mathbf{b}}\mathbf{a}, \underline{\mathbf{b}}aZ) \vdash (q_b, \underline{\mathbf{a}}, \underline{\mathbf{b}}aZ) \vdash (q_1, \underline{\mathbf{a}}, \underline{\mathbf{a}}Z) \vdash (q_a, \underline{\varepsilon}, \underline{\mathbf{a}}Z) \vdash (q_1, \underline{\varepsilon}, \underline{Z}) \vdash (q_A, \underline{\varepsilon}, \underline{\varepsilon})$

El **APD** obtenido se representa gráficamente mediante la figura 6.7 a continuación:

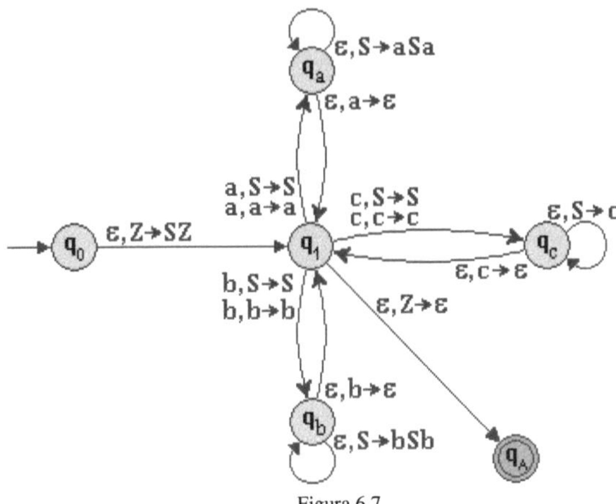

Figura 6.7

Este tipo de dispositivo se le conoce con el nombre de *Parser (Examinador)*, ya que permite examinar la cadena de entrada y construir fácilmente el árbol sintáctico que la produce, identificando las reglas gramaticales que se aplicaron en cada paso.

Por ejemplo, la secuencia anterior indica que en el tercer paso desde el estado q_a se utilizó la sustitución de S → **aSa**, luego, más adelante, en el estado q_b se utilizó la producción S → **bSb** y posteriormente en el estado q_c se aplicó S → **c**, de ahí se obtiene el árbol sintáctico mostrado en la figura 6.8:

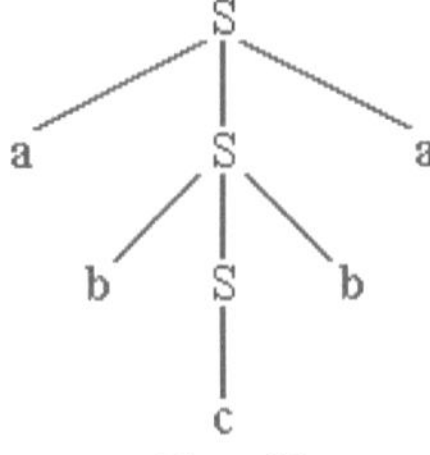

Figura 6.8

Gramáticas LL(k)

Las Gramáticas LL(k) constituyen un subconjunto de las gramáticas independientes del contexto que permiten la construcción de compiladores *topdown*. Un analizador *top-down* (descendente) intenta generar la derivación por la izquierda de la cadena de entrada *w*, de manera determinista de arriba hacia abajo usando un análisis anticipado de k símbolos.

La notación LL describe la estrategia de análisis donde la cadena de entrada es revisada de izquierda a derecha y el programa que realiza el análisis genera derivaciones por la izquierda. El valor k denota que se debe examinar por adelantado un prefijo de k símbolos o menos para determinar de manera inequívoca la regla a aplicar en un momento dado. El ejemplo mostrado en la figura 6.7 representa un *parser* para una gramática del tipo LL(1).

Ejemplo

Considere el lenguaje L = { $a^{n+1}bc^n$ | n > 0 } = { **aabc, aaabcc, aaaabccc,** ... }, es fácil obtener una gramática sencilla que genere este lenguaje:

$$S \rightarrow aSc \mid aabc$$

Sin embargo, para poder seleccionar cual regla se debe utilizar en un caso dado, se requiere una anticipación de tres símbolos, ya que las posibilidades para los prefijos de una cadena son: { **aaa** o **aab** }, por lo tanto, se trata de una gramática del tipo LL(3).

Ahora, es posible encontrar una gramática del tipo LL(2) equivalente, que genere al mismo lenguaje, ya que en este caso, para el símbolo A existen dos posibles prefijos: { **aa** o **ab** }:

$$S \rightarrow aA$$
$$A \rightarrow Sc \mid abc$$

Finalmente, se puede descubrir con un poco de imaginación la siguiente gramática equivalente, que es del tipo LL(1), ya que en este caso sólo se requiere de la anticipación de un solo símbolo para el no terminal A.

$$S \rightarrow aaAc$$
$$A \rightarrow aAc \mid b$$

El análisis sintáctico enseña que no solamente es necesario elegir una gramática que no presente ambigüedades, sino que también es muy importante encontrar una gramática que tenga el valor de k más pequeño posible.

Como se puede observar en los ejemplos previos, para poder aplicar eficazmente la técnica de la Anticipación en el diseño de un *parser*, es conveniente contar con una gramática en la Forma Normal de Greibach.

Técnica de Postergación

En ciertas ocasiones, cuando hay varias producciones que inician con el mismo símbolo terminal, se puede emplear una técnica complementaria, llamada *Postergación por Factorización a la Izquierda*, esto permite reducir el valor de k en las gramáticas LL(k). Esta técnica consiste en que las producciones que inicien con el mismo símbolo terminal se reemplacen por otras equivalentes, mediante la definición de un nuevo símbolo no terminal que sustituya los sufijos de ese símbolo terminal, tal como se muestra en el siguiente ejemplo:

Considere la gramática LL(2) siguiente:

$$S \rightarrow \textbf{aaB} \mid \textbf{ba} \mid \textbf{bbA} \mid \textbf{ab}$$
$$A \rightarrow \textbf{aA} \mid \textbf{b}$$
$$B \rightarrow \textbf{bB} \mid \textbf{a}$$

Es posible obtener una gramática LL(1) equivalente, mediante la definición de dos nuevos símbolos no terminales C y D que se sustituyen en las producciones de S, de la siguiente manera:

$$S \rightarrow \textbf{aC} \mid \textbf{bD}$$
$$A \rightarrow \textbf{aA} \mid \textbf{b}$$
$$B \rightarrow \textbf{bB} \mid \textbf{a}$$
$$C \rightarrow \textbf{aB} \mid \textbf{b}$$
$$D \rightarrow \textbf{bA} \mid \textbf{a}$$

Análisis Ascendente

En el análisis ascendente, la construcción del árbol sintáctico se inicia a partir de las hojas y avanza hacia la raíz siguiendo el camino contrario en una derivación por la derecha de la cadena. Este método trabaja con las gramáticas que se conocen como **LR** (left to right: leen la cadena de izquierda a derecha, pero la derivación es por la derecha).

Los analizadores descendentes, por su naturaleza predictiva, pueden analizar una clase de lenguajes más restringida. Mientras que los analizadores sintácticos ascendentes, por su naturaleza deductiva, evitan muchos problemas y cubren una clase mucho más amplia de lenguajes: a los Lenguajes Independientes del Contexto Deterministas.

El analizador realiza un proceso conocido como *Reducción*, mediante el cual se recorre el árbol sintáctico en sentido inverso, a partir de la cadena de entrada *w* hasta el símbolo inicial S. En términos generales, el analizador acumula los símbolos que va leyendo hasta que éstos sean iguales a la cadena resultante de alguna producción de la gramática. En este punto, el analizador reemplaza (reduce) esa subcadena por el símbolo no terminal que la produce. Este proceso se repite hasta el punto en que se reduzca toda la cadena al símbolo inicial, indicando con esto que la cadena dada si puede ser generada por una derivación por la derecha.

Gramáticas LR(k)

Las gramáticas LR(k) representan al subconjunto de las gramáticas independientes del contexto usadas para la construcción de compiladores *bottom-up*. Éstos permiten un análisis determinista de abajo hacia arriba, la notación LR describe la estrategia de análisis de una cadena para determinar si ésta pertenece a un lenguaje o no. La cadena de entrada es revisada de izquierda a derecha y el programa que realiza el análisis genera derivaciones por la derecha, usando un pre-análisis de k símbolos.

Se dice que una gramática es LR(k) si es posible determinar en forma única la manera de aplicar una producción de manera inversa, de tal forma que se puede reducir una subcadena dada de k símbolos por el símbolo no terminal que la produce, de forma no ambigua.

En este tipo de analizadores se emplea método denominado *Reconocimiento de Patrones*, mediante el cual se buscan las subcadenas que sean generadas por alguna de las producciones de la gramática, conduciendo a la sustitución del símbolo no terminal correspondiente, reduciendo la cadena. Este procedimiento se repite hasta obtener la reducción de toda la cadena a S.

Ejemplo

Sea la gramática G definida por las siguientes producciones:

$$S \rightarrow A$$
$$A \rightarrow T \mid A{+}T$$
$$T \rightarrow \mathbf{b} \mid (A)$$

A continuación, se muestra la derivación por la derecha de la cadena **(b)+b** mediante esta gramática:

$$S \Rightarrow A \Rightarrow A{+}T \Rightarrow A{+}\mathbf{b} \Rightarrow T{+}\mathbf{b} \Rightarrow (A){+}\mathbf{b} \Rightarrow (T){+}\mathbf{b} \Rightarrow (\mathbf{b}){+}\mathbf{b}$$

En la tabla 6.2 se ilustra, la aplicación de la técnica de reducción de la misma cadena **(b)+b** hasta obtener el símbolo inicial S, como un proceso inverso de la derivación anterior:

Regla a Aplicar	Reducción
T → **b**	(T)+**b**
A → T	(A)+**b**
T → (A)	T+**b**
A → T	A+**b**
T → **b**	A+T
A → A+T	A
S → A	S

Tabla 6.2

Ejemplo de Analizador Ascendente

Para construir el analizador sintáctico correspondiente a esta gramática es más fácil diseñar un autómata no determinista que reconozca las cadenas producidas por esta gramática, para lo cual, se deben modelar las transiciones que realicen las reducciones apropiadas para cada una de las producciones.

Por ejemplo, para reducir la producción T → **b** se define la siguiente transición: $\delta(q_0, \varepsilon, \mathbf{b}) = (q_0, T)$, mientras que para reducir la producción A → T se requiere de la transición: $\delta(q_0, \varepsilon, T) = (q_0, A)$.

Para las demás producciones se requieren de dos o más transiciones para efectuar la reducción correspondiente, por ejemplo, para la producción T → (A), se requieren las siguientes tres transiciones:

$$\delta(q_0, \varepsilon,)) = (q_1, \varepsilon)$$
$$\delta(q_1, \varepsilon, A) = (q_2, \varepsilon)$$
$$\delta(q_2, \varepsilon, () = (q_0, T)$$

Para la producción A → A+T, se requieren las siguientes tres transiciones:

$$\delta(q_0, \varepsilon, T) = (q_3, \varepsilon)$$
$$\delta(q_3, \varepsilon, +) = (q_4, \varepsilon)$$
$$\delta(q_4, \varepsilon, A) = (q_0, A)$$

Para la producción S $\rightarrow$ A, se requiere una transición para hacer la reducción, pero por tratarse del símbolo inicial, se consideran dos más para acceder al estado de aceptación si se confirma que está Z al final de la pila:

$$\delta(q_0, \$, A) = (q_5, S)$$
$$\delta(q_5, \varepsilon, S) = (q_6, \varepsilon)$$
$$\delta(q_6, \varepsilon, Z) = (q_A, \varepsilon)$$

Para las transiciones de *desplazamiento*, se deben considerar todas las transiciones necesarias para enviar a la pila cada uno de los cuatro símbolos terminales presentes en la cadena de entrada, independientemente del símbolo que se encuentre en la cima de la pila en ese momento:

$$\delta(q_0, \mathbf{b}, \varepsilon) = (q_0, \mathbf{b})$$
$$\delta(q_0, (, \varepsilon) = (q_0, ()$$
$$\delta(q_0, +, \varepsilon) = (q_0, +)$$
$$\delta(q_0,), \varepsilon) = (q_0,))$$

La reducción de la cadena **(b)+b\$** se ilustra a continuación mediante la siguiente secuencia de descripciones instantáneas, aunque se trata de un autómata no determinista, solamente se indican las transiciones que conducen a la aceptación de la cadena:

$(q_0, \underline{\textbf{(}}\textbf{b)+b\$}, \underline{Z}) \vdash (q_0, \underline{\textbf{b}}\textbf{)+b\$}, \underline{\textbf{(}}Z) \vdash (q_0, \underline{\textbf{)}}\textbf{+b\$}, \underline{\textbf{b}}\textbf{(}Z) \vdash (q_0, \underline{\textbf{)}}\textbf{+b\$}, \underline{T}\textbf{(}Z) \vdash (q_0, \underline{\textbf{)}}\textbf{+b\$}, \underline{A}\textbf{(}Z) \vdash$

$(q_0, \underline{\textbf{+b\$}}, \underline{\textbf{)}}A\textbf{(}Z) \vdash (q_1, \underline{\textbf{+b\$}}, \underline{A}\textbf{(}Z) \vdash (q_2, \underline{\textbf{+b\$}}, \underline{\textbf{(}}Z) \vdash (q_0, \underline{\textbf{+b\$}}, \underline{T}Z) \vdash (q_0, \underline{\textbf{+b\$}}, \underline{A}Z) \vdash$

$(q_0, \underline{\textbf{b}}\textbf{\$}, \underline{\textbf{+}}AZ) \vdash (q_0, \textbf{\$}, \underline{\textbf{b}}\textbf{+}AZ) \vdash (q_0, \textbf{\$}, \underline{T}\textbf{+}AZ) \vdash (q_3, \textbf{\$}, \underline{\textbf{+}}AZ) \vdash (q_4, \textbf{\$}, \underline{AZ}) \vdash (q_0, \textbf{\$}, \underline{AZ}) \vdash$

$(q_5, \underline{\varepsilon}, \underline{SZ}) \vdash (q_6, \underline{\varepsilon}, \underline{Z}) \vdash (q_A, \underline{\varepsilon}, \underline{\varepsilon})$

Si se recorre en sentido inverso la secuencia de descripciones instantáneas y se identifican cada una de las distintas reducciones aplicadas, se obtendrá la derivación de la cadena tal como se mostró en el ejemplo anterior:

$$S \Rightarrow A \Rightarrow A{+}T \Rightarrow A{+}\textbf{b} \Rightarrow T{+}\textbf{b} \Rightarrow (A){+}\textbf{b} \Rightarrow (T){+}\textbf{b} \Rightarrow \textbf{(b)}{+}\textbf{b}$$

Aplicando las técnicas de anticipación pertinentes, se podría modificar el autómata no determinista anterior por uno determinista, se invita al lector que intente el ejercicio.

Manejo de errores

Dado que es muy normal que existan errores dentro de un programa cuando se compila por primera vez, el compilador debe contar con todos los elementos necesarios para orientar al programador sobre la naturaleza de sus errores, de manera que pueda identificarlos y corregirlos. Por esta razón se considera que el manejo de errores es un aspecto importante en el diseño de un compilador. Dentro de un programa pueden existir errores de diversos tipos, los errores de lógica y de corrección son indetectables para el compilador y solamente surgen en tiempo de ejecución, cuando el programador se da cuenta de que su código no logra el resultado esperado.

Y es dentro del análisis sintáctico donde se detecta la gran mayoría de los errores de programación, ya sean errores léxicos, sintácticos o semánticos, es por esto que el manejo de errores de sintaxis es un aspecto delicado en la creación de compiladores. Hay que diseñar al analizador sintáctico de tal forma que si encuentra un error, no cancele definitivamente la compilación, sino que se recupere y siga analizando el código restante.

El manejador de errores de un analizador sintáctico debe ser capaz de informar claramente sobre la presencia de un error, su tipo y localización, y dependiendo de su gravedad, clasificarlo en error o simple advertencia. Además debe ser capaz de seguir examinando la entrada y construir el árbol sintáctico a pesar de la presencia de estos errores. Para ello hay varias estrategias que se implementan para el manejo de errores:

- La estrategia denominada *panic mode* consiste en ignorar el resto de la entrada hasta llegar a una condición de seguridad, que suele ser el punto y coma. Se desecha el análisis que quedó inconcluso y se reanuda el análisis normal a partir de la condición de seguridad.

- Emplear estrategias para intentar corregir los errores más frecuentes, de modo que una vez descubierto un error se conozca la forma de corregirlo, como podría ser el caso de insertar un punto y coma faltante. Hay que tener la certeza de que es la acción acertada, porque se puede incurrir en situaciones en las que el intento de corrección no sea el acertado y se introduzca un nuevo error, resultando peor que antes.

- El mecanismo más recomendable consiste en añadir a la gramática que describe el lenguaje las suficientes reglas de producción orientadas a reconocer los errores más comunes, en este caso se puede convertir un mensaje de error en un mensaje de advertencia que notifique la corrección aplicada.

- Otro método consiste en tratar de todas las formas posibles de obtener un árbol sintáctico, infiriendo una secuencia de *tokens* sintácticamente correcta que sea lo más parecida a la original. Equivale a tratar de adivinar lo que se quiso escribir.

Notación de Backus-Naur

La notación de Backus-Naur es una meta-sintaxis para la representación de las gramáticas independientes del contexto, orientada para la descripción de las gramáticas de los lenguajes computacionales en el diseño de compiladores, y que especialmente se emplea en la fase de análisis sintáctico.

Dentro de los metasímbolos utilizados por esta notación se encuentran los siguientes:

- Se usan los paréntesis angulares 〈 y 〉, para denotar los nombres de los símbolos no terminales.
- La barra vertical | sirve para denotar la disyunción "o".
- En vez de la flecha →, se usan los dobles dos puntos seguidos de igual, ::= para denotar una producción, lo que también se puede interpretar como "es definido así".
- Los paréntesis cuadrados o corchetes [y] se usan para enlistar elementos opcionales.
- Las llaves { y } se usan para indicar los términos repetitivos.
- Adicionalmente, se pueden utilizar paréntesis para agrupar términos.

Ejemplos

Mediante la notación BNF se definen los metasímbolos 〈letra〉 y 〈dígito〉:
〈letra〉 ::= a | b | c | ... | z
〈dígito〉 ::= 0 | 1 | 2 | 3 | 4 | 5 | 6| 7 | 8 | 9

Es común que se utilicen definiciones de reglas recursivas para declarar las diferentes categorías sintácticas, como se muestra en la definición de 〈identificador〉 y de 〈entero con signo〉:

〈identificador〉 ::= 〈letra〉 | 〈letra〉〈resto〉
〈resto〉 ::= 〈letra〉 | 〈dígito〉 | 〈letra〉〈resto〉 | 〈dígito〉〈resto〉
〈entero con signo〉 ::= [+ | -]〈entero sin signo〉
〈entero sin signo〉 ::= 〈dígito〉 | 〈dígito〉〈entero sin signo〉

A continuación, se definen las reglas básicas para representar la definición de 〈asignación〉:

〈asignación〉 ::= 〈identificador〉 = 〈expresión aritmética〉 ;
〈expresión aritmética〉 ::= 〈término〉 | 〈término〉 [+ | -] 〈expresión aritmética〉
〈término〉 ::= 〈primario〉 | 〈primario〉 [* | /] 〈término〉
〈primario〉 ::= 〈identificador〉 | 〈número〉 | (〈expresión aritmética〉)

Diagramas sintácticos de Conway

Un diagrama sintáctico de Conway, también conocido como diagrama de ferrocarril, es una manera gráfica de representar las reglas usadas en una gramática con la notación BNF. Las categorías se representan mediante rectángulos, mientras que los símbolos terminales se muestran usando círculos, cualquier trayecto partiendo de la izquierda y llegando a la derecha representa una regla válida de la gramática.

Los diagramas de Conway que se muestran en los siguientes ejemplos corresponden a las reglas que fueron definidas anteriormente; en la figura 6.9 se muestra el diagrama correspondiente a la definición de ⟨asignación⟩:

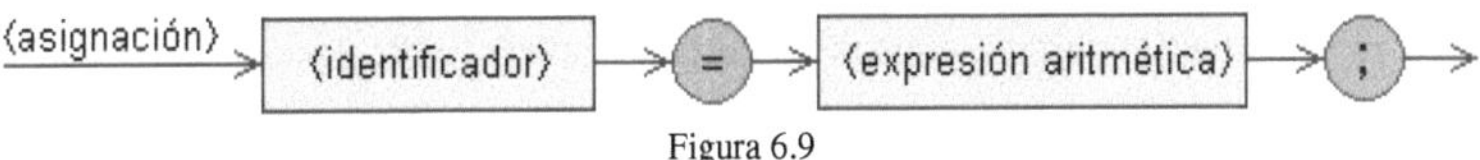

Figura 6.9

En la figura 6.10, se muestra el diagrama correspondiente a la categoría ⟨expresión aritmética⟩.

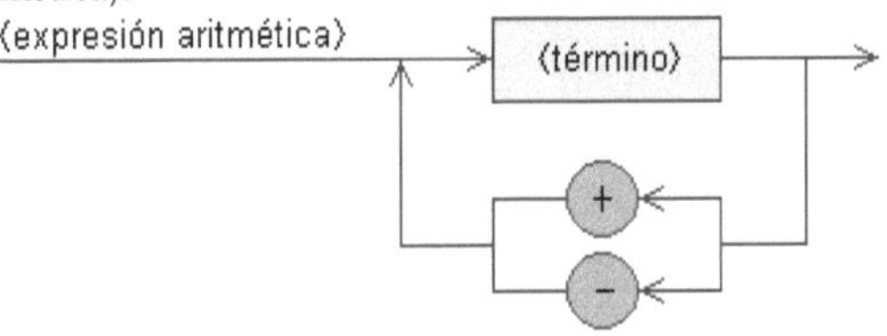

Figura 6.10

En la figura 6.11, se muestra el diagrama correspondiente a la categoría ⟨término⟩.

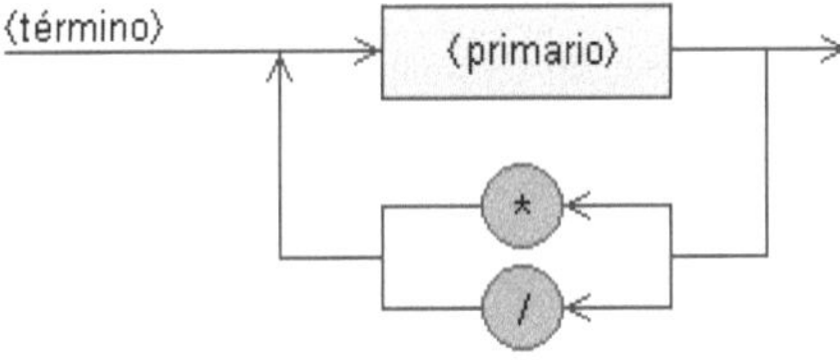

Figura 6.11

Y finalmente en la figura 6.12 se muestra el diagrama de la categoría ⟨primario⟩:

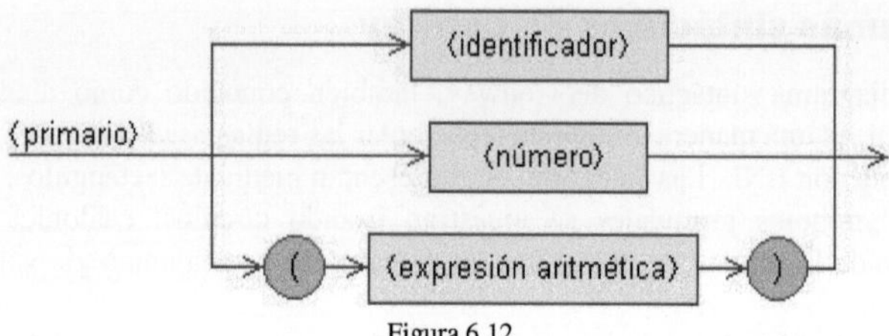

Figura 6.12

Expresiones BNF recursivas

La notación de las expresiones regulares extendidas también se suele emplear para representar las reglas sintácticas de la notación BNF, de tal forma que se transforman las expresiones recursivas a expresiones equivalentes, mediante los símbolos + y *, de tal manera que, por ejemplo, la expresión:

⟨término⟩ ::= ⟨primario⟩ | ⟨primario⟩ [* | /] ⟨término⟩

Queda expresada de una forma no recursiva equivalente como:

⟨término⟩ ::= ⟨primario⟩ ([* | /] ⟨primario⟩)*

En este momento puede resultar confuso el empleo de símbolos como el asterisco o del signo de suma en dos contextos distintos, pero en la práctica esta diferencia queda evidente con el empleo de las comillas para diferenciar los caracteres empleados para representar la suma y la multiplicación, así como cualquier otro símbolo terminal utilizado.

El metacompilador JavaCC

JavaCC es un metacompilador (compilador de compiladores) en Java, se trata de una herramienta que integra la construcción de analizadores léxicos y sintácticos por medio de funciones recursivas, utilizando una notación semejante a la BNF, y los analizadores generados utilizan la técnica descendente a la hora de obtener el árbol sintáctico, el código que genera es independiente de cualquier biblioteca externa, lo que lo hace independiente del entorno. Es altamente eficiente y posee una excelente gestión de errores, proporcionando una información diagnóstica muy completa.

JavaCC está siendo mantenido actualmente por el grupo java.net de código abierto, y la documentación oficial se puede encuentra en el sitio https://javacc.java.net.

Estructura general de un programa JavaCC

El código de un analizador escrito para JavaCC debe estar contenido en un archivo con extensión *.jj* y debe tener la siguiente estructura:

Opciones de JavaCC
PARSER_BEGIN (Nombre)
Código de compilación Java
PARSER_END (Nombre)
Reglas de producción

El archivo comienza con una lista de opciones, declarada mediante la palabra reservada *options* y seguida de la lista de opciones encerradas entre llaves. Todas las opciones se escriben en mayúsculas, por ejemplo, para indicar que debe tomar un token de anticipación se escribe:

options { LOOKAHEAD=1; }

La definición del analizador se inicia con la etiqueta *PARSER_BEGIN*, que contiene entre paréntesis el nombre que se le asigne. Ese nombre lo utiliza *JavaCC* para nombrar los archivos *.java* de salida que se generan como parte del analizador.

El código Java que define al analizador debe ir escrito entre las etiquetas *PARSER_BEGIN* y *PARSER_END* y es necesario que contenga una declaración de clase con el mismo nombre del analizador. Este código en su totalidad pasa directamente al programa *.java* de salida.

La sección más interesante es la que corresponde a la definición de las reglas de producción y básicamente son de dos tipos: las definiciones de los *tokens* mediante expresiones regulares y las declaraciones gramaticales en la forma **BNF**.

Para definir los tokens se utiliza la declaración TOKEN, donde se le declara un nombre a la expresión regular y se asocia con una acción determinada en código Java. Todos los tokens se pueden declarar dentro de un único bloque, pero siempre es recomendable separarlos en distintos bloques, según el tipo al que pertenezcan, para tener un mejor control de estos.

```
TOKEN: {
  <ASIG: "=">{System.out.println("ASIGNACION -> " + image + "\r\n");}
  | <LLAVE_IZ: "{">{System.out.println("Llave Izquierda -> " + image);}
  | <LLAVE_DE: "}">{System.out.println("Llave Derecha -> " + image);}
  | <PUNTO_COMA: ";">{System.out.println("Punto y Coma -> " + image);}
  | <NUM: (["0"-"9"])+ >{System.out.println("Numero -> " + image);}
}
```

Para indicar los lexemas que se deben ignorar se utiliza la declaración SKIP, en este caso solo se enlista la expresión regular, y no se le asigna un nombre ni se le asocia una acción, por ejemplo:

```
SKIP: {
  " " | "\r\n" | "\t"
}
```

Una vez finalizada la definición de los tokens se puede pasar a la declaración de las reglas gramaticales en la forma BNF, las cuales se van a declarar como métodos conteniendo dos juegos de llaves, el primer juego de llaves se usa para declarar variables u objetos de *JavaCC* mediante código *Java*, se emplea cuando el método no es de tipo *void*.

El segundo juego de llaves es el que contiene la regla gramatical definida, en forma BNF, los tokens definidos se escriben entre paréntesis angulares < y >, mientras que las categorías se denotan como llamadas a métodos de *Java* y deberán estar declarados también de forma similar, como se indica en este ejemplo parcial:

```
void SentenciaIf(): {} {
  <IF><PAR_IZ>Comparaciones()<PAR_DE><LLAVE_IZ><LLAVE_DE>
}
void Comparaciones(): {} {
  Valor()Operadores()Valor()
}
void Valor(): {} {
  <IDENT> | <NUM>
}
```

Para un ejemplo completo más detallado se recomienda al lector que realice la práctica de JavaCC presentada en la sección de ejercicios.

Preguntas

a) ¿Por qué bastan las expresiones regulares extendidas en el reconocimiento de patrones en el análisis léxico?

b) ¿Por qué se afirma que las gramáticas LL son predictivas y las LR son deductivas?

c) ¿Por qué las gramáticas tipo LR abarcan una clase de lenguajes más extensa que las gramáticas LL?

d) ¿Por qué no se incluyen autómatas para el análisis semántico?

Ejercicios

6.1. Práctica para comprender el uso del Metacompilador JFlex:

1. En primer lugar, deberá descargar el archivo que contiene todos los archivos necesarios para su uso, y que se llama *jflex-1.7.0.zip*, actualmente disponible en el sitio: *http://jflex.de/download.html*.

2. Una vez descargado, acceda a la carpeta en la que ha sido guardado y descomprima el archivo.

3. Ahora inicie el programa *Netbeans*.

4. En el menú de herramientas (*Tools*) pase a Bibliotecas (*Libraries*).

5. Oprima el botón *New Library...* y asígnele el nombre *JFlex* y oprima *OK*.

6. Luego haga clic en *Add JAR/Folder...*.

7. En la carpeta que descomprimió busque la carpeta *lib* y seleccione la librería *jflex-1.7.0.jar*

8. Haga clic en *Add JAR/Folder* para añadirla y luego oprima *OK*.

9. A continuación, debe crear un nuevo proyecto (*File – New Project*) luego seleccione *Java Application*, y oprima *Next >*:

10. En *Project Name* asigne el nombre de *analizador* y oprima *Finish*.

11. Ahora tiene que crear un archivo de especificación con extensión *flex*, que contenga las reglas léxicas del analizador.

12. Para ello con el botón derecho haga clic sobre el nombre del proyecto *analizador*, seleccione *New* y luego *Other...*.

13. En categorías seleccione *Other* y luego seleccione *Empty File* del lado derecho y oprima *Next>*.

14. En *File Name* escriba el nombre del archivo al que llamará *analizador.flex* y oprima *Finish*.

15. Dentro de este archivo vacío copie las reglas léxicas del analizador, el cual se divide en tres partes, cada una de ellas separada por *%%*, como se explica a continuación.

16. La primera parte serán el *package* que contendrá la clase generada y el *import*, donde se van a importar las clases que se van a utilizar:

```
package analizador;
import static analizador.tokens.*;
%%
```

17. A continuación, sigue la segunda parte, que se compone de las definiciones, donde se van a definir los símbolos.

```
%class AnalizadorLexico
%type tokens
Letra = [A-Za-z]
Digito = [0-9]
Espacio = [ \t\r\n]
```

18. Además, se define una cadena donde se asignará el lexema que se haya encontrado.

```
%{
public String lexema;
%}
%%
```

19. Y la tercera parte contendrá las expresiones regulares que definen las acciones que se realizan al encontrar cada token.

```
{Espacio}+ {/* Se ignoran caracteres en blanco
*/}
"//".* {/* Se ignoran los comentarios */}
"+" {return SUMA;}
"-" {return RESTA;}
"*" {return MULTIPLICA;}
"/" {return DIVIDE;}
"=" {return ASIGNA;}
"==" {return IGUAL;}
(-+)?{Digito}+ {lexema=yytext(); return
NUMERO;}
{Letra}( {Letra} | {Digito})* {lexema=yytext();
return IDENTIFICADOR;}
. {return ERROR;}
```

20. Agregue una nueva clase de tipo *enum*, para ello seleccione *New File* y en la categoría *Java* seleccione *Java Enum* y oprima *Next >*.

21. Póngale el nombre de *tokens* y oprima *Finish*.

22. Aquí se van a enlistar todos los tokens, agregando la línea siguiente:

```
SUMA,RESTA,MULTIPLICA,DIVIDE,ASIGNA,IGUAL,
NUMERO,IDENTIFICADOR,ERROR
```

23. Ahora verifique que cuenta con la biblioteca *JFlex* en la lista de *Libraries*, para ello despliegue la lista de bibliotecas y si no aparece,

oprima botón derecho y seleccione ***Add Library…***.

24. Localice en la lista a la biblioteca ***JFlex*** y oprima ***Add Library***.

25. Pase ahora a la clase principal (***Main***) para crear los métodos con los que se generará la clase de salida llamada ***yylex.java***.

26. Primero, en la línea inmediata a package, indique la siguiente declaración:

```
import java.io.File
```

27. Ahora, dentro del método principal defina un ***string*** llamado ***path*** con la trayectoria donde se localiza el archivo ***analizador.flex***, usualmente está en la carpeta ***NetBeansProjects***, de ***Documents***, quedando algo que puede verse como sigue (observe que las diagonales no son inversas):

```
string path = 
"C:/Users/Eduardo/Documents/NetBeansProjects/
analizador/src/analizador/analizador.flex";
```

28. A continuación, agregue la llamada al método:

```
parserLexer(path);
```

29. Posteriormente defina ese método como sigue:

```
public static void parserLexer(String path) {
file file = new File(path);
jflex.Main.generate(file);
}
```

30. A continuación, procederá a ejecutar la clase principal (***Run File***) para poder generar la nueva clase, si todo está correcto verá que se genera la clase llamada ***AnalizadorLexico.java*** que será la que se utilizará en el compilador.

31. Ahora va a construir una interfaz para usar el analizador.

32. Con el botón derecho sobre el nombre del proyecto seleccione ***New*** y ***JFrame Form…***.

33. Al nuevo formulario dele el nombre de ***Interface*** y oprima ***Finish***.

34. Agregue una etiqueta (***Label***) que diga ***Ingrese el Texto*** y un cuadro de texto (***Text Field***) suficientemente grande a su lado.

35. Debajo coloque un área de texto también bastante grande, donde se va a mostrar el resultado del análisis, antecedido por una etiqueta que diga

Resultado.

36. Finalmente agregue un botón (***Button***) llamado ***Analizar***, para realizar el análisis.

37. Pase al código (***Source***) de la interfaz y agregue el siguiente método:

```java
public void probar() throws IOException{
    File archivo = new File("archivo.txt");
    PrintWriter Writer;
    try {
        Writer=new PrintWriter(archivo);
        Writer.print(jTextField1.getText());
        Writer.close();
    }
    catch (FileNotFoundException ex) {
        Logger.getLogger(Interface.class.getNam
        e()).log(Level.SEVERE, null, ex);
    }
    Reader reader = new BufferedReader(new
    FileReader("archivo.txt"));
    AnalizadorLexico lexer=new
    AnalizadorLexico(reader);
    String resultado="";
    while (true){
        tokens token=lexer.yylex();
        if (token==null) {
            resultado=resultado+"EOF";
            jTextArea1.setText(resultado);
            return;
        }
        switch (token){
            case ERROR:
                resultado=resultado+"Símbolo no
                reconocido \n";
                break;
            case IDENTIFICADOR: case NUMERO:
                resultado=resultado+"Token =
                "+token+" "+lexer.lexema +"\n";
                break;
            default:
                resultado=resultado+"Token
                =v"+token+"\n";
```

```
        }
      }
   }
```

38. Se agregan las importaciones necesarias y pase a darle funcionalidad al botón agregando la llamada al método probar, mediante el siguiente código.

```
try {
    probar();
}
catch (IOException ex){
    System.out.println(ex.getMessage());
}
```

39. Ahora ya está listo el analizador para probarlo:

40. Ejecute ***Run File*** y proceda a ejecutar el análisis de diversas cadenas de entrada.

41. Fin de la Práctica.

6.2. Utilizando las técnicas de anticipación y postergación construya un **APD** que acepte el lenguaje generado por cada una de las siguientes **GIC**:

a) $S \to \mathbf{aAA \mid cS}$
   $A \to \mathbf{aA \mid bS \mid c}$

b) $S \to \mathbf{aSb \mid baB \mid c}$
   $A \to \mathbf{abS \mid aaA}$
   $B \to \mathbf{cAB \mid ab}$

c) $S \to \mathbf{aaAa \mid abB}$
   $A \to \mathbf{aBB \mid bA}$
   $B \to \mathbf{bBB \mid a}$

6.3. Escriba una regla en notación **BNF** para describir la categoría ⟨expresión lógica⟩ y elabore el diagrama de Conway correspondiente.

6.4. Elabore el diagrama de Conway para las siguientes reglas en notación **BNF**:

a) ⟨identificador⟩ ::= ⟨letra⟩ | ⟨letra⟩⟨resto⟩

b) ⟨resto⟩ ::= ⟨letra⟩ | ⟨dígito⟩ | ⟨letra⟩⟨resto⟩ | ⟨dígito⟩⟨resto⟩

c) ⟨entero con signo⟩ ::= [+ | -]⟨entero sin signo⟩

d) ⟨entero sin signo⟩ ::= ⟨dígito⟩ | ⟨dígito⟩⟨entero sin signo⟩

e) ⟨condicional⟩ ::= **if** ⟨expresión lógica⟩ **then** ⟨enunciado⟩ | **if** ⟨expresión lógica⟩ **then** ⟨enunciado⟩ **else** ⟨enunciado⟩

f) ⟨variable⟩ ::= ⟨identificador⟩ | ⟨identificador⟩[⟨lista de índices⟩]
⟨lista de índices⟩ ::= ⟨expresión aritmética⟩ | ⟨expresión aritmética⟩,⟨lista de índices⟩

6.5. Práctica para comprender el uso del Metacompilador JavaCC:

1. Usando el bloc de notas debe crear un documento de texto nuevo, ahí escriba lo siguiente:

```
PARSER_BEGIN(ejemplo)
```

2. Donde *ejemplo* es el nombre de la clase, a continuación, proceda a definir esa clase:

```
class ejemplo {
public static void main(String[] args) throws
ParseException {
```

3. Esta instrucción le permite manejar las excepciones que genere el compilador.

4. A continuación, debe copiar el siguiente código dentro del método main:

```
try {
    ejemplo analizador= new
    ejemplo(System.in);
    analizador.Programa();
    System.out.println("Se ha
    compilado con éxito");
}
catch(ParseException e) {
    System.out.println("Ocurrió
    un error: ");
    System.out.println(e.getMessa
    ge());
}
}
}
```

5. Donde *Programa* es el método principal de la sintaxis que se va a definir.

6. Ahora agregue la sentencia de terminación:

```
PARSER_END(ejemplo)
```

7. A continuación, deberá definir los ***TOKENS*** correspondientes al léxico:

```
TOKEN: {
    <MAIN:"public static void Main()" >
    {System.out.println("MAIN -> " + image);}
    | <PROGRAMA: "Programa" >
    {System.out.println("PROGRAMA -> " +
    image);}
    | <IF: "ien" > {System.out.println("IF -> "
    + image);}
}
```

8. Junto al nombre del token ponga la acción que se va a ejecutar cuando se identifique éste, ***image*** permite mostrar el TOKEN que se está compilando, tal como se ve al hacer la compilación.

9. Ingrese al siguiente bloque de TOKENs:

```
TOKEN: {
    <PAR_IZQ:
    "(">{System.out.println("PARENTESIS
    IZQUIERDO -> " + image);}
    | <PAR_DER:
    ")">{System.out.println("PARENTESIS DERECHO
    -> " + image);}
    | <LLAVE_IZQ:
    "{">{System.out.println("LLAVE IZQUIERDA ->
    " + image);}
    | <LLAVE_DER:
    "}">{System.out.println("LLAVE DERECHA -> "
    + image);}
    | <PUNTO_COMA:
    ";">{System.out.println("PUNTO Y COMA -> "
    + image);}
}
```

10. No es obligatorio crear diferentes bloques de tokens, pero siempre es recomendable separarlos según el tipo al que pertenezcan para tener un mejor control de estos.

11. Pase al tercer bloque:

```
TOKEN: {
```

```
    <ASIG: "=">{System.out.println("ASIGNACION
    -> " + image + "\r\n");}
    | <MENOR: "<">{System.out.println("MENOR
    QUE -> " + image);}
    | <MAYOR: ">">{System.out.println("MAYOR
    QUE -> " + image);}
}
```

12. Finalmente defina el cuarto bloque:

```
TOKEN: {
    <INT: "inum">{System.out.println("ENTERO ->
    " + image + "\r\n");}
    | <NUM: (["0"-"9"])+
    >{System.out.println("NUMERO -> " +
    image);}
    | <IDENT: ["A"-"Z","a"-"z"]([ "A"-"Z","a"-
    "z","0"-"9","_"])* >
    {System.out.println("IDENTIFICADOR -> " +
    image);}
}
```

13. Como se ve en este último caso, se emplean las expresiones regulares para determinar los tokens de número e identificador.

14. Después de definir todos los tokens debe agregar una declaración para ignorar los espacios en blanco, tabuladores y saltos de línea, como sigue:

```
SKIP: {
    " " | "\r\n" | "\t"
}
```

15. Ahora proceda con la sintaxis, para ello defina el método *Programa*.

```
void Programa(): {} {
    <PROGRAMA><IDENT><LLAVE_IZQ>Principal()<LLA
    VE_DER><EOF>
}
```

16. El primer juego de llaves no se va a utilizar en este ejemplo, se usa para declarar variables u objetos de javacc.

17. Continúe con los demás métodos:

```
void Principal(): {} {
    <MAIN>
```

```
        <LLAVE_IZQ>Sentencias()<LLAVE_DER>
}

void Sentencias(): {} {
    ( SentenciaIf() | Declaracion() |
    Asignacion() )*
}

void SentenciaIf(): {} {
    <IF><PAR_IZQ>Comparaciones()<PAR_DER><LLAVE
    _IZQ><LLAVE_DER>
}

void Declaracion(): {} {
    <INT><IDENT><PUNTO_COMA>
}

void Asignacion(): {} {
    <IDENT><ASIG>Valor()<PUNTO_COMA>
}

void Comparaciones(): {} {
    Valor()Operadores()Valor()
}

void Valor(): {} {
    <IDENT> | <NUM>
}

void Operadores(): {} {
    <MENOR> | <MAYOR>
}
```

18. Dentro del método *Sentencias()* se podrían declarar varias más, pero en este ejemplo se limitará solamente a la sentencia *IF*.

19. El programa de diseño del compilador está listo, antes de guardarlo, haga lo siguiente:

20. Localice el archivo *javacc-5.0.zip*, lo puede descargar directamente del sitio oficial: *https://javacc.java.net/*.

21. Descomprima el archivo en el destino que desee.

22. En la carpeta que descomprimió busque la carpeta **examples** y ahí cree una nueva carpeta llamada **prueba**.

23. Dentro de esta carpeta guarde el documento recién creado, asígnele el nombre de **ejemplo.jj**.

24. Debe de contar con la aplicación **jdk** en cualquier versión reciente y debe estar disponible mediante la declaración **PATH** para que pueda ejecutarse la sentencia siguiente:

25. Ahora deberá compilar el compilador, para ello abra la ventana de comandos y ubíquese en la dirección correspondiente a la carpeta de prueba, entonces teclee la instrucción:

```
..\..\bin\javacc ejemplo.jj
```

26. Si no presenta errores en el código, (aparecerán dos Warnings) dentro de la carpeta de prueba se generarán varios archivos **.java**, que forman parte del analizador sintáctico (parser):

```
ejemplo.java
ejemploConstants.java
ejemploTokenManager.java
ParserException.java
SimpleCharStream.java
Token.java
TokenMgrError.java
```

27. Ahora compile todos esos archivos mediante la siguiente instrucción, (suponiendo que la ubicación de la carpeta de java está en las rutas definidas en PATH):

```
javac *.java
```

28. Si no tubo errores en la compilación, va a escribir un pequeño programa de prueba en el bloc de notas:

```
Programa ejemplo {
    public static void Main() {
        inum num2;
        ien (num2 < 4) {
        }
        num2 = 4;
    }
}
```

29. Y lo guárdelo con el nombre de **prueba.txt** en la misma carpeta donde

está trabajando.

30. Finalmente va a probar el compilador, para ello ejecute la siguiente sentencia:

```
java ejemplo < prueba.txt
```

31. Corrija los errores de código que pudiera haber y repita el proceso hasta obtener una compilación exitosa, mediante la cual se identifica cada uno de los tokens del programa de prueba.

32. Fin de la Práctica.

Capítulo 7

Máquinas de Turing

En este capítulo se introduce la noción de Cinta, se define el concepto de Máquina de Turing, se analiza su aplicación en el cómputo de funciones y su utilización en la decisión de cadenas. Se describen algunas de sus variantes y se estudian las Máquinas Simples y Compuestas.

La Noción de Cinta

Cuando se emplea un Autómata Finito para el reconocimiento de un lenguaje regular, se debe proporcionar una cadena para que sea analizada; imagínese ahora que esta cadena de entrada se encuentra escrita sobre una cinta infinita que está subdividida en celdas unitarias, cada una de las cuales es capaz de contener un solo símbolo y que existe un apuntador que inicialmente se encuentra señalando a la celda que contiene al primer símbolo de la cadena.

Cada transición realizada en el autómata finito provocará un cambio de estado y hará que el apuntador avance una celda hacia la derecha; tal como se ilustra gráficamente en el ejemplo mostrado en la figura 7.1:

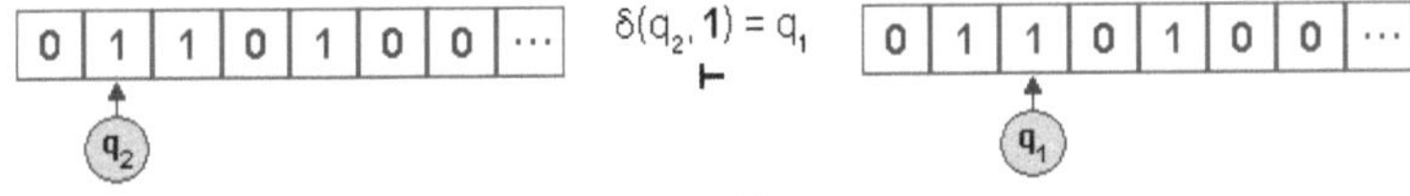

Figura 7.1

Sin embargo, cuando se trata de una transición épsilon, entonces solamente se provoca un cambio de estado, pero el apuntador permanece en la celda que aún no ha sido *leída*, tal como se muestra en la figura 7.2:

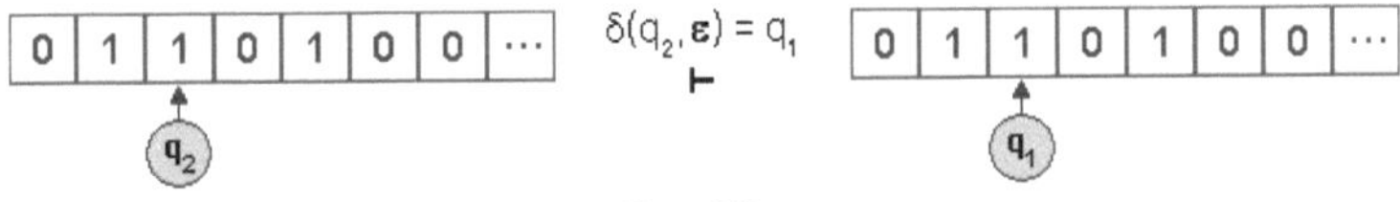

Figura 7.2

Además, se considera que la cadena ha sido agotada cuando el apuntador llega a una celda que está vacía, lo cual se suele indicar por medio de un símbolo especial que no pertenece a Σ, como por ejemplo #. En ese momento el autómata termina su proceso, y determina la aceptación o rechazo de la cadena propuesta.

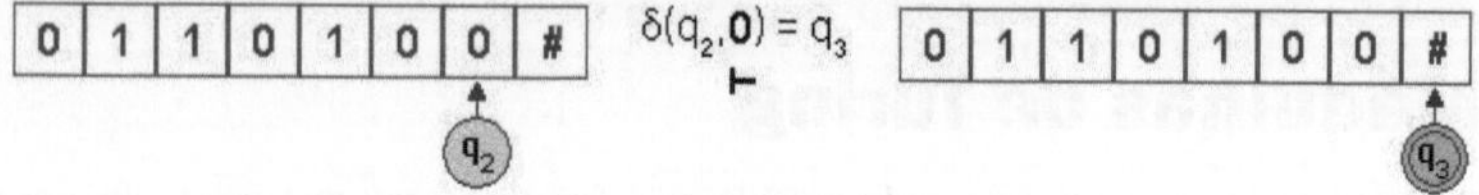

Figura 7.3

Autómata Finito Determinista Bidireccional

Un Autómata Finito Determinista Bidireccional (**AFDB**) es aquel que permite que el apuntador se pueda desplazar tanto hacia la derecha como hacia la izquierda. Se ha demostrado que esta capacidad de movimiento no le agrega ningún poder a este tipo de **AF** respecto de los otros, y en cambio, se pueden presentar situaciones en las que se cicle y nunca alcance el fin de la cadena.

Ejemplo

Sea el **AFDB** definido por: $Q = \{\ q_0, q_1, q_2\ \}$, $\Sigma = \{\ \mathbf{0, 1}\ \}$, $s = q_0$, $F = \{\ q_0, q_1\ \}$ y la función δ que contiene a las transiciones siguientes, en las que se indica la dirección de movimiento del puntero:

$$\delta(q_0, \mathbf{0}) = (q_0, R) \qquad \delta(q_0, \mathbf{1}) = (q_1, R)$$
$$\delta(q_1, \mathbf{0}) = (q_1, R) \qquad \delta(q_1, \mathbf{1}) = (q_2, L)$$
$$\delta(q_2, \mathbf{0}) = (q_0, R) \qquad \delta(q_2, \mathbf{1}) = (q_2, L)$$

Se denota con la letra **R** a un desplazamiento hacia la derecha (Right) y con la letra **L** un desplazamiento hacia la Izquierda (Left). En la figura 7.4 se ejemplifica un paso del proceso de análisis de una cadena usando este autómata:

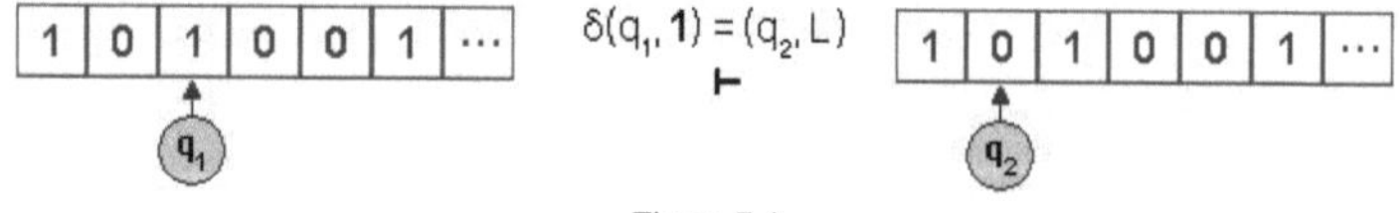

Figura 7.4

Este autómata acepta las cadenas que no contengan la subcadena **11**, cada vez que detecta un segundo **1**, regresa para comprobar que el símbolo anterior es **0**, sin embargo, en caso de haber dos **1**s consecutivos, se cicla indefinidamente, como se muestra en la siguiente secuencia de descripciones instantáneas:

$(q_0, \underline{0}11) \vdash (q_0, 0\underline{1}1) \vdash (q_1, 01\underline{1}) \vdash (q_2, 0\underline{1}1) \vdash (q_2, \underline{0}11) \vdash (q_0, 0\underline{1}1) \vdash (q_1, 01\underline{1}) \vdash$
$(q_2, 0\underline{1}1) \vdash (q_2, \underline{0}11) \vdash (q_0, 0\underline{1}1) \vdash (q_1, 01\underline{1}) \vdash \ldots$

En la figura 7.5, se muestra el diagrama del autómata finito no determinista equivalente a este **AFDB** y que acepta al lenguaje descrito: $L = (\varepsilon \cup 1)(0 \cup 01)^*$.

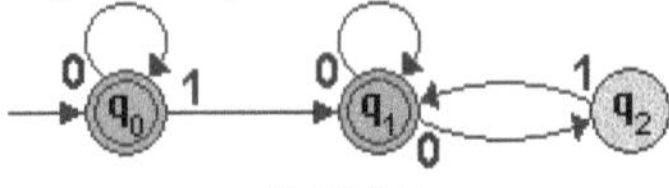

Figura 7.5

La Máquina de Turing[2]

Conceptualmente una Máquina de Turing (**MT**) puede parecer muy semejante al modelo de **AFDB** presentado previamente, pero la pequeña gran diferencia es que este dispositivo tiene la posibilidad de escribir sobre la cinta. Esta capacidad le permite a la **MT** devolver una respuesta, por medio de una cadena de salida.

Formalmente se define una Máquina de Turing como $M = (Q, \Sigma, \Gamma, s, \#, F, \delta)$, en donde Q es el conjunto de estados, Σ es el alfabeto de entrada, Γ es el alfabeto de la Cinta ($\Sigma \subset \Gamma$), s es el estado inicial, # es el símbolo para indicar celda vacía (# $\in \Gamma$, pero # $\notin \Sigma$), F es el conjunto de estados finales y δ es la función de Transición determinista.

En este caso, cada transición provoca tres respuestas, primero un posible cambio de estado, segundo, la escritura de un símbolo sobre la celda actual y, tercero, el desplazamiento del apuntador (también conocido como cabezal de lectura-escritura o **CLE**) que puede ser hacia la celda de la derecha o a la celda de la izquierda, o incluso, permanecer en la celda actual sin moverse.

Las **MT**s pueden ser no deterministas, pero como esta característica no les da mayor poder, se limitará el estudio solamente a las **MTD**.

---

[2] Alan Mathison Turing (1912-1954), matemático británico y pionero en la teoría de la computación. Nació en Londres y estudió en las universidades de Cambridge y Princeton. En 1936, mientras era todavía un estudiante, publicó un ensayo titulado *On Computable Numbers* (*Sobre números calculables*), con el que contribuyó a la lógica matemática al introducir el concepto teórico de un dispositivo de cálculo que hoy se conoce como la máquina de Turing. El concepto de esta máquina, que podría efectuar teóricamente cualquier cálculo matemático, fue fundamental en el desarrollo de las computadoras digitales.

Ejemplo 1

Considérese la **MT** definida por los siguientes elementos: $Q = \{ q_0, q_1, q_2 \}$, $\Sigma = \{a, b\}$, $\Gamma = \{ a, b, \# \}$, $s = q_0$, $F = \{ q_2 \}$ y las transiciones:

$$\delta(q_0, a) = (q_0, a, R)$$
$$\delta(q_0, b) = (q_0, a, R)$$
$$\delta(q_0, \#) = (q_1, \#, L)$$
$$\delta(q_1, a) = (q_1, a, L)$$
$$\delta(q_1, \#) = (q_2, \#, R)$$

La tarea de esta Máquina es dejar una **a** sin cambio y desplazarse a la derecha, pero si encuentra una **b** la reemplazará por una **a** y desplazarse a la derecha, hasta que encuentre una celda vacía, entonces cambia de estado y se desplaza hacia la izquierda, en el estado q_1 recorrerá toda la cinta hasta llegar a la celda vacía que se encuentra antes de la cadena, donde cambiará nuevamente de estado, se moverá a la celda inicial y se detendrá. La transición $\delta(q_1, b)$ no se define porque jamás se utilizará, gráficamente esta máquina de Turing se muestra en la figura 7.6.

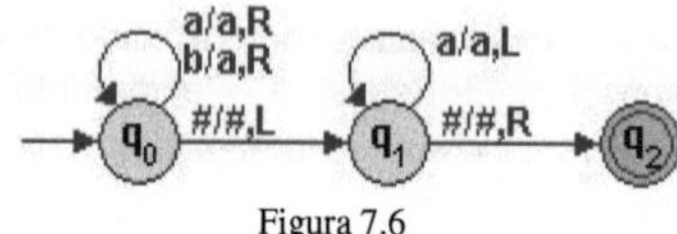

Figura 7.6

El funcionamiento de esta **MT** para la cadena $w = $ **abba**, se puede representar por medio de las descripciones instantáneas siguientes (las celdas anteriores y posteriores a la cadena se encuentran vacías):

$(q_0, \#\underline{a}bba\#) \vdash (q_0, \#a\underline{b}ba\#) \vdash (q_0, \#aa\underline{b}a\#) \vdash (q_0, \#aaa\underline{a}\#) \vdash (q_0, \#aaaa\underline{\#}) \vdash (q_1, \#aaa\underline{a}\#)$
$\vdash (q_1, \#aa\underline{a}a\#) \vdash (q_1, \#a\underline{a}aa\#) \vdash (q_1, \#\underline{a}aaa\#) \vdash (q_1, \underline{\#}aaaa\#) \vdash (q_2, \#\underline{a}aaa\#)$

Ejemplo 2

Considérese la Máquina de Turing siguiente: $Q = \{q_0, q_1, q_2\}$, $\Sigma = \{0, 1\}$, $\Gamma = \{0, 1, \#\}$, $s = q_0$, $F = \{ q_2 \}$ y las transiciones:

$$\delta(q_0, 0) = (q_0, 1, R) \qquad \delta(q_0, 1) = (q_0, 0, R)$$
$$\delta(q_0, \#) = (q_1, \#, L) \qquad \delta(q_1, 0) = (q_1, 0, L)$$
$$\delta(q_1, 1) = (q_1, 1, L) \qquad \delta(q_1, \#) = (q_2, \#, R)$$

Esta Máquina complementa las cadenas sobre el alfabeto Σ hasta encontrar una celda en blanco, entonces regresará hasta la celda inicial y parará. La figura 7.7 muestra el diagrama de transiciones de esta máquina.

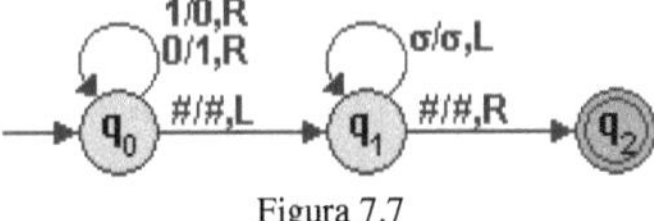

Figura 7.7

Observe el uso del símbolo σ como un comodín que representa a cualquier símbolo contenido en una celda no vacía. Como en el primer ejemplo, se asume que el apuntador se ubica sobre el primer símbolo de cadena de entrada. Por ejemplo, para la cadena $w = \mathbf{0110}$, se tienen las siguientes descripciones instantáneas:

$(q_0, \#\underline{\mathbf{0}}\mathbf{110}\#) \vdash (q_0, \#\mathbf{1}\underline{\mathbf{1}}\mathbf{10}\#) \vdash (q_0, \#\mathbf{10}\underline{\mathbf{1}}\mathbf{0}\#) \vdash (q_0, \#\mathbf{100}\underline{\mathbf{0}}\#) \vdash (q_0, \#\mathbf{1001}\underline{\#}) \vdash (q_1, \#\mathbf{100}\underline{\mathbf{1}}\#)$
$\vdash (q_1, \#\mathbf{10}\underline{\mathbf{0}}\mathbf{1}\#) \vdash (q_1, \#\mathbf{1}\underline{\mathbf{0}}\mathbf{01}\#) \vdash (q_1, \#\underline{\mathbf{1}}\mathbf{001}\#) \vdash (q_1, \underline{\#}\mathbf{1001}\#) \vdash (q_2, \#\underline{\mathbf{1}}\mathbf{001}\#)$

Este proceso se puede resumir como sigue: $(q_0, \#\underline{\mathbf{0}}\mathbf{110}\#) \vdash^* (q_2, \#\underline{\mathbf{1}}\mathbf{001}\#)$. (Donde el asterisco denota que se requieren de varias transiciones para llegar a la descripción de la derecha)

Funciones Turing-Computables

Puesto que una **MT** puede leer y escribir sobre la cinta, se puede observar que la cadena de entrada también se transforma en una cadena de salida, formada por los símbolos que quedan en la cinta al terminar la ejecución de la misma, para ello, es conveniente construir la **MT** de tal forma que finalice con el puntero ubicado en la misma posición donde inició, tal como se hizo en los ejemplos precedentes. La posición inicial puede ser elegida arbitrariamente, en estos ejemplos se ha escogido la celda que contiene al primer símbolo de la cadena, pero puede ser la celda vacía precedente o la que está después del final de la cadena, lo importante es que la elección de las celdas inicial y final sea consistente con las operaciones que realiza la **MT** y ésta trabaje correctamente.

En estos ejemplos, las **MT**s se han construido de tal forma que siempre paren, que siempre alcancen al estado final. A la secuencia de movimientos que conducen a una configuración de parada se le llama *Computación*. En forma compacta, se expresa una computación como: $(q_0, w) \vdash^* (q_f, u)$

Si existe una función F sobre la cadena w, tal que $F(w) = u$, y si existe una Máquina de Turing para la cual se puede efectuar la computación $(q_0, w) \vdash^* (q_f, u)$, donde s $= q_0$ y $q_f \in F$, para cualquier cadena *w* en el dominio de *F*, entonces se dice que la función de cadena *F* es *Turing-computable*.

Ejemplo 1

Construir una Máquina de Turing para realizar la suma de dos números en base uno, es decir, el número *n* se representa como una cadena de *n* unos: 1^n. El proceso que se debe realizar para sumar $n + m$ consiste en efectuar la siguiente computación: $(q_0, 1^n+1^m) \vdash^* (q_4, 1^{n+m})$; esencialmente se trata de cambiar el signo de más por un uno y eliminar el último uno de la cadena, verificando al mismo tiempo que la cadena de entrada corresponde al formato establecido:

$$\delta(q_0, 1) = (q_0, 1, R) \qquad \delta(q_0, +) = (q_1, 1, R)$$
$$\delta(q_1, 1) = (q_1, 1, R) \qquad \delta(q_1, \#) = (q_2, \#, L)$$
$$\delta(q_2, 1) = (q_3, \#, L) \qquad \delta(q_3, 1) = (q_3, 1, L)$$
$$\delta(q_3, \#) = (q_4, \#, R)$$

En la figura 7.8 se puede observar el diagrama de transiciones para la máquina de Turing que realiza la suma unaria, cada transición muestra el símbolo que lee, el que escribe y la dirección del desplazamiento.

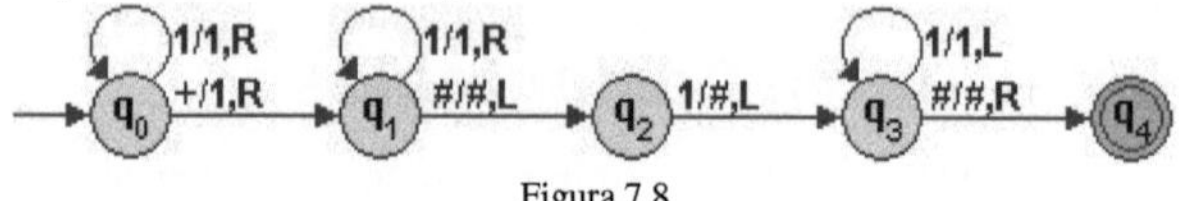

Figura 7.8

Por ejemplo, para sumar $3 + 2$ se tiene la siguiente *computación*:

$(q_0, \#\underline{1}11+11\#) \vdash (q_0, \#1\underline{1}1+11\#) \vdash (q_0, \#11\underline{1}+11\#) \vdash (q_0, \#111\underline{+}11\#) \vdash (q_1, \#11111\underline{1}\#) \vdash$
$(q_1, \#111111\underline{\#}) \vdash (q_2, \#11111\underline{1}\#) \vdash (q_3, \#1111\underline{1}\#) \vdash (q_3, \#111\underline{1}1\#) \vdash$
$(q_3, \#11\underline{1}11\#) \vdash (q_3, \#1\underline{1}111\#) \vdash (q_3, \#\underline{1}1111\#) \vdash (q_3, \underline{\#}11111\#) \vdash (q_4, \#\underline{1}1111\#)$

Ejemplo 2

Para construir una Máquina de Turing para realizar la resta de dos números en notación unaria, se debe realizar un proceso más elaborado que el del ejemplo anterior, pues se debe ir eliminando un **1** del sustraendo por cada **1** del minuendo y repetir este proceso tantas veces como sea necesario, hasta agotar la cantidad de unos en alguna de las dos partes, considerando la posibilidad de que la diferencia sea negativa.

Este proceso se resume entonces en que $(q_0, 1^n-1^m) \vdash^* (q_7, 1^{n-m})$, si el resultado es positivo o cero, y en $(q_0, 1^n-1^m) \vdash^* (q_7, -1^{m-n})$ para el caso negativo.

$$\delta(q_0, 1) = (q_0, 1, R) \qquad \delta(q_0, -) = (q_1, -, R) \qquad \delta(q_1, 1) = (q_1, 1, R)$$
$$\delta(q_1, \#) = (q_2, \#, L) \qquad \delta(q_2, 1) = (q_3, \#, L) \qquad \delta(q_3, 1) = (q_3, 1, L)$$
$$\delta(q_3, -) = (q_3, -, L) \qquad \delta(q_3, \#) = (q_4, \#, R) \qquad \delta(q_4, 1) = (q_0, \#, R)$$
$$\delta(q_4, -) = (q_5, 1, L) \qquad \delta(q_5, \#) = (q_6, -, L) \qquad \delta(q_6, \#) = (q_7, \#, R)$$
$$\delta(q_2, -) = (q_6, \#, L) \qquad \delta(q_6, 1) = (q_6, 1, L)$$

En la figura 7.9 se puede observar el diagrama de transiciones para la máquina de Turing que realiza la resta unaria, hay dos salidas del ciclo principal, desde q_2 cuando el resultado final es positivo o cero y desde q_4 para el caso de que el resultado es negativo.

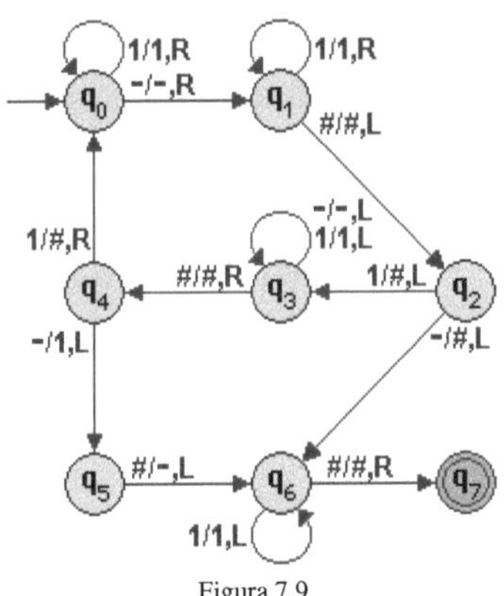

Figura 7.9

Por ejemplo, para realizar la resta de 3 − 2, se inicia con **111–11** y se tiene que realizar la siguiente secuencia, hasta obtener el resultado de **1**:

(q₀, #**1**11–11#) ⊢ (q₀, #1**1**1–11#) ⊢ (q₀, #11**1**–11#) ⊢ (q₀, #111**–**11#) ⊢ (q₁, #111–**1**1#) ⊢
(q₁, #111–1**1**#) ⊢ (q₁, #111–11**#**) ⊢ (q₂, #111–1**1**#) ⊢ (q₃, #111–**1**##) ⊢ (q₃, #111**–**1##) ⊢
(q₃, #11**1**–1##) ⊢ (q₃, #1**1**1–1##) ⊢ (q₃, #**1**11–1##) ⊢ (q₃, **#**111–1##) ⊢ (q₄, #**1**11–1##) ⊢
(q₀, ##**1**1–1##) ⊢ (q₀, ##1**1**–1##) ⊢ (q₀, ##11**–**1##) ⊢ (q₁, ##11–**1**##) ⊢ (q₁, ##11–1**#**#) ⊢
(q₂, ##11–**1**##) ⊢ (q₃, ##11**–**###) ⊢ (q₃, ##1**1**–###) ⊢ (q₃, ##**1**1–###) ⊢ (q₃, #**#**11–###) ⊢
(q₄, ##**1**1–###) ⊢ (q₀, ###**1**–###) ⊢ (q₀, ###1**–**###) ⊢ (q₁, ###1–**#**##) ⊢ (q₂, ###1–**#**##) ⊢
(q₆, ###**1**####) ⊢ (q₆, ###**1**####) ⊢ (q₇, ###**1**####)

Ahora, para hacer una resta donde el resultado es negativo, por ejemplo, hacer la resta 1 − 3, la secuencia es como sigue:

(q₀, #**1**–111#) ⊢ (q₀, #1**–**111#) ⊢ (q₁, #1–**1**11#) ⊢ (q₁, #1–1**1**1#) ⊢ (q₁, #1–11**1**#) ⊢
(q₁, #1–111**#**) ⊢ (q₂, #1–11**1**#) ⊢ (q₃, #1–1**1**##) ⊢ (q₃, #1–**1**1##) ⊢ (q₃, #1**–**11##) ⊢

$(q_3, \#\underline{1}\text{–}11\#\#) \vdash (q_3, \underline{\#}1\text{–}11\#\#) \vdash (q_4, \#\underline{1}\text{–}11\#\#) \vdash (q_0, \#\#\underline{\ }11\#\#) \vdash (q_1, \#\#\underline{\ }\underline{11}\#\#) \vdash$
$(q_1, \#\#\text{–}11\underline{\#}\#) \vdash (q_2, \#\#\text{–}1\underline{1}\#\#) \vdash (q_3, \#\#\underline{\ }1\#\#\#) \vdash (q_3, \#\#\underline{\ }1\#\#\#) \vdash (q_3, \#\underline{\#}\text{–}1\#\#\#) \vdash$
$(q_4, \#\#\underline{\ }1\#\#\#) \vdash (q_5, \#\underline{\#}11\#\#\#) \vdash (q_6, \underline{\#}\text{–}11\#\#\#) \vdash (q_7, \#\underline{\ }11\#\#\#)$

Finalmente, para cuando el resultado es cero, como el caso de la resta $1 - 1$, se tiene la siguiente secuencia:

$(q_0, \#\underline{1}\text{–}1\#) \vdash (q_0, \#1\underline{\ }1\#) \vdash (q_1, \#1\underline{\ }1\#) \vdash (q_1, \#1\text{–}1\underline{\#}) \vdash (q_2, \#1\text{–}\underline{1}\#) \vdash (q_3, \#1\underline{\ }\#\#)$
$\vdash (q_3, \#\underline{1}\text{–}\#\#) \vdash (q_3, \underline{\#}1\text{–}\#\#) \vdash (q_4, \#\underline{1}\text{–}\#\#) \vdash (q_0, \#\#\underline{\ }\#\#) \vdash (q_1, \#\#\text{–}\underline{\ }\#\#) \vdash$
$(q_2, \#\#\underline{\ }\#\#) \vdash (q_6, \#\underline{\#}\#\#\#) \vdash (q_7, \#\#\underline{\#}\#\#)$

Ejemplo 3

Constrúyase una Máquina de Turing a la que se le da una cadena formada por unos y ceros y se requiere que devuelva la cadena con los símbolos ordenados, primero todos los ceros y a continuación todos los unos, como se ejemplifica a continuación:

$$(q_0, \underline{1}00101) \vdash^* (q_5, \underline{0}00111)$$

Las transiciones necesarias son:

$\delta(q_0, \mathbf{0}) = (q_0, \mathbf{0}, R)$ $\delta(q_0, \mathbf{1}) = (q_1, \mathbf{1}, R)$ $\delta(q_1, \mathbf{1}) = (q_1, \mathbf{1}, R)$

$\delta(q_1, \mathbf{0}) = (q_2, \mathbf{1}, L)$ $\delta(q_2, \mathbf{1}) = (q_2, \mathbf{1}, L)$ $\delta(q_2, \mathbf{0}) = (q_3, \mathbf{0}, R)$

$\delta(q_2, \#) = (q_3, \#, R)$ $\delta(q_3, \mathbf{1}) = (q_1, \mathbf{0}, R)$ $\delta(q_1, \#) = (q_4, \#, L)$

$\delta(q_0, \#) = (q_4, \#, L)$ $\delta(q_4, \mathbf{0}) = (q_4, \mathbf{0}, L)$ $\delta(q_4, \mathbf{1}) = (q_4, \mathbf{1}, L)$

$\delta(q_4, \#) = (q_5, \#, R)$

En la figura 7.10 se puede observar el diagrama de transiciones para la máquina de Turing que realiza el ordenamiento de los símbolos en una cadena de unos y ceros.

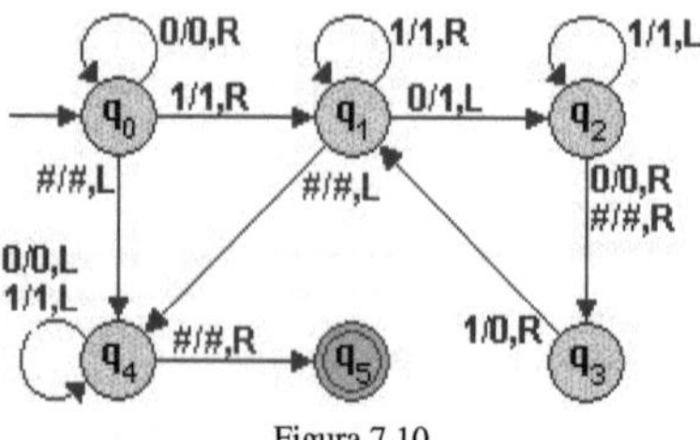

Figura 7.10

Como se puede apreciar, mientras haya ceros avanza a la derecha, cuando aparece un uno cambia de estado, pero sigue avanzando a la derecha mientras haya unos, solo retrocede cuando encuentra un cero después de algún uno, el cual lo intercambia por un uno para localizar al primer uno de la cadena y cambiarlo por cero, reanudando a partir de ahí la revisión de la cadena hasta llegar al extremo derecho con la cadena ordenada, restando solamente regresar a la posición inicial.

Reconocimiento de Lenguajes con Máquinas de Turing

Otra área de aplicación específica de las **MT**s es la determinación de que una cadena dada pertenezca o no a cierto lenguaje representado por ella. Lo deseable es que siempre indique la pertenencia o no de cualquier cadena al referido lenguaje, a esta propiedad se le llama *Decidibilidad*, debido a que para cualquier cadena dada, la **MT** puede *decidir* si la cadena pertenece o no al lenguaje en cuestión. A esta clase de lenguajes se le llama *Decidibles*.

Sin embargo, puede suceder que una **MT** solamente se detenga en el caso que la cadena pertenezca al lenguaje y la acepte, pero es posible que se cicle indefinidamente cuando la cadena no pertenezca, a esta situación se le denomina *Aceptar* a un lenguaje. Existen ciertos lenguajes, que no pueden ser *decididos* por ninguna **MT**, sino solamente *aceptados*, es decir, que no se puede encontrar ninguna **MT** que no se cicle eventualmente con aquellas cadenas que deberían ser rechazadas. A esta clase de lenguajes se le denomina *Recursivamente Enumerables*, o simplemente, *Enumerables*.

En esta sección se centra el estudio exclusivamente a los lenguajes *Decidibles*, en estos casos, se puede diseñar una **MT** que sea capaz de indicar que una cadena pertenece al referido lenguaje cuando eventualmente llega a un estado final llamado estado de *Aceptación*, denotado como q_A, y en caso contrario, indica que la cadena no pertenece a dicho lenguaje cuando llega a otro estado final, llamado en este caso estado de *Rechazo*, denotado como q_R. De esta forma la **MT** constará de dos estados finales: F = { q_A, q_R } y se deberá construir de tal manera que forzosamente se detenga al alcanzar a alguno de estos dos estados, para entonces decidir sobre la cadena, no importa el contenido final de la cinta, ni la posición de la **CLE**, solamente se necesita conocer el estado de parada de la **MT**.

Sea M una **MT** cualquiera, entonces se dice que el lenguaje aceptado por M es el conjunto de todas las cadenas que hacen que llegue al estado de aceptación q_A:

$$L(M) = \{\ w \in \Sigma^* \mid (q_0, w) \vdash^* (q_A, u)\ \}$$

Ejemplo

Para ilustrar el concepto de *decidibilidad*, se pide construir una Máquina de Turing para decidir el Lenguaje Regular **a*b⁺**.

Sea $Q = \{ q_0, q_1, q_A, q_R \}$, $\Sigma = \{ \mathbf{a}, \mathbf{b} \}$, $\Gamma = \{ \mathbf{a}, \mathbf{b}, \# \}$, $s = q_0$, $F = \{ q_A, q_R \}$ y las transiciones que conducen al estado de aceptación:

$$\delta(q_0, \mathbf{a}) = (q_0, \mathbf{a}, R) \qquad \delta(q_0, \mathbf{b}) = (q_1, \mathbf{b}, R)$$
$$\delta(q_1, \mathbf{b}) = (q_1, \mathbf{b}, R) \qquad \delta(q_1, \#) = (q_A, \#, R)$$

Las siguientes transiciones se utilizan en los casos en que se rechaza la cadena:

$$\delta(q_0, \#) = (q_R, \#, R) \qquad \delta(q_1, \mathbf{a}) = (q_R, \mathbf{a}, R)$$

En la Figura 7.11a se muestra el diagrama de transiciones correspondiente a esta **MT**, para que se compare con el **AFD** equivalente mostrado en la figura 7.11b, ya que se encontrará una gran similitud entre ambos, considerando que las transiciones para el símbolo # corresponden al símbolo de fin de cadena y con la única diferencia de que la **MT** no requiere de *agotar* la cadena para rechazarla.

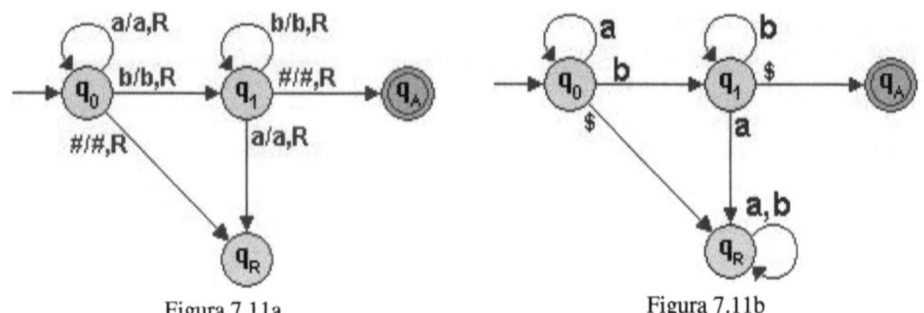

Figura 7.11a   Figura 7.11b

Todo LR es Decidible

Siempre es posible la construcción de **MT**s para el reconocimiento de Lenguajes Regulares, por lo que se puede afirmar que todo **LR** es Decidible, a continuación, se expone una técnica que permite construir una **MT** a partir de un **AFD** cualquiera:

Dado el **AFD** compuesto por $M = (Q, \Sigma, s, F, \delta)$, entonces se puede construir la **MT** equivalente como sigue: $M' = (Q', \Sigma, \Gamma, s, \#, F', \delta')$, tal que $L(M) = L(M')$, en donde: $Q' = Q \cup \{ q_A, q_R \}$, $\Gamma = \Sigma \cup \{\#\}$ y $F' = \{ q_A, q_R \}$.

Las transiciones de la **MT** se obtienen a partir de las transiciones del **AFD**, de la siguiente forma:

$$\delta'(q_i, \sigma_j) = (\ \delta(q_i, \sigma_j), \sigma_j, R),\ \text{para todo } q_i \in Q \text{ y todo } \sigma_j \in \Sigma$$

Además, se agregan otras dos clases de transiciones, que conduzcan a los estados finales q_A y q_R, y que sirven para decidir si la cadena pertenece o no al lenguaje en cuestión:

$$\delta'(q_i, \#) = (q_R, \#, R),\ \text{para todo } q_i \notin F$$
$$\delta'(q_i, \#) = (q_A, \#, R),\ \text{para todo } q_i \in F$$

Ejemplo

El lenguaje dado por la expresión regular $L = ((\mathbf{a} \cup \mathbf{b})^2)^*$, está formado por todas las cadenas de longitud par, y es aceptado por el **AFD** definido por: $Q = \{\ q_0, q_1\ \}$, $s = q_0$, $\Sigma = \{\ \mathbf{a}, \mathbf{b}\ \}$, $F = \{\ q_0\ \}$ y las transiciones siguientes:

$$\delta(\ q_0, \mathbf{a}) = q_1 \qquad\qquad \delta(\ q_0, \mathbf{b}) = q_1$$
$$\delta(\ q_1, \mathbf{a}) = q_0 \qquad\qquad \delta(\ q_1, \mathbf{b}) = q_0$$

Para construir la **MT** equivalente, de acuerdo con el procedimiento descrito, se tiene que: $Q' = \{\ q_0, q_1, q_R, q_A\ \}$, $s = q_0$, $\Sigma = \{\ \mathbf{a}, \mathbf{b}\ \}$, $\Gamma = \{\ \mathbf{a}, \mathbf{b}, \#\ \}$, $F' = \{\ q_A, q_R\ \}$ y las transiciones siguientes:

$$\delta'(q_0, \mathbf{a}) = (q_1, \mathbf{a}, R) \qquad\qquad \delta'(q_0, \mathbf{b}) = (q_1, \mathbf{b}, R)$$
$$\delta'(q_1, \mathbf{a}) = (q_0, \mathbf{a}, R) \qquad\qquad \delta'(q_1, \mathbf{b}) = (q_0, \mathbf{b}, R)$$
$$\delta'(q_0, \#) = (q_A, \#, R) \qquad\qquad \delta'(q_1, \#) = (q_R, \#, R)$$

En la Figura 7.12 se muestra gráficamente a la **MT** que decide el lenguaje en cuestión:

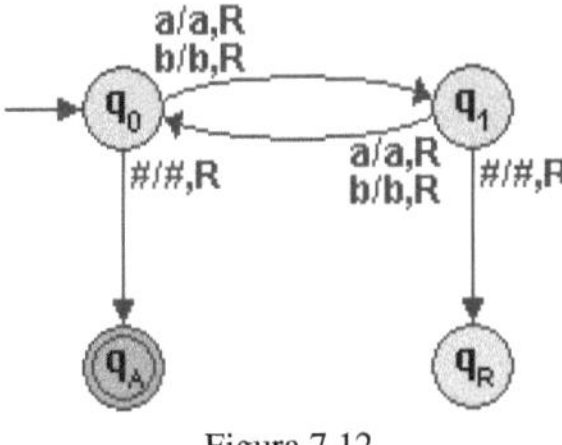

Figura 7.12

También es posible construir una **MT** no determinista a partir de un **AFN** dado, sin embargo, esto no es recomendable, siempre es preferible encontrar primero el **AFD** mínimo equivalente antes de construir la **MT** determinista correspondiente.

Decidibilidad de los LICs

Ahora se van a mostrar algunos ejemplos, de la forma como se puede construir **MT**s para decidir lenguajes independientes del contexto.

Ejemplo 1

Construir una Máquina de Turing para decidir al **LIC**: $L = \{a^n b^n \mid n \geq 0\}$. Este proceso requiere de varias fases, la primera consiste en reemplazar la primera **a** por un símbolo # para luego buscar la última **b** y cambiarla por otro #, con el fin de descartar por parejas. Para ello se usan las siguientes transiciones:

$$\delta(q_0, \mathbf{a}) = (q_1, \#, R) \qquad \delta(q_1, \mathbf{a}) = (q_1, \mathbf{a}, R)$$
$$\delta(q_1, \mathbf{b}) = (q_1, \mathbf{b}, R) \qquad \delta(q_1, \#) = (q_2, \#, L)$$
$$\delta(q_2, \mathbf{b}) = (q_3, \#, L)$$

En la segunda fase se usa el estado q_3 para retroceder hasta localizar el # escrito previamente y se regresa al estado q_0 para repetir el proceso anterior:

$$\delta(q_3, \mathbf{a}) = (q_3, \mathbf{a}, L) \qquad \delta(q_3, \mathbf{b}) = (q_3, \mathbf{b}, L)$$
$$\delta(q_3, \#) = (q_0, \#, R)$$

El proceso termina si al regresar al estado q_0 ya no queda ninguna **a** y tampoco ninguna **b**, sino que la cinta está en blanco y se encuentra al símbolo #, esta situación también aplica si la cadena inicial es la cadena vacía, por tanto, la transición final debe ser:

$$\delta(q_0, \#) = (q_A, \#, L)$$

Si la cadena pertenece al lenguaje la cinta quedará en blanco y se finalizará en el estado de aceptación q_A, en caso contrario, la **MT** se utilizará alguna de las tres transiciones para ir al estado de rechazo, dependiendo del caso:

$$\delta(q_2, \mathbf{a}) = (q_R, \mathbf{a}, L) \qquad \delta(q_0, \mathbf{b}) = (q_R, \mathbf{b}, L)$$
$$\delta(q_2, \#) = (q_R, \#, L)$$

La Máquina de Turing está dada por: $Q = \{ q_0, q_1, q_2, q_3, q_A, q_R \}$, $F = \{q_A, q_R\}$, $\Sigma = \{\mathbf{a}, \mathbf{b}\}$, $\Gamma = \{ \mathbf{a}, \mathbf{b}, \# \}$, $s = q_0$ y las 12 transiciones anteriores, tal como se muestra en la figura 7.13.

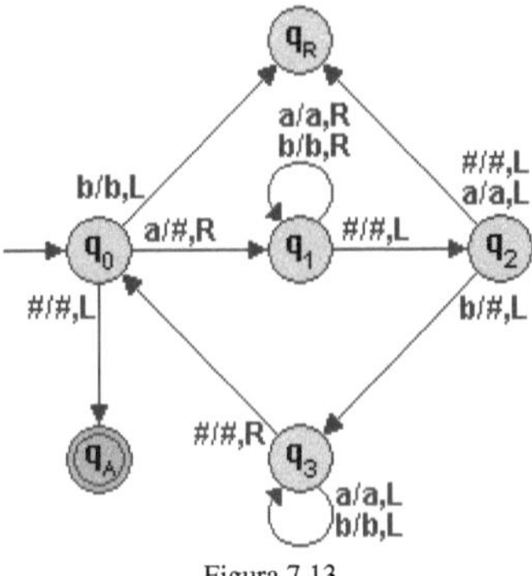

Figura 7.13

Por ejemplo, para procesar la cadena $w = $ **aabb**, se tienen las siguientes descripciones instantáneas:

$(q_0, $ #a̲abb#$) \vdash (q_1, $ ##a̲bb#$) \vdash (q_1, $ ##ab̲b#$) \vdash (q_1, $ ##abb̲#$) \vdash (q_1, $ ##abb#̲$) \vdash (q_2, $ ##ab̲b#$)$
$\vdash (q_3, $ ##a̲b##$) \vdash (q_3, $ ##a̲b##$) \vdash (q_3, $ ##̲ab##$) \vdash (q_0, $ ##a̲b##$) \vdash (q_1, $ ###b̲##$) \vdash (q_1, $ ###b##̲$)$
$\vdash (q_2, $ ###b̲##$) \vdash (q_3, $ ###̲###$) \vdash (q_0, $ ###̲###$) \vdash (q_A, $ ###̲###$)$

Se invita al lector para que utilice la **MT** anterior con cadenas que no pertenezcan al lenguaje citado, y que analice situaciones como las siguientes: cuando hay una o varias **a**s de más, cuando sobra una o varias **b**s y en situaciones en las que se encuentra una **a** donde debería haber una **b** o viceversa.

Ejemplo 2

Construir una Máquina de Turing para decidir el lenguaje:

$$L = \{ \, w \in \{0, 1\}^* \mid N_0(w) = N_1(w) \, \}$$

La estrategia que se sugiere para construir esta **MT** consiste en leer y borrar el primer símbolo de la cadena, si éste es un **0**, deberá buscar un **1**, y si lo encuentra marcarlo, en caso contrario, se rechazará la cadena. Asimismo, si el símbolo inicial es un **1**, se buscará posteriormente un **0**, se marca al encontrarlo, y si no se encuentra se rechaza la cadena. Este proceso se repite varias veces, hasta agotar la cadena y es entonces cuando se acepta. Hay que tener en cuenta que si al iniciar un ciclo, el símbolo que se encuentra es aquel que se emplea para marcar, simplemente se borra y se sigue adelante.

Las transiciones necesarias, tanto para acceder al estado de aceptación, como para ir al estado de rechazo, son:

$$\delta(q_0, \mathbf{0}) = (q_1, \#, R) \qquad \delta(q_0, \mathbf{1}) = (q_2, \#, R)$$
$$\delta(q_1, \mathbf{0}) = (q_1, \mathbf{0}, R) \qquad \delta(q_2, \mathbf{1}) = (q_2, \mathbf{1}, R)$$
$$\delta(q_1, \mathbf{x}) = (q_1, \mathbf{x}, R) \qquad \delta(q_2, \mathbf{x}) = (q_2, \mathbf{x}, R)$$
$$\delta(q_1, \#) = (q_R, \#, L) \qquad \delta(q_2, \#) = (q_R, \#, L)$$
$$\delta(q_1, \mathbf{1}) = (q_3, \mathbf{x}, L) \qquad \delta(q_2, \mathbf{0}) = (q_3, \mathbf{x}, L)$$
$$\delta(q_3, \boldsymbol{\sigma}) = (q_3, \boldsymbol{\sigma}, L) \qquad \delta(q_3, \#) = (q_0, \#, R)$$
$$\delta(q_0, \mathbf{x}) = (q_0, \#, R) \qquad \delta(q_0, \#) = (q_A, \#, R)$$

Observe cómo se emplea en el estado q_3 el símbolo comodín **σ** para representar a cualquier símbolo de la cinta distinto de #. La figura 7.14 ilustra gráficamente la **MT** definida por las transiciones anteriores:

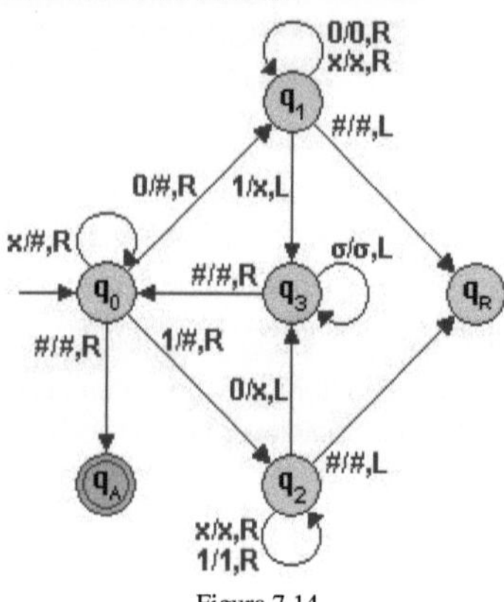

Figura 7.14

Es frecuente que se considere innecesario definir las transiciones hacia el estado de rechazo, sin que se renuncie al concepto de *Decidibilidad*, sino que, como se trató en el caso de los **AP**s, se considera como rechazada a una cadena cuando no existen transiciones definidas aplicables, desde un estado que no es final, de esta manera se puede ahorrar el esfuerzo inútil de enlistar una gran cantidad de transiciones hacia el estado de rechazo.

Ejemplo 3

Construir una Máquina de Turing para decidir el lenguaje de cadenas palíndromas: $L = \{ w \in \{ \mathbf{a}, \mathbf{b} \}^* \mid w = w^R \}$.

Esta Máquina de Turing está dada por: $Q = \{ q_0, q_1, q_2, q_3, q_4, q_5, q_A \}$, $F = \{q_A\}$, $s = q_0$, $\Sigma = \{\mathbf{a}, \mathbf{b}\}$, $\Gamma = \{ \mathbf{a}, \mathbf{b}, \# \}$ y las transiciones que se explican a continuación:

Primero se lee el símbolo inicial de la cadena, si se trata de una **a** se borra, pasando al estado q_1 y se utilizan las transiciones de la columna izquierda para verificar si existe una **a** al final de la cadena. Pero si el símbolo inicial es una **b,** se borra pasando al estado q_2, y entonces se emplean las transiciones de la columna derecha para verificar que el símbolo del final de la cadena sea una **b**:

$$\delta(q_0, \mathbf{a}) = (q_1, \#, R) \qquad \delta(q_0, \mathbf{b}) = (q_2, \#, R)$$
$$\delta(q_1, \boldsymbol{\sigma}) = (q_1, \boldsymbol{\sigma}, R) \qquad \delta(q_2, \boldsymbol{\sigma}) = (q_2, \boldsymbol{\sigma}, R)$$
$$\delta(q_1, \#) = (q_3, \#, L) \qquad \delta(q_2, \#) = (q_4, \#, L)$$
$$\delta(q_3, \mathbf{a}) = (q_5, \#, L) \qquad \delta(q_4, \mathbf{b}) = (q_5, \#, L)$$

Si al regresar a la celda anterior la encuentra vacía, significa que se trataba de una palíndroma de longitud impar y se acepta la cadena:

$$\delta(q_3, \#) = (q_A, \#, L) \qquad \delta(q_4, \#) = (q_A, \#, L)$$

El estado q_5 se utilizará para regresar al inicio de la cadena y repetir nuevamente el ciclo de transiciones, pero, si la cinta ya quedó en blanco, se pasará al estado de aceptación, pues se trata de una palíndroma de longitud par:

$$\delta(q_5, \boldsymbol{\sigma}) = (q_5, \boldsymbol{\sigma}, L) \qquad \delta(q_5, \#) = (q_0, \#, R)$$
$$\delta(q_0, \#) = (q_A, \#, L)$$

La figura 7.15 ilustra gráficamente la **MT** definida por las transiciones anteriores.

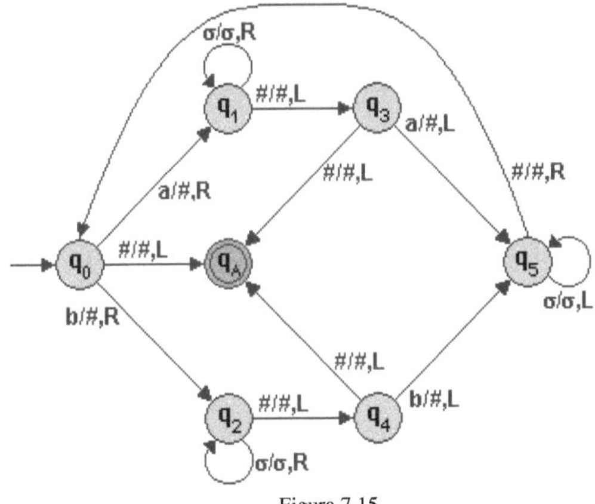

Figura 7.15

Otros Lenguajes Decidibles

Finalmente, se muestra un par de ejemplos de construcción de **MT**s que deciden sobre las cadenas de lenguajes que no son **LIC**s, pero que si son decidibles.

Ejemplo 1

De manera semejante a los ejemplos anteriores, se puede construir una Máquina de Turing para decidir el lenguaje $\{a^n b^n c^n \mid n \geq 0\}$, que como se sabe, no es un **LIC**.

Esta Máquina de Turing está dada por: $Q = \{q_0, q_1, q_2, q_3, q_4, q_A\}$, $\Sigma = \{\,a, b\,\}$, $\Gamma = \{\,a, b, c, d, \#\,\}$, $s = q_0$, $F = \{\,q_A\,\}$ y las transiciones mostradas en la Figura 7.16:

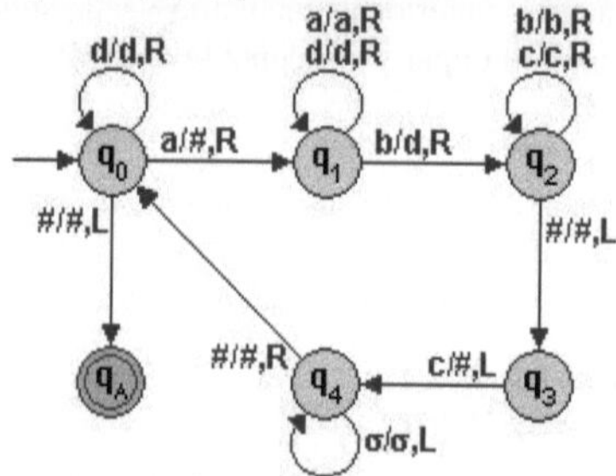

Figura 7.16

Para aceptar la cadena $w = \mathbf{abc}$, se tiene la siguiente secuencia:

$(q_0, \#\underline{\mathbf{a}}\mathbf{bc}\#) \vdash (q_1, \#\#\underline{\mathbf{b}}\mathbf{c}\#) \vdash (q_2, \#\#\mathbf{d}\underline{\mathbf{c}}\#) \vdash (q_2, \#\#\mathbf{dc}\underline{\#}) \vdash (q_3, \#\#\mathbf{d}\underline{\mathbf{c}}\#) \vdash (q_4, \#\#\underline{\mathbf{d}}\#\#)$
$\vdash (q_4, \#\underline{\#}\mathbf{d}\#\#) \vdash (q_0, \#\#\underline{\mathbf{d}}\#\#) \vdash (q_0, \#\#\mathbf{d}\underline{\#}\#) \vdash (q_A, \#\#\underline{\mathbf{d}}\#\#)$

Ejemplo 2

Construir una **MT** para decidir el lenguaje $L = \{\, ww \mid w \in \{\,a, b\,\}^*\,\}$.

Las transiciones necesarias para que esta **MT** pueda reconocer las cadenas de L se dividen en dos procesos, el primero sirve para la localización de la mitad de la cadena, y verificar si es de longitud par, para ello se sustituyen minúsculas por mayúsculas:

$$\delta(q_0, \#) = (q_A, \#, R) \qquad \delta(q_0, \mathbf{a}) = (q_1, \mathbf{A}, R)$$
$$\delta(q_0, \mathbf{b}) = (q_1, \mathbf{B}, R) \qquad \delta(q_1, \mathbf{a}) = (q_1, \mathbf{a}, R)$$
$$\delta(q_1, \mathbf{b}) = (q_1, \mathbf{b}, R) \qquad \delta(q_1, \#) = (q_2, \#, L)$$
$$\delta(q_1, \mathbf{A}) = (q_2, \mathbf{A}, L) \qquad \delta(q_1, \mathbf{B}) = (q_2, \mathbf{B}, L)$$
$$\delta(q_2, \mathbf{a}) = (q_3, \mathbf{A}, L) \qquad \delta(q_2, \mathbf{b}) = (q_3, \mathbf{B}, L)$$

$$\delta(q_3, \mathbf{a}) = (q_3, \mathbf{a}, L) \qquad \delta(q_3, \mathbf{b}) = (q_3, \mathbf{b}, L)$$
$$\delta(q_3, \mathbf{A}) = (q_0, \mathbf{A}, R) \qquad \delta(q_3, \mathbf{B}) = (q_0, \mathbf{B}, R)$$

Una vez concluido este primer proceso, se marca con el símbolo **x** la celda donde inicia la segunda mitad de la cadena y se inician las transiciones que corresponden al segundo paso, y que dependen del símbolo que estaba en la celda marcada:

$$\delta(q_0, \mathbf{A}) = (q_4, \mathbf{x}, L) \qquad \delta(q_0, \mathbf{B}) = (q_5, \mathbf{x}, L)$$

Se mueve al inicio de la cadena para verificar que el primer símbolo coincide con el que se acaba de marcar en la segunda mitad de esta, si es así se borra y se regresa a la segunda mitad de la cadena, donde se continua con el proceso de marcado y borrado:

$$\delta(q_4, \boldsymbol{\sigma}) = (q_4, \boldsymbol{\sigma}, L) \qquad \delta(q_5, \boldsymbol{\sigma}) = (q_5, \boldsymbol{\sigma}, L)$$
$$\delta(q_4, \#) = (q_6, \#, R) \qquad \delta(q_5, \#) = (q_7, \#, R)$$
$$\delta(q_6, \mathbf{A}) = (q_8, \#, R) \qquad \delta(q_7, \mathbf{B}) = (q_8, \#, R)$$
$$\delta(q_8, \mathbf{A}) = (q_8, \mathbf{A}, R) \qquad \delta(q_8, \mathbf{B}) = (q_8, \mathbf{B}, R)$$
$$\delta(q_8, \mathbf{x}) = (q_9, \mathbf{x}, R) \qquad \delta(q_9, \mathbf{x}) = (q_9, \mathbf{x}, R)$$
$$\delta(q_9, \mathbf{A}) = (q_4, \mathbf{x}, L) \qquad \delta(q_9, \mathbf{B}) = (q_5, \mathbf{x}, L)$$

Finalmente, para aceptar la cadena se tiene la última transición, cuando solamente quedan **x**s en la cinta y se alcanza la celda vacía: $\delta(q_9, \#) = (q_A, \#, R)$

En la figura 7.17, se aprecia el diagrama de esta máquina de Turing:

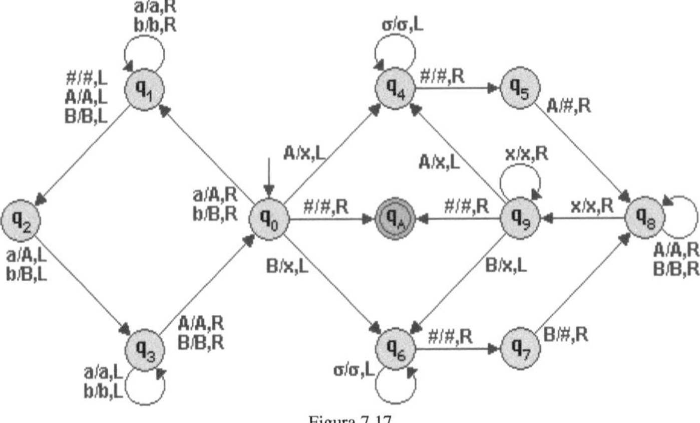

Figura 7.17

Variantes de la Máquina de Turing

Hay ciertas variaciones sobre el modelo básico de las Máquinas de Turing que resulta interesante su estudio debido a que permiten resolver determinados problemas de manera simplificada y eficiente, a continuación, se presentan algunas de estas variantes.

Máquinas Multiceldas

Una modificación interesante es la llamada Máquina de Turing Multicelda, en la cual se considera que la cinta está dividida en varias pistas, de tal forma que es posible leer o almacenar varios símbolos a la vez, dependiendo del número de pistas.

En la figura 7.18 se representa una máquina de Turing con una cinta de tres pistas, cada transición puede leer y escribir una tripleta de símbolos; en la imagen se muestra que la máquina se encuentra en el estado q_0 y que celda actual contiene la tripleta (**0, 1, #**).

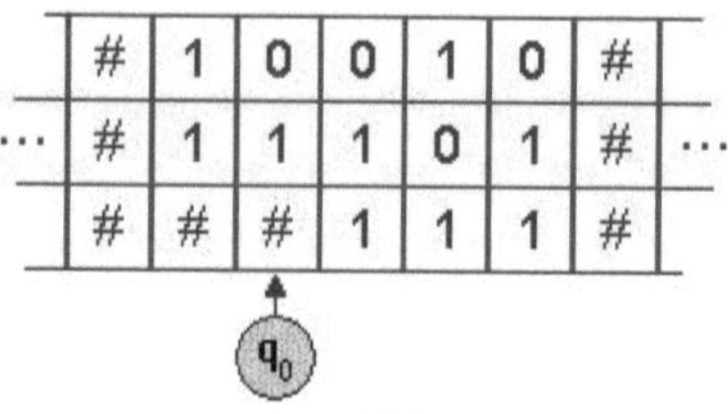

Figura 7.18

Ejemplo 1

Se puede utilizar una **MT** Multicelda para hacer la suma binaria de dos cadenas de unos y ceros de la misma longitud. En la primera pista se escribe la cadena que representa el primer sumando y en la segunda pista al otro y se realiza la suma sobre la tercera pista de la cinta que inicialmente está en blanco.

Por comodidad, se asume que la cabeza de lectura-escritura se encuentra en el extremo derecho de la cinta. El estado q_0, es para cuando la suma no implica *acarreo*, mientras que q_1 es el estado para la suma con acarreo. El conjunto de transiciones necesario para realizar la suma es el siguiente, observe que la última transición no requiere desplazar el puntero, por lo que se utiliza la S para indicar la ausencia de movimiento (Stay):

$$\delta(q_0, (\mathbf{0}, \mathbf{0}, \#)) = (q_0, (\mathbf{0}, \mathbf{0}, \mathbf{0}), L) \qquad \delta(q_0, (\mathbf{0}, \mathbf{1}, \#)) = (q_0, (\mathbf{0}, \mathbf{1}, \mathbf{1}), L)$$

$$\delta(q_0, (\mathbf{1}, \mathbf{0}, \#)) = (q_0, (\mathbf{1}, \mathbf{0}, \mathbf{1}), L) \qquad \delta(q_0, (\mathbf{1}, \mathbf{1}, \#)) = (q_1, (\mathbf{1}, \mathbf{1}, \mathbf{0}), L)$$

$$\delta(q_1, (\mathbf{0}, \mathbf{0}, \#)) = (q_0, (\mathbf{0}, \mathbf{0}, \mathbf{1}), L) \qquad \delta(q_1, (\mathbf{1}, \mathbf{0}, \#)) = (q_1, (\mathbf{1}, \mathbf{0}, \mathbf{0}), L)$$

$$\delta(q_1, (\mathbf{0}, \mathbf{1}, \#)) = (q_1, (\mathbf{0}, \mathbf{1}, \mathbf{0}), L) \qquad \delta(q_1, (\mathbf{1}, \mathbf{1}, \#)) = (q_1, (\mathbf{1}, \mathbf{1}, \mathbf{1}), L)$$

$$\delta(q_0, (\#, \#, \#)) = (q_2, (\#, \#, \#), R) \qquad \delta(q_1, (\#, \#, \#)) = (q_2, (\mathbf{0}, \mathbf{0}, \mathbf{1}), S)$$

Como ejemplo del empleo de estas transiciones, la Figura 7.19 muestra el resultado de una suma binaria:

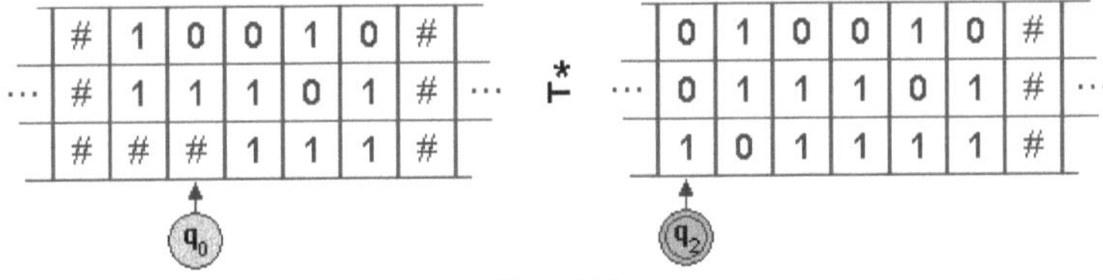

Figura 7.19

Máquinas Multicintas

El modelo multicinta es una variante muy eficiente, consiste en una **MT** que está formada por varias cintas, aunque usualmente basta con dos; cada una de ellas con su propia cabeza de lectura-escritura. Este modelo ofrece gran flexibilidad, cada transición permite cambiar de estado dependiendo del contenido en las celdas en cada una de las cintas, pudiendo escribir un símbolo distinto en cada celda y permitiendo desplazar la cabeza de lectura-escritura de cada cinta en distinta dirección, de manera independiente, es como si se tuviera un sistema de dos o más máquinas de Turing con sus movimientos sincronizados.

Ejemplo 1

Construir una máquina de Turing multicinta para el reconocimiento de las cadenas pertenecientes al lenguaje $L = \{\ \mathbf{a}^n\mathbf{b}^n \mid n > 0\ \}$, para ello se emplean las siguientes cuatro transiciones:

$$\delta(q_0, (\mathbf{a}, \#)) = (q_0, (\mathbf{a}, \mathbf{a}), (R, R)) \qquad \delta(q_0, (\mathbf{b}, \#)) = (q_1, (\mathbf{b}, \#), (S, L))$$

$$\delta(q_1, (\mathbf{b}, \mathbf{a})) = (q_1, (\mathbf{b}, \mathbf{a}), (R, L)) \qquad \delta(q_1, (\#, \#)) = (q_A, (\#, \#), (S, S))$$

En este ejemplo, la segunda cinta hace las veces de una pila, dado que se trata de un lenguaje independiente del contexto y por lo tanto solamente se requiere de una pasada para determinar si la cadena pertenece o no al lenguaje citado. Si se desea, se pueden modificar las transiciones para que borren el contenido de ambas cintas, pero lo relevante es que se llegue o no al estado de aceptación q_A, la operación de esta máquina se representa en la Figura 7.20:

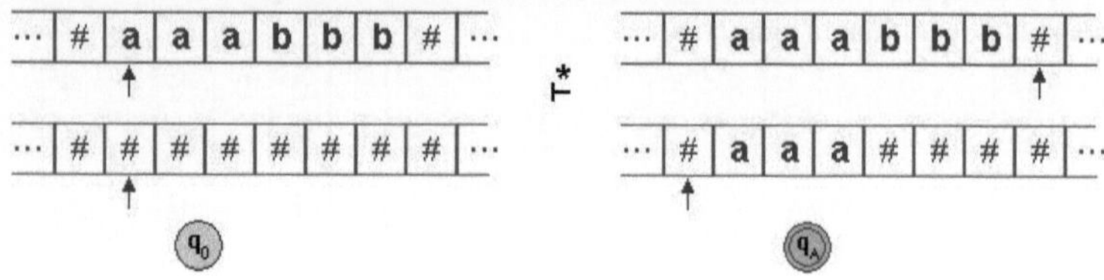

Figura 7.20

Ejemplo 2

Construir una máquina de Turing multicinta para el reconocimiento de cadenas pertenecientes al lenguaje L = { $w \in \{\mathbf{a}, \mathbf{b}\}^*$ | $N_a(w) = N_b(w)$ }, para ello se emplean las siguientes siete transiciones:

$\delta(q_0, (\mathbf{a}, \#)) = (q_0, (\mathbf{a}, \mathbf{a}), (R, R))$ $\delta(q_0, (\mathbf{b}, \#)) = (q_0, (\mathbf{b}, \#), (R, S))$

$\delta(q_0, (\#, \#)) = (q_1, (\#, \#), (L, L))$ $\delta(q_1, (\mathbf{b}, \mathbf{a})) = (q_1, (\mathbf{b}, \mathbf{a}), (L, L))$

$\delta(q_1, (\mathbf{a}, \mathbf{a})) = (q_1, (\mathbf{a}, \mathbf{a}), (L, S))$ $\delta(q_1, (\mathbf{a}, \#)) = (q_1, (\mathbf{a}, \#), (L, S))$

$\delta(q_1, (\#, \#)) = (q_A, (\#, \#), (S, S))$

En este caso se requiere de dos pasadas por la cadena, en la primera pasada se cuentan las **a**s que hay en la cadena, mientras que en la segunda pasada se compara la cantidad de **b**s para determinar si son iguales.

Ejemplo 3

Construir una máquina de Turing multicinta para el reconocimiento de cadenas pertenecientes al lenguaje L = { $w \in \{\mathbf{a}, \mathbf{b}\}^*$ | $w = w^R$ }, para ello se emplean las siguientes nueve transiciones:

$\delta(q_0, (\mathbf{a}, \#)) = (q_0, (\mathbf{a}, \mathbf{a}), (R, R))$ $\delta(q_0, (\mathbf{b}, \#)) = (q_0, (\mathbf{b}, \mathbf{b}), (R, R))$

$\delta(q_0, (\#, \#)) = (q_1, (\#, \#), (S, L))$ $\delta(q_1, (\#, \mathbf{a})) = (q_1, (\#, \mathbf{a}), (S, L))$

$\delta(q_1, (\#, \mathbf{b})) = (q_1, (\#, \mathbf{b}), (S, L))$ $\delta(q_1, (\#, \#)) = (q_2, (\#, \#), (L, R))$

$\delta(q_2, (\mathbf{a}, \mathbf{a})) = (q_2, (\mathbf{a}, \mathbf{a}), (L, R))$ $\delta(q_2, (\mathbf{b}, \mathbf{b})) = (q_2, (\mathbf{b}, \mathbf{b}), (L, R))$

$\delta(q_2, (\#, \#)) = (q_A, (\#, \#), (S, S))$

Para ese caso, se copia la cadena entera en la segunda cinta y se recorren ambas cintas en sentidos opuestos comparando los símbolos, mientras coincidan ambos símbolos se sigue avanzando hasta aceptar.

Ejemplo 4

Construir una máquina de Turing multicinta para el reconocimiento de cadenas pertenecientes al lenguaje L = { $ww \mid w \in$ {**a**, **b**}* }, para ello se emplean las siguientes transiciones:

$\delta(q_0, (\sigma, \#)) = (q_1, (\sigma, x), (R, R))$ $\qquad$ $\delta(q_1, (\sigma, \#)) = (q_0, (\sigma, \#), (R, S))$

$\delta(q_0, (\#, \#)) = (q_2, (\#, \#), (L, L))$ $\qquad$ $\delta(q_2, (\sigma, x)) = (q_2, (\#, \sigma), (L, L))$

$\delta(q_2, (\sigma, \#)) = (q_2, (\sigma, \#), (L, S))$ $\qquad$ $\delta(q_2, (\#, \#)) = (q_3, (\#, \#), (R, R))$

$\delta(q_3, (\mathbf{a}, \mathbf{a})) = (q_3, (\mathbf{a}, \mathbf{a}), (R, R))$ $\qquad$ $\delta(q_3, (\mathbf{b}, \mathbf{b})) = (q_3, (\mathbf{b}, \mathbf{b}), (R, R))$

$\delta(q_3, (\#, \#)) = (q_A, (\#, \#), (S, S))$

Dado que el lenguaje no es independiente del contexto, el procedimiento es distinto, pero definitivamente más eficiente que el realizado en una máquina de Turing de una sola cinta, para determinar la mitad de la cadena, se escribe una **x** en la segunda cinta por cada par de símbolos en la cadena, posteriormente se copia la segunda mitad de la cadena reemplazando las **x** en la segunda cinta. Finalmente se compara el contenido de ambas cintas, si es idéntico la cadena se acepta.

Máquinas Multidimensionales

Finalmente, también se puede hablar de la **MT** multidimensional, la cual puede realizar desplazamientos en varias dimensiones, por ejemplo, en la Figura 7.21 se muestra una **MT** de dos dimensiones, la cual permite los desplazamientos a la izquierda y a la derecha, así como también hacia arriba o hacia abajo (U, D).

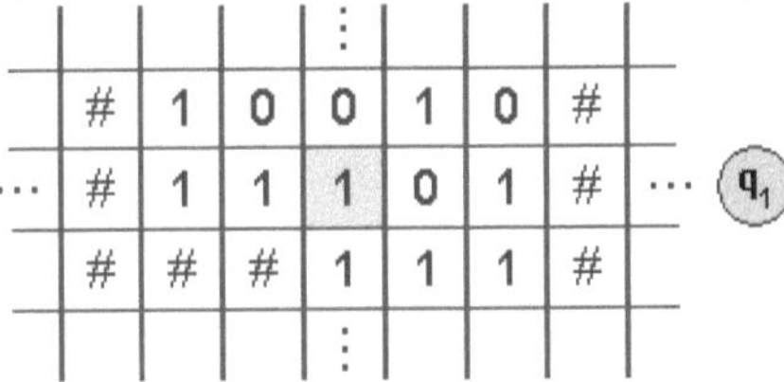

Figura 7.21

Por cada dimensión adicional se deberán considerar dos distintas direcciones más, por ejemplo, hacia enfrente y hacia atrás (F, B) para la tercera dimensión, y así sucesivamente. A pesar de ser teóricamente más eficientes que los modelos anteriores, las máquinas de Turing multidimensionales son poco usadas debido a las dificultades implícitas que involucra su conceptualización, y como están más allá del alcance de esta obra, no se incluye ningún ejemplo de este modelo.

Autómata de Dos Pilas

Una Máquina de Turing puede ser implementada mediante un Autómata Determinista de Dos Pilas, tal como se explica en el procedimiento siguiente:

Se pasa la cadena contenida en la cinta a la primera pila, a continuación, se vacía el contenido de la primera pila en la segunda, con objeto de que el símbolo de la cima de la pila coincida con el inicio de la cadena.

Cada transición de la máquina de Turing que indique un desplazamiento hacia la derecha se realiza desapilando un símbolo de la segunda pila y pasándolo a la primera, en cambio, cada transición hacia la izquierda se realiza desapilando un símbolo de la primera pila y pasándolo a la segunda. De esta forma el símbolo que se encuentre en la cima de la segunda pila corresponde al señalado por el puntero como celda actual. Los símbolos a la izquierda de esta celda serán los contenidos en la primera pila, tal como se ilustra en las figuras 7.22a y 7.22b.

La escritura de la cinta se realiza simplemente definiendo transiciones en las que se reemplace el símbolo que se desapila (lectura) por el nuevo símbolo que se apila (escritura). Este modelo resulta muy práctico para aquellos casos en los que un símbolo de la cadena debe ser eliminado de ella o, por el contrario, puede ser reemplazado por subcadenas formadas por varios símbolos.

Máquina de Turing   Autómata de dos pilas

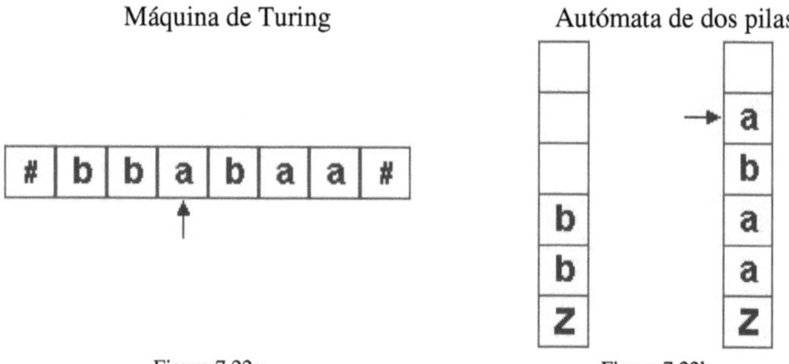

Figura 7.22a   Figura 7.22b

Máquina Universal de Turing

La Máquina Universal de Turing (**MUT**) es una **MT** que permite reproducir el funcionamiento de cualquier otra máquina M. Para ello, es necesario establecer un código que permita proporcionar a la **MUT** la información de las transiciones de máquina M, dada bajo las siguientes consideraciones:

Sea M una **MT** cuyos estados son: $Q = \{q_1, q_2, …, q_n\}$, donde $s = q_1$ y $F = \{q_2\}$, entonces se puede iniciar la codificación de los estados de M, de la siguiente manera: al estado q_1 se le asigna el código **1**, a q_2 le corresponde **11**, q_3 por **111**, y así sucesivamente hasta llegar a q_n representado por $\mathbf{1^n}$.

Similarmente, si los símbolos admitidos por la cinta de M son $\Gamma = \{\sigma_1, …, \sigma_m\}$, donde $\sigma_1 = \#$, se representa a cada símbolo σ_i por una cadena de i unos, en este caso, el símbolo # es representado por **1**, mientras que σ_m le corresponde $\mathbf{1^m}$.

Finalmente, los desplazamientos a la izquierda se representan por **1** y a la derecha por **11**.

De esta manera, una transición de M quedará codificada por cinco sucesiones de unos, separadas por un cero, con un cero al principio y otro al final, de tal forma que la codificación de la siguiente transición:

$$\delta(q_3, \sigma_1) = (q_2, \sigma_3, R)$$

Se representa mediante la siguiente cadena: **01110101101110110**.

Entonces, la **MUT** se construirá como una máquina de tres cintas; en la primera se colocarán todas las transiciones codificadas de M, una a continuación de otra y la cabeza de lectura-escritura se ubica al inicio de esta cadena.

En la segunda cinta se escribe la codificación del contenido de la cinta de M (la cadena de entrada) como varias secuencias de unos, separadas por ceros, la cabeza de lectura-escritura también se sitúa al inicio de esta cadena.

La tercera cadena contiene la codificación del estado actual, que inicialmente es q_1, representado por un **1**.

El funcionamiento de la **MUT** requiere de muchas transiciones para ejecutar cada transición de M, por ejemplo, primero deberá leer el estado actual en la tercera cinta, a continuación el símbolo actual en la segunda y finalmente buscar la transición correspondiente en la primera cinta; una vez encontrada, modificará el estado actual y el contenido de la cadena en la segunda cinta, según indique la transición, así como buscará el siguiente cero a la derecha o a la izquierda, dependiendo de lo que indique la transición.

La **MUT** aceptará la cadena si M la acepta, y el contenido de la tercera cinta será **11**, que corresponde al estado de aceptación y rechazará la cadena si M la rechaza, de tal forma que la **MUT** se comportará de manera idéntica a M.

Ejemplo

Codifique la **MT** definida por las siguientes transiciones:

$$\delta(q_0, \mathbf{a}) = (q_0, \mathbf{a}, R) \qquad \delta(q_0, \mathbf{b}) = (q_1, \mathbf{b}, R)$$
$$\delta(q_1, \mathbf{b}) = (q_1, \mathbf{b}, R) \qquad \delta(q_1, \#) = (q_A, \#, R)$$

Codificando los diferentes estados, se tiene: $1 - q_0$, $11 - q_A$ y $111 - q_1$.

Ahora, codificando los diferentes símbolos: $1 - \#$, $11 - \mathbf{a}$ y $111 - \mathbf{b}$.

Y como todos los desplazamientos son a la derecha, se codifica: $11 - R$.

Por lo tanto, la siguiente cadena representa la codificación solicitada:

0101101011011001011101110111011001110111011101110110011101011010110

Máquinas de Turing básicas

Antes de pretender construir máquinas de Turing más complejas, es aconsejable construir una serie de **MT**s básicas, que realicen operaciones elementales, hay que distinguir dos tipos de máquinas básicas, las que sirven para mover el apuntador a lo largo de la cinta, sin modificar la cadena, y las que sirven para escribir o reemplazar símbolos sobre una celda, pero sin desplazamientos.

Máquinas de Movimientos unitarios

La máquina de Turing que se desplaza una celda a la derecha se denota por la letra R y consiste tan sólo de dos transiciones:

$$\delta(\,q_0, \sigma\,) = (\,q_1, \sigma, R\,) \qquad\qquad \delta(\,q_0, \#\,) = (\,q_1, \#, R\,)$$

Donde σ representa cualquier símbolo de la cinta distinto del vacío. Similarmente, la Máquina de Turing que se desplaza una celda a la izquierda se denota por la letra L y también consta de dos transiciones:

$$\delta(\,q_0, \sigma\,) = (\,q_1, \sigma, L\,) \qquad\qquad \delta(\,q_0, \#\,) = (\,q_1, \#, L\,)$$

Máquinas de búsqueda de celdas vacías

La siguiente máquina de Turing busca la primera celda en blanco #, ubicada a la derecha de la posición actual, y ahí se detiene, a esta máquina se le suele referir como $R_\#$ y es aplicable para cualquier alfabeto y para cualquier contenido de la cinta y está dada por las siguientes transiciones:

$$\delta(q_0, \sigma) = (q_1, \sigma, R) \qquad \delta(q_0, \#) = (q_1, \#, R)$$
$$\delta(q_1, \sigma) = (q_1, \sigma, R) \qquad \delta(q_1, \#) = (q_2, \#, S)$$

De manera muy similar se puede construir la máquina $L_\#$ que realice la búsqueda del primer símbolo blanco a la izquierda de la posición actual:

$$\delta(q_0, \sigma) = (q_1, \sigma, L) \qquad \delta(q_0, \#) = (q_1, \#, L)$$
$$\delta(q_1, \sigma) = (q_1, \sigma, L) \qquad \delta(q_1, \#) = (q_2, \#, S)$$

Máquinas de búsqueda de celdas ocupadas

De manera muy similar se puede construir una máquina de Turing que realice la búsqueda de la primera celda no vacía hacia la derecha de la posición actual: $R_\#'$, y está dada por las siguientes transiciones.

$$\delta(q_0, \sigma) = (q_1, \sigma, R) \qquad \delta(q_0, \#) = (q_1, \#, R)$$
$$\delta(q_1, \sigma) = (q_2, \sigma, S) \qquad \delta(q_1, \#) = (q_1, \#, R)$$

Igualmente, para construir la máquina $L_\#'$ que busca la primera celda no vacía hacia la izquierda de la posición actual, se definen las siguientes transiciones:

$$\delta(q_0, \sigma) = (q_1, \sigma, L) \qquad \delta(q_0, \#) = (q_1, \#, L)$$
$$\delta(q_1, \sigma) = (q_2, \sigma, S) \qquad \delta(q_1, \#) = (q_1, \#, L)$$

Hay que tener en mente que, si se pretende dirigir la búsqueda hacia una dirección en la que el resto de la cinta esté en blanco, ya sea a la derecha del final de la cadena o a la izquierda de su inicio, estas máquinas correrían por siempre y nunca pararían.

Máquinas de búsqueda del símbolo a

Se puede construir una máquina de Turing que realice la búsqueda específica de un símbolo **a**, a la derecha de la posición actual: R_a, mediante las transiciones:

$$\delta(q_0, \sigma) = (q_1, \sigma, R) \qquad \delta(q_0, \#) = (q_1, \#, R)$$
$$\delta(q_1, \mathbf{a'}) = (q_1, \mathbf{a'}, R) \qquad \delta(q_1, \#) = (q_1, \#, R)$$
$$\delta(q_1, \mathbf{a}) = (q_2, \mathbf{a}, S)$$

En donde **a'** denota una celda ocupada por cualquier símbolo distinto de **a**.

De modo similar se puede definir la máquina L_a, para buscar una **a** hacia la izquierda de la posición actual:

$$\delta(q_0, \sigma) = (q_1, \sigma, L) \qquad\qquad \delta(q_0, \#) = (q_1, \#, L)$$
$$\delta(q_1, \mathbf{a'}) = (q_1, \mathbf{a'}, L) \qquad\qquad \delta(q_1, \#) = (q_1, \#, L)$$
$$\delta(q_1, \mathbf{a}) = (q_2, \mathbf{a}, S)$$

Como en los dos casos previos, existe la posibilidad de que si no se tiene precaución en el uso de estas máquinas, de que se queden corriendo indefinidamente al no encontrar el símbolo buscado.

Máquinas de búsqueda de un símbolo distinto de a

También se puede construir una máquina de Turing que realice la búsqueda de cualquier símbolo que sea diferente de **a**, hacia la derecha de la posición actual: $R_{a'}$, mediante las siguientes transiciones:

$$\delta(q_0, \sigma) = (q_1, \sigma, R) \qquad\qquad \delta(q_0, \#) = (q_1, \#, R)$$
$$\delta(q_1, \mathbf{a}) = (q_1, \mathbf{a}, R) \qquad\qquad \delta(q_1, \#) = (q_1, \#, R)$$
$$\delta(q_1, \mathbf{a'}) = (q_2, \mathbf{a'}, S)$$

De modo similar se puede definir la máquina $L_{a'}$, para buscar un símbolo diferente de **a** hacia la izquierda de la posición actual:

$$\delta(q_0, \sigma) = (q_1, \sigma, L) \qquad\qquad \delta(q_0, \#) = (q_1, \#, L)$$
$$\delta(q_1, \mathbf{a}) = (q_1, \mathbf{a}, L) \qquad\qquad \delta(q_1, \#) = (q_1, \#, L)$$
$$\delta(q_1, \mathbf{a'}) = (q_2, \mathbf{a'}, S)$$

Máquina de escritura del símbolo a

Esta máquina de Turing reemplaza el contenido de la celda donde se encuentra, sin importar lo que sea, por el símbolo **a**, permaneciendo en esa misma celda; a esta máquina se le designa simplemente por la letra **a**.

$$\delta(q_0, \sigma) = (q_1, \mathbf{a}, S) \qquad\qquad \delta(q_0, \#) = (q_1, \mathbf{a}, S)$$

De igual forma, se puede construir una máquina de Turing para que borre el contenido de la celda donde se encuentra, sin importar lo que sea y permaneciendo en esa misma celda; a esta máquina se le designa como **#**.

$$\delta(q_0, \sigma) = (q_1, \#, S) \qquad\qquad \delta(q_0, \#) = (q_1, \#, S)$$

Máquinas de Turing Compuestas

La concatenación de dos o más Máquinas de Turing se realiza bajo la suposición de que todas comparten la misma cinta, y que donde termina la ejecución de la primera máquina inicia la ejecución de la segunda, tomando como cadena de entrada el resultado dejado por la máquina anterior, asumiendo la posición inicial de la cabeza de lectura en la celda donde terminó la ejecución previa.

Ejemplos varios

La composición $R_\#\mathbf{a}$ representa a una máquina de Turing que busca la primera celda vacía hacia la derecha de la posición actual, donde escribe el símbolo **a** y ahí se queda, como se ilustra en la figura 7.23:

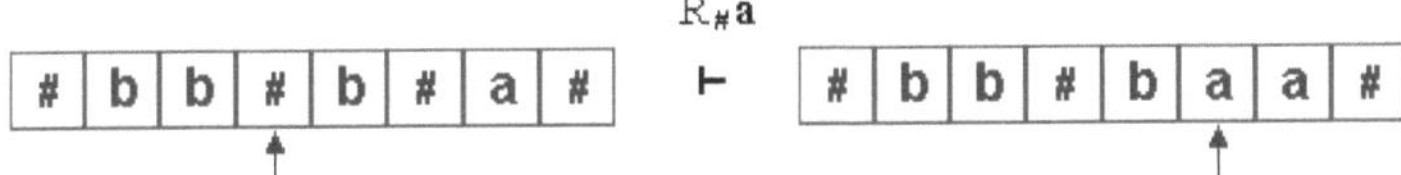

Figura 7.23

Para buscar hacia la derecha de la celda actual a la tercera celda no vacía, se utiliza la composición $R_\#'R_\#'R_\#'$, como se aprecia en la figura 7.24.

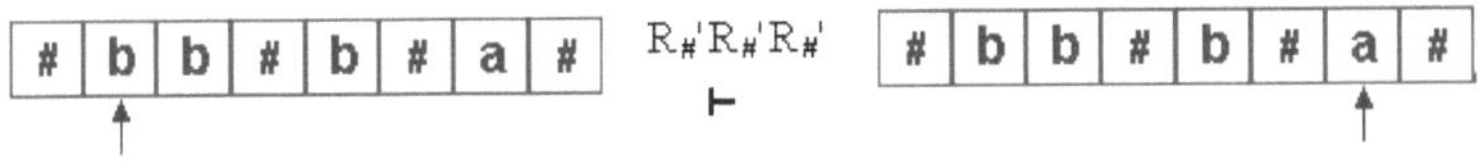

Figura 7.24

La figura 7.25 muestra el funcionamiento de la composición $L_\#L_\#L_\#$, para buscar hacia la izquierda de la posición actual a la tercera celda vacía:

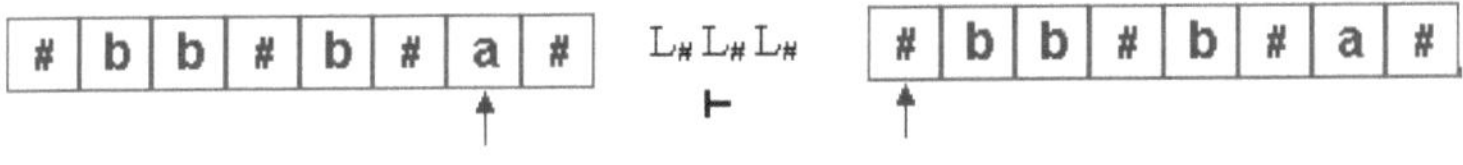

Figura 7.25

La máquina **LaLaLa**, escribe una secuencia de tres **a**s a la izquierda de la posición inicial, como se muestra en la figura 7.26:

Figura 7.26

En este ejemplo, la Máquina R#aL#R, busca la primera celda vacía hacia la derecha de su posición actual, escribe una **a** y busca una celda vacía hacia la izquierda, finaliza avanzando una celda a la derecha, como se ilustra en la figura 7.27.

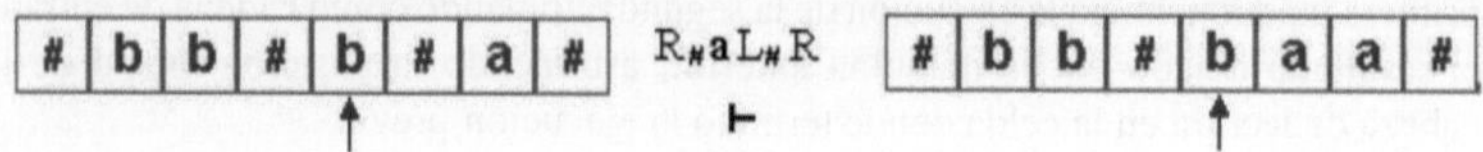

Figura 7.27

Bifurcación

La verdadera capacidad de una máquina de Turing se muestra cuando es capaz de tomar decisiones, esto se realiza en función del símbolo que lee en la posición donde se encuentra actualmente, y seguir distintas trayectorias dependiendo del estado al que se realice la transición, a esta capacidad se le da el nombre de *Bifurcación*,

Por ejemplo, se puede construir una máquina de Turing que si halla un **0** en la celda actual deberá escribir un **1**, pero si hay un **1**, entonces escribirá un **0**, y consta de las siguientes transiciones:

$$\delta(q_0, \mathbf{0}) = (q_1, \mathbf{0}, S) \qquad \delta(q_0, \mathbf{1}) = (q_2, \mathbf{1}, S)$$
$$\delta(q_1, \mathbf{0}) = (q_3, \mathbf{1}, S) \qquad \delta(q_2, \mathbf{1}) = (q_4, \mathbf{0}, S)$$

Como se puede observar, las primeras dos transiciones no alteran el contenido de la cinta, sino que sirven para elegir uno de los dos estados posibles: q_1 o q_2, según el símbolo que se encuentre en la celda actual, posteriormente a partir de cualquiera de esos estados se hará la escritura del símbolo contrario.

Gráficamente se puede representar la bifurcación mediante el diagrama mostrado en la figura 7.28:

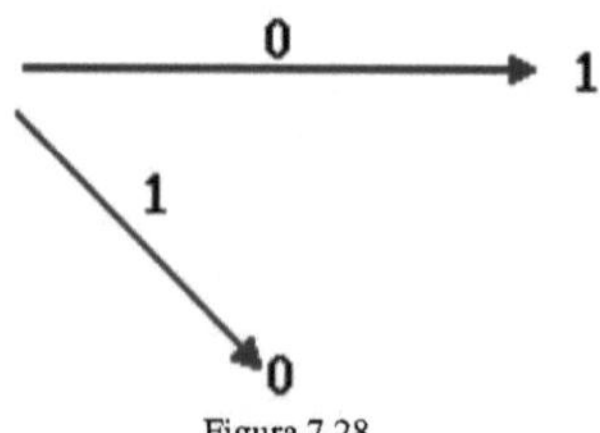

Figura 7.28

Ejemplo

Con esta idea, se puede construir la máquina compuesta que se muestra en la figura 7.29, que realiza toda una computación, consistente en producir el complemento de toda una cadena de unos y ceros, para ello inicia en la celda vacía anterior a la cadena, avanza a la derecha, si encuentra un uno lo reemplaza por cero y si encuentra un cero lo cambia por uno, se repite este proceso hasta que encuentra una celda vacía al final de la cadena, entonces retorna a la celda donde inició y se detiene.

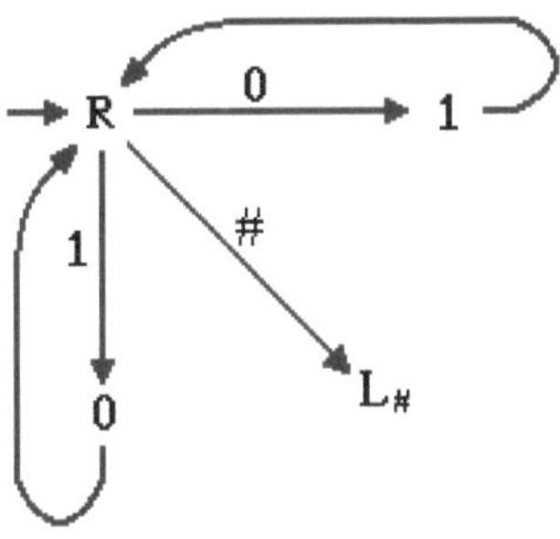

Figura 7.29

Corrimiento a la Derecha

En la figura 7.30 se representa a una Máquina de Turing que se le identificará como S_R (Shift-Right) y que realiza el corrimiento de una cadena hacia la derecha, es decir, que transforma la cadena $\#w\#$ en $\#\#w$, en este caso se emplea el símbolo comodín σ, para denotar la recordación del símbolo leído antes de la bifurcación de tal manera que se puede utilizar ese valor después de realizar otras operaciones como la escritura hecha después del movimiento a la derecha mostrado en la figura.

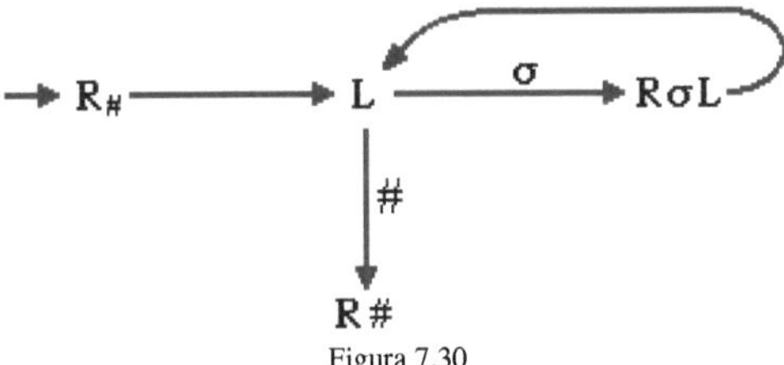

Figura 7.30

Copia de Cadenas

En la figura 7.31 se muestra el diagrama de una máquina de Turing, a la que se denomina C y que realiza la copia de una cadena, es decir, que dada la cadena $w \in \{a, b\}^*$, el resultado en la cinta queda como $\underline{\#}w\#w$, observe que es necesaria la celda vacía entre las dos cadenas para que la copia no se repita indefinidamente, ya que sirve para indicar dónde termina el proceso de copia:

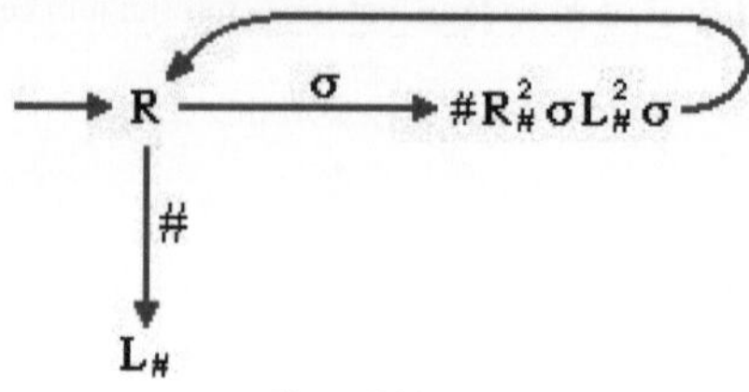

Figura 7.31

Duplicación de Cadenas

Para duplicar una cadena, se realiza la copia con la máquina C y luego se elimina el símbolo vacío intermedio haciendo un corrimiento a la derecha con la máquina S_R, como se ilustra en la figura 7.32:

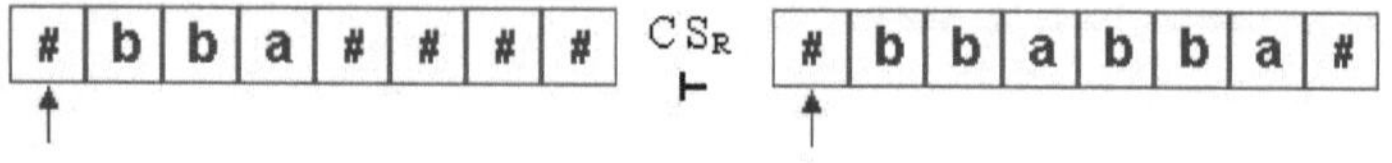

Figura 7.32

Reconocimiento de Cadenas

A continuación, en la figura 7.33, se ilustra el diseño de una máquina de Turing para hacer el reconocimiento de cadenas de un lenguaje, en concreto para reconocer cadenas de la forma ww^R (palíndromas de longitud par), para ello, se lee el primer símbolo de la cadena y se procede a compararlo con el último, mientras se tenga una coincidencia se repite el procedimiento hasta haber borrado toda la cinta y se confirma que la cadena es aceptada escribiendo a la salida el número uno (verdadero). En caso contrario, se debe de borrar el resto de la cadena y proceder a escribir el número cero (falso), para denotar que la cadena es rechazada.

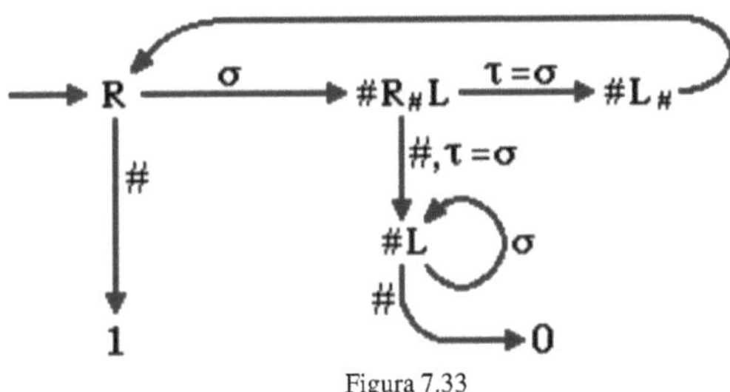

Figura 7.33

Preguntas

a) ¿Es necesario que una máquina de Turing agote la cadena de entrada para aceptarla?

b) ¿Es siempre posible encontrar una máquina de Turing de una cinta equivalente a una máquina de Turing multicinta cualquiera?

c) ¿Se puede diseñar una máquina de Turing que sea multicinta-multicelda?

d) ¿Cómo se puede diseñar una máquina Universal de Turing para emular máquinas de Turing multicintas?

e) En un autómata de dos pilas, ¿Cómo se debe manejar la situación cuando alguna de las pilas se vacía?

Ejercicios

7.1. Diseñe y escriba las transiciones de una Máquina de Turing que realice la función requerida en cada uno de los siguientes casos:

a) Dada una cadena de entrada de la forma wcx, donde $w, x \in \{\mathbf{a}, \mathbf{b}\}^*$, dé como resultado la cadena xw.

b) Que pueda realizar sumas unarias de cualquier cantidad de sumandos, generalizando la máquina de Turing mostrada en la figura 7.6.

c) Que duplique una cadena, es decir, dada la cadena de entrada $w \in \{\mathbf{a}, \mathbf{b}\}^*$, arroje como resultado ww.

d) Dados dos números, en notación unaria, identifique el menor; si la entrada es una cadena de la forma $1^n\text{-}1^m$, con n, m $\geq$ 0, la salida debe ser 1^m, si m < n o 1^n, en caso contrario.

e) Dada una cadena cualquiera $w \in \{\mathbf{a}, \mathbf{b}\}^*$, entregue una cadena de salida que tenga tantos 1s como veces aparezca la secuencia **ab** dentro de la cadena w.

f) Dada una cadena de entrada de la forma $w = \mathbf{1}^n$, $n \geq 0$, convierta la cadena de salida a la forma $(\mathbf{01})^n$.

g) Dada una cadena de entrada de la forma $w = (\mathbf{ab})^n$, $n > 0$, entregue una cadena de salida que tenga la forma $\mathbf{1}^n$, y escriba un **0** para el caso de que la entrada no corresponde al formato esperado.

7.2. Diseñe y escriba las transiciones de una Máquina de Turing para realizar un contador binario como sigue:

$(q_0, \underline{\mathbf{0}}\#) \vdash^* (q_0, \underline{\mathbf{1}}\#) \vdash^* (q_0, \mathbf{1}\underline{\mathbf{0}}\#) \vdash^* (q_0, \mathbf{1}\underline{\mathbf{1}}\#) \vdash^* (q_0, \mathbf{10}\underline{\mathbf{0}}\#) \vdash^* \ldots$

7.3. Diseñe y escriba las transiciones de una máquina de Turing que iniciando en una cinta en blanco, enliste en orden ascendente cada una de las cadenas del lenguaje: $L = \{ \mathbf{a}^n \mid n > 0 \}$, separadas por un espacio en blanco.

7.4. Diseñe y escriba las transiciones de la máquina de Turing que realice la multiplicación unaria de $n \times m$.

7.5. Diseñe y escriba las transiciones de una máquina de Turing que dado n, calcule n^2, utilizando el desarrollo de una suma de n impares: $n^2 = 1 + 3 + \ldots + (2n - 1)$.

7.6. Diseñe y escriba las transiciones de una **MT** que permita decidir las cadenas para cada uno de los siguientes lenguajes (puede omitir las transiciones de rechazo):

a) $L = \{ w \in \{\mathbf{a}, \mathbf{b}\}^* \mid$ la longitud de w es impar$\}$

b) $L = \{ w \in \{\mathbf{a}, \mathbf{b}\}^* \mid w$ contiene al menos una $\mathbf{a}\}$

c) $L = (\mathbf{aa} \cup \mathbf{bb})^*$

d) $L = \{ \mathbf{a}^n\mathbf{b}^m \mid n, m \geq 0, m \neq n \}$

e) $L = \{ w \in \{\mathbf{a}, \mathbf{b}\}^* \mid w \neq w^R \}$

f) $L = \{ w\mathbf{c}w \mid w \in \{\mathbf{a}, \mathbf{b}\}^* \}$

g) $L = \{ w \in \{\mathbf{a}, \mathbf{b}, \mathbf{c}\}^* \mid w$ es una cadena de longitud par, no contiene ninguna $\mathbf{a}$ en la primera mitad y ninguna $\mathbf{b}$ en la segunda$\}$

h) $L = \{ w \in \{\mathbf{a}, \mathbf{b}, \mathbf{c}\}^* \mid N_a(w) = N_b(w) = N_c(w) \}$

i) $L = \{ \mathbf{a}^{2^n} \mid n \geq 0\}$

j) $L = \{ \mathbf{a}^n\mathbf{b}^{2n} \mid n \geq 0 \}$

k) $L = \{ \mathbf{a}^m\mathbf{b}^n\mathbf{c}^p \mid p > m + n \}$

7.7. Diseñe y escriba las transiciones de una máquina de Turing de tres pistas que haga la resta de dos números binarios, asumiendo que el minuendo es mayor que el sustraendo, es decir, que la diferencia es positiva.

7.8. Diseñe y escriba las transiciones de una máquina de Turing de dos cintas que permita el reconocimiento del lenguaje L = { www | $w \in$ {**a,b**}* }.

7.9. Diseñe y escriba las transiciones de una máquina de Turing de dos cintas que permita el reconocimiento del lenguaje L = { $\mathbf{a^n b^n c^n}$ | n > 0 }.

7.10. Diseñe y escriba las transiciones de una máquina de Turing de dos cintas que permita el reconocimiento del lenguaje L = { $w \in$ {**a,b**}* | $N_a(w) = 2N_b(w)$ }.

7.11. Diseñe y escriba las transiciones de una máquina de Turing de dos cintas que duplique una cadena, es decir, dado $w \in \Sigma^*$ en la primera cinta, escriba ww^R en la segunda cinta.

7.12. Diseñe y escriba las transiciones de una máquina de Turing de dos cintas que duplique una cadena, es decir, dado $w \in \Sigma^*$ en la primera cinta, escriba ww en la segunda cinta.

7.13. Por medio de la composición de máquinas básicas, construir cada una de las Máquinas de Turing que ejecuten las funciones requeridas:

a) Una Máquina de Turing que acepte las cadenas pertenecientes al siguiente lenguaje:

L = { $w \in$ { **a**, **b** }* | el tercer símbolo de w es una **a** }.

b) Una Máquina de Turing que acepte las cadenas pertenecientes al siguiente lenguaje:

L = { $w \in$ { **a**, **b** }* | el segundo y tercer símbolos de w son una **b** }

c) Una Máquina de Turing que acepte las cadenas pertenecientes al siguiente lenguaje:

L = { $w \in$ { **a**, **b** }* | w contiene a la subcadena **ab** }

d) La máquina de Turing que decida las cadenas pertenecientes al siguiente lenguaje:

L = { wcw | $w \in$ {**a**, **b**}* }

e) La Máquina de Turing S_L, que realice el Corrimiento a la Izquierda (Shift-Left) de la cadena w, es decir, que cambie la cadena #w en w#.

f) Dada una cadena de ceros y unos, ordene los símbolos, colocando primero todos los ceros y a continuación los unos, por ejemplo, si w = **011011**, la salida debe ser: w = **001111**.

g) Construya una **MT compuesta** que realice la siguiente función, dada una cadena $w \in \{\ \mathbf{0},\ \mathbf{1}\ \}^*$ de entrada, genere una salida formada solamente por los ceros que contiene w, por ejemplo, si $w = \mathbf{011011}$, la salida debe ser: $w = \mathbf{00}$.

h) Construya una **MT compuesta** que realice la siguiente función, dada una cadena $w \in \Sigma^*$ de entrada, genere una salida con la cadena inversa de w, por ejemplo, si $w = \mathbf{abcd}$, la salida debe ser: $w^{\mathrm{R}} = \mathbf{dcba}$

Solución de los ejercicios planteados

0.1   a) A = {M,T,C,S}
       b) B = {lunes, martes, miércoles, jueves, viernes, sábado, domingo}
       c) C = {Belice, Costa Rica, El Salvador, Guatemala, Honduras, Nicaragua, Panamá}
       d) D = {cero, uno, dos, tres, cuatro, cinco, seis, siete, ocho, nueve}
       e) E = {Mercurio, Venus, Tierra, Marte, Júpiter, Saturno, Urano, Neptuno, Plutón}
       f) F = {Honda, Mazda, Mitsubishi, Nissan, Toyota}
       g) G = {Mayo, Junio, Julio, Agosto}
       h) H = {1, 2, 3, 7, 8}
       i) I = {Albania, Alemania, Andorra, Armenia, Austria, Azerbaiyán}
       j) J = {Lunes, Martes, Miércoles, Jueves, Viernes}

0.2   a) A = {Estas letras son las vocales}
       b) B = {Los números naturales impares} = $\{2x - 1 \mid x \in N\}$
       c) C = $\{x \in N \mid x$ es un cuadrado perfecto$\}$ = $\{x^2 \mid x \in N\}$
       d) D = $\{x \in N \mid x$ es potencia de 10$\}$ = $\{10^{x-1} \mid x \in N\}$
       e) E = $\{x \in N \mid x$ es par y menor o igual que 10$\}$ = $\{2x \mid x \in N, x \leq 5\}$
       f) F = {Nombre de un continente}
       g) G = {Nombre de un océano}
       h) H = {x es una letra del nombre "Jorge"}
       i) I = {Nombre de una entidad federativa de la república mexicana}
       j) J = $\{x \in N \mid x$ sea un múltiplo de 3$\}$ = $\{x \in N \mid x$ es divisible entre 3$\}$
       k) K = $\{x \in N \mid x$ es una potencia de 3$\}$ = $\{3^{x-1} \mid x \in N\}$
       l) L = {Nombre de un equipo de la NBA}

0.3   a) A = {1, 2, 3, 4, 5, 6}
       b) B = {4, 5, 6, 7, 8}
       c) C = {1, 3, 5, 7, ...}
       d) D = {4, 8, 12, 16, 20, 24}
       e) E = {1, 5, 25, 125, ...}
       f) F = {1, 2, 3, 4, 6, 12}
       g) G = {1, 8, 27, 64, 125, ...}
       h) H = {17, 19, 23, 29, 31, 37}

       i) $I = \varnothing$
       j) $J = \{\,1, 2, 3, 4, 5, 6\,\}$
       k) $K = \{\,1, 2, 3, 4, 5\,\}$
       l) $L = \{\,2\,\}$

0.4   a) $A \cup B = \{\,1, 2, 3, 4, 6, 9, 12\,\}$
       b) $A \cap C = \{\,4, 6\,\}$
       c) $A \cup C = \{\,1, 2, 3, 4, 6, 8, 9, 10\,\}$
       d) $C \cup (B \cap A) = \{\,1, 3, 4, 6, 8,. 9. 10\,\}$
       e) $A \cap (B \cup C) = \{\,1, 4, 6. 9\,\}$
       f) $(B \cap C) \cup A = \{\,1, 2, 3, 4, 6, 9\,\}$
       g) $(B \cap D) \cup A = \{\,1, 2, 4, 6, 9, 12\,\}$
       h) $(A \cup C) \cup B = \{\,1, 2, 3, 4, 6, 8, 9, 10, 12\,\}$
       i) $B \cup (D \cup C) = \{\,1, 2, 3, 4, 5, 6, 8, 9, 10, 12\,\}$
       j) $(B \cap C) \cup D = \{\,2, 3, 5, 6, 12\,\}$
       k) $(A \cap B) \cup D = \{\,1, 2, 5, 6, 9, 12\,\}$
       l) $((A \cup B) \cap C) \cap D = \{\,6\,\}$
       m) $A \cup (D \cup C) = \{\,1, 2, 3, 4, 5, 6, 8, 9, 10, 12\,\}$
       n) $(B \cup C) \cap D = \{\,6, 12\,\}$
       o) $((B \cap D) \cup A) \cap C = \{\,4, 6\,\}$

0.5   a) $A^C = \{\,1, 3, 5, 7, 9\,\}$
       b) $B^C = \{\,2, 4, 5, 7, 8\,\}$
       c) $C^C = \{\,2, 6, 8, 9\,\}$
       d) $D^C = \{\,1, 5, 7, 9\,\}$
       e) $A^C \cap C = \{\,1, 3, 5, 7\,\}$
       f) $B^C \cup A = \{\,2, 4, 5, 6, 7, 8\,\}$
       g) $B - C = \{\,6, 9\,\}$
       h) $C - D = \{\,1, 5, 7\,\}$
       i) $D - A = \{\,3\,\}$
       j) $(A - C) \cup (B - D) = \{\,1, 2, 6, 8, 9\,\}$
       k) $A^C \cap (B^C \cup C) = \{\,1, 3, 5, 7\,\}$
       l) $B - (C \cup D)^C = \{\,1, 3, 6\,\}$
       m) $A \cup (C^C \cup B)^C = \{\,2, 4, 5, 6, 7, 8\,\}$
       n) $A \oplus B = \{\,1, 2, 3, 4, 8, 9\,\}$
       o) $D^C \cup B = \{\,1, 3, 5, 6, 7, 9\,\}$
       p) $(A \cup C^C)^C = \{\,1, 3, 5, 7\,\}$
       q) $(B^C \cup D^C)^C = \{\,3, 6\,\}$
       r) $(A \cup B)^C - (C \cup D^C) = \varnothing$

0.6   a) $A^C = \{\,2, 3, 5, 6, 10, 11\,\}$
       b) $C^C \cup A = \{\,1, 3, 4, 6, 7, 8, 9, 11, 12\,\}$

c) $B^C = \{\ 3, 4, 6, 8, 9, 10, 11, 12\ \}$
d) $A^C \cap B = \{\ 2, 5\ \}$
e) $C^C = \{\ 3, 4, 6, 9, 11\ \}$
f) $C^C \cup B = \{\ 1, 2, 3, 4, 5, 6, 7, 9, 11\ \}$
g) $A \oplus B = \{\ 2, 4, 5, 8, 9, 12\ \}$
h) $B^C - (\ A^C \cup C\ ) = \{\ 4, 9\ \}$
i) $D^C = \{\ 1, 2, 3, 6, 8, 10\ \}$
j) $C \oplus D^C = \{\ 3, 5, 6, 7, 12\ \}$
k) $(\ A^C - C\ ) \oplus D = \{\ 3, 4, 5, 6, 7, 9, 12\ \}$
l) $(\ D - B^C\ )^C = \{\ 1, 2, 3, 4, 6, 8, 9, 10, 11, 12\ \}$
m) $(\ C^C \cup D^C\ )^C = \{\ 5, 7, 12\ \}$
n) $(\ A - D\ ) \oplus (\ B \cup C\ )^C = \{\ 1, 3, 4, 6, 8, 9, 11\ \}$

0.7   a) $A^C = B$ CIERTO
       b) $(\ A \cap B\ ) \subseteq C$ CIERTO
       c) $(\ A - C\ ) \subseteq (\ B - C\ )$ FALSO
       d) $2 \in C^C$ CIERTO
       e) $(\ C - B\ ) = (\ C - A\ )$ FALSO
       f) $(\ B - A\ ) \neq B$ FALSO
       g) $5 \notin A$ CIERTO
       h) $(\ A \cup C\ ) \cap B = \{\ 1\ \}$ CIERTO
       i) $(\ C \cap B\ ) \not\subset A$ CIERTO
       j) $(\ D \oplus B\ )^C = \varnothing$ FALSO
       k) $C \subseteq A$ CIERTO
       l) $2 \in A$ FALSO
       m) $5 \notin C$ CIERTO
       n) $A = E^C$ FALSO
       o) $B \not\subset A$ CIERTO
       p) $(\ C^C \cap E\ ) \subseteq D$ CIERTO
       q) $(\ D \cup C\ ) = E$ CIERTO
       r) $(\ B \cup A\ ) = U$ FALSO
       s) $A \cap (\ E \cap B\ ) = \varnothing$ CIERTO
       t) $A \subseteq E$ FALSO
       u) $2 \notin (\ C \cap D\ )^C$ FALSO
       v) $(\ C \cap E\ ) \subseteq (\ B \cup A\ )$ CIERTO
       w) $(\ B \cup D\ ) = (\ E \cup A\ )$ FALSO
       x) $(\ E^C \cup D\ )^C = B \cup A^C$ FALSO
       y) $(\ E \cap B^C\ ) \cup (\ C^C \cap D\ )^C = D^C$ CIERTO

0.8 $A = \{\ 1, 2, 3, 6\ \}$

0.9 $C_1 = \{\ 3\ \}, C_2 = \{\ 3, 4\ \}$

0.10 $C_1 = \{\,1, 7\,\}$, $C_2 = \{\,1, 2, 7\,\}$, $C_3 = \{\,1, 5, 7\,\}$, $C_4 = \{\,1, 2, 5, 7\,\}$

0.11 $R = \{\,\{\,1\,\}, \{\,1, 3\,\}, \{\,1, 6\,\}, \{\,1, 3, 6\,\}\,\}$

0.12 $R = \{\{2\},\{1, 2\},\{2, 4\},\{2, 6\},\{1, 2, 4\},\{1, 2, 6\},\{2, 4, 6\},\{1, 2, 4, 6\}\}$

0.13 $B = \{\{s, o, n, r\},\{s, o, n, i\},\{s, o, n, e\},\{s, o, r, i\},\{s, o, r, e\},\{s, o, i, e\}, \{s, n, r, i\},\{s, n, r, e\},\{s, n, i, e\},\{s, r, i, e\},\{o, n, r, e\}, \{o, n, r, i\}, \{n, r, i, e\},\{o, n, i, e\},\{o, r, i, e\}\}$

0.14 $B_2 = \{\,4, 6\,\}$

0.15 $P_1 = \{\{1, 3\}, \{4, 6\}\}$, $P_2 = \{\{1, 4\}, \{3, 6\}\}$, $P_3 = \{\{1, 6\}, \{3, 4\}\}$

0.16 $P_1 = \{\{2\}, \{5\}, \{6, 7\}\}$, $P_2 = \{\{2\}, \{6\}, \{5, 7\}\}$, $P_3 = \{\{2\}, \{7\}, \{5, 6\}\}$, $P_4 = \{\{5\}, \{6\}, \{2, 7\}\}$, $P_5 = \{\{6\}, \{7\}, \{2, 5\}\}$, $P_6 = \{\{5\}, \{7\}, \{2, 6\}\}$

0.17 $N(A \cap B) = 15$, $N(A \cup B) = 39$

0.18 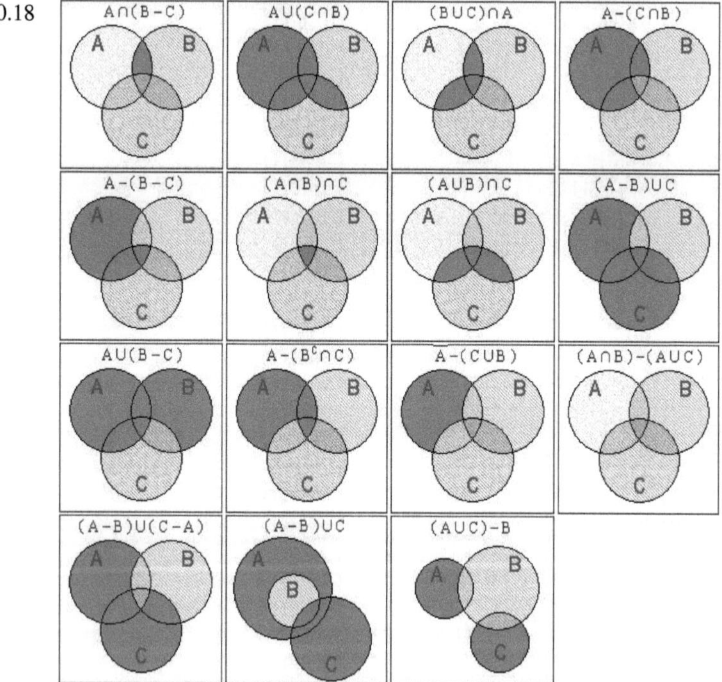

0.19 a) $A \times B = \{\,(a, 3), (d, 3), (f, 3), (a, 6), (d, 6), (f, 6), (a, 8), (d, 8), (f, 8)\,\}$
b) $A \times B = \{\,(p, 1), (p, 4), (o, 1), (o, 4), (s, 1), (s, 4), (t, 1), (t, 4)\,\}$

c) $A \times B = \{ (x, 3), (x, 6), (x, 9), (x, 12), (z, 3), (z, 6), (z, 9), (z, 12)\}$

d) $A \times B = \{(2, 2), (2, 5), (2, 7), (5, 2), (5, 5), (5, 7), (7, 2), (7, 5), (7, 7)\}$

0.20   a) R_1 es una Relación de Equivalencia.

       b) R_2 es irreflexiva, asimétrica y transitiva.

       c) R_3 es reflexiva, antisimétrica y transitiva.

       d) R_4 es una Relación de Equivalencia.

       e) R_5 es simétrica y transitiva

       f) R_6 es simétrica y transitiva

       g) R_7 es simétrica

       h) R_8 es simétrica

       i) R_9 es antisimétrica y es Transitiva

       j) R_{10} es reflexiva, antisimétrica y transitiva

       k) R_{11} es simétrica

       l) R_{12} no tiene ninguna de las propiedades

0.21   a) $R_{r1} = \{ (1, 1), (1, 3), (2, 2), (2, 3), (3, 1), (3, 2), (3, 3), (4, 2), (4, 3), (4, 4) \}$

       b) $R_{r2} = \{ (1, 1), (2, 1), (2, 2), (3, 1), (3, 3), (3, 4), (4, 1), (4, 2), (4, 4) \}$

       c) $R_{r3} = \{ (1, 1), (1, 3), (2, 1), (2, 2), (3, 2), (3, 3), (4, 4) \}$

       d) $R_{r4} = \{ (1, 1), (1, 3), (1, 4), (2, 1), (2, 2), (2, 3), (3, 3), (4, 3), (4, 4) \}$

       e) $R_{r5} = \{ (1,1), (1,3), (1,4), (2,2), (2,3), (2,4), (3,1), (3,3), (3,4), (4,3), (4,4) \}$

0.22   a) $R_{s1} = \{(1, 1),(1, 3),(2, 3),(2, 4),(3, 1),(3, 2),(3, 4),(4, 2),(4, 3),(4, 4)\}$

       b) $R_{s2} = \{(1,2),(1,3),(2,1),(2,3),(2,4),(3,1),(3,2),(3,4),(4,2),(4,3),(4,4)\}$

       c) $R_{s3} = \{(1, 2), (1, 3), (2, 1), (2, 2), (3, 1), (3, 3), (4, 4)\}$

       d) $R_{s4} = \{(1,1),(1,2),(1,3),(1,4),(2,1),(2,2),(2,4),(3,1),(3,4),(4,1),(4,2), (4,3)\}$

       e) $R_{s5} = \{(1,2),(1,4),(2,1),(2,2),(2,3),(2,4),(3,2),(3,3),(3,4),(4,1),(4,2), (4,3)\}$

0.23   a) $R_1 \circ S_1 = \{ (1, 1), (1, 4), (2, 1), (2, 4), (3, 1), (4, 1), (4, 2), (4, 4) \}$

         $S_1 \circ R_1 = \{ (1, 3), (2, 3), (3, 2), (3, 3), (3, 4), (4, 2), (4, 3), (4, 4) \}$

       b) $R_2 \circ S_2 = \{ (1,1), (1,2), (1,3), (2,1), (2,3), (3,1), (3,2), (4,2), (4,3), (4,4) \}$

         $S_2 \circ R_2 = \{ (1,1), (1,2), (1,3), (3,1), (3,2), (3,3), (4,1), (4,2), (4,3), (4,4) \}$

       c) $R_3 \circ S_3 = \{ (1,1), (1,2), (2,2), (2,3), (3,1), (3,2), (3,3), (3,4), (4,1), (4,2),$
           $(4,4) \}$

         $S_3 \circ R_3 = \{ (1,1), (1,2), (1,4), (2,1), (2,2), (3,1), (3,2), (3,4), (4,2), (4,4) \}$

       d) $R_4 \circ S_4 = \{ (1,1), (1,2), (1,3), (1,4), (2,1), (2,3), (2,4), (3,1), (3,3), (4,1),$
           $(4,2), (4,4) \}$

         $S_4 \circ R_4 = \{ (1,1), (1,2), (1,3), (1,4), (2,1), (2,2), (2,3), (3,1), (3,2), (3,3),$
           $(3,4), (4,3), (4,4) \}$

0.24   a) $S_n = (-1)^n$

       b) $S_n = 2n + 3$

       c) $S_n = 1/(2^n - 1)$

       d) $S_n = 3^n - n$

$$0.26 \quad \sum_{n=1}^{k}(an-b)=\frac{(ak+a-2b)k}{2}$$

1.1 $A \cup B = \{\, \mathbf{a}, \mathbf{b}, \mathbf{c}, \mathbf{d} \,\}$, $A \cap B = \{\, \mathbf{b}, \mathbf{a} \,\}$, $A \oplus B = \{\, \mathbf{c}, \mathbf{d} \,\}$, $A - B = \{\, \mathbf{d} \,\}$,
$B - A = \{\mathbf{c}\}$

1.2 $A \cup B = \{\, \mathbf{1}, \mathbf{3}, \mathbf{4} \,\}$, $A \cap B = \{\, \mathbf{3}, \mathbf{4} \,\}$, $A \oplus B = \{\, \mathbf{1} \,\}$, $A - B = \{\, \mathbf{1} \,\}$,
$B - A$ no existe

1.3 Prefijos propios: ε, **p**, **pi**, **pin**. Sufijos propios: ε, **o**, **no**, **ino**.
Subcadenas: ε, **p**, **i**, **n**, **o**, **pi**, **in**, **no**, **pin**, **ino**.

1.4 $w^2 = $ pipapipa, $w^3 = $ pipapipapipa y $w^R = $ apip

1.5 Prefijos: ε, **p**, **pi**, **piñ**, **piña**, **piñat**, **piñata**.

1.6 Sufijos: ε, **a**, **ma**, **oma**, **roma**, **aroma**, **maroma**.

1.7 Subcadenas: ε, **b**, **a**, **n**, **ba**, **an**, **na**, **ban**, **ana**, **nan**, **bana**, **anan**, **nana**,
banan, **anana**.

1.8 Subcadenas: ε, **a**, **b**, **ab**, **ba**, **bb**

1.9 $xz^R w = $ **peonza**, $x^2 z = $ **pepeno**

1.10 Subcadenas: ε, **0**, **1**, **2**, **01**, **11**, **10**, **02**, **22**, **20**, **011**, **111**, **110**, **102**, **022**, **220**.

1.11 Subcadenas palíndromas: ε, **x**, **y**, **xx**, **yy**, **yxxy**, **xyyx**, **xxyyxx**

1.12 a) Falso
b) Verdadero
c) Falso
d) Falso

1.13 $(A \cap B)^* = \{\, \varepsilon, \mathbf{11}, \mathbf{1111}, \mathbf{111111}, \mathbf{11111111}, \ldots \,\}$
$(A \oplus B)^R = \{\, \mathbf{011}, \mathbf{100}, \mathbf{110} \,\}$
$(B - A)^+ = \{\, 110, 110110, 110110110, 110110110110, \ldots \,\}$
$BA = \{\, 11011, 11001, 1111\,, 110011, 110001 \,\}$

1.14 $(A \cap B)^+ = \varnothing$
$(A \oplus B)^R = \{\, \mathbf{001}, \mathbf{110}, \mathbf{11}, \mathbf{01}, \mathbf{010} \,\}$
$(B - A)^3 = \{101010, 1010010, 1001010, 10010010, 0101010, 01010010,$
$01001010, 01001001\}$
$BA = \{10100, 010100, 10011, 010011, 1011, 01011\}$

1.15 $AB = \{\, \varepsilon, 1, 01, 11, 0, 001, 011, 10, 101, 1001, 1011, 111, 1101, 1111\}$
$BA = \{\, \varepsilon, \mathbf{0}, \mathbf{10}, \mathbf{11}, \mathbf{1}, \mathbf{110}, \mathbf{111}, \mathbf{01}, \mathbf{010}, \mathbf{0110}, \mathbf{0111}, \mathbf{1110}, \mathbf{1111}\}$
$A \cup B = \{\, \varepsilon, \mathbf{0}, \mathbf{10}, \mathbf{11}, \mathbf{1}, \mathbf{01}\}$
$A \cap B = \{\, \varepsilon, \mathbf{11}\}$
$A - B = \{\, \mathbf{0}, \mathbf{10} \,\}$

$B - A = \{ \mathbf{1, 01} \}$
$A^* = \{ \varepsilon, \mathbf{0, 10, 11, 00, 010, 011, 100, 1010, 1011}, \dots \}$
$B^* = \{ \varepsilon, \mathbf{1, 01, 11, 101, 111, 011, 0101, 0111}, \dots \}$
$A \oplus B = \{ \mathbf{0, 10, 1, 01} \}$

1.16 $L^0 = \{\varepsilon\}, L^1 = \{\varepsilon, \mathbf{ab}\}, L^2 = \{\varepsilon, \mathbf{ab, abab}\}, L^3 = \{\varepsilon, \mathbf{ab, abab, ababab}\}$
$L^4 = \{ \varepsilon, \mathbf{ab, abab, ababab, abababab} \}$

1.17 $L^3 = \{$ sasasa, sasaro, sarosa, saroro, rosasa, rosaro, rorosa, rororo $\}$

1.18 $A^*B = \{ \mathbf{b, ab, aab, aaab, aaaab}, \dots \}$
$AB^* = \{ \mathbf{a, ab, abb, abbb, abbbb}, \dots \}$
$(AB)^* = \{ \varepsilon, \mathbf{ab, abab, ababab, abababab}, \dots \}$

1.19 $A \cup B = \{ \varepsilon, \mathbf{aa, ab, bb} \}$
$A \cup C = \{ \varepsilon, \mathbf{aa, ab} \}$
$A \cup D = \{ \varepsilon \}$
$A \cap B = \varnothing$
$A \cap D = \varnothing$
$B \cap C = \{\mathbf{aa, ab}\}$
$B \cup D = \{\mathbf{aa, ab, bb}\}$
$C \cap D = \varnothing$

1.20 $(A \cup B^2) = \{ \mathbf{ab, b, cb, aa, aba, baa, baba} \}$
$(B \cup A)^R = \{ \mathbf{a, ab, ba, b, bc} \}$
$(AB) = \{ \mathbf{aba, ba, cba, abba, bba, cbba} \}$
$(A^2 \cap BA) = \{ \mathbf{bab} \}$
$(A \oplus B^R) = \{ \mathbf{b, cb, a} \}$
$(A^R - B)^2 = \{ \mathbf{bb, bbc, bcb, bcbc} \}$

1.21 $(A \cup B)^R = \{ \mathbf{110, 101, 11, 10} \}$
$(B - A)^2 = \{\mathbf{011011, 011101, 101011, 101101}\}$
$(A - B)^+ = \{ \mathbf{01, 0101, 010101}, \dots \}$
$(A \cap B)^* = \{ \varepsilon, \mathbf{11, 1111, 11111}, \dots \}$
$A^RB = \{ \mathbf{10011, 10101, 1011, 11011, 11101, 1111}\}$

1.22 a) Falso
b) Falso
c) Falso
d) Verdadero
e) Falso
f) Verdadero

1.23 a) $\mathbf{00\,(\,1 \cup 0\,)^*}$
b) $\mathbf{(\,1 \cup 0\,)^*\,11\,(\,1 \cup 0\,)^*}$
c) $\mathbf{1^*01^*01^*01^*}$

d) **1*01*0**

e) **0 (1 ∪ 0)* 0**

f) **1*(01*01*)***

g) **1*01*01⁺**

h) **1*0(1*01*0)*1***

i) **1⁺ ∪ 1⁺01* ∪ 1⁺01*01***

j) **1*(01*01*01*)***

k) **1*(01⁺ ∪ 001⁺)* 000 (1⁺0 ∪ 1⁺00)*1***

l) **(0 ∪ 1)⁴**

m) **(ε ∪ 1 ∪ 0)⁶**

n) **(1 ∪ 0)³(1 ∪ 0)***

o) **((0 ∪ 1)⁵)***

p) **(0 ∪ 1)* (11 ∪ 0) ∪ 1 ∪ ε**

q) **(01 ∪ 1)⁺**

r) **(11 ∪ 00)(1 ∪ 0)* ∪ (1 ∪ 0)*(11 ∪ 00)**

1.24   a) Las cadenas formadas por una cantidad par de ceros, (incluyendo la cadena vacía).

      b) Las cadenas que inician con cualquier cantidad de ceros seguida por cualquier cantidad de unos.

      c) Las cadenas de ceros y unos que inician con uno.

      d) Las cadenas de ceros y unos que terminan con doble cero.

      e) Las cadenas de ceros y unos que contienen la subcadena 10.

      f) Las cadenas de ceros y unos que contienen al menos dos ceros.

1.25   a) No

      b) Si

      c) No

      d) Si

      e) No

1.26   L = {**a, ca, cca, …, ε, bc, bcbc, bcbcbc, …, b, bb, bbb, bbbb, …**}

1.27   18

1.28

a) **(ab)***	j) **(a ∪ b)***	r) **(b*a)***
b) **(aa)***	k) **(a ∪ b)***	s) **(abc*)***
c) **a*b**	l) **a*bb⁺c***	t) **(a ∪ b)c***
d) **a*ba**	m) **y⁺x***	u) **(ba*)***
e) **(aa)***	n) **a(aa)***	v) **(ab*)***
f) **a***	o) **(a ∪ b)***	w) **(a ∪ b)*b**
g) **(b*a)⁺b***	p) **x***	x) **(a ∪ b)c⁺**
h) **b*a ∪ ab***	q) **(a ∪ ba ∪ b²)*b**	y) **a (a ∪ b)***
i) **(a ∪ b)***		

1.29   a) Un carácter, un punto y tres caracteres alfanuméricos, si se añade el signo $ solamente es válido al final del texto.

b) Secuencia de 5 caracteres alfanuméricos, si se añade el signo ^ solo es válido al inicio del texto.

c) Secuencias de 4 o más dígitos, si se añade el signo ? solamente identifica secuencias de 4 dígitos.

d) Cadenas de letras entre a y l, si se añade el signo ^ reconoce todos los caracteres excepto los que están entre la a y la l.

e) Letra o antes de r, con ! letra o antes de cualquier otro símbolo excepto r y secuencias de or.

f) Palabras conteniendo secuencias de: mm, ex, de o te.

g) Palabras terminando en: ed, es o te.

1.30   \b[a-z]{4,15}\b

1.31   ([02-9][0-9]|[1][1-6])[0-9]{3}

1.32   (https?:\/\/)?([\da-z\.-]+)\.([a-z\.-]{2,6})([\/\w\?=.-]*)*\/?

1.33   [\w\.]{3,}@([\w]{2,}\.)+[\w]{2,4}

1.34   (?=^.{8,}$)(?=.*[0-9])(?=.*[A-Z])(?=.*[a-z]).*$

1.35   (0[1-9]|[1-2][0-9]|30)\/(0[1-9]|1[0-2])\/\d{4}

1.36   ((0|1)[0-9]|2[0-3]):([0-5]\d):([0-5]\d)

1.37   (((0|1)?[0-9]{1,2}|2[0-4][0-9]|25[0-5])\.){3}(((0|1)?[0-9]{1,2}|2[0-4][0-9]|25[0-5]))

2.1   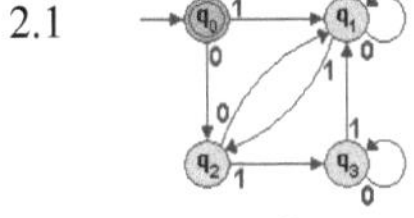

2.2   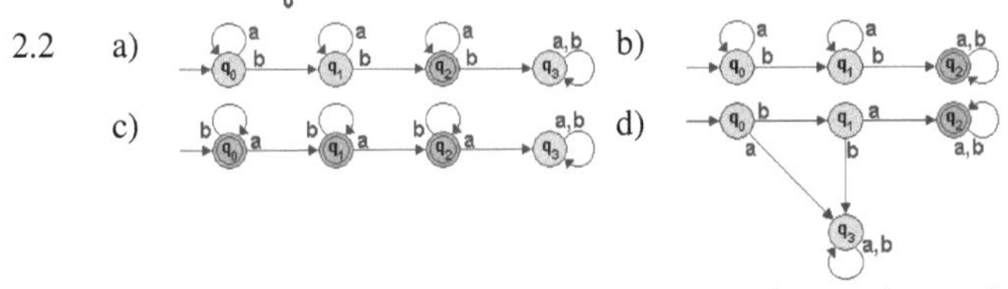

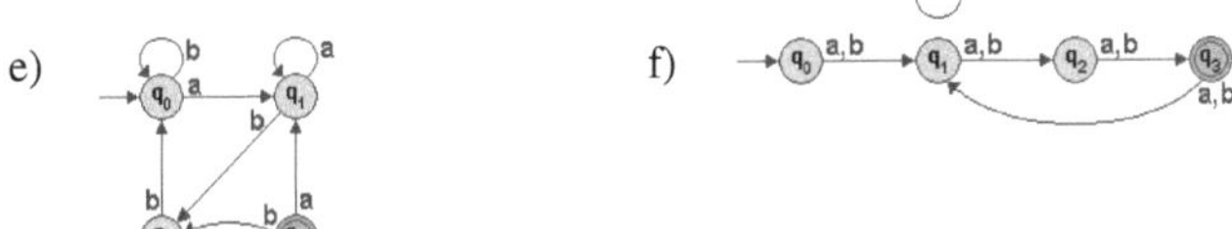

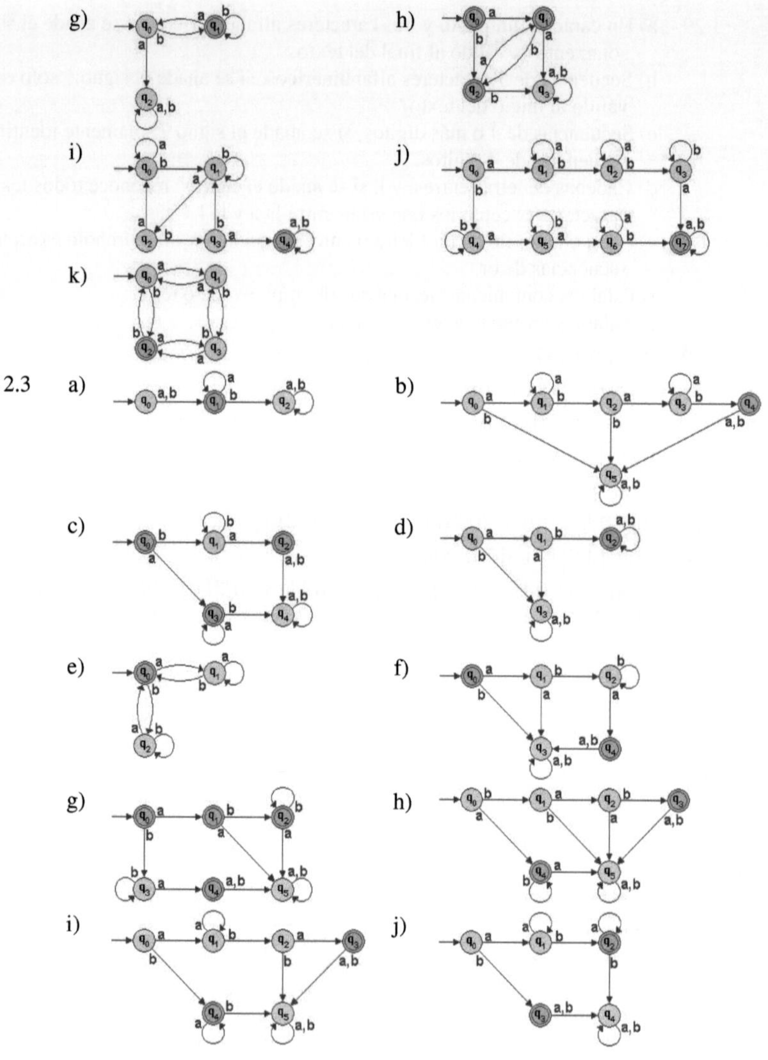

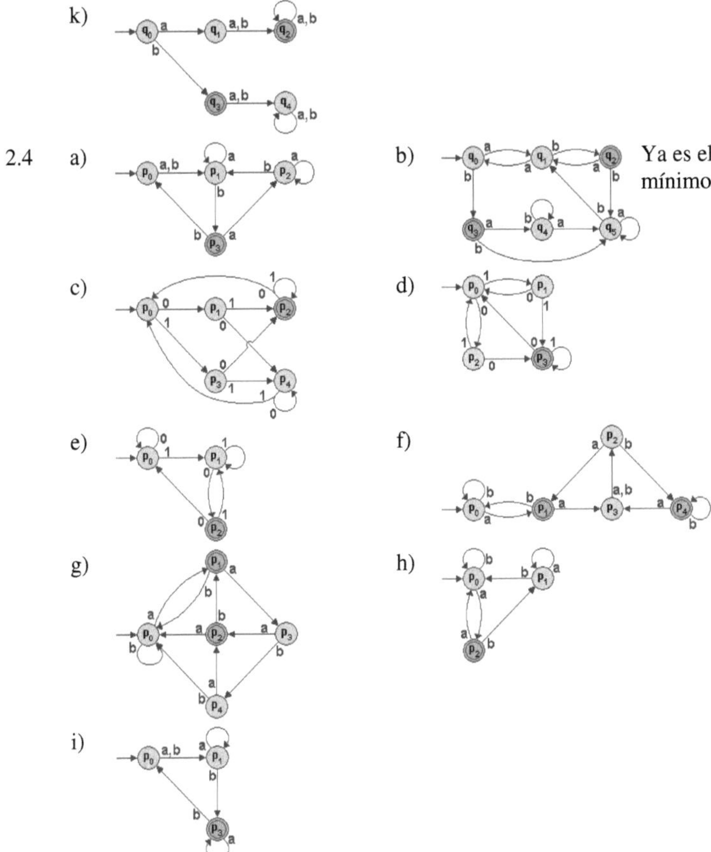

2.5   No son equivalentes.

2.6   Si son equivalentes.

2.7   Si son equivalentes.

2.8   a) $(a \cup b(b \cup ab)^*a^2)^*b(b \cup ab)^*a$

b) $(a \cup ba^*b)^*$

c) $(a \cup ba \cup b^2a)^*(b^2 \cup b \cup \varepsilon)$

d) $(a \cup ba \cup b^2a)^*b^3(a \cup b)$

e) $(a \cup b(ab*a)*b)*$

f) $(a \cup b(b \cup ab)*a^2)*$

2.9 a) $a*b^+a(a \cup b)*$

b) $(a \cup b^+a)^+b* \cup b^+$

c) $(a \cup b(ab*a)*b)* \cup b(ab*a)*$

d) $(a \cup b)((a \cup b)^2)*$

e) $(a \cup ba*b)(a^+b)*b(a \cup b)*$

f) $(b \cup a^+b(ab)*b)*(a^+(ba)^+a(a \cup b)*)$

g) $(a \cup b(b^+a)*a)*(b(b^+a)*)$

h) $(a \cup ba)(a^2 \cup b)a \cup b$

i) $(b \cup \varepsilon)(ab* \cup \varepsilon)$

2.10

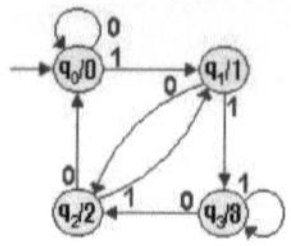

2.11

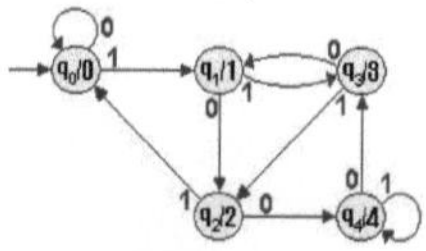

2.12 a) 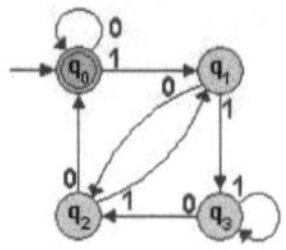   b)

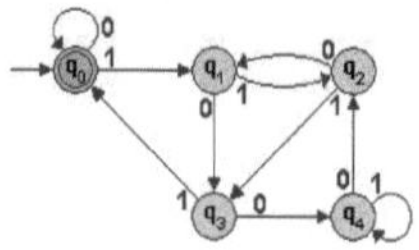

2.13

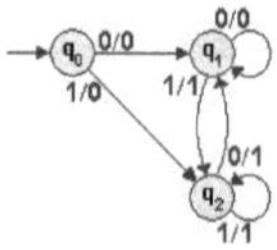

2.14

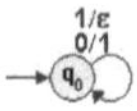

2.15

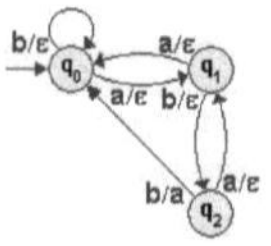

3.1 a) 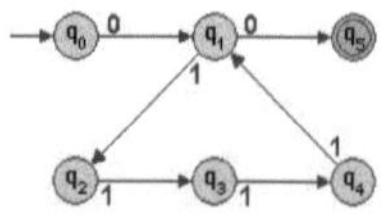   b)

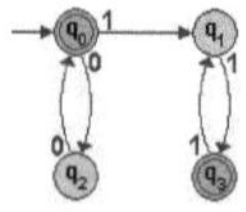

c)

d)

3.2

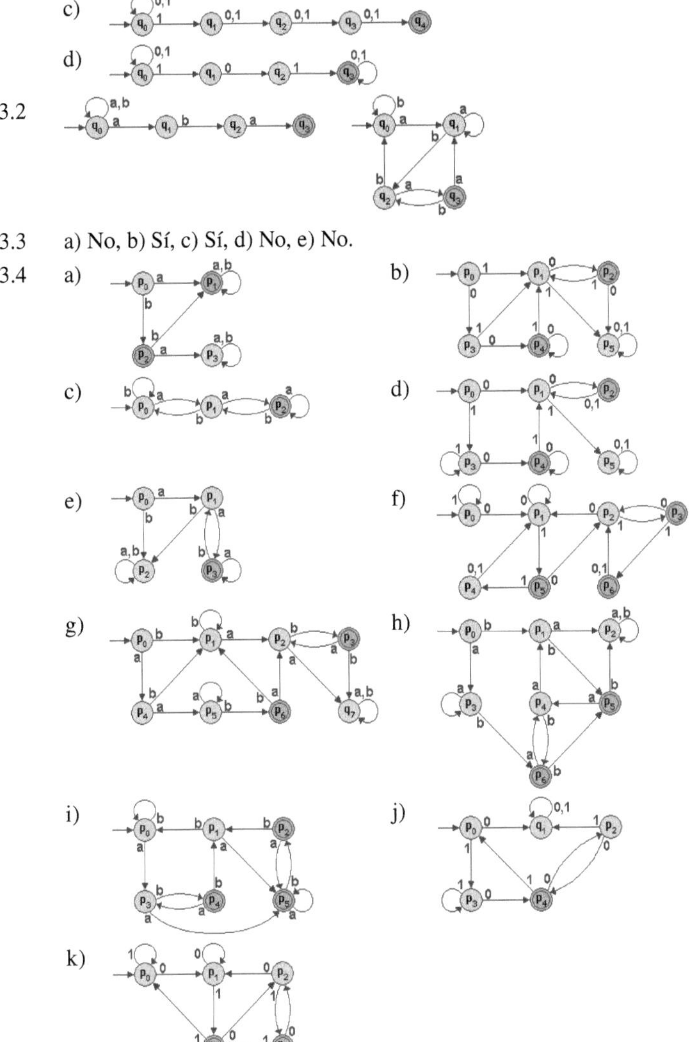

3.3   a) No, b) Sí, c) Sí, d) No, e) No.

3.4   a)   b)

       c)   d)

       e)   f)

       g)   h)

       i)   j)

       k)

3.5 a)   b)

c)

3.6 a)   b)

c)   d)

e)   f)

3.7 a)   b)

3.8 a)   b)

3.9 a)   b)

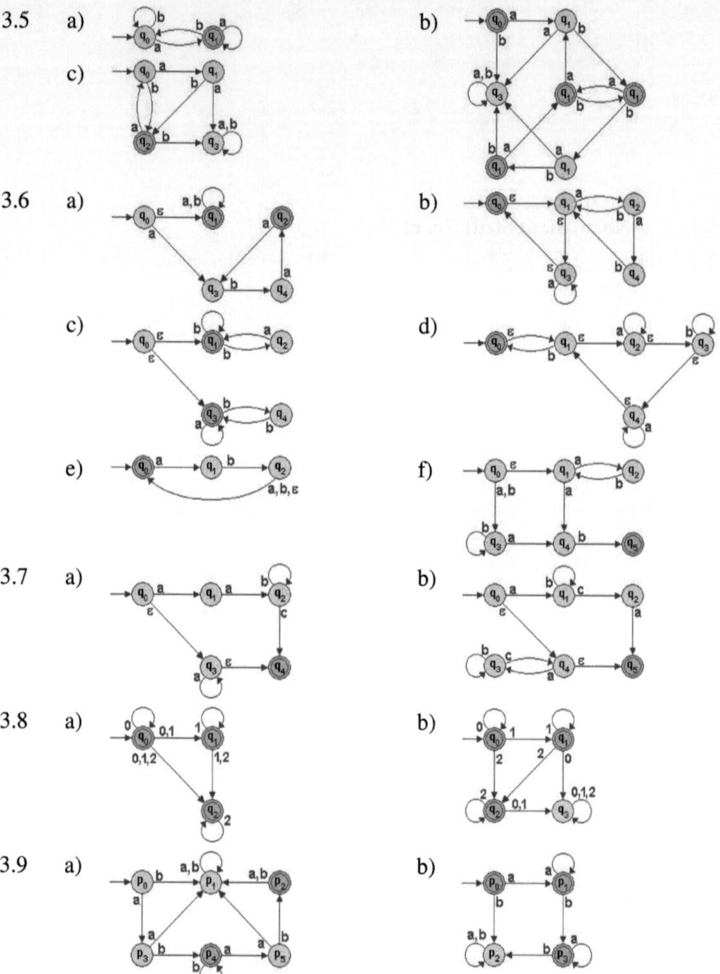

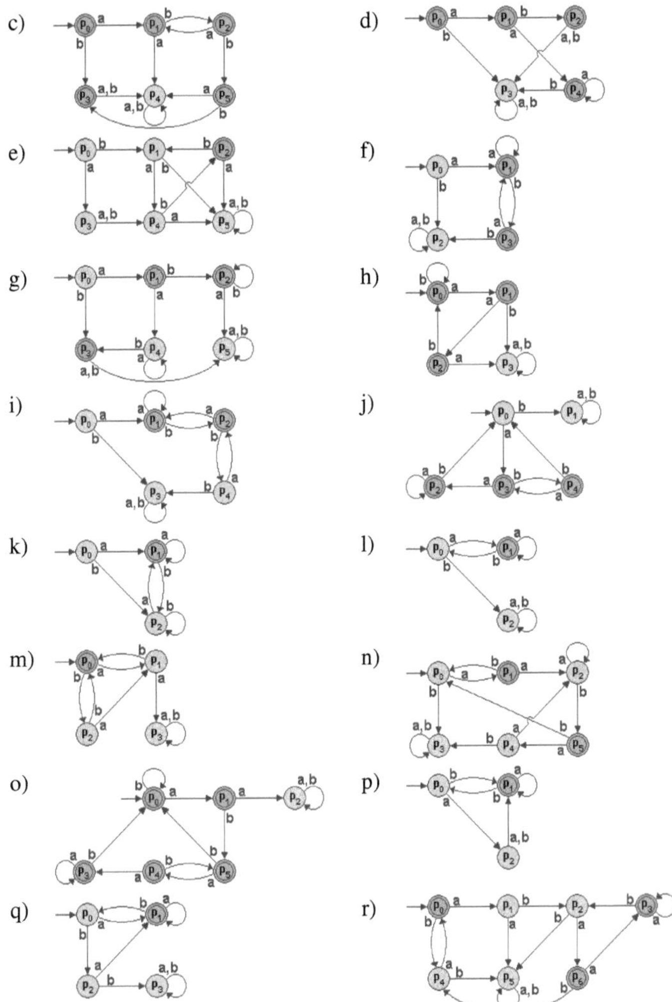

3.10

3.11 a) L = (**ab**)* (**a** ∪ (**ba**)⁺) b) L = (**aba**)* **ab**

3.12 a) 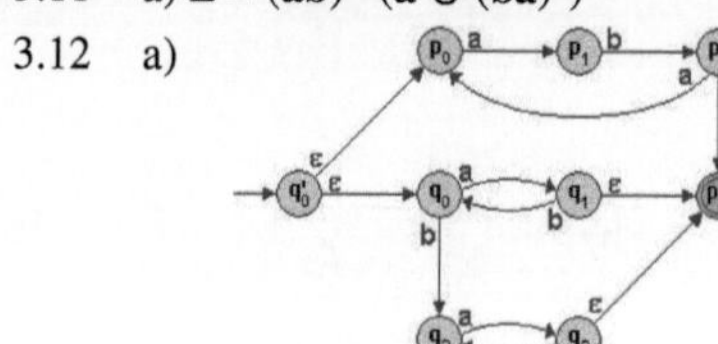 b) 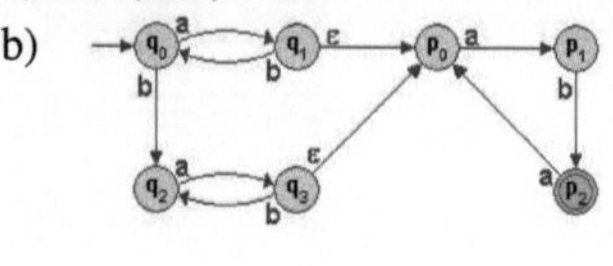

3.13 a) L = (**ab** ∪ **abb**)⁺
      b) L = ((**ab*** ∪ **a*b**) **ab**)⁺
      c) L = (**1** (**0** ∪ **1**)* **0**)*
      d) L = ((**a** ∪ **b**) **a*b**)
      e) L = **b*ab** ((**a** ∪ **b**) **a**)*
      f) L = **0***(**0** ∪ **1**) **0** (**10**)*
      g) L = **0*1** (**0** (**0** ∪ **1**))*
      h) L = (**a** ∪ **b**)* **a**(**a** ∪ **b**)(**ba**)*
      i) L = **b*a²(ba)***

4.1 a) S → **aS** | **bc**

     b) S → **aA** | **bA**
        A → **cA** | ε

     c) S → **aS** | **bS** | **c**

     d) S → **aS** | **bS** | A
        A → **cA** | ε

     e) S → **bA** | **aB**
        A → **bA** | ε
        B → **aC** | **bC**
        C → **aC** | **bC** | **b**

     f) S → **aA** | **bB**
        A → **aA** | **ba**
        B → **aB** | **bB** | ε

4.2 a) S → **aS** | **baa**

     b) S → **aS** | **baS** | **acS** | ε

     c) S → A | **cbB**
        A → **aA** | **bcC**
        B → **bB** | ε
        C → **cC** | ε

     d) S → **aA**
        A → **aA** | **bB**
        B → **bC** | **aC**
        C → **bC** | **aC** | ε

     e) S → **bA** | **abB**
        A → **bA** | **a**
        B → **aB** | **bB** | ε

4.3 a) S → A | aB
   A → aA | bC
   B → bB | b
   C → aC | bC | ε

  b) S → A | B
   A → bA | a
   B → aB | bB | b

  c) S → aaA | abA | B
   A → aA | bA | b
   B → bB | ε

  d) S → A | B
   A → bA | a
   B → aB | bbB | aa

  e) S → A | B | 01C
   A → 0A | 1
   B → 01B | ε
   C → 1C | ε

  f) S → 1A | 1B
   A → 0A | ε
   B → 0B | 1B | 0

  g) S → A | 1B
   A → 0A | 10
   B → 0C | ε
   C → 0C | 11B

  h) S → A | 01
   A → 0A | 1B
   B → 0B | 1B | ε

4.4 S → abaS | babS | ε

4.5 S → 101A
  A → 0A | ε

4.6 S → abA | bC
  A → aA | B | aC
  B → bS | aD | ε
  C → aA | bD
  D → aA | abD | ε

4.7 a) L = (bb ∪ aab ∪ baab)$^+$
  b) L = (ab)* (ab ∪ ba)
  c) L = b* (baa ∪ ba)
  d) L = (a ∪ b(b$^+$a)*a) (a ∪ b)*
  e) L = (ab*a ∪ b(b$^+$a)*a)* ab$^+$
  f) L = (a$^+$b ∪ ba ∪ bba*b) (a ∪ b)* b
  g) L = (ab*aa ∪ ab*aba*b ∪ b) ab*b

4.8 a) L = a*(ba*b)$^+$(a ∪ b)
  b) L = (a$^+$b ∪ ba)*(a$^+$b ∪ bb)
  c) L = (ab ∪ b)*aa$^+$(a ∪ b)
  d) L = (ab ∪ ba ∪ b^3)* (ab ∪ a^2 ∪ b^3 ∪ b^{2}a)
  e) L = ((a$^+$b ∪ b)$^+$(aba*b)*(a^2 ∪ b))*

4.9 L = (bb ∪ ba ∪ b) (ab ∪ aa ∪ bb)*

4.10 a) S → aSc | bc

b) S → aSb | aS | a

c) S → aSb | aaab

d) S → aaSc | b

e) S → aSc | A
   A → bAc | ε

f) S → aSa | A
   A → bAc | ε

g) S → AB
   A → aAb | ε
   B → cBd | ε

h) S → AB
   A → aAb | ε
   B → bBc | ε

i) S → AB
   A → aAb | aA | a
   B → aBb | Bb | b

j) S → aSb | aaSb | ε

k) S → AB
   A → aAb | ε
   B → bBcc | ε

l) S → aSc | A | Bb | Cc
   A → aAb | aA | a
   B → aBb | Bb | ε
   C → Cc | B

x) S → aaSb | aS | a

y) S → aSa | aSb | bSa | bSb | a

m) S → AC | BD
   A → aAb | ε
   B → aB | ε
   C → cC | ε
   D → bDc | ε

n) S → AC | B
   A → aAb | Ab | b
   B → aBc | aB | aC
   C → bC | ε

o) S → ABC
   A → aAb | ε
   B → bB | b
   C → bCc | ε

p) S → bSb | aSa | a | b | ε

q) S → bSb | aSa | bAa | aAb
   A → aA | bA | ε

r) S → aSc | A
   A → aAb | ε

s) S → AB
   A → aAbb | ε
   B → cB | ε

t) S → aaSc | A
   A → bA | ε

u) S → aSd | aaaAd
   A → bAc | bc

v) S → 0S0 | 1S1 | 0 | 1

w) S → aSc | aAc
   A → bA | b

z) S → aSa | bSa | ε

4.11 a) L(G) = (a ∪ b)*ab(ab ∪ b)⁺

b) L(G) = (a ∪ ab) ((a ∪ ab)²)*

c) L(G) = (ab ∪ ba)*(ab ∪ aab)

d) L(G) = ((a ∪ b)²)*

e) L(G) = a*(a ∪ b)b*(a ∪ b)*

f) $L(G) = ((\mathbf{b}*\mathbf{ab}*)^2)* \cup \mathbf{b}*$

4.12 a) Palíndromas de longitud par sobre $\Sigma = \{ \mathbf{a}, \mathbf{b} \}$
      b) Palíndromas de longitud impar sobre $\Sigma = \{ \mathbf{a}, \mathbf{b} \}$
      c) Cadenas No Palíndromas sobre $\Sigma = \{ \mathbf{a}, \mathbf{b} \}$

4.13 a) $L = (\mathbf{a} \cup \mathbf{b})*\mathbf{a}$
      b) $L = (\mathbf{a} \cup \mathbf{b}*\mathbf{a} \cup \mathbf{ab}*)^+$

5.1 a) $S \rightarrow \mathbf{a}$

     b) $S \rightarrow \mathbf{a}A \mid \mathbf{b}A \mid \mathbf{a} \mid \mathbf{b}$
       $A \rightarrow \mathbf{a}A \mid \mathbf{bb}A \mid \mathbf{a} \mid \mathbf{bb}$

     c) $S \rightarrow \mathbf{ab}A$
       $A \rightarrow \mathbf{cc}C$
       $C \rightarrow \mathbf{a} \mid \mathbf{e}A$

     d) $S \rightarrow \mathbf{a} \mid \mathbf{a}A \mid \mathbf{b} \mid \varepsilon$
       $A \rightarrow \mathbf{b}$

     e) $S \rightarrow \mathbf{a} \mid \varepsilon$

5.2 a) $S \rightarrow AB \mid \mathbf{a}A \mid \mathbf{ab} \mid \mathbf{ab}B \mid \mathbf{aa}$
       $A \rightarrow \mathbf{a}A \mid \mathbf{ab} \mid \mathbf{ab}B \mid \mathbf{aa}$
       $B \rightarrow \mathbf{b}A \mid BB$

     b) $S \rightarrow \mathbf{a}B \mid \mathbf{a}$
       $B \rightarrow \mathbf{a}B \mid \mathbf{a}$

     c) $S \rightarrow AB\mathbf{a} \mid A\mathbf{a} \mid \mathbf{a} \mid AA \mid AAA$
       $A \rightarrow AB\mathbf{a} \mid A\mathbf{a} \mid \mathbf{a}$
       $B \rightarrow AB\mathbf{a} \mid A\mathbf{a} \mid A\mathbf{b}$

     d) $S \rightarrow \mathbf{a} \mid \mathbf{b}$

     e) $S \rightarrow \mathbf{a}A\mathbf{c} \mid S\mathbf{b}A \mid S\mathbf{b} \mid \mathbf{ac} \mid C\mathbf{b} \mid A\mathbf{a} \mid AC \mid \mathbf{a} \mid \mathbf{b} \mid A\mathbf{ab} \mid \mathbf{b}A \mid \mathbf{ab} \mid \mathbf{ab}A \mid \varepsilon$
       $A \rightarrow \mathbf{ab}A \mid \mathbf{ab}$
       $C \rightarrow A\mathbf{ab} \mid \mathbf{b}A \mid \mathbf{ab} \mid \mathbf{b}$

     f) $S \rightarrow BA \mid \mathbf{a}A\mathbf{c} \mid S\mathbf{b}A$
       $A \rightarrow \mathbf{ab}B \mid AS$
       $B \rightarrow C\mathbf{b} \mid A\mathbf{a} \mid \mathbf{b} \mid AC \mid \mathbf{ab}B \mid AS$
       $C \rightarrow A\mathbf{ab} \mid \mathbf{b}A$

     g) $S \rightarrow \mathbf{a} \mid \mathbf{a}A \mid A\mathbf{a}$
       $A \rightarrow \mathbf{a}B$
       $B \rightarrow \mathbf{a} \mid A\mathbf{a}$

     h) $S \rightarrow \mathbf{a}A\mathbf{b}$
       $A \rightarrow \mathbf{ee}C$
       $C \rightarrow \mathbf{ae}$

     i) $S \rightarrow AS \mid AC \mid \mathbf{b}S \mid \mathbf{b} \mid \varepsilon$
       $A \rightarrow \mathbf{b}S \mid \mathbf{b}$
       $C \rightarrow \mathbf{a}C \mid \mathbf{a}$

     j) $S \rightarrow \mathbf{b}AD \mid \mathbf{b}A \mid \mathbf{a}A \mid \mathbf{b}D \mid \mathbf{b} \mid \mathbf{a}$
       $A \rightarrow \mathbf{b}S \mid \mathbf{b}$
       $D \rightarrow \mathbf{b}A \mid AS \mid \mathbf{b} \mid \mathbf{b}AD \mid \mathbf{a}A \mid \mathbf{b}D \mid \mathbf{a}$

     k) $S \rightarrow \mathbf{b}AS \mid AB \mid \mathbf{b}S \mid \mathbf{b} \mid \mathbf{b}A \mid \varepsilon$
       $A \rightarrow \mathbf{b}S \mid \mathbf{b}$
       $B \rightarrow \mathbf{b}A \mid \mathbf{b}$

     l) $S \rightarrow \mathbf{a}A\mathbf{c} \mid S\mathbf{b}A \mid \mathbf{ac} \mid S\mathbf{b}$
       $A \rightarrow \mathbf{ab}B \mid AS \mid \mathbf{a}A\mathbf{c} \mid S\mathbf{b}A \mid \mathbf{ac} \mid S\mathbf{b}$
       $B \rightarrow C\mathbf{b} \mid A\mathbf{a} \mid \mathbf{b} \mid AC \mid \mathbf{a} \mid A\mathbf{ab} \mid \mathbf{b}A \mid \mathbf{ab}$
       $C \rightarrow A\mathbf{ab} \mid \mathbf{b}A \mid \mathbf{ab} \mid \mathbf{b}$

     m) $S \rightarrow \mathbf{b}A$
       $A \rightarrow \mathbf{b}A \mid \mathbf{a}$

     n) $S \rightarrow AC \mid \mathbf{b}C \mid S\mathbf{b} \mid \mathbf{a} \mid \mathbf{b}$
       $A \rightarrow S\mathbf{b} \mid \mathbf{a}$
       $C \rightarrow SC \mid AC \mid \mathbf{b}C \mid S\mathbf{b} \mid \mathbf{a} \mid \mathbf{b}$

o) S → **aED** | **aD** | **Ea** | **a** | **b**
  D → **Ea** | **a** | **b**
  E → **Ea** | **a**

p) S → DB | aE | **b**
  B → aB | bS | **a**
  D → **b**
  E → BEa | Ea | Dab

5.3 a) S → AB | CD | ε
    A → CB | BE
    B → **b**
    C → **a**
    D → **c**
    E → FA
    F → BB

  b) S → CA | **a** | AD
    A → ED
    B → **b** | AC
    C → **a**
    D → **b**
    E → CB

  c) S → DA | BD | **b**
    A → DC | FS
    B → GE | **a**
    C → AH | SE
    D → **a**
    E → **b**
    F → EB
    G → BD
    H → CD

  d) S → **a** | GB
    A → DS | EB | HA
    B → DS | **b**
    C → EB | FB | CD
    D → **a**
    E → **b**
    F → **c**
    G → EA
    H → FC

  e) S → FS | DB | ε
    A → AE | CD | **b**
    B → DA | EB | **a**
    C → CG | DB
    D → **a**
    E → **b**
    F → AE
    G → DE

  f) S → EA | DB | ε
    A → DB | FS | **b**
    B → DA | GS | **a**
    C → HC | BD
    D → **a**
    E → **b**
    F → EC
    G → EA
    H → SD

5.4 a) S → GD   E → **e**
    A → EH   F → **h**
    C → BF   G → BA
    B → **a**   H → DC
    D → **b**

b) S → CB | AC
   A → DB
   B → DB | **b**
   C → **a**
   D → **b**

c) S → EA | AA | **a** | CA | BD | FS | ε
   A → BD | FS
   B → DC | CD
   C → **a**
   D → **b**
   E → AA
   F → CB

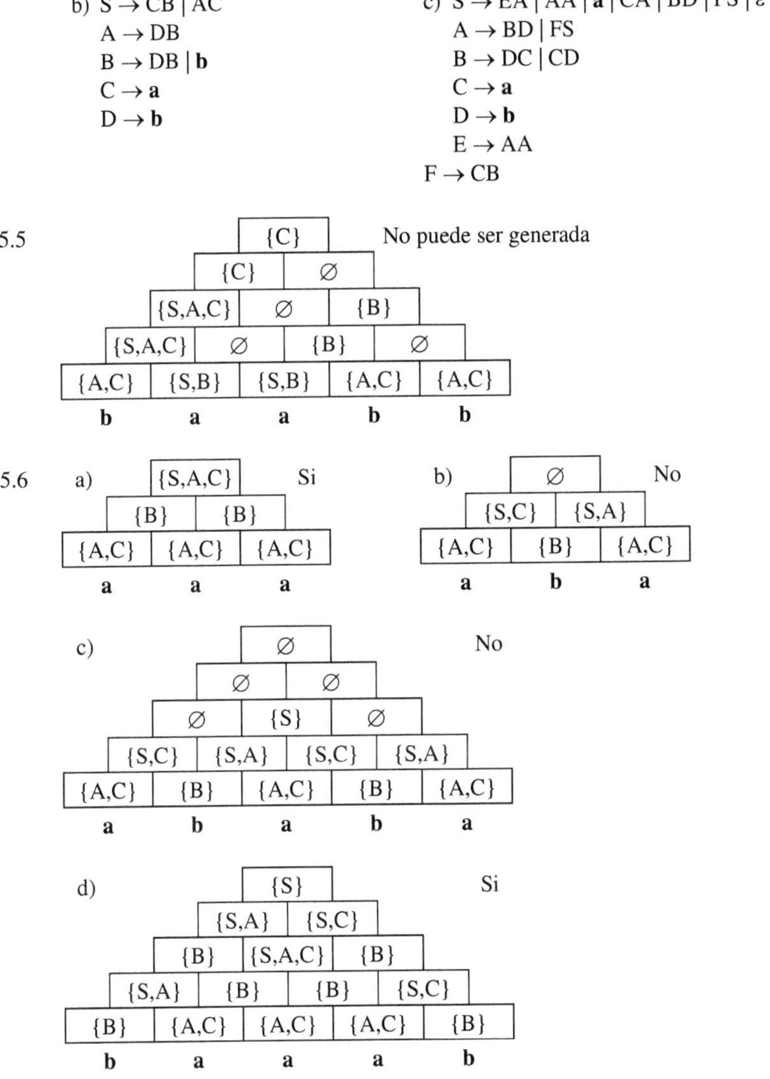

5.7

a)
{A,B}
∅ {S,D}
∅ {A,B} {C}
{B,C} {B,C} {S,D} {B,C}
b b a b
No

b)
{S,D}
{S,D} {B}
{A,B} {C} {A,B}
{B,C} {S,D} {B,C} {S,D}
b a b a
Si

c)
∅
∅ ∅
∅ ∅ ∅
{C} ∅ ∅ {A,B}
{S,D} {B,C} {B,C} {B,C} {S,D}
A b b b a
No

d)
{S,D}
{A} {S,D}
{B} {A} {C}
{C} {A,B} ∅ {C}
{S,D} {B,C} {S,D} {S,D} {B,C}
a b a a b
Si

5.8
{S,A,B,C}
{S,B} {A,B}
{S,A,C} {B} {A,B}
{S,A,C} {A} {B} {S,A,C}
{S,B} {A,C} {A,C} {S,B} {A,C}
0 1 1 0 1
Si puede ser generada

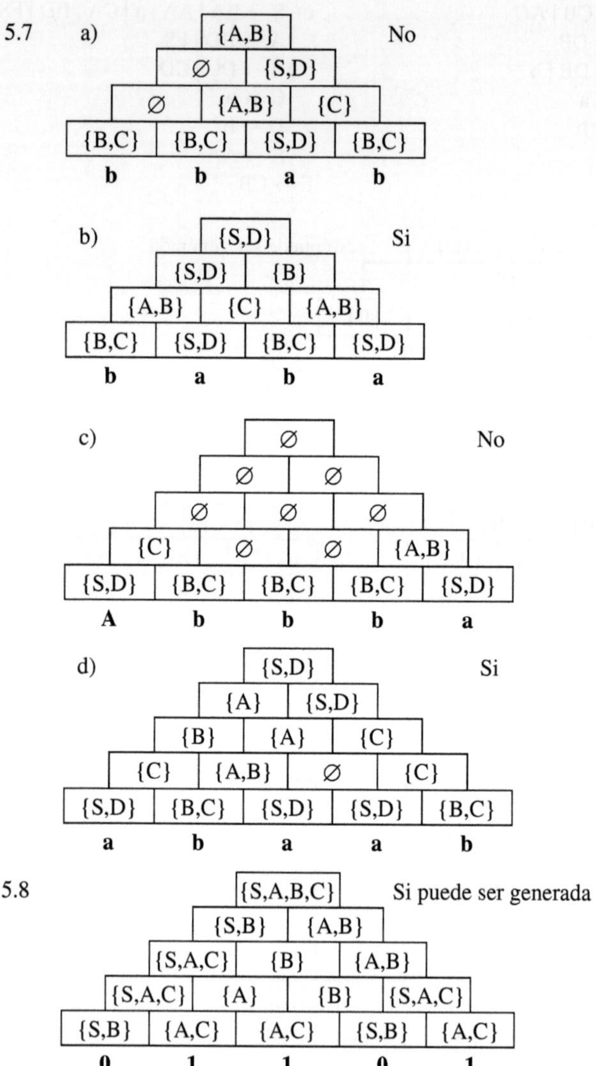

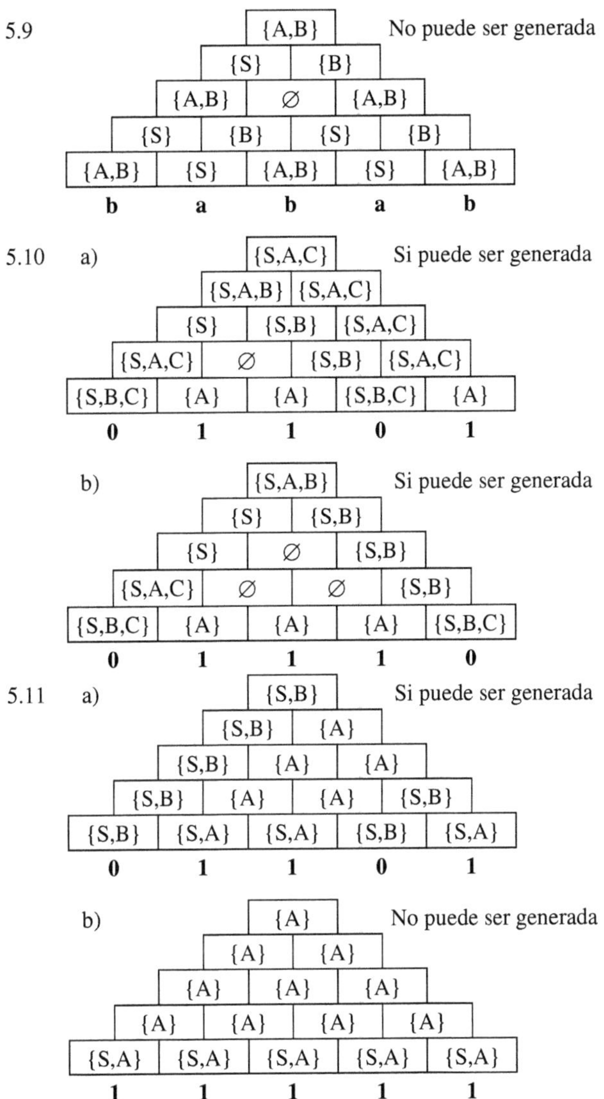

5.9
{A,B}   No puede ser generada
{S} {B}
{A,B} ∅ {A,B}
{S} {B} {S} {B}
{A,B} {S} {A,B} {S} {A,B}
b a b a b

5.10 a)
{S,A,C}   Si puede ser generada
{S,A,B} {S,A,C}
{S} {S,B} {S,A,C}
{S,A,C} ∅ {S,B} {S,A,C}
{S,B,C} {A} {A} {S,B,C} {A}
0 1 1 0 1

b)
{S,A,B}   Si puede ser generada
{S} {S,B}
{S} ∅ {S,B}
{S,A,C} ∅ ∅ {S,B}
{S,B,C} {A} {A} {A} {S,B,C}
0 1 1 1 0

5.11 a)
{S,B}   Si puede ser generada
{S,B} {A}
{S,B} {A} {A}
{S,B} {A} {A} {S,B}
{S,B} {S,A} {S,A} {S,B} {S,A}
0 1 1 0 1

b)
{A}   No puede ser generada
{A} {A}
{A} {A} {A}
{A} {A} {A} {A}
{S,A} {S,A} {S,A} {S,A} {S,A}
1 1 1 1 1

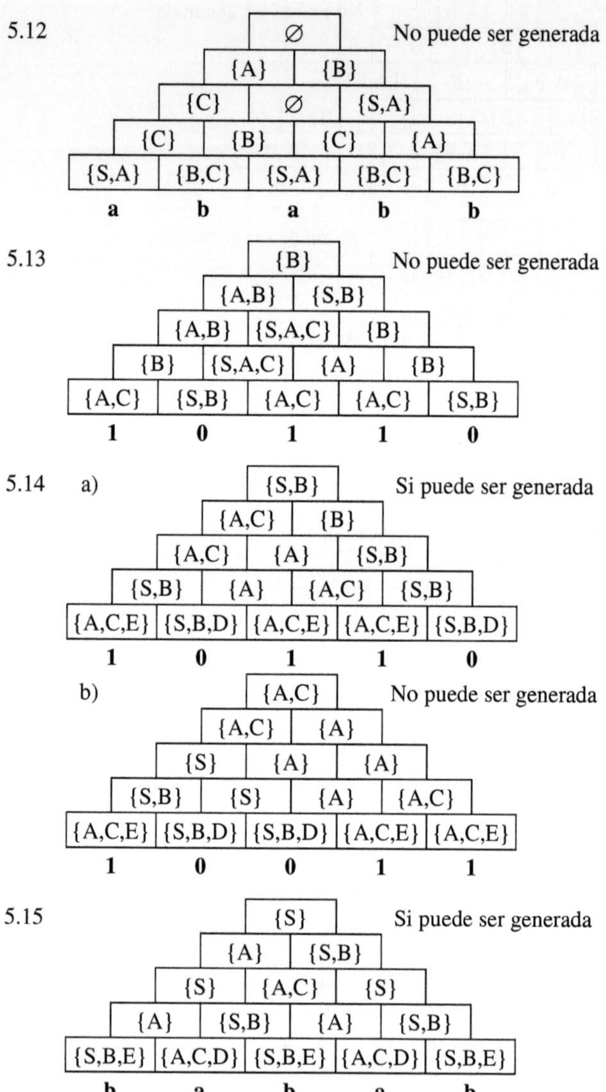

5.12   No puede ser generada

5.13   No puede ser generada

5.14   a)   Si puede ser generada

      b)   No puede ser generada

5.15   Si puede ser generada

5.16 a) S → aSc | b | aScS' | bS'
      S' → c | cS'

   b) S → bS | a | bSS' | aS'
      S' → a | ba | aS' | baS'

   c) S → cA | cAS'
      S' → a | b | aS' | bS'
      A → a | aA'
      A' → a | aA'

   d) S → aab | aabS' | aA'ab | aA'abS'
      S' → a | b | aS' | bS'
      A → a | aA'
      A' → ba | aba | abS'a | baA' | abaA' | abS'aA'

   e) S → aA | aAS'
      S' → aB | aBS' | bBb | ab | bBbS' | abS'
      A → bBA | aA | aAb | aAS'b | b
      B → bB | a

   f) S → aAb | cSB | aAbS' | cSBS'
      S'→ aAbS | cSBS | aAbS'S | cSBS'S | aAbSS' | cSBSS' | aAbS'SS' |
      cSBS'SS'
      A → bBA | baA
      B → ac | aAbA | cSBA | aAbS'A | cSBS'A

   g) S → babBA | abbBA | aBSBA | babA'BA | abbA'BA | aBSA'BA | b | aS
      A → bab | abb | aBS | babA' | abbA' | aBSA'
      B → ba | ab
      A' → babBA | abbBA | aBSBA | babA'BA | abbA'BA | aBSA'BA | b | aS
      | babBAA' | abbBAA' | aBSBAA' | babA'BAA' | abbA'BAA' |
      aBSA'BAA' | bA' | aSA'

   h) S → aA | bBCb | abb | aAS' | bBCbS' | abbS'
      S' → aB | aBS'
      A → bBA | b | bBAA' | bA'
      A' → b | bA'
      B → bBC | ab
      C → bBCbC | abbC | a

   i) S → aS | bA | ba | aSS' | bAS' | baS'
      S' → aCa | aCaS'
      A → bBA | aBB | bBAA' | aBBA'

$$A' \rightarrow bC \mid bCA'$$
$$B \rightarrow ab \mid aA \mid abB' \mid aAB'$$
$$B' \rightarrow bC \mid bCB'$$
$$C \rightarrow aSaC \mid bAaC \mid baaC \mid aSS'aC \mid bAS'aC \mid baS'aC \mid b$$

j) $S \rightarrow aS \mid bA \mid aba \mid aAa \mid abB'a \mid aAB'a$
$$A \rightarrow bBA \mid aBB \mid abbC \mid aAbC \mid abB'bC \mid aAB'bC$$
$$B \rightarrow ab \mid aA \mid abB' \mid aAB'$$
$$B' \rightarrow ba \mid baB'$$
$$C \rightarrow b \mid bC'$$
$$C' \rightarrow aS \mid aSC'$$

k) $S \rightarrow aB \mid aA \mid ab \mid aBb$
$$A \rightarrow aC \mid aBC \mid bS \mid b$$
$$B \rightarrow bB \mid ab \mid bBB' \mid abB'$$
$$B' \rightarrow a \mid aB$$
$$C \rightarrow aA \mid aBA \mid aBa \mid aAa \mid aba \mid aBba$$

l) $S \rightarrow 0S \mid 0A \mid \varepsilon \mid 0SS' \mid 0AS' \mid 1 \mid 1S'$
$$S' \rightarrow 1 \mid 1S'$$
$$A \rightarrow 1BA \mid B0 \mid 1BAA' \mid 0BC0A' \mid 100A' \mid 1A0A'$$
$$A' \rightarrow 1 \mid 1A'$$
$$B \rightarrow 0BC \mid 10 \mid 1A$$
$$C \rightarrow 0S1C \mid 0A1C \mid 1C \mid 0SS'1C \mid 0AS'1C \mid 11C \mid 1S'1C \mid 0$$

m) $S \rightarrow bBAbS \mid abbS \mid aC'bbS \mid bBAA'bS \mid abA'bS \mid aC'bA'bS \mid aA \mid bBCb \mid abb \mid aAb \mid \varepsilon$
$$A \rightarrow bBA \mid ab \mid aC'b \mid bBAA' \mid abA' \mid aC'bA'$$
$$A' \rightarrow b \mid bA'$$
$$B \rightarrow bBC \mid ab \mid aA$$
$$C \rightarrow a \mid aC'$$
$$C' \rightarrow bC \mid bCC'$$

n) $S \rightarrow 0S \mid 0A \mid 1BA1 \mid 1BB1 \mid 0AS1$
$$A \rightarrow 1BA \mid 1BB \mid 0AS$$
$$B \rightarrow 10 \mid 1A \mid 10B' \mid 1AB'$$
$$B' \rightarrow 1BAC \mid 1BBC \mid 0ASC \mid 1BACB' \mid 1BBCB' \mid 0ASCB'$$
$$C \rightarrow 0S1C \mid 0A1C \mid 1BA11C \mid 1BB11C \mid 0AS11C \mid 1BA0 \mid 1BB0 \mid 0AS0$$

5.17 a)

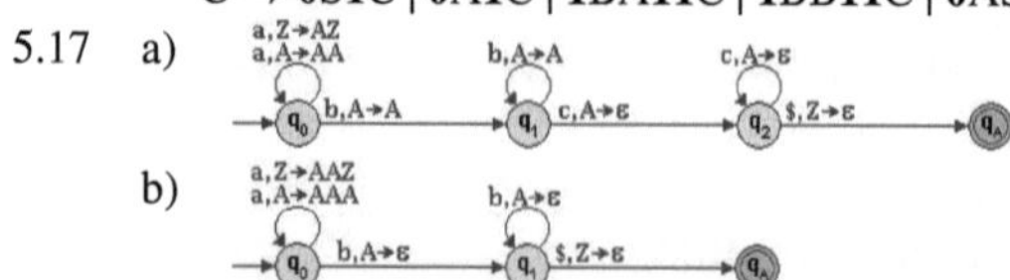

b)

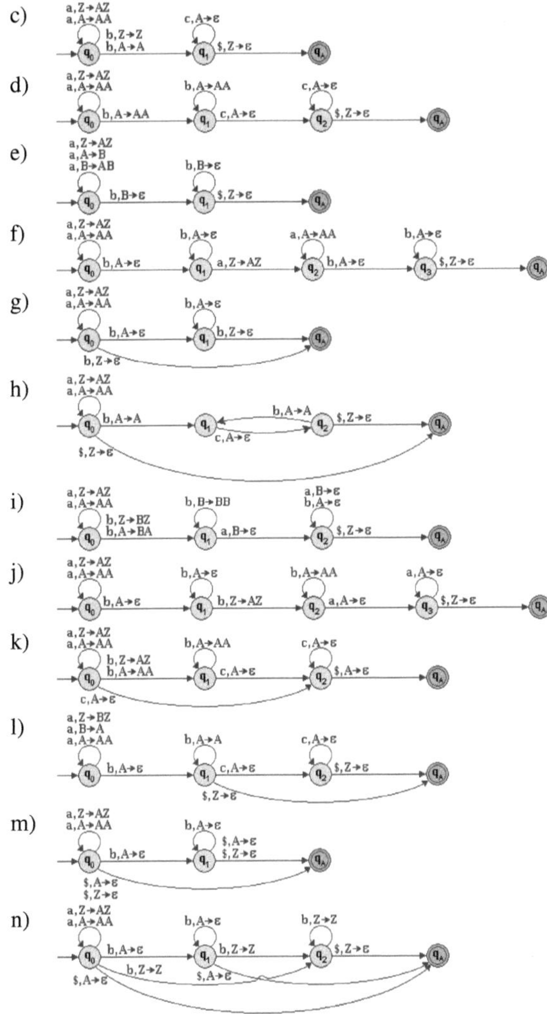

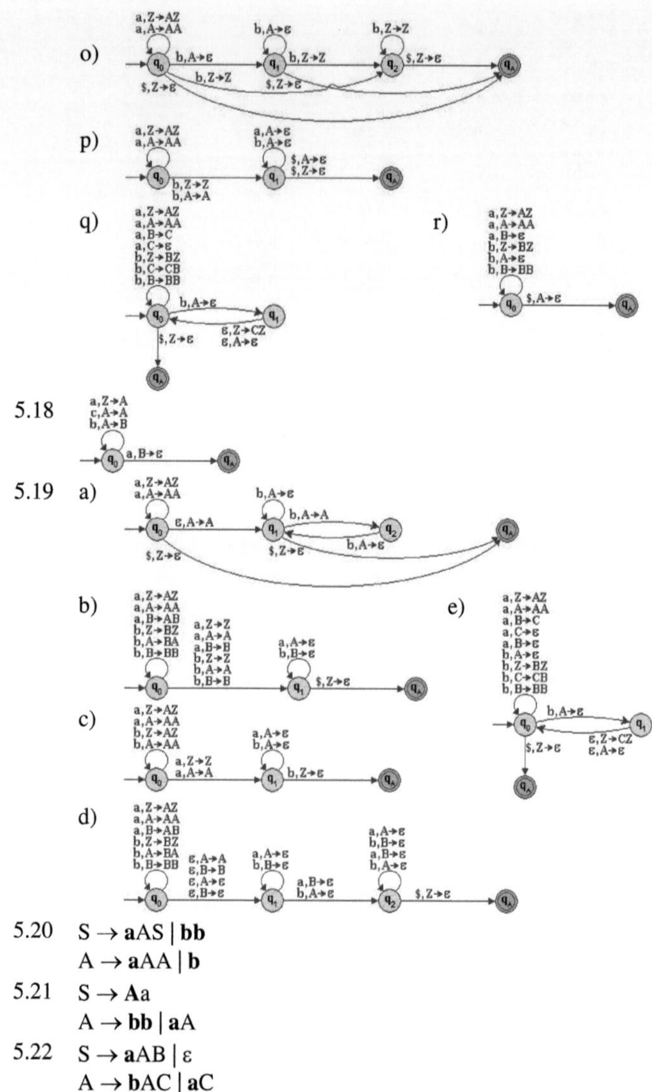

5.18

5.19

5.20 $S \rightarrow \mathbf{a}AS \mid \mathbf{bb}$
$A \rightarrow \mathbf{a}AA \mid \mathbf{b}$

5.21 $S \rightarrow \mathbf{A}a$
$A \rightarrow \mathbf{bb} \mid \mathbf{a}A$

5.22 $S \rightarrow \mathbf{a}AB \mid \varepsilon$
$A \rightarrow \mathbf{b}AC \mid \mathbf{a}C$

$$B \to \mathbf{a}S$$
$$C \to \mathbf{b}$$

5.23 $S \to \mathbf{a}AB \mid \varepsilon$
$A \to \mathbf{a}AC \mid \mathbf{b}$
$B \to \mathbf{b}S$
$C \to \mathbf{a}$

5.24 $S \to \mathbf{a}A \mid \mathbf{b}B$
$A \to \mathbf{a}A \mid \mathbf{b}A \mid \mathbf{a}$
$B \to \mathbf{a}B \mid \mathbf{b}B \mid \mathbf{b}$

5.25 $S \to \mathbf{a}A \mid \mathbf{a}$
$A \to \mathbf{b}B$
$B \to \mathbf{b}B \mid \mathbf{a}$

5.26 $S \to \mathbf{a}AS \mid \mathbf{b}B$
$A \to \mathbf{a}AA \mid \mathbf{b}$
$B \to \mathbf{b}B \mid \varepsilon$

5.27 $S \to c \mid aA \mid bA$
$A \to aAa \mid aAb \mid aAc \mid bAa \mid bAb \mid bAc \mid ca \mid cb \mid cc$

5.28 $S \to \mathbf{0}AS \mid \mathbf{1}B$
$A \to \mathbf{0}A \mid \mathbf{1}$
$B \to \mathbf{0}B \mid \varepsilon$

5.29 $S \to \mathbf{a}AC \mid \varepsilon$
$A \to \mathbf{b}AB \mid \mathbf{a}$
$B \to \mathbf{a}$
$C \to \mathbf{b}S$

6.2 a)

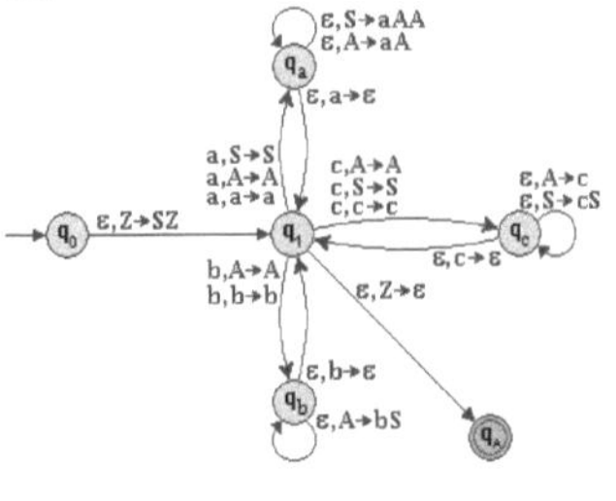

c)

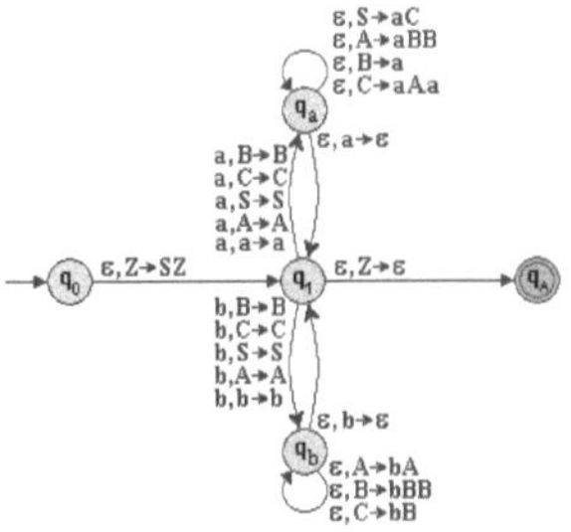

b)

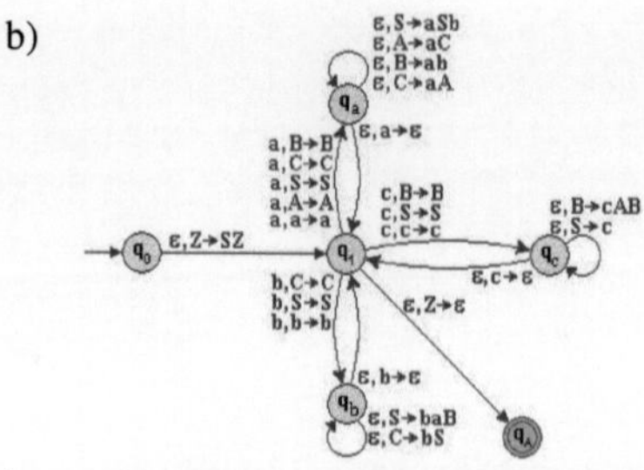

6.3   ⟨expresión lógica⟩ ::= ⟨término lógico⟩ | **not** ⟨expresión lógica⟩ |
         ⟨expresión aritmética⟩⟨operador lógico⟩⟨expresión aritmética⟩ |
         ⟨expresión lógica⟩ ⟨conectivo lógico⟩ ⟨expresión lógica⟩

     Donde: ⟨término lógico⟩ ::= [**true** | **false**]
            ⟨conectivo lógico⟩ ::= [**and** | **or**]
            ⟨operador lógico⟩ ::= [**==** | **!=** | **<** | **>** | **<=** | **>=**]

6.4   a)

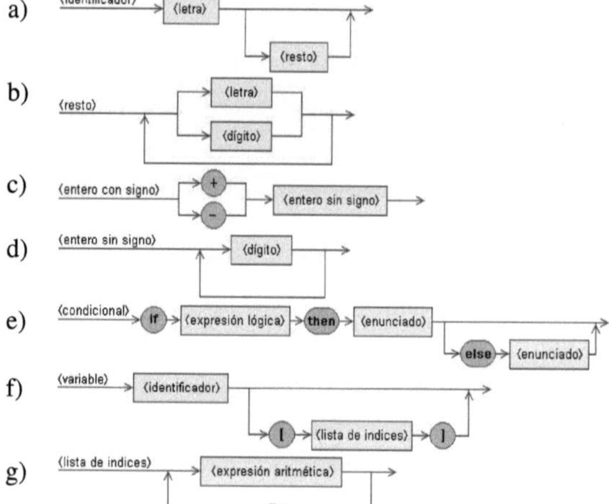

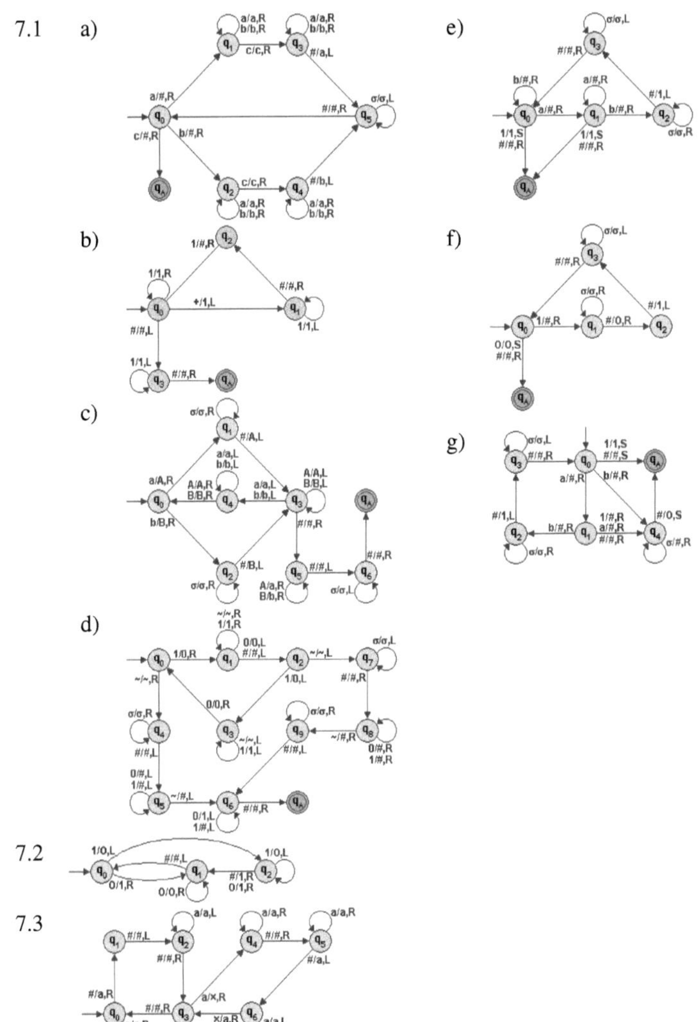

325

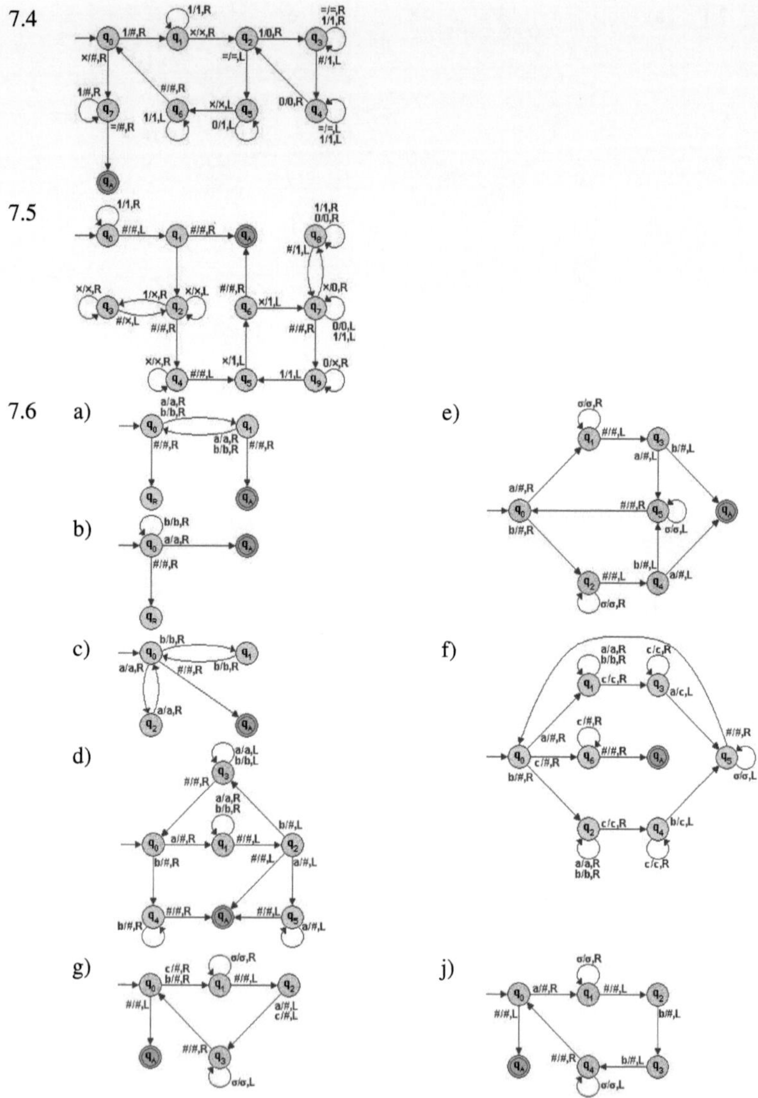

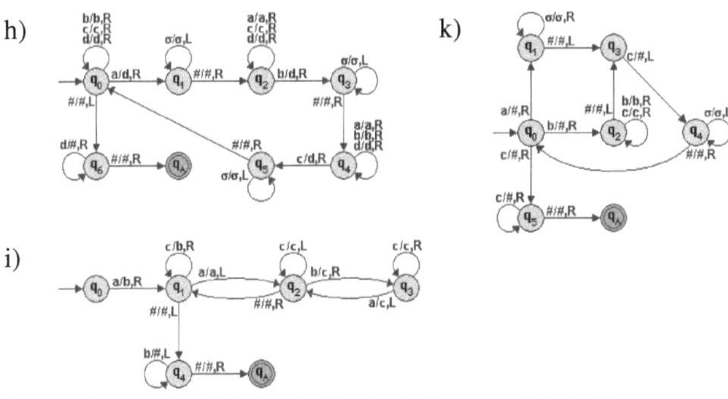

7.7 $\delta(q_0,(\mathbf{0,0},\#)) = (q_0,(\mathbf{0,0,0}),L)$, $\delta(q_0,(\mathbf{1,0},\#)) = (q_0,(\mathbf{1,0,1}),L)$,
$\delta(q_0,(\mathbf{0,1},\#)) = (q_1,(\mathbf{0,1,1}),L)$, $\delta(q_0,(\mathbf{1,1},\#)) = (q_0,(\mathbf{1,1,0}),L)$,
$\delta(q_1,(\mathbf{0,0},\#)) = (q_1,(\mathbf{0,0,1}),L)$, $\delta(q_1,(\mathbf{1,0},\#)) = (q_0,(\mathbf{1,0,0}),L)$,
$\delta(q_1,(\mathbf{0,1},\#)) = (q_1,(\mathbf{0,1,0}),L)$, $\delta(q_1,(\mathbf{1,1},\#)) = (q_1,(\mathbf{1,1,1}),L)$,
$\delta(q_0,(\#,\#,\#)) = (q_2,(\#,\#,\#),R)$

7.8 $\delta(q_0,(\boldsymbol{\sigma},\#)) = (q_1,(\boldsymbol{\sigma},\mathbf{x}),(R,R))$, $\delta(q_1,(\boldsymbol{\sigma},\#)) = (q_2,(\boldsymbol{\sigma},\#),(R,S))$,
$\delta(q_2,(\boldsymbol{\sigma},\#)) = (q_0,(\boldsymbol{\sigma},\#),(R,S))$, $\delta(q_0,(\#,\#)) = (q_3,(\#,\#),(L,L))$,
$\delta(q_3,(\boldsymbol{\sigma},\mathbf{x})) = (q_3,(\#,\boldsymbol{\sigma}),(L,L))$, $\delta(q_3,(\boldsymbol{\sigma},\#)) = (q_3,(\boldsymbol{\sigma},\#),(L,S))$,
$\delta(q_3,(\#,\#)) = (q_4,(\#,\#),(R,R))$, $\delta(q_4,(\mathbf{a,a})) = (q_4,(\#,\mathbf{a}),(R,R))$,
$\delta(q_4,(\mathbf{b,b})) = (q_4,(\#,\mathbf{b}),(R,R))$, $\delta(q_4,(\boldsymbol{\sigma},\#)) = (q_4,(\boldsymbol{\sigma},\#),(R,S))$,
$\delta(q_4,(\#,\#)) = (q_5,(\#,\#),(L,L))$, $\delta(q_5,(\mathbf{a,a})) = (q_5,(\#,\#),(L,L))$,
$\delta(q_5,(\mathbf{b,b})) = (q_5,(\#,\#),(L,L))$, $\delta(q_5,(\#,\#)) = (q_A,(\#,\#),(S,S))$

7.9 $\delta(q_0, (\mathbf{a}, \#)) = (q_0, (\#, \mathbf{a}), (R, R))$, $\delta(q_0, (\mathbf{b}, \#)) = (q_1, (\mathbf{b}, \#), (S, L))$
$\delta(q_1, (\mathbf{b}, \mathbf{a})) = (q_1, (\#, \mathbf{a}), (R, L))$, $\delta(q_1, (\mathbf{c}, \#)) = (q_2, (\mathbf{c}, \#), (S, R))$
$\delta(q_2, (\mathbf{c}, \mathbf{a})) = (q_2, (\#, \mathbf{a}), (R, R))$, $\delta(q_2, (\#, \#)) = (q_A, (\#, \#), (S, S))$

7.10 $\delta(q_0,(\mathbf{a}, \#)) = (q_1,(\mathbf{a}, \mathbf{a}),(R, R))$, $\delta(q_0,(\mathbf{b}, \#)) = (q_0,(\mathbf{b}, \#),(R, S))$,
$\delta(q_1,(\mathbf{a}, \#)) = (q_0,(\mathbf{a}, \#),(R, S))$, $\delta(q_1,(\mathbf{b}, \#)) = (q_1,(\mathbf{b}, \#),(R, S))$,
$\delta(q_0,(\#, \#)) = (q_2,(\#, \#),(L, L))$, $\delta(q_2,(\mathbf{b}, \mathbf{a})) = (q_2,(\mathbf{b}, \#),(L, L))$,
$\delta(q_2,(\mathbf{a}, \mathbf{a})) = (q_2,(\mathbf{a}, \mathbf{a}),(L, S))$, $\delta(q_2,(\mathbf{a}, \#)) = (q_2,(\mathbf{a}, \#),(L, S))$,
$\delta(q_2,(\#, \#)) = (q_3,(\#, \#),(R, S))$

7.11 $\delta(q_0,(\boldsymbol{\sigma}, \#)) = (q_0,(\boldsymbol{\sigma}, \boldsymbol{\sigma}),(R, L))$, $\delta(q_0,(\#, \#)) = (q_1,(\#, \#),(L, S))$,
$\delta(q_1,(\boldsymbol{\sigma}, \#)) = (q_1,(\#,\boldsymbol{\sigma}),(L, L))$, $\delta(q_1,(\#, \#)) = (q_2,(\#, \#),(S, R))$

7.12 $\delta(q_0,(\boldsymbol{\sigma}, \#)) = (q_0,(\boldsymbol{\sigma}, \boldsymbol{\sigma}),(R, R))$, $\delta(q_0,(\#, \#)) = (q_1,(\#, \#),(L, S))$,
$\delta(q_1,(\boldsymbol{\sigma}, \#)) = (q_1,(\boldsymbol{\sigma}, \#),(L, S))$, $\delta(q_1,(\#, \#)) = (q_2,(\#, \#),(R, S))$,
$\delta(q_2,(\boldsymbol{\sigma}, \#)) = (q_2,(\#,\boldsymbol{\sigma}),(R, R))$, $\delta(q_2,(\#, \#)) = (q_3,(\#, \#),(S, L))$,
$\delta(q_3,(\#, \boldsymbol{\sigma})) = (q_3,(\#, \boldsymbol{\sigma}),(S, L))$, $\delta(q_3,(\#, \#)) = (q_4,(\#, \#),(S, R))$

7.13 a)

$$\longrightarrow R \xrightarrow{\sigma} \#R \xrightarrow{\sigma} \#R \xrightarrow{\sigma=a} \#R \overset{\sigma}{\circlearrowleft} \xrightarrow{\#} 1$$

b)

$$\longrightarrow R \xrightarrow{\sigma} \#R \xrightarrow{\sigma=b} \#R \xrightarrow{\sigma=b} \#R \overset{\sigma}{\circlearrowleft} \xrightarrow{\#} 1$$

c)

$$\longrightarrow \#R \overset{b}{\circlearrowleft} \xrightarrow{\sigma=a} \#R \overset{a}{\circlearrowleft} \xrightarrow{\sigma=b} \#R \overset{\sigma}{\circlearrowleft} \xrightarrow{\#} 1$$

d)

$$\longrightarrow R \xrightarrow{\sigma\neq c} \# \longrightarrow R \overset{c'}{\circlearrowleft} \xrightarrow{c} R_{d'} \xrightarrow{\tau=\sigma} d$$

$R \xrightarrow{c} \#R \overset{d}{\circlearrowleft}$

$\#R \xrightarrow{\#} 1$

$R_{d'} \xrightarrow{\#,\tau\neq\sigma} L_\# \longrightarrow \#R \overset{\#'}{\circlearrowleft}$

$\#R \xrightarrow{\#} 0$

e)

$$\longrightarrow R \xrightarrow{\sigma} L\sigma R$$

$R \xrightarrow{\#} L\#L_\#$

f)

$$\longrightarrow R \overset{0}{\circlearrowleft} \xrightarrow{1} R \overset{1}{\circlearrowleft} \xrightarrow{0} 1L_{1'}R0$$

$R \xrightarrow{\#} L_\#$

$R \xrightarrow{\#} L_\#$

g)

$$\longrightarrow \#R \overset{1}{\circlearrowleft} \xrightarrow{0} \#R_\#^2 0 L_\#^2$$

h)

$$\longrightarrow R_\# - L \xrightarrow{\sigma} \#R_\#^2 \sigma L_\# \times$$

$R_\# - L \xrightarrow{\#} \#R \overset{}{\circlearrowleft} \times$

Introducción a la Teoría de la Computación y el Diseño de Compiladores

en enero de 2020
en los talleres gráficos
de Amateditorial, S.A. de C. V.
Prisciliano Sánchez 612, Colonia Centro
Guadalajara, Jalisco
Tel-fax: 333 612 0751
333 612 0068
amateditorial@gmail.com
www.amateeditorial.com.mx

Edición y revisión al cuidado del Autor

I want morebooks!

Buy your books fast and straightforward online - at one of world's fastest growing online book stores! Environmentally sound due to Print-on-Demand technologies.

Buy your books online at
www.morebooks.shop

¡Compre sus libros rápido y directo en internet, en una de las librerías en línea con mayor crecimiento en el mundo! Producción que protege el medio ambiente a través de las tecnologías de impresión bajo demanda.

Compre sus libros online en
www.morebooks.shop

KS OmniScriptum Publishing
Brivibas gatve 197
LV-1039 Riga, Latvia
Telefax: +371 686 204 55

info@omniscriptum.com
www.omniscriptum.com

Printed by Books on Demand GmbH, Norderstedt / Germany